Mapeando o Edital

DEFENSORIA PÚBLICA ESTADUAL

Coordenadores
Mila Gouveia
William Akerman

Mapeando o Edital

DEFENSORIA PÚBLICA ESTADUAL

2021

EDITORA *Jus*PODIVM
www.editorajuspodivm.com.br

EDITORA *Jus*PODIVM
www.editorajuspodivm.com.br

Rua Território Rio Branco, 87 – Pituba – CEP: 41830-530 – Salvador – Bahia
Tel: (71) 3045.9051
• Contato: https://www.editorajuspodivm.com.br/sac

Capa: Ana Caquetti

Diagramação: Ana Paula Lopes Corrêa *(aninha_lopescorrea@hotmail.com)*

M297 Mapeando o Edital - Defensor Público Estadual / William Akerman, Mila Gouveia – Salvador: Editora JusPodivm, 2021.
384 p. (Mapeando o Edital)

Vários autores.
Bibliografia.
ISBN 978-65-5680-535-1.

1. Concursos. I. Akerman, William. II. Gouveia, Mila. III. Título.

CDD 341.33312

INTRODUÇÃO

De todos os cargos públicos, o de Defensor é o que reclama maior vocação.

A carreira de Estado, concretizadora do modelo de assistência jurídica brasileiro abraçado em 1988 pela Lei Maior, surgiu a partir da Defensoria Pública do Estado do Rio de Janeiro.

Desde então, diuturnamente, Defensores em todo o Brasil, com formação jurídica e humanística de excelência, colocam as melhores técnicas a serviço dos que mais precisam e lutam, incansavelmente, pela proteção à primeira infância, à criança, ao adolescente, ao deficiente, à mulher, ao idoso, ao consumidor; pelo respeito à diversidade; pelo atendimento das necessidades da população de rua, dos dependentes químicos, daqueles que não recebem medicamentos do poder público e não encontram vagas em hospitais, creches e escolas; pelas vítimas de violência e de abuso do poder estatal; por todos aqueles a quem se nega, de forma sistemática, o mínimo existencial. Lutam na honrosa companhia da Constituição da República.

Como observou Carol Brook, Federal Public Defender of Ilinois State, fazem-no "por amor, por justiça e pela satisfação de conhecer como servir ao próximo".

A trajetória até a aprovação exige inegociáveis disciplina e resiliência. Por um lado, mais cedo ou mais tarde, com empenho e horas de dedicação diária aos estudos, todos serão aprovados. O êxito está ao alcance de todos, mesmo daqueles que retornam para casa ao fim do dia cansados de um longo dia de trabalho. Muitos de nós conciliamos trabalho e estudos.

De outro vértice, em algum momento, todos também podem desistir. O sucesso – e aqui está a chave – é alcançado quando conseguimos, a partir dos esforços envidados diariamente, fazer com que a aprovação anteceda o dia em que, por circunstâncias diversas, nos vemos forçados a alterar os rumos e deixar os concursos.

É por isso que estratégia e planejamento são fundamentais ao sucesso. A elaboração de uma estratégia vitoriosa principia pela escolha dos certames do qual o candidato irá participar neste ano e no seguinte. Com as possíveis bancas, considerado o histórico da seleção pública, já é possível identificar pontos fortes e fracos que cada um possui, selecionar o material, reunir bibliografia e, se for o caso, escolher o curso preparatório no qual se inscreverá.

O planejamento, a seguir, envolve a imposição de metas, olhos postos unicamente na própria realidade tocante aos períodos reservados à preparação. Não há mínimo ou máximo de horas. E ninguém conhece melhor a sua rotina nem suas competências e dificuldades.

E é exatamente aqui que a Coleção Mapeando o Edital se revela como aliada de todos aqueles que almejam a aprovação, por oferecer instrumental essencial ao sucesso.

Esta obra, coordenada por mim e pela professora Mila Gouveia, promove exame analítico detalhado das disciplinas contidas nos editais dos concursos da Defensoria, a fim de possibilitar o estudo eficiente das matérias mais cobradas nos últimos certames.

Embora o concurso possua diversas etapas, a primeira fase – em regra objetiva – elimina a maior parte dos candidatos inscritos. Nas fases seguintes, a motivação se renova e os temas mais importantes, já conhecidos, se repetem, ainda que de forma aprofundada.

O livro contém indicação de bibliografia para cada disciplina; discorre sobre o conteúdo programático das matérias; apresenta análise das provas de primeira etapa aplicadas nos concursos referentes aos últimos cinco anos; contempla comentários sobre pontos específicos de questões selecionadas pelos autores; revela estatística do estudo de lei seca e doutrina, tendo em vista as bancas mais recorrentes; e traz valiosas dicas de estudo, tudo para possibilitar a elaboração de planejamento adequado, de acordo com a estratégia traçada.

Assim, tempo será poupado e erros evitados, aproximando cada um da sonhada aprovação.

Então, vamos começar, não sem antes compartilhar mensagem para ser lida novamente quando chegada a hora da esperada prova oral:

> "Diz-se que, mesmo antes de um rio cair no oceano ele treme de medo. Olha para trás, para toda a jornada, os cumes, as montanhas, o longo caminho sinuoso através das florestas, através dos povoados, e vê à sua frente um

oceano tão vasto que entrar nele nada mais é do que desaparecer para sempre.

Mas não há outra maneira. O rio não pode voltar. Ninguém pode voltar. Voltar é impossível na existência. Você pode apenas ir em frente. O rio precisa se arriscar e entrar no oceano.

E somente quando ele entra no oceano é que o medo desaparece. Porque apenas então o rio saberá que não se trata de desaparecer no oceano, mas tornar-se oceano.

Por um lado é desaparecimento e por outro lado é renascimento.

Assim somos nós. Só podemos ir em frente e arriscar.

Coragem! Avance firme e torne-se Oceano!"

Osho

Ótimos estudos, futuros Defensores Públicos!

William Akerman

Sobre OS AUTORES

BRUNO FREIRE DE JESUS

Defensor Público (DPEMG), Pós-Graduado em Prática em Processo Civil pela UERJ, mestrando pela UFMG no curso de processo civil, professor de cursos preparatórios para concurso da Defensoria Pública.

DANIEL MESQUITA DOS SANTOS

Defensor Público do Distrito Federal. Foi Procurador do Estado do Paraná com atuação perante os Tribunais Superiores, Analista Processual e Técnico Administrativo do MPU. Professor de Direito Administrativo em cursos preparatórios para concursos. Fundador da AEJUR (@aejur), curso especializado em provas orais.

@prof_mesquita

GUSTAVO GOLDZVEIG

Graduado em Direito pela Pontifícia Universidade Católica de São Paulo (2008). Especialista em Direito Público. Pós-graduando em Direito Civil. Mestre em Direito à Saúde pela Universidade Santa Cecília (2019). Professor Universitário e de cursos preparatórios para concursos públicos. Autor e palestrante. Defensor Público do Estado de São Paulo (VI Concurso).

LÍVIA CORRÊA BATISTA GUIMARÃES

Defensora Pública do Estado do Rio de Janeiro. Mestranda em Direito Civil na UERJ. Pós-Graduada em Direito Público e Privado na EMERJ. Graduada em Direito na UFRJ. Coautora de livros jurídicos voltados para concursos pela Editora. Juspodivm.

PAULA BENETTE

Defensora Pública do Estado do Rio de Janeiro. Mestranda em Direito Constitucional pela Universidade Federal Fluminense. Professora de cursos preparatórios e coautora de obras jurídicas.

PETER GABRIEL MOLINARI SCHWEIKERT

Defensor Público do Estado de São Paulo. Graduado em Direito pela Universidade Presbiteriana Mackenzie (2011), com especialização em Curso de Pós-Graduação em Direitos Fundamentais pelo Instituto Brasileiro de Ciências Criminais (2013) e especialização em Psicossociologia da Juventude e Políticas Públicas pelo Fundação Escola de Sociologia e Política de São Paulo (2016). Foi Coordenador Auxiliar e é, atualmente, membro do Núcleo Especializado da Infância e Juventude da Defensoria Pública do Estado de São Paulo (2017/2018). Atua na área da infância e juventude na Capital do Estado.

THIAGO GÓES CAVALCANTI DE ARAÚJO

Defensor Público do Estado de São Paulo. Foi Defensor Público do Estado do Rio Grande do Sul. Foi aprovado e nomeado na Defensoria Pública do Estado de Pernambuco. Foi Analista Judiciário - Execução de Mandados (Oficial de Justiça) da Justiça Federal em Pernambuco, Analista Judiciário do Tribunal de Justiça de Pernambuco e Técnico Judiciário do Tribunal de Justiça de Pernambuco. É professor de Direito Penal, Direito Processual Penal, Execução Penal e Criminologia com foco em concursos de Defensoria Pública.

Sumário

DIREITO CIVIL

Lívia Corrêa Batista Guimarães

1 BIBLIOGRAFIA INDICADA

A grande quantidade de disciplinas previstas nos editais dos concursos da Defensoria Pública estadual dá uma ideia do desafio que envolve o estudo para o cargo de Defensor Público. Alguns editais, como é o caso da Defensoria Pública do Estado de São Paulo, são compostos por quase 15 (quinze) disciplinas.

A quantidade de matérias somente demonstra a importância de encontrar a melhor estratégia na distribuição dos estudos, o que será indispensável para alcançar o seu objetivo. E você deve estar atento ao fato de que não é possível investir tempo demais no estudo de determinada disciplina e, simplesmente, negligenciar o estudo das outras. É claro que algumas matérias, em razão da extensão do conteúdo programático, merecem maior dedicação e tempo de estudo do que outras. Adiciona-se, ainda, que, para um estudo mais eficiente, é importante analisar a probabilidade de certos assuntos serem cobrados nas provas objetivas e subjetivas, o que somente será obtido com uma análise das questões já cobradas.

De qualquer forma, é comum fazermos a comparação da preparação de concurso público com maratonas, o que significa que, além de atenção no planejamento, é preciso que o estudo nos proporcione domínio suficiente das matérias contidas no edital, para que se possa ter sucesso na primeira fase do certame.

A escolha da bibliografia adequada para o estudo de Direito Civil é extremamente pessoal, e o mais importante é encontrar um livro de leitura agradável, cujo conteúdo seja realmente absorvido por você. Por isso, não adianta comprar os livros mais completos do mercado se a leitura se arrasta e o conteúdo não é absorvido.

Ainda no início da faculdade, um dos professores de Direito Civil que mais admiro, Francisco Amaral, aconselhou à turma que se dirigissem à uma livraria e, assim, separassem alguns livros para ler algumas páginas para, então, fazer a escolha daquele que mais lhe agradava. Atualmente, a compra de livros ocorre principalmente pela internet, de modo que o referido método pode ser adaptado indo a uma biblioteca com acervo atualizado, ou lendo parte da obra nos próprios sites das editoras. Entretanto, considero tal passo essencial para a escolha do seu livro base de estudo, em qualquer matéria.

Particularmente, acredito que o livro mais didático e completo, para estudo para concursos públicos, é o "Manual de Direito Civil", do Flávio Tartuce. Trata-se de um volume único, porém, completo e com bom nível de aprofundamento. Além disso, há um cuidado especial com a atualização da obra, bem como com a exposição do entendimento dos Tribunais Superiores sobre o assunto. Além disso, também considero um ótimo livro o "Manual de Direito Civil Contemporâneo", do professor carioca Anderson Schreiber, que também é de volume único e tem foco no direito civil constitucional.

Ainda pode ser indicado o "Manual de Direito Civil", dos professores Nelson Rosenvald, Cristiano Chaves de Farias e Felipe Braga Neto, que é continuamente atualizado e possui um direcionamento para os concursos públicos.

O estudo e treinamento de questões objetivas também não pode ser deixado de lado, visto que atualmente a maioria das provas de primeira fase para os concursos de Defensoria Pública estaduais são compostas por questões objetivas. Para tanto, recomenda-se o acesso às questões no site "Questões de Concurso". Além disso, a editora Juspodivm tem lançado diversas coleções que se dedicam ao estudo e resolução de questões objetivas e discursivas, como a coleção Revisaço e Preparando para Concursos.

Por fim, não se pode esquecer do estudo das decisões proferidas pelo Superior Tribunal de Justiça e pelo Supremo Tribunal Federal, as quais são compiladas de forma brilhante pelas obras lançadas pelo "Dizer o Direito".

2 CONTEÚDO PROGRAMÁTICO DE DIREITO CIVIL NOS EDITAIS DOS CONCURSOS PARA A DEFENSORIA PÚBLICA ESTADUAL

Ao contrário do que ocorre em concursos públicos de algumas carreiras federais, como é o caso da Defensoria Pública da União, ou de concursos públicos para a magistratura estadual, não há qualquer Resolução versando sobre as disciplinas obrigatórias que devem ser objeto de arguição nas provas objetivas, discursivas e orais.

No entanto, certo é que o Direito Civil integra o rol de disciplinas cobradas em todos os concursos de Defensoria Pública estadual, sendo, por vezes, cobrada isoladamente, como ocorreu no edital do concurso para a Defensoria Pública do Distrito Federal, ou cobrada de forma conjunta com Direito Empresarial, como ocorreu no edital do concurso para a Defensoria Pública de São Paulo, ambos lançados em 2019.

Da mesma forma, não há qualquer regramento acerca do número mínimo de questões, entretanto, tomando como base os concursos para Defensor Público estadual de 2015 a 2019, podemos observar o seguinte padrão:[1]

BANCA	PROVAS	NÚMERO DE QUESTÕES
CESPE	DP-PE 2015	15
	DP-RN 2015	11
	DP-AC 2017	10
	DP-AL 2017	11
	DP-PE 2018	11
	DP-DFT 2019	16
FUNDEP	DP-MG 2019	07

1 Não foram contabilizadas questões referentes a Direito do Consumidor e Direito Empresarial, as quais serão analisadas especificamente em outro Capítulo.

BANCA	PROVAS	NÚMERO DE QUESTÕES
FCC	DP-MA 2015	10
	DP-SP 2015	07
	DP-BA 2016	13
	DP-ES 2016	07
	DP-PR 2017	10
	DP-SC 2017	12
	DP-RS 2017	08
	DP-AM 2018	08
	DP-AP 2018	11
	DP-AM 2018 (reaplicação)	09
	DP-SP 2018	06
	DP-MA 2018	09
VUNESP	DP-RO 2017	08
BANCA PRÓPRIA	DP-RJ 2016[2]	2
	DP-RJ 2019[3]	1
FMP CONCURSOS	DP-PA 2015	07
UFMT	DP-MT 2016	10

2 As provas preliminares aplicadas pela Defensoria Pública do Estado do Rio de Janeiro são discursivas.

3 As provas preliminares aplicadas pela Defensoria Pública do Estado do Rio de Janeiro são discursivas.

Portanto, analisando a tabela acima, é possível perceber que a porcentagem de questões de Direito Civil gira em torno de 10% (dez por cento) da prova, o que demonstra a importância do estudo da matéria.

Também como se podia concluir, não há um padrão acerca do conteúdo programático divulgado pelos editais, de modo que cada edital apresenta os pontos do conteúdo programático de forma distinta.

Apenas para questões de exemplificação, retiramos dois pontos do conteúdo programático de provas organizadas no ano de 2019, o primeiro da Defensoria Pública de Minas Gerais e o segundo da Defensoria Pública do Distrito Federal:

DEFENSORIA PÚBLICA DE MINAS GERAIS	DEFENSORIA PÚBLICA DO DISTRITO FEDERAL
1. Lei de Introdução às Normas do Direito Brasileiro.	*1 Lei de introdução às normas do direito brasileiro. 1.1 Vigência, aplicação, obrigatoriedade, interpretação e integração das leis. 1.2 Conflito das leis no tempo. 1.3 Eficácia das leis no espaço.*

Podemos observar que o primeiro conteúdo programático é bem mais enxuto que o segundo, mas ainda que contenham distinções, é possível verificar que os pontos dos editais são bem parecidos.

Na minha opinião, a principal diferença entre os editais é a forma como os assuntos estão pormenorizados, como será explicitado na tabela a seguir. Além disso, no edital da Defensoria Pública de Minas Gerais não há qualquer menção expressa a "Jurisprudência dos tribunais superiores", o que, por óbvio, não significa que decisões do Supremo Tribunal Federal e Superior Tribunal de Justiça não podem ser objeto de questionamento. Veja:

DEFENSORIA PÚBLICA DE MINAS GERAIS	DEFENSORIA PÚBLICA DO DISTRITO FEDERAL
1. Lei de Introdução às Normas do Direito Brasileiro.	1 Lei de introdução às normas do direito brasileiro. 1.1 Vigência, aplicação, obrigatoriedade, interpretação e integração das leis. 1.2 Conflito das leis no tempo. 1.3 Eficácia das leis no espaço.
2. Da pessoa natural. Das pessoas jurídicas. Do domicílio.	2 Pessoas naturais. 2.1 Conceito. 2.2 Início da pessoa natural. 2.3 Personalidade. 2.4 Capacidade. 2.5 Internação Psiquiátrica Involuntária. 2.6 Direitos da personalidade. 2.7 Nome civil. 2.8 Estado

DEFENSORIA PÚBLICA DE MINAS GERAIS	DEFENSORIA PÚBLICA DO DISTRITO FEDERAL
	civil. 2.9 Domicílio. 2.10 Ausência. 3 Pessoas jurídicas. 3.1 Disposições Gerais. 3.2 Conceito e Elementos Caracterizadores. 3.3 Constituição. 3.4 Extinção. 3.5 Capacidade e direitos da personalidade. 3.6 Domicílio. 3.7 Sociedades de fato. 3.8 Associações. 3.9 Sociedades. 3.10 Fundações. 3.11 Grupos despersonalizados. 3.12 Desconsideração da personalidade jurídica. 3.13 Responsabilidade da pessoa jurídica e dos sócios.
3. Dos bens.	4 Bens. 4.1 Diferentes classes. 4.2 Bens Corpóreos e incorpóreos. 4.3 Bens no comércio e fora do comércio.
4. Dos fatos jurídicos. Do negócio jurídico. Dos atos jurídicos lícitos. Dos atos ilícitos. Da prescrição e da decadência.	5 Fato jurídico. 6 Negócio jurídico. 6.1 Disposições gerais. 6.2 Classificação e interpretação. 6.3 Elementos. 6.4 Representação. 6.5 Condição, termo e encargo. 6.6 Defeitos do negócio jurídico. 6.7 Existência, eficácia, validade, invalidade e nulidade do negócio jurídico. 6.8 Simulação. 7 Atos jurídicos lícitos e ilícitos. 8 Prescrição e decadência. 9 Prova do fato jurídico.
8. Direito das Obrigações. Modalidades. Transmissão. Adimplemento e Extinção. Inadimplemento.	10 Obrigações. 10.1 Características. 10.2 Elementos 10.3 Princípios. 10.4 Boa fé. 10.5 Obrigação complexa (a obrigação como um processo). 10.6 Obrigações de dar. 10.7 Obrigações de fazer e de não fazer. 10.8 Obrigações alternativas e facultativas. 10.9 Obrigações divisíveis e indivisíveis. 10.10 Obrigações solidárias. 10.11 Obrigações civis e naturais, de meio, de resultado e de garantia. 10.12 Obrigações de execução instantânea, diferida e continuada. 10.13 Obrigações puras e simples, condicionais, a termo e modais. 10.14 Obrigações líquidas e ilíquidas. 10.15 Obrigações principais e acessórias. 10.16 Transmissão das obrigações. 10.17 Adimplemento e extinção das obrigações. 10.18 Inadimplemento das obrigações.

DEFENSORIA PÚBLICA DE MINAS GERAIS	DEFENSORIA PÚBLICA DO DISTRITO FEDERAL
9. Contratos. Várias espécies de contrato. Atos unilaterais.	11 Contratos. 11.1 Princípios. 11.2 Classificação. 11.3 Contratos em geral. 11.4 Disposições gerais. 11.5 Interpretação. 11.6 Extinção. 11.7 Espécies de contratos regulados no Código Civil. 11.8 Contrato privado de seguro de assistência à saúde. 12 Atos unilaterais.
10. Responsabilidade Civil.	13 Responsabilidade civil.
6. Posse. Propriedade. Servidões. Usufruto. Uso. Habitação. Direito do promitente comprador. Penhor. Hipoteca e anticrese.	14 Posse. 15 Direitos reais. 15.1 Disposições gerais. 15.2 Propriedade. 15.3 Superfície. 15.4 Servidões. 15.5 Usufruto. 15.6 Uso. 15.7 Habitação. 15.8 Direito do promitente comprador. 16 Direitos reais de garantia. 16.1 Características. 16.2 Princípios. 16.3 Penhor, hipoteca e anticrese.
5. Do casamento. Relação de parentesco. Do regime de bens. Usufruto e administração dos bens dos filhos menores. Alimentos. Bem de família. União estável. Tutela e curatela.	17 Direito das famílias. 17.1 Casamento. 17.2 Relações de parentesco. 17.3 Regime de bens entre os cônjuges. 17.4 Usufruto e administração dos bens de filhos menores. 17.5 alimentos. 17.6 Lei Federal nº 8.009/1990 e suas alterações (Bem de Família). 17.7 União estável. 17.8 Concubinato. 17.9 Tutela. 17.10 Curatela. 17.11 Lei nº 11.804/2008 (Alimentos gravídicos).
11. Sucessão em geral. Sucessão legítima. Sucessão testamentária. Inventário e Partilha.	18 Direito das sucessões. 18.1 Sucessão em geral. 18.2 Sucessão legítima. 18.3 Sucessão testamentária. 18.4 Inventário e partilha.
7. Registros Públicos. Lei 6.015/73.	19 Lei nº 6.766/1979 e suas alterações (parcelamento do solo urbano). 20 Lei nº 6.015/1973 e suas alterações (Registros Públicos). 20.1 Noções gerais, registros, presunção de fé pública, prioridade, especialidade, legalidade, continuidade, transcrição, inscrição e averbação. 20.2 Procedimento de dúvida.
No edital, há conteúdo programático referente a <u>legislação especial</u>, no qual estão incluídos:	21 Lei nº 10.741/2003 e suas alterações (Estatuto do Idoso). 22 Lei nº 8.245/1991 e suas alterações (Locação de imóveis

DEFENSORIA PÚBLICA DE MINAS GERAIS	DEFENSORIA PÚBLICA DO DISTRITO FEDERAL
- Estatuto do Idoso; - Lei de Locações; - Estatuto da Pessoa com Deficiência; - Marco Civil da Internet, dentre outros.	urbanos). 22.1 Disposições gerais, locação em geral, sublocações, aluguel, deveres do locador e do locatário, direito de preferência, benfeitorias, garantias locatícias, penalidades civis, nulidades, locação residencial, locação para temporada, locação não residencial. 23 Condomínio em edificações e incorporações imobiliárias (Leis nº 4.591/1964 e suas alterações e nº 10.931/2004 e suas alterações). 24 Lei nº 13.146/2015 e suas alterações (Estatuto da pessoa com deficiência).
Sem correspondência	25 Jurisprudência dos tribunais superiores.

Os conteúdos programáticos acima se referem aos dois últimos editais para a Defensoria Pública Estadual publicados. Entretanto, ao analisar os conteúdos programáticos de provas anteriores, principalmente aquelas organizadas pela FCC, observa-se conteúdos programáticos bem mais extensos, como é o caso das provas para a Defensoria Pública do Amazonas, com a divisão da matéria em aproximadamente cinquenta tópicos:

> 1. Ordenamento jurídico e conceito de sistemas. Estrutura e função do Direito. 2. Evolução do Direito Privado no Brasil. Dicotomia entre Direito Público e Direito Privado. Princípios informativos do Código Civil de 1916. Direitos subjetivos. Codificação, completude e formalismo jurídico. 3. Constitucionalização do Direito Civil. Princípios de interpretação constitucional. Aplicação direta da Constituição nas relações privadas. Proteção dos grupos sociais vulneráveis no âmbito do Direito Privado. 4. Histórico de tramitação e aprovação do Código Civil de 2002. Base filosófica do Código Civil de 2002: O Culturalismo de Miguel Reale. Teoria Tridimensional do Direito. Fontes e modelos de Direito. Princípios informativos do Código Civil de 2002. 5. Cláusulas gerais: conceito, características e funções. Cláusulas gerais no Código Civil de 2002. 6. Boa-fé. Conceito, espécies, funções e aplicabilidade nas relações privadas. 7. Função social. Conceito, espécies e aplicabilidade nas relações privadas. 8. Lei de Introdução às normas do Direito Brasileiro. 9. Pessoa natural. Aquisição e extinção da personalidade. Direitos da personalidade. Nascituro. Embrião excedentário. Nome. Nome social. Estado. Registro das pessoas naturais. Transexualidade. Capacidade e emancipação. Incapacidade. Suprimento da incapacidade.

Internação psiquiátrica involuntária. Ausência. Administração de bens e direitos de incapazes. Domicílio e residência. 10. Pessoas jurídicas. Definição e natureza. Classificações. Registro. Nome. Domicílio. Prova. Teoria da desconsideração da personalidade jurídica. Pessoas Jurídicas como titulares de direitos fundamentais. Fundações. Associações. Organizações sociais. 11. Dos bens. Bens considerados em si mesmos. Bens imóveis. Bens móveis. Bens fungíveis e consumíveis. Bens divisíveis. Bens singulares e coletivos. Bens reciprocamente considerados. Bens públicos. 12. Fatos jurídicos. Fatos e fatos juridicamente qualificados. Classificação. Aquisição, modificação e extinção de situações jurídicas. Atos jurídicos. Autonomia privada. Conceito, elementos e modalidades. Negócio jurídico. Conceito e classificação. Vontade e autonomia privada. Existência, validade e eficácia. Defeitos dos negócios jurídicos. Modificação, conservação e extinção dos negócios jurídicos. 13. Ato ilícito extracontratual. Causas excludentes de ilicitude. 14. Abuso do direito. Conceito, natureza, requisitos e efeitos. Modalidades de abuso do direito. Aplicabilidade nas relações de Direito Público e Privado. 15. Prescrição e decadência. 16. Da prova. 17. Direito das obrigações. Obrigação complexa. Conceito, elementos, fontes e classificação. Modalidades. Obrigações solidárias. Transmissão das obrigações: Cessão de crédito e assunção de dívida. Adimplemento das obrigações: sujeitos, objeto, prova, lugar e tempo do pagamento. Extinção das obrigações: Pagamento, pagamento em consignação, pagamento com sub-rogação, imputação do pagamento, dação em pagamento, novação, compensação; remissão; confusão. Inadimplemento das Obrigações. Inadimplemento absoluto e mora. Perdas e danos. Juros. Correção monetária. Cláusula penal. Arras. Prisão Civil. 18. Contratos. Conceito, classificação e generalidades. Funções e efeitos da boa-fé nas relações contratuais. Função social dos contratos. Princípio da equivalência material. Formação dos contratos. Estipulação em favor de terceiro. Promessa de fato de terceiro. Vícios redibitórios. Evicção. Contratos aleatórios. Contrato preliminar. Contrato com pessoa a declarar. Extinção dos contratos. Distrato. Cláusula resolutiva. Exceção de contrato não cumprido. Teoria da imprevisão. Teoria da resolução por onerosidade excessiva. Teoria da base objetiva do negócio jurídico. Teoria do adimplemento substancial. 19. Contratos em espécie. Compra e venda. Troca. Venda com reserva de domínio. Doação. Locação de coisas. Empréstimo, comodato e mútuo. Prestação de serviço. Empreitada. Depósito. Mandato. Comissão. Agência e distribuição. Corretagem. Transporte. Seguro. Fiança. Planos e seguros privados de assistência à saúde. Empréstimo consignado em folha de pagamento. Alienação fiduciária em garantia. 20. Dos atos unilaterais. Promessa de recompensa. Gestão de negócios. Pagamento indevido. Enriquecimento sem causa. 21. Responsabilidade civil.

Conceito e princípios. Evolução da responsabilidade civil no Direito brasileiro. Funções da responsabilidade civil contemporânea. Responsabilidade civil extracontratual, pré-contratual e contratual. Teorias da responsabilidade civil: conceito, espécies, requisitos e aplicabilidade. Espécies de responsabilidade civil. Causas excludentes da responsabilidade civil. Obrigação de indenizar. Indenização e compensação de danos. Securitização. DPVAT. 22. Preferências e privilégios creditórios. (...) 24. Direito das coisas. Posse. Teorias da posse. Conceito, classificação, aquisição, efeitos, proteção e perda da posse. Função social da posse. Teorias da função social da posse. Conceito, conteúdo e concretização da função social da posse. Função socioambiental da posse. 25. Direitos reais. Propriedade. Conceito, classificação, aquisição, proteção e perda da propriedade. Evolução da propriedade no Direito brasileiro. Lei de Terras (Lei nº 601/1850). Disciplina constitucional da propriedade. Função social da propriedade: conceito, conteúdo e concretização da função social da propriedade. Função socioambiental da propriedade. Parcelamento do solo urbano. Regularização fundiária de assentamentos localizados em áreas urbanas. 26. Direitos de vizinhança. Condomínio geral. Condomínio edilício. Propriedade resolúvel. Propriedade fiduciária. 27. Direitos reais sobre coisa alheia. Superfície. Direito de Sobrelevação. Servidões. Uso. Usufruto. Habitação. 28. Direito real à aquisição. Direito do promitente comprador. Compromisso de venda e compra. Adjudicação compulsória. 29. Direitos reais em garantia. Penhor. Hipoteca. 30. Entidades familiares. Origem e conceitos. Relações familiares plurais. Fundamentos da diversidade familiar e afetiva. Diversidade sexual. Família homoafetiva. Princípios constitucionais da família. Princípios constitucionais aplicáveis às relações familiares. Planejamento familiar. Violência doméstica. Homofobia. Discriminação em razão de orientação sexual. 31. Esponsais. Casamento heteroafetivo e homoafetivo: capacidade, impedimentos, causas suspensivas, habilitação, celebração, eficácia, direitos e deveres. Invalidade do casamento, separação e divórcio. Direito patrimonial. Regime de bens: espécies. Pacto antenupcial. Meação e sucessão do cônjuge. Usufruto e administração de bens de filhos incapazes. Bem de família. 32. Relações de parentesco. Vínculos de parentesco. Multiparentalidade. Ascendência genética. Homoparentalidade. Paternidade e maternidade. Filiação. Princípios relativos à filiação. Espécies de filiação. Origem genética. Reprodução assistida. Reconhecimento de filhos. Socioafetividade. Adoção. 33. Proteção da pessoa dos filhos. Convivência familiar. Poder familiar. Guarda. Direito de visitas. Alienação Parental. 34. União estável heteroafetiva e homoafetiva. Aspectos constitucionais. Características, estado, impedimentos, direitos, deveres e efeitos patrimoniais. Regime de bens, meação e sucessão do companheiro. Uniões estáveis concomitantes.

Concubinato. 35. Alimentos. Princípios informativos do direito alimentar. Conceito. Natureza. Classificação dos alimentos. Características do direito alimentar. Características da obrigação alimentar. Origens e sujeitos das obrigações alimentares. Alimentos Gravídicos. Tutela, curatela e tomada de decisão apoiada. 36. Sucessão. Disposições gerais. Herança. Vocação hereditária. Aceitação e renúncia. Exclusão da sucessão. Herança jacente. Herança vacante. Sucessão legítima e sucessão testamentária. Inventário e partilha. Arrolamentos. Alvarás judiciais. Partilha de bens e direitos. ITCMD. 37. Registros Públicos (Lei Federal nº 6.015/1973). (...) 40. Lei de Locações (Lei Federal nº 8.245/1991). 41. Estatuto da Cidade (Lei Federal nº 10.257/2001). 42. Estatuto do idoso (Lei Federal nº 10.741/2003). 43. Bem de Família (Lei Federal nº 8.009/1990).44. Alimentos (Lei Federal nº 5.478/1968) 45. Alimentos gravídicos (Lei nº 11.804/2008). 46. Parcelamento do solo (Lei Federal nº 6.766/79). 47. Estatuto da pessoa com deficiência (Lei Federal nº 13.146/15). 48. Resolução do CNJ nº 125/2010, nº 131/2011 e nº 175/2013. 50. Provimento do CNJ nº 16/2012, nº 19/2012, nº 28/2013 e nº 44/15. (...)[4]

O conteúdo programático acima será utilizado como padrão por dois motivos principais: o primeiro é que a FCC é a responsável por organizar o maior número de provas para a Defensoria Pública estadual nos últimos anos, de modo que utilizar editais dessa banca como padrão será uma ótima forma de antecipar os possíveis pontos que serão incluídos nos editais no futuro; o segundo é que considero mais eficiente estudar por um conteúdo programático mais especificado, do que aqueles mais genéricos, como é o caso daquele trazido pelo edital da Defensoria Pública de Minas Gerais.

De acordo com o levantamento feito dos últimos concursos para a Defensoria Pública foi possível perceber que das 24 (vinte e quatro) provas ocorridas entre os anos de 2015 e 2019, 12 (doze) delas (ou seja, **a metade**) foram organizadas pela Banca FCC e outras 6 (seis) pela Banca CESPE.

Ambas as bancas organizadoras mantêm o padrão acima de divisão da matéria em tópicos e subtópicos, de forma bem mais especificada do que ocorre com outras bancas, como a FUNDEP, por exemplo.

Entretanto, temos que analisar também dois editais específicos, que se mostram bem particulares. O primeiro é o da Defensoria Pública de

4 Conteúdo programático retirado do edital da prova da Defensoria Pública do Amazonas, do ano de 2018, com algumas exclusões, que se referem à Direito do Consumidor, Direito Empresarial e Direito da Criança e do Adolescente.

São Paulo, cujo último concurso foi organizado pela FCC, cujo conteúdo programático segue abaixo:

> 1. Ordenamento jurídico e conceito de sistemas. Estrutura e função do Direito. 2. Evolução do Direito Privado no Brasil. Dicotomia entre Direito Público e Direito Privado. Direitos subjetivos. Codificação, completude e formalismo jurídico. 3. Constitucionalização do Direito Civil. Princípios de interpretação constitucional. Aplicação direta da Constituição nas relações privadas. Proteção dos grupos sociais vulneráveis no âmbito do Direito Privado. 4. Fontes e modelos de Direito. Princípios informativos do Código Civil de 2002. 5. Cláusulas gerais: conceito, características e funções. Cláusulas gerais no Código Civil de 2002. 6. Boa-fé. Conceito, espécies, funções e aplicabilidade nas relações privadas. 7. Função da posse. Função social da posse. Teorias da função social da posse. Conceito, conteúdo e concretização da função social da posse. Função socioambiental da posse. 25. Direitos reais. Propriedade. Conceito, classificação, aquisição, proteção e perda da propriedade. Evolução da propriedade no Direito brasileiro. Lei de Terras (Lei nº 601/1850). Disciplina constitucional da propriedade. Função social da propriedade: conceito, conteúdo e concretização da função social da propriedade. Função socioambiental da propriedade. Parcelamento do solo urbano. Regularização fundiária de assentamentos localizados em áreas urbanas. 26. Direitos de vizinhança. Condomínio geral. Condomínio edilício. Propriedade resolúvel. Propriedade fiduciária. 27. Direitos reais sobre coisa alheia. Superfície. Direito de Sobrelevação. Servidões. Uso. Usufruto. Habitação. 28. Direito real à aquisição. Direito do promitente comprador. Compromisso de venda e compra. Adjudicação compulsória. 29. Direitos reais em garantia. Penhor. Hipoteca. 30. Entidades familiares. Origem e conceitos. Relações familiares plurais. Fundamentos da diversidade familiar e afetiva. Diversidade sexual. Família homoafetiva. Princípios constitucionais da família. Princípios constitucionais aplicáveis às relações familiares. Planejamento familiar. Violência doméstica. Homofobia. Discriminação em razão de orientação sexual (Lei Estadual nº 10.948/2001). 31. Esponsais. Casamento heteroafetivo e homoafetivo: capacidade, impedimentos, causas suspensivas, habilitação, celebração, eficácia, direitos e deveres. Invalidade do casamento, separação e divórcio. Direito patrimonial. Regime de bens: espécies. Pacto antenupcial. Meação e sucessão do cônjuge. Usufruto e administração de bens de filhos incapazes. Bem de família. 32. Relações de parentesco. Vínculos de parentesco. Multiparentalidade. Ascendência genética. Homoparentalidade. Paternidade e maternidade. Filiação. Princípios relativos à filiação. Espécies de filiação. Origem genética. Reprodução assistida. Reconhecimento de filhos. Socioafetividade. Adoção. 33. Proteção da pessoa dos filhos. Convivência familiar.

Poder familiar. Guarda. Direito de visitas. Alienação Parental. 34. União estável heteorafetiva e homoafetiva. Aspectos constitucionais. Características, estado, impedimentos, direitos, deveres e efeitos patrimoniais. Regime de bens, meação e sucessão do companheiro. Uniões estáveis concomitantes. Concubinato. 35. Alimentos. Princípios informativos do direito alimentar. Conceito. Natureza. Classificação dos alimentos. Características do direito alimentar. Características da obrigação alimentar. Origens e sujeitos das obrigações alimentares. Alimentos Gravídicos. Tutela, curatela e tomada de decisão apoiada. 36. Sucessão. Disposições gerais. Herança. Vocação hereditária. Aceitação e renúncia. Exclusão da sucessão. Herança jacente. Herança vacante. Sucessão legítima e sucessão testamentária. Inventário e partilha. Arrolamentos. Alvarás judiciais. Partilha de bens e direitos. ITCMD e Lei Estadual nº 10.705/2000). 37. Registros Públicos e Lei Federal nº 6.015/1973). 38. Código de Defesa do Consumidor e Lei Federal nº 8.078/1990. 39. Estatuto da Criança e do Adolescente e Lei Federal nº 8.069/1990). 40. Lei de Locações e Lei Federal nº 8.245/1991). 41. Estatuto da Cidade (Lei Federal nº 10.257/2001). 42. Estatuto do idoso (Lei Federal nº 10.741/2003). 43. Bem de Família (Lei Federal nº 8.009/1990). 44. Alimentos e Lei Federal nº 5.478/1968. 45. Alimentos gravídicos e Lei nº 11.804/2008)46. 46. Parcelamento do solo e Lei Federal nº 6.766/79. 47. Locação social (Lei Estadual nº 10.365/99 e Decreto Estadual nº 55.334/10, alterado pelo Decreto Estadual nº 55.370/10). 48. Estatuto da pessoa com deficiência e Lei Federal nº 13.146/15. 49. Resolução do CNJ nº 125/2010, nº 131/2011 e nº 175/2013. 50. Provimento do CNJ nº 16/2012, nº 19/2012, nº 28/2013 e nº 44/15. 51. Provimento da Corregedoria Geral do TJSP nº 18/2012, nº 16/2013 e nº 21/2013. 52. Jurisprudência dos Tribunais Superiores e do Tribunal de Justiça do Estado de São Paulo na matéria constante do programa de Direito Civil.

Observamos acima que a parte inicial do conteúdo programático, correspondente à parte principiológica do Direito Civil, é bem extensa e, além disso, há menção expressa a provimentos e resoluções do Conselho Nacional de Justiça, bem como a provimentos da Corregedoria Geral e jurisprudência do TJSP, o que torna o estudo bem específico para a prova da DPSP.

Provavelmente não é novidade para nenhum concurseiro que o conteúdo de Direito Civil é um dos mais extensos dentre as matérias cobradas, mas não é impossível de ser vencido, especialmente se o candidato organizar o seu estudo e fizer uso de uma boa bibliografia.

Para o estudo específico de qualquer prova, quando da publicação do edital, é preciso conferi-lo, especialmente para detectar a inclusão de pontos específicos, como ocorreu na Defensoria Pública de São Paulo.

Apesar de ser comum a inclusão de alguns pontos diferentes em alguns editais, é possível, através do levantamento das questões cobradas nas últimas provas, prever quais são os assuntos que merecem mais atenção.

Por fim, é preciso tecer alguns comentários sobre as provas para a Defensoria Pública do Estado do Rio de Janeiro. Dentre as provas realizadas para o cargo de Defensor Público, a referida prova era a única em que todas as etapas eram compostas por questões discursivas, bem como organizada por Banca da própria instituição. No XXVII Concurso, a prova da primeira fase passou a ser objetiva. Ainda assim, não há como ignorar o fato de que, se o seu objetivo é a aprovação na prova do Estado do Rio de Janeiro, o estudo deve ser específico, com cursos voltados para a prova e análise pormenorizada do edital.

Por experiência própria, nas provas para a Defensoria Pública do Rio de Janeiro é comum a cobrança de temas que foram destaque na instituição, tanto na prova preliminar como nas provas específicas, já tendo ocorrido, inclusive, formulação de questão que envolvia tema objeto de publicação no site da instituição.

3 ANÁLISE GERAL DAS ÚLTIMAS PROVAS OBJETIVAS: ANÁLISE DA PRINCIPAL BANCA, ABORDAGENS E ASSUNTOS MAIS COBRADOS

A proposta da presente obra não é ensinar ao leitor o conteúdo de cada uma das disciplinas do programa, mas, sim, apontar alguns aspectos estatísticos que podem direcionar os estudos daqueles que almejam a aprovação no cargo de Defensor Público estadual.

Nos concursos realizados para o cargo de Defensor Público dos Estados dos anos de 2015 a 2019, a regra tem sido a delegação da primeira fase à bancas especializadas, o que pode gerar uma maior padronização das questões cobradas nessa fase, com a cobrança recorrente de alguns temas.

Como visto na tabela acima, a principal banca examinadora dos últimos concursos para a Defensoria Pública estadual foi a FCC, que foi responsável pela metade (12) das provas realizadas nos últimos anos (24). Veja:

DEFENSORIA PÚBLICA	ANO	INSTITUIÇÃO
DP-PE	2015	CESPE

DEFENSORIA PÚBLICA	ANO	INSTITUIÇÃO
DP-RN	2015	CESPE
DP-AC	2017	CESPE
DP-AL	2017	CESPE
DP-PE	2018	CESPE
DP-DFT	2019	CESPE
DP-MG	2019	FUNDEP
DP-MA	2015	FCC
DP-SP	2015	FCC
DP-BA	2016	FCC
DP-ES	2016	FCC
DP-PR	2017	FCC
DP-SC	2017	FCC
DP-RS	2017	FCC
DP-AM	2018	FCC
DP-AP	2018	FCC
DP-AM (reaplicação)	2018	FCC
DP-SP	2018	FCC
DP-MA	2018	FCC
DP-RO	2017	VUNESP
DP-RJ	2016	BANCA PRÓPRIA
DP-RJ	2019	BANCA PRÓPRIA
DP-PA	2015	FMP CONCURSOS
DP-MT	2016	UFMT

Percebe-se que as bancas organizadoras mais utilizadas nos últimos anos foram a FCC (com doze provas) e a CESPE (com seis provas), as quais apresentam características bem diferentes quanto à elaboração de questões. Aqui, não se trata de classificar as questões em graus de dificuldade (até porque essa aferição é pessoal muitas vezes), mas sim de analisar a diferença das abordagens.

Assim, analisamos as questões das duas bancas citadas acima e as separamos nas seguintes categorias: doutrina, lei e jurisprudência. Chegamos ao seguinte resultado:

	CESPE	FCC
DOUTRINA	12 questões	26 itens
LEI	32 questões	67 itens
JURISPRUDÊNCIA	22 questões	32 itens

Pelo levantamento das provas organizadas pela banca CESPE nos últimos anos, fica clara a maior incidência de questionamento da legislação e, também, dos entendimentos jurisprudenciais.

Dentre as provas analisadas, duas foram formuladas no esquema "certo/errado", típico da banca CESPE. Na primeira (DPE-PE 2015), 9 (nove) itens tinham como objeto questionamento sobre a jurisprudência, enquanto na segunda (DPE-DF 2019) apenas 3 (três) itens tinham essa abordagem.

Não se pode, ainda, atestar com segurança que há uma tendência para maior incidência de questões sobre legislação, no entanto, nas duas provas de 2015 organizadas pela CESPE para o cargo de Defensor Público vimos um maior número de questões sobre jurisprudência que as demais.

De qualquer forma, a cobrança de entendimentos jurisprudenciais, consolidados ou não, pela banca CESPE é uma das suas características principais, de modo que esse estudo não pode ser deixado de lado pelo candidato se a prova está sendo organizada por esta banca.

Para ilustrar o que estamos dizendo, trazemos como exemplo uma questão da prova para a Defensoria Pública do Distrito Federal (2019):

> *De acordo com as disposições do Código Civil e com a jurisprudência do STJ acerca da responsabilidade civil, julgue os itens a seguir.*
>
> ***32.** Dano extrapatrimonial coletivo dispensa a comprovação da dor, do sofrimento e de abalo psicológico, elementos que são suscetíveis para serem apreciados na esfera do indivíduo, contudo não aplicáveis aos interesses difusos e coletivos.*

O gabarito definitivo considerou que o item é *errado*, de acordo com o Recurso Especial 1.057.274/SP, do qual destaco um trecho principal: "O dano extrapatrimonial coletivo prescinde da comprovação de dor, de sofrimento e de abalo psicológico, suscetíveis de apreciação na esfera do indivíduo, mas inaplicável aos interesses difusos e coletivos."

Além das questões no esquema "certo/errado", as provas da CESPE também são formuladas no estilo tradicional, com apresentação de cinco itens para assinalar o item correto:

(DPE-PE 2018)

De acordo com a jurisprudência do Supremo Tribunal Federal (STF) e do STJ acerca da união estável e casamento, assinale a opção correta.

A *É possível o reconhecimento da união estável entre pessoas do mesmo sexo, sendo vedado o casamento civil.*

B *A união estável homoafetiva é vedada no ordenamento jurídico brasileiro: união estável consiste de uma relação entre homem e mulher, contínua e duradoura, com o objetivo de constituição de família.*

C *Como não se trata de entidade familiar, a relação entre pessoas do mesmo sexo é uma sociedade de fato, inclusive com competência da vara cível, e não da de família, para eventual ajuizamento de ação.*

D *A união entre duas pessoas do mesmo sexo é reconhecida como entidade familiar, com convivência pública, contínua, duradoura, com o objetivo de constituição de família, e é de competência da vara de família o ajuizamento de eventual ação a respeito.*

E *Diferentemente do instituto do casamento, a companheira ou o companheiro, na vigência da união estável, participará da sucessão do outro apenas quanto aos bens adquiridos onerosamente.*

O gabarito oficial traz a alternativa D como correta, fundamentada na decisão proferida pelo Supremo Tribunal Federal na ADI 4277/DF que interpretou o artigo 1723 do Código Civil em conformidade com a Constituição para reconhecer a união homoafetiva como entidade familiar.

A intenção de trazer algumas questões como ilustração é apresentar que, em regra, as questões que trazem a jurisprudência como tema já trazem essa indicação no enunciado, como é possível observar acima quando o enunciado fala em "de acordo com a jurisprudência (...)". No entanto, ainda que haja essa indicação, em algumas questões, a resposta correta não está na jurisprudência necessariamente, entretanto, o conhecimento desta é indispensável para encontrar os erros de outras alternativas.

Por sua vez, a banca FCC apresenta abordagem diversa das questões, com maior incidência de questionamento da letra da lei nas questões. Ao contrário do que ocorre com as questões que trazem como tema a jurisprudência, quando a abordagem é a "letra de lei" nem sempre há indicação no enunciado. Veja:

(DPE-RS 2018)

Sobre o direito das sucessões, analise as assertivas abaixo.

I. A sucessão se abre no local do óbito do falecido.

II. A sucessão regula-se pela lei vigente na época de abertura do inventário.

III. Aberta a sucessão, a herança transmite-se, desde logo, aos herdeiros testamentários.

O gabarito oficial aponta como *correto* apenas o item III. O item I traz afirmação contrária ao previsto pelo artigo 1785 do Código Civil no qual a sucessão abre-se no lugar do *último domicílio do falecido*. Por sua vez, em relação ao item II, o artigo 1787 do Código Civil diz que a sucessão é regulada pela lei vigente ao tempo da sua abertura, ou seja, da morte e não da abertura do inventário. Por fim, o item III está de acordo com o disposto pelo artigo 1784 do Código Civil.

Portanto, podemos perceber que com o conhecimento de três artigos específicos do Código Civil seria possível responder a questão.

Por outro lado, há algumas questões que combinam o conhecimento da lei com o entendimento dos Tribunais Superiores:

(DPE-SP 2019)

Marcos e Antônia casaram-se em 20 de dezembro de 2017. Antônia tem um filho de 20 anos com José, de quem ficou viúva em 1998. Nessa primeira união, cujo regime era de comunhão parcial de bens, Antônia adquiriu um apartamento e, após o casamento com Marcos, adquiriu uma casa na praia com recursos exclusivamente próprios. Antônia faleceu em 15 de março de 2018, sem realizar inventário dos bens do primeiro esposo. Considerando a situação acima exposta, de acordo com o que dispõe o Código Civil em vigor, Marcos

- **A** *será herdeiro com relação a todos os bens.*
- **B** *será herdeiro de Antônia com relação ao apartamento e meeiro com relação à casa na praia.*
- **C** *não será herdeiro de Antônia.*
- **D** *não terá direito ao apartamento e será meeiro da casa na praia.*
- **E** *terá direito à meação de todos os bens.*

O gabarito oficial aponta a alternativa C como correta. Os fundamentos para a questão são os artigos 1641, inciso I c/c 1523, ambos do Código Civil, bem o artigo 1829, inciso I, do mesmo Código e a Súmula 377 do STF. Portanto, além de artigos do Código Civil, também era necessário o conhecimento de súmula do STF para resolver a questão.

Diante desse levantamento, é possível perceber que o maior percentual de questões se dedica à literalidade das normas legais e constitucionais, vindo em seguida a cobrança dos entendimentos jurisprudenciais, principalmente do Superior Tribunal de Justiça.

É essencial manter-se atualizado com os informativos de jurisprudência dos tribunais superiores, especialmente nos do Superior Tribunal de Justiça, as novas súmulas e novas teses firmadas em recursos repetitivos.

Além de sites especializados em resumos de informativos o candidato também pode utilizar os próprios sites dos tribunais superiores que disponibilizam seus informativos divididos por ramos de direito.

Para a primeira fase conhecer as teses firmadas em julgamentos repetitivos e com repercussão geral é suficiente, devendo o estudo ser aprofundado para as fases seguintes do certame.

Por fim, podemos observar que o número de questões envolvendo doutrina é bem menor que o comparativo da lei seca e jurisprudência, mas a forma com que as bancas tem exigido a doutrina não deve causar surpresa ao candidato bem preparado já que a maioria das questões tem cobrado questões envolvendo conceitos doutrinários, geralmente ligados aos princípios básicos do direito civil, classificação dos institutos, etc.

Um exemplo é a questão formulada pela banca FCC para a última prova da DPE-SP:

> *O contrato de seguro prestamista é classificado como*
>
> **A** *oneroso e de adesão.*
>
> **B** *aleatório, acessório e paritário.*
>
> **C** *oneroso, paritário e aleatório.*
>
> **D** *gratuito, de adesão e aleatório.*
>
> **E** *principal, oneroso e paritário.*

Como se vê, a questão trata da classificação doutrinária para o contrato do seguro prestamista, que é aquele que se destina à quitação do saldo devedor existente em outro contrato bancário. O gabarito oficial aponta a alternativa A como correta, classificando o contrato como acessório (*depende da existência de outro contrato*), oneroso (*prevê obrigações a serem cumpridas pelas partes*) e de adesão (*as cláusulas do contrato já estão previamente estabelecidas pelo proponente*).

Como forma de trazer o maior número de dados estatísticos possível ao leitor, fizemos o levantamento da distribuição de questões conforme os tópicos do conteúdo programático, tendo como base o conteúdo programático da Defensoria Pública do Amazonas, pelos motivos já declinados.

Desse modo, fica relativamente clara a predileção das instituições por determinados conteúdos:

	CONTEÚDO PROGRAMÁTICO DO EDITAL DA DEFENSORIA PÚBLICA DO AMAZONAS (2018)	
	Tópico do Conteúdo Programático	**Quantidade de Itens**[5]
PARTE INTRODUTÓRIA/ PRINCIPIOLÓGICA	1. Ordenamento jurídico e conceito de sistemas. Estrutura e função do Direito. 2. Evolução do Direito Privado no Brasil. Dicotomia entre Direito Público e Direito Privado. Princípios informativos do Código Civil de 1916. Direitos subjetivos. Codificação, completude e formalismo jurídico. 3. Constitucionalização do Direito Civil. Princípios de interpretação constitucional. Aplicação direta da Constituição nas relações privadas. Proteção dos grupos sociais vulneráveis no âmbito do Direito Privado. 4. Histórico de tramitação e aprovação do Código Civil de 2002. Base filosófica do Código Civil de 2002: O Culturalismo de Miguel Reale. Teoria Tridimensional do Direito. Fontes e modelos de Direito. Princípios informativos do Código Civil de 2002. 5. Cláusulas gerais: conceito, características e funções. Cláusulas gerais no Código Civil de 2002. 6. Boa-fé. Conceito, espécies, funções e aplicabilidade nas relações privadas. 7. Função social. Conceito, espécies e aplicabilidade nas relações privadas. 8. Lei de Introdução às normas do Direito Brasileiro.	10 itens

5 Quantidade "aproximada" de itens, pois, algumas podem envolver o conhecimento relacionado a mais de um tópico do conteúdo programático. A consolidação foi feita com base no conteúdo programático do edital da Defensoria Pública do Amazonas, pois, trata-se do último conteúdo programático publicado pela Fundação Carlos Chagas.

DAS PESSOAS	9. Pessoa natural. Aquisição e extinção da personalidade. Direitos da personalidade. Nascituro. Embrião excedentário. Nome. Nome social. Estado. Registro das pessoas naturais. Transexualidade. Capacidade e emancipação. Incapacidade. Suprimento da incapacidade. Internação psiquiátrica involuntária. Ausência. Administração de bens e direitos de incapazes. Domicílio e residência. 10. Pessoas jurídicas. Definição e natureza. Classificações. Registro. Nome. Domicílio. Prova. Teoria da desconsideração da personalidade jurídica. Pessoas Jurídicas como titulares de direitos fundamentais. Fundações. Associações. Organizações sociais.	08 itens
DOS BENS	11. Dos bens. Bens considerados em si mesmos. Bens imóveis. Bens móveis. Bens fungíveis e consumíveis. Bens divisíveis. Bens singulares e coletivos. Bens reciprocamente considerados. Bens públicos.	06 itens
DOS FATOS JURÍDICOS; TEORIA GERAL DO NEGÓCIO JURÍDICO; PRESCRIÇÃO E DECADÊNCIA	12. Fatos jurídicos. Fatos e fatos juridicamente qualificados. Classificação. Aquisição, modificação e extinção de situações jurídicas. Atos jurídicos. Autonomia privada. Conceito, elementos e modalidades. Negócio jurídico. Conceito e classificação. Vontade e autonomia privada. Existência, validade e eficácia. Defeitos dos negócios jurídicos. Modificação, conservação e extinção dos negócios jurídicos. 13. Ato ilícito extracontratual. Causas excludentes de ilicitude. 14. Abuso do direito. Conceito, natureza, requisitos e efeitos. Modalidades de abuso do direito. Aplicabilidade nas relações de Direito Público e Privado. 15. Prescrição e decadência. 16. Da prova.	23 itens
OBRIGAÇÕES	17. Direito das obrigações. Obrigação complexa. Conceito, elementos, fontes e classificação. Modalidades. Obrigações solidárias. Transmissão das obrigações: Cessão de crédito e assunção de dívida. Adimplemento das obrigações: sujeitos, objeto, prova, lugar e tempo do pagamento. Extinção das obrigações:	16 itens

OBRIGAÇÕES	Pagamento, pagamento em consignação, pagamento com sub-rogação, imputação do pagamento, dação em pagamento, novação, compensação; remissão; confusão. Inadimplemento das Obrigações. Inadimplemento absoluto e mora. Perdas e danos. Juros. Correção monetária. Cláusula penal. Arras. Prisão Civil.	16 itens
CONTRATOS	18. Contratos. Conceito, classificação e generalidades. Funções e efeitos da boa-fé nas relações contratuais. Função social dos contratos. Princípio da equivalência material. Formação dos contratos. Estipulação em favor de terceiro. Promessa de fato de terceiro. Vícios redibitórios. Evicção. Contratos aleatórios. Contrato preliminar. Contrato com pessoa a declarar. Extinção dos contratos. Distrato. Cláusula resolutiva. Exceção de contrato não cumprido. Teoria da imprevisão. Teoria da resolução por onerosidade excessiva. Teoria da base objetiva do negócio jurídico. Teoria do adimplemento substancial. 19. Contratos em espécie. Compra e venda. Troca. Venda com reserva de domínio. Doação. Locação de coisas. Empréstimo, comodato e mútuo. Prestação de serviço. Empreitada. Depósito. Mandato. Comissão. Agência e distribuição. Corretagem. Transporte. Seguro. Fiança. Planos e seguros privados de assistência à saúde. Empréstimo consignado em folha de pagamento. Alienação fiduciária em garantia.	16 itens
DOS ATOS UNILATERAIS	20. Dos atos unilaterais. Promessa de recompensa. Gestão de negócios. Pagamento indevido. Enriquecimento sem causa.	02 itens
RESPONSABILIDADE CIVIL	21. Responsabilidade civil. Conceito e princípios. Evolução da responsabilidade civil no Direito brasileiro. Funções da responsabilidade civil contemporânea. Responsabilidade civil extracontratual, pré-contratual e contratual. Teorias da responsabilidade civil: conceito, espécies, requisitos e aplicabilidade. Espécies de	20 itens

RESPONSABILIDADE CIVIL	responsabilidade civil. Causas excludentes da responsabilidade civil. Obrigação de indenizar. Indenização e compensação de danos. Securitização. DPVAT. 22. Preferências e privilégios creditórios.	20 itens
DIREITOS REAIS	24. Direito das coisas. Posse. Teorias da posse. Conceito, classificação, aquisição, efeitos, proteção e perda da posse. Função social da posse. Teorias da função social da posse. Conceito, conteúdo e concretização da função social da posse. Função socioambiental da posse. 25. Direitos reais. Propriedade. Conceito, classificação, aquisição, proteção e perda da propriedade. Evolução da propriedade no Direito brasileiro. Lei de Terras (Lei nº 601/1850). Disciplina constitucional da propriedade. Função social da propriedade: conceito, conteúdo e concretização da função social da propriedade. Função socioambiental da propriedade. Parcelamento do solo urbano. Regularização fundiária de assentamentos localizados em áreas urbanas. 26. Direitos de vizinhança. Condomínio geral. Condomínio edilício. Propriedade resolúvel. Propriedade fiduciária. 27. Direitos reais sobre coisa alheia. Superfície. Direito de Sobrelevação. Servidões. Uso. Usufruto. Habitação. 28. Direito real à aquisição. Direito do promitente comprador. Compromisso de venda e compra. Adjudicação compulsória. 29. Direitos reais em garantia. Penhor. Hipoteca.	33 itens
DAS FAMÍLIAS	30. Entidades familiares. Origem e conceitos. Relações familiares plurais. Fundamentos da diversidade familiar e afetiva. Diversidade sexual. Família homoafetiva. Princípios constitucionais da família. Princípios constitucionais aplicáveis às relações familiares. Planejamento familiar. Violência doméstica. Homofobia. Discriminação em razão de orientação sexual. 31. Esponsais. Casamento heteroafetivo e homoafetivo: capacidade, impedimentos, causas suspensivas, habilitação, celebração, eficácia,	46 itens

DAS FAMÍLIAS	direitos e deveres. Invalidade do casamento, separação e divórcio. Direito patrimonial. Regime de bens: espécies. Pacto antenupcial. Meação e sucessão do cônjuge. Usufruto e administração de bens de filhos incapazes. Bem de família. 32. Relações de parentesco. Vínculos de parentesco. Multiparentalidade. Ascendência genética. Homoparentalidade. Paternidade e maternidade. Filiação. Princípios relativos à filiação. Espécies de filiação. Origem genética. Reprodução assistida. Reconhecimento de filhos. Socioafetividade. Adoção. 33. Proteção da pessoa dos filhos. Convivência familiar. Poder familiar. Guarda. Direito de visitas. Alienação Parental. 34. União estável heteorafetiva e homoafetiva. Aspectos constitucionais. Características, estado, impedimentos, direitos, deveres e efeitos patrimoniais. Regime de bens, meação e sucessão do companheiro. Uniões estáveis concomitantes. Concubinato. 35. Alimentos. Princípios informativos do direito alimentar. Conceito. Natureza. Classificação dos alimentos. Características do direito alimentar. Características da obrigação alimentar. Origens e sujeitos das obrigações alimentares. Alimentos Gravídicos. Tutela, curatela e tomada de decisão apoiada.	46 itens
DIREITO DAS SUCESSÕES	36. Sucessão. Disposições gerais. Herança. Vocação hereditária. Aceitação e renúncia. Exclusão da sucessão. Herança jacente. Herança vacante. Sucessão legítima e sucessão testamentária. Inventário e partilha. Arrolamentos. Alvarás judiciais. Partilha de bens e direitos. ITCMD. 37. Registros Públicos (...)	22 itens
REGISTROS PÚBLICOS E LEIS ESPECIAIS	37. Registros Públicos (Lei Federal nº 6.015/1973). 40. Lei de Locações (Lei Federal nº 8.245/1991). 41. Estatuto da Cidade (Lei Federal nº 10.257/2001). 42. Estatuto do idoso (Lei Federal nº 10.741/2003). 43. Bem de Família (Lei Federal nº 8.009/1990).44. Alimentos (Lei Federal nº 5.478/1968) 45. Alimentos gravídicos (Lei nº 11.804/2008). 46.	24 itens

REGISTROS PÚBLICOS E LEIS ESPECIAIS	Parcelamento do solo (Lei Federal nº 6.766/79). 47. Estatuto da pessoa com deficiência (Lei Federal nº 13.146/15). 48. Resolução do CNJ nº 125/2010, nº 131/2011 e nº 175/2013. 50. Provimento do CNJ nº 16/2012, nº 19/2012, nº 28/2013 e nº 44/15.	24 itens

Sem sombra de dúvidas o tema mais cobrado na primeira fase dos concursos de Defensoria Pública estadual são os relacionados ao Direito das Famílias, que estava presente em 46 (quarenta e seis) itens, seguidos por aqueles de Direitos reais e Direito das Sucessões.

Dos 226 (duzentos e vinte e seis) itens levantados acima, cerca de 20% (vinte por cento) dos itens se referem, portanto, à matéria de Direito de Família, o que demonstra a grande incidência da matéria nas provas de primeira fase para cargos de defensores públicos estaduais.

Por fim, ainda para fins de estudo, consideramos importante trazer quais são os assuntos mais cobrados pelas principais bancas organizadoras dos concursos para a Defensora Pública estadual, CESPE e FCC. O resultado é a tabela trazida abaixo:

PONTO COBRADO	CESPE	FCC
<u>Parte introdutória/principiológica</u> 1. Ordenamento jurídico e conceito de sistemas. Estrutura e função do Direito. 2. Evolução do Direito Privado no Brasil. Dicotomia entre Direito Público e Direito Privado. Princípios informativos do Código Civil de 1916. Direitos subjetivos. Codificação, completude e formalismo jurídico. 3. Constitucionalização do Direito Civil. Princípios de interpretação constitucional. Aplicação direta da Constituição nas relações privadas. Proteção dos grupos sociais vulneráveis no âmbito do Direito Privado. 4. Histórico de tramitação e aprovação do Código Civil de 2002. Base filosófica do Código Civil de 2002: O Culturalismo de Miguel Reale. Teoria Tridimensional do Direito. Fontes e modelos de Direito. Princípios informativos do Código Civil de 2002. 5. Cláusulas gerais: conceito, características e funções. Cláusulas gerais no Código Civil de 2002. 6. Boa-fé. Conceito, espécies, funções e aplicabilidade nas relações privadas. 7. Função social. Conceito, espécies e aplicabilidade nas relações privadas. 8. Lei de Introdução às normas do Direito Brasileiro.	02 itens	06 itens

PONTO COBRADO	CESPE	FCC
Das pessoas 9. Pessoa natural. Aquisição e extinção da personalidade. Direitos da personalidade. Nascituro. Embrião excedentário. Nome. Nome social. Estado. Registro das pessoas naturais. Transexualidade. Capacidade e emancipação. Incapacidade. Suprimento da incapacidade. Internação psiquiátrica involuntária. Ausência. Administração de bens e direitos de incapazes. Domicílio e residência. 10. Pessoas jurídicas. Definição e natureza. Classificações. Registro. Nome. Domicílio. Prova. Teoria da desconsideração da personalidade jurídica. Pessoas Jurídicas como titulares de direitos fundamentais. Fundações. Associações. Organizações sociais.	08 itens	04 itens
Dos bens 11. Dos bens. Bens considerados em si mesmos. Bens imóveis. Bens móveis. Bens fungíveis e consumíveis. Bens divisíveis. Bens singulares e coletivos. Bens reciprocamente considerados. Bens públicos.	02 itens	01 item
Dos fatos jurídicos; Teoria Geral do Negócio Jurídico; Prescrição e decadência 12. Fatos jurídicos. Fatos e fatos juridicamente qualificados. Classificação. Aquisição, modificação e extinção de situações jurídicas. Atos jurídicos. Autonomia privada. Conceito, elementos e modalidades. Negócio jurídico. Conceito e classificação. Vontade e autonomia privada. Existência, validade e eficácia. Defeitos dos negócios jurídicos. Modificação, conservação e extinção dos negócios jurídicos. 13. Ato ilícito extracontratual. Causas excludentes de ilicitude. 14. Abuso do direito. Conceito, natureza, requisitos e efeitos. Modalidades de abuso do direito. Aplicabilidade nas relações de Direito Público e Privado. 15. Prescrição e decadência. 16. Da prova.	02 itens	13 itens
Das obrigações 17. Direito das obrigações. Obrigação complexa. Conceito, elementos, fontes e classificação. Modalidades. Obrigações solidárias. Transmissão das obrigações: Cessão de crédito e assunção de dívida. Adimplemento das obrigações: sujeitos, objeto, prova, lugar e tempo do pagamento. Extinção das obrigações: Pagamento, pagamento em consignação, pagamento com sub-rogação, imputação do pagamento, dação em pagamento, novação, compensação; remissão; confusão. Inadimplemento das Obrigações. Inadimplemento absoluto e mora. Perdas e danos. Juros. Correção monetária. Cláusula penal. Arras. Prisão Civil.	06 itens	09 itens

PONTO COBRADO	CESPE	FCC
Dos contratos 18. Contratos. Conceito, classificação e generalidades. Funções e efeitos da boa-fé nas relações contratuais. Função social dos contratos. Princípio da equivalência material. Formação dos contratos. Estipulação em favor de terceiro. Promessa de fato de terceiro. Vícios redibitórios. Evicção. Contratos aleatórios. Contrato preliminar. Contrato com pessoa a declarar. Extinção dos contratos. Distrato. Cláusula resolutiva. Exceção de contrato não cumprido. Teoria da imprevisão. Teoria da resolução por onerosidade excessiva. Teoria da base objetiva do negócio jurídico. Teoria do adimplemento substancial. 19. Contratos em espécie. Compra e venda. Troca. Venda com reserva de domínio. Doação. Locação de coisas. Empréstimo, comodato e mútuo. Prestação de serviço. Empreitada. Depósito. Mandato. Comissão. Agência e distribuição. Corretagem. Transporte. Seguro. Fiança. Planos e seguros privados de assistência à saúde. Empréstimo consignado em folha de pagamento. Alienação fiduciária em garantia.	08 itens	09 itens
Dos atos unilaterais 20. Dos atos unilaterais. Promessa de recompensa. Gestão de negócios. Pagamento indevido. Enriquecimento sem causa.	0 itens	0 itens
Responsabilidade civil 21. Responsabilidade civil. Conceito e princípios. Evolução da responsabilidade civil no Direito brasileiro. Funções da responsabilidade civil contemporânea. Responsabilidade civil extracontratual, pré-contratual e contratual. Teorias da responsabilidade civil: conceito, espécies, requisitos e aplicabilidade. Espécies de responsabilidade civil. Causas excludentes da responsabilidade civil. Obrigação de indenizar. Indenização e compensação de danos. Securitização. DPVAT. 22. Preferências e privilégios creditórios.	06 itens	11 itens
Direitos Reais 24. Direito das coisas. Posse. Teorias da posse. Conceito, classificação, aquisição, efeitos, proteção e perda da posse. Função social da posse. Teorias da função social da posse. Conceito, conteúdo e concretização da função social da posse. Função socioambiental da posse. 25. Direitos reais. Propriedade. Conceito, classificação, aquisição, proteção e perda da propriedade. Evolução da propriedade no Direito brasileiro. Lei de Terras (Lei nº 601/1850).	11 itens	15 itens

PONTO COBRADO	CESPE	FCC
Disciplina constitucional da propriedade. Função social da propriedade: conceito, conteúdo e concretização da função social da propriedade. Função socioambiental da propriedade. Parcelamento do solo urbano. Regularização fundiária de assentamentos localizados em áreas urbanas. 26. Direitos de vizinhança. Condomínio geral. Condomínio edilício. Propriedade resolúvel. Propriedade fiduciária. 27. Direitos reais sobre coisa alheia. Superfície. Direito de Sobrelevação. Servidões. Uso. Usufruto. Habitação. 28. Direito real à aquisição. Direito do promitente comprador. Compromisso de venda e compra. Adjudicação compulsória. 29. Direitos reais em garantia. Penhor. Hipoteca.	11 itens	15 itens
<u>Das Famílias</u> 30. Entidades familiares. Origem e conceitos. Relações familiares plurais. Fundamentos da diversidade familiar e afetiva. Diversidade sexual. Família homoafetiva. Princípios constitucionais da família. Princípios constitucionais aplicáveis às relações familiares. Planejamento familiar. Violência doméstica. Homofobia. Discriminação em razão de orientação sexual. 31. Esponsais. Casamento heteroafetivo e homoafetivo: capacidade, impedimentos, causas suspensivas, habilitação, celebração, eficácia, direitos e deveres. Invalidade do casamento, separação e divórcio. Direito patrimonial. Regime de bens: espécies. Pacto antenupcial. Meação e sucessão do cônjuge. Usufruto e administração de bens de filhos incapazes. Bem de família. 32. Relações de parentesco. Vínculos de parentesco. Multiparentalidade. Ascendência genética. Homoparentalidade. Paternidade e maternidade. Filiação. Princípios relativos à filiação. Espécies de filiação. Origem genética. Reprodução assistida. Reconhecimento de filhos. Socioafetividade. Adoção. 33. Proteção da pessoa dos filhos. Convivência familiar. Poder familiar. Guarda. Direito de visitas. Alienação Parental. 34. União estável heteorafetiva e homoafetiva. Aspectos constitucionais. Características, estado, impedimentos, direitos, deveres e efeitos patrimoniais. Regime de bens, meação e sucessão do companheiro. Uniões estáveis concomitantes. Concubinato. 35. Alimentos. Princípios informativos do direito alimentar. Conceito. Natureza. Classificação dos alimentos. Características do direito alimentar. Características da obrigação alimentar. Origens e sujeitos das obrigações alimentares. Alimentos Gravídicos. Tutela, curatela e tomada de decisão apoiada.	13 itens	26 itens

PONTO COBRADO	CESPE	FCC
Direito das Sucessões 36. Sucessão. Disposições gerais. Herança. Vocação hereditária. Aceitação e renúncia. Exclusão da sucessão. Herança jacente. Herança vacante. Sucessão legítima e sucessão testamentária. Inventário e partilha. Arrolamentos. Alvarás judiciais. Partilha de bens e direitos. ITCMD. (...)	05 itens	14 itens
Registros Públicos e Leis especiais 37. Registros Públicos (Lei Federal nº 6.015/1973). 40. Lei de Locações (Lei Federal nº 8.245/1991). 41. Estatuto da Cidade (Lei Federal nº 10.257/2001). 42. Estatuto do idoso (Lei Federal nº 10.741/2003). 43. Bem de Família (Lei Federal nº 8.009/1990).44. Alimentos (Lei Federal nº 5.478/1968) 45. Alimentos gravídicos (Lei nº 11.804/2008). 46. Parcelamento do solo (Lei Federal nº 6.766/79). 47. Estatuto da pessoa com deficiência (Lei Federal nº 13.146/15). 48. Resolução do CNJ nº 125/2010, nº 131/2011 e nº 175/2013. 50. Provimento do CNJ nº 16/2012, nº 19/2012, nº 28/2013 e nº 44/15.	09 itens	10 itens

Ressalte-se, ainda, que, na análise das questões, aquelas que exigiram conhecimento de mais de um ponto, foram incluídos em todos os pontos relacionados, de modo a trazer a análise mais autêntica possível sobre os pontos de maior incidência nas questões.

Consideradas todas as provas analisadas dos últimos 05 (cinco) anos, observamos que as matérias que mais apareceram nas provas da CESPE são:

1. *Direito das Famílias – 13 itens;*
2. *Direitos Reais – 11 itens;*
3. *Registros Públicos e Leis especiais – 09 itens.*

Por outro lado, nas provas organizadas pela FCC, que são a maioria das Defensorias Públicas estaduais dos últimos anos, os principais pontos cobrados foram:

1. *Direito das Famílias – 26 itens;*
2. *Direitos Reais – 15 itens;*
3. *Direito das Sucessões – 14 itens.*

Percebe-se que, numa comparação com as bancas em geral, não houve variação nos temas que têm maior incidência nas provas organizadas pela FCC e houve uma pequena variação nas provas da CESPE, no qual o 3º tema mais cobrado foi o de leis especiais e Registros Públicos, no lugar de Direito das Sucessões.

Além disso, ainda devemos ficar atentos ao fato de que o ponto correspondente a *"Dos fatos jurídicos; Teoria Geral do Negócio Jurídico; Prescrição e decadência"* também ganha destaque nas provas organizadas pela FCC com 13 (treze) itens.

Passemos agora a uma análise qualitativa das matérias cobradas nas provas anteriores.

4 PONTOS ESPECÍFICOS MAIS RELEVANTES DAS PROVAS OBJETIVAS

Ultrapassada a análise quantitativa dos temas mais cobrados nas provas objetivas dos concursos para as Defensorias Públicas estaduais, podemos traçar um estudo mais detalhado sobre os pontos com maior incidência nas provas:

a) Direito das Famílias:

Os pontos referentes ao Direito das Famílias, como vimos, é o mais cotado para as provas para o cargo de Defensor Público estadual e, dentro do tema, cobra-se muito:

1. *Alimentos (inclusive os gravídicos);*
2. *Casamento;*
3. *Regime de bens dos cônjuges e companheiros.*

Veja-se, como exemplo, a questão 53 do concurso da Defensoria Pública do Amazonas (reaplicação) de 2018, organizada pela FCC:

Em relação a alimentos,

(A) com o nascimento com vida da criança, os alimentos gravídicos concedidos à gestante serão convertidos automaticamente em pensão alimentícia em favor do recém- nascido, com mudança, assim, da titularidade dos alimentos, sem que, para tanto, seja necessário pronunciamento judicial ou pedido expresso da parte.

(B) uma vez tendo o alimentante sido preso pelo inadimplemento das prestações alimentícias, estará isento de nova prisão por inadimplemento futuro, nesse caso sendo possível apenas penhora em bens de que seja proprietário ou possuidor.

C o direito à prestação de alimentos é recíproco entre pais e filhos, e extensivo a todos os ascendentes, recaindo a obrigação nos parentes consanguíneos ou afins até o terceiro grau, inclusive.

D o inadimplemento de prestações alimentícias que justifica a prisão civil do alimentante é o que se refere aos últimos seis meses vencidos, em razão da finalidade do crédito, de resguardo à sobrevivência do alimentando.

E ao completar 18 anos, pode o alimentante deixar de pagar automaticamente os alimentos, haja vista a maioridade atingida pelo alimentando, a quem caberá a prova da permanência da necessidade à pensão.

Como se pode ver, a questão exige conhecimento da legislação e do entendimento da jurisprudência do Superior Tribunal de Justiça. A alternativa correta da questão é a Letra A, que tem como objeto de cobrança decisão do Superior Tribunal de Justiça, no REsp 1.629.423-SP, veiculado no Informativo 606: "Ação de alimentos gravídicos não se extingue ou perde seu objeto com o nascimento da criança. A ação de alimentos gravídicos não se extingue ou perde seu objeto com o nascimento da criança, pois os referidos alimentos ficam convertidos em pensão alimentícia até eventual ação revisional em que se solicite a exoneração, redução ou majoração de seu valor ou até mesmo eventual resultado em ação de investigação ou negatória de paternidade. STJ. 3ª Turma. REsp 1.629.423-SP, Rel. Min. Marco Aurélio Bellizze, julgado em 6/6/2017 (Info 606)".

Continuando a análise, a alternativa B está incorreta, já que, de acordo com o estipulado pelo artigo 528, §5º do Código de Processo Civil, "o cumprimento da pena não exime o executado do pagamento das prestações vencidas e vincendas". Assim, o alimentante não está isento de nova prisão por inadimplemento futuro em razão da prisão civil anterior.

A letra C, por sua vez, também está incorreta, de acordo com os artigos 1696 e 1697 do Código Civil, que preveem:

> *Art. 1.696. O direito à prestação de alimentos é recíproco entre pais e filhos, e extensivo a todos os ascendentes, recaindo a obrigação nos mais próximos em grau, uns em falta de outros.*
>
> *Art. 1.697. Na falta dos ascendentes cabe a obrigação aos descendentes, guardada a ordem de sucessão e, faltando estes, aos irmãos, assim germanos como unilaterais.*

Assim, o dever de prestação de alimentos não recai sobre os parentes *afins*, como mencionado pela alternativa, mas apenas aos consanguíneos.

Em seguida, a alternativa D, incorreta, traz afirmação em sentido contrário ao previsto no artigo 528, §7º do Código de Processo Civil, que dispõe que o débito alimentos dos *últimos três meses* são os que autorizam a decretação da prisão civil.

Por fim, para responder à alternativa E corretamente é preciso conhecer o teor da Súmula 358 do Superior Tribunal de Justiça que diz: "O cancelamento de pensão alimentícia de filho que atingiu a maioridade está sujeito à decisão judicial mediante contraditório, ainda que nos próprios autos". Portanto, a exoneração do alimentante não é automática, exigindo-se a prolação de decisão judicial para tanto.

➔ b) Direitos Reais:

Uma das questões que representa bem esse ponto é a questão 63 da Defensoria Pública do Paraná de 2017, organizada pela FCC:

> Sobre posse, é correto afirmar:
>
> **A** O locatário, em que pese possuidor direto, não pode invocar proteção possessória contra terceiro esbulhador do imóvel por ele locado, pois lhe falta o animus domini.
>
> **B** O defeito da posse injusta não pode ser invocado contra o herdeiro que desconhecia essa característica da posse exercida pelo falecido.
>
> **C** O fato de o esbulhador ter adquirido sua posse mediante violência física inquina vício em sua posse mesmo que, posteriormente, compre o bem do esbulhado.
>
> **D** O comodatário, devidamente notificado para sair do bem dado em comodato, e que não o faz no prazo assinalado, passa a exercer posse precária.
>
> **E** A posse ad usucapionem é aquela que, além dos elementos essenciais à posse, deve sempre se revestir de boa-fé, decurso de tempo suficiente, ser mansa e pacífica, fundar-se em justo título e ter o possuidor a coisa como sua.

A questão aborda, em todas as suas alternativas, a literalidade da lei e o entendimento doutrinário, o que é bastante comum considerando o tópico dos Direitos Reais.

A alternativa correta é a letra D. A posse precária é aquela, segundo Flávio Tartuce, obtida com abuso de confiança ou de direito. A título de ilustração, exemplifica-se a hipótese como a situação do locatário de um bem móvel que não devolve o veículo ao final do contrato. Assim, podemos ver que o mesmo ocorre com o comodatário que, notificado, não deixa o bem.

A alternativa A está incorreta, nos termos do artigo 1210, caput e §1º do Código Civil, os quais dispõem que o possuidor pode invocar proteção possessória, para manter ou restituir a coisa. Em seguida, a letra B também está incorreta, de acordo com os artigos 1203 e 1206 do Código Civil, já que o defeito da posse injusta pode ser invocado contra o herdeiro, pois a posse adquirida por meios derivados, pelos herdeiros ou legatários, mantém os vícios.

A letra C, por sua vez, está incorreta em razão do disposto no artigo 1208 do Código Civil. Segundo o artigo, se cessada a violência ou clandestinidade, com a compra do bem por exemplo, a posse se livra dos vícios.

A letra E, portanto, também está incorreta nos termos do artigo 1238 do Código Civil. A posse *ad usucapionem* não deve sempre se revestir de boa-fé, como é o caso da modalidade de usucapião prevista no artigo 1238 do Código.

➔ c) Direito das Sucessões:

Por fim, o terceiro ponto mais cobrado é o Direito das Sucessões, sendo o tema mais cobrado, sem dúvida, a sucessão legítima. Em regra, a abordagem das questões se refere à literalidade da lei e o entendimento do Superior Tribunal de Justiça, principalmente em relação ao artigo 1829 do Código Civil.

Um exemplo é a questão 14 da Defensoria Pública de Pernambuco de 2018, organizada pela CESPE:

> Joaquim, que era casado com Sônia no regime de comunhão parcial de bens, faleceu deixando apenas uma casa adquirida onerosamente quando do casamento. O falecido não deixou bens particulares. O casal residia no imóvel e não teve filhos, mas Joaquim tinha um filho de relacionamento anterior. Acerca dessa situação hipotética e dos direitos sucessórios, assinale a opção correta.
>
> **A** Por ter sido o imóvel adquirido onerosamente na constância do casamento, o filho de Joaquim não concorre na sucessão legítima, sendo Sônia a única herdeira do imóvel.
>
> **B** Sônia concorre na sucessão legítima com o filho de Joaquim, mas não terá direito à sua cota-parte do imóvel decorrente do regime de bens do casamento.
>
> **C** Tendo sido a casa adquirida na constância do casamento, Sônia concorre na sucessão legítima com o filho de Joaquim, inclusive com o direito de habitação.

- **D** Sônia não concorre na sucessão legítima com o filho de Joaquim, mas tem o direito real de habitação.
- **E** Conforme jurisprudência do STJ, Sônia somente tem o direito real de habitação se proceder ao registro no cartório de imóveis.

A questão exige o conhecimento dos artigos 1829 e 1831, ambos do Código Civil. Considerando o disposto no artigo 1829 do Código Civil, o cônjuge sobrevivente, se casado no regime da comunhão parcial de bens (como é o caso da questão), não concorre na herança. Nesse caso, ela será meeira dos bens comuns do casal. Em relação ao artigo 1831 do mesmo Código, Sônia terá direito real de habitação, de modo que a resposta correta é a letra D.

Ter conhecimento acerca dos conteúdos mais cobrados, bem como a abordagem mais comum dada pelas bancas torna o estudo para os concursos de Defensoria Pública estadual mais eficazes. Como já foi amplamente dito, a organização e o estudo das bancas organizadoras podem facilitar muito o estudo para concursos públicos.

5 DICAS FINAIS PARA OS CANDIDATOS

Direito Civil é uma matéria extremamente extensa, o que, por muitas vezes, torna o seu estudo complexo. Mas o fato de o conteúdo programático da matéria ser composto por inúmeros itens não faz com que o seu estudo seja impossível. Ao contrário, a escolha de uma bibliografia adequada, bem como a atenção aos principais pontos cobrados (como aqui indicado) facilitará muito o seu estudo.

Embora a matéria seja extensa, as questões, em regra, cobram a literalidade da lei e focam nos mesmos pontos do conteúdo programático, como é o caso do Direito das Famílias.

O estudo em Direito Civil leva em conta, em sua grande parte, o Código Civil, sendo uma grande vantagem em relação às outras matérias, já que há um texto consolidado ou codificado.

É muito difícil passar em um concurso público para Defensor Público estadual sem ter o conhecimento suficiente da lei, doutrina e jurisprudência atualizada. O estudo deve sempre estar baseado em uma doutrina completa, atualizada e acessível (considerando sempre os gostos pessoais), bem como o estudo da jurisprudência deve ser constante, já que é comum a cobrança de informativos recentes dos Tribunais Superiores nos concursos públicos.

E, além disso, ainda adiciono a profunda necessidade de manter a organização e o foco nos estudos. É essencial que o seu estudo seja dividido em partes, abrangendo doutrina, jurisprudência e legislação, e seja focado nos pontos mais cobrados em cada matéria. Em relação a isso, além da observância das análises feitas nesse livro, é necessário incluir o treino, através da resolução de questões das últimas provas, o que vai lhe dar uma ideia sobre a forma da abordagem das bancas e funcionar como um instrumento poderoso para fixar e revisar a matéria.

Consumidor

DIREITO DO CONSUMIDOR

Lívia Corrêa Batista Guimarães

1 BIBLIOGRAFIA INDICADA

A grande quantidade de disciplinas previstas nos editais dos concursos da Defensoria Pública estadual dá uma ideia do desafio que envolve o estudo para o cargo de Defensor Público. Alguns editais, como é o caso da Defensoria Pública do Estado de São Paulo, são compostos por quase 15 (quinze) disciplinas.

Assim, destacamos a importância de encontrar a melhor estratégia na distribuição dos estudos, o que será indispensável para alcançar o seu objetivo. E você deve estar atento ao fato de que não é possível investir tempo demais no estudo de determinada disciplina e, simplesmente, negligenciar o estudo das outras. É claro que algumas matérias, em razão da extensão do conteúdo programático, merecem maior dedicação e tempo de estudo do que outras. Adiciona-se, ainda, que para um estudo mais eficiente é importante analisar a probabilidade de certos assuntos serem cobrados nas provas objetivas e subjetivas, o que somente será obtido com uma análise das questões já cobradas.

A diferença de dedicação em relação às matérias aplica-se ao Direito do Consumidor que, por ser uma matéria menos extensa, exige menos tempo de estudo. De outro lado, para aqueles que se preparam para o concurso de Defensor Público é importante saber que, embora as questões de Direito do Consumidor sejam postas em menor quantidade nas provas, acertar essas questões é extremamente importante para alcançar a nota de corte nas provas de concurso.

Em relação à bibliografia adequada para o estudo de Direito do Consumidor, o mais importante é encontrar um livro de leitura agradável, cujo conteúdo seja realmente absorvido por você. Por isso, dizemos que a escolha é pessoal, e não adianta comprar os livros mais completos do mercado se a leitura se arrasta e o conteúdo não é absorvido.

Como conselho, é importante ler algumas páginas dos livros apontados para que seja feita a escolha do livro que mais lhe agrada.

Particularmente, acredito que o livro mais didático e completo, para estudo para concursos públicos, é o "Manual de Direito do Consumidor – direito material e processual. Volume Único", do Flávio Tartuce e Daniel Amorim Assumpção Neves. Trata-se de um volume único, porém, completo e com bom nível de aprofundamento. Além disso, há um cuidado especial com a atualização da obra, bem como com a exposição do entendimento dos Tribunais Superiores sobre o assunto. Além disso, também considero um ótimo livro o "Manual de Direito do Consumidor", considerado um clássico do Direito do Consumidor elaborado pela Cláudia Lima Marques, Leonardo Roscoe Bessa e Antonio Herman V. Benjamin.

Por fim, o "Manual de Direito do Consumidor – À luz da Jurisprudência do Superior Tribunal de Justiça", de Felipe Braga Netto, que tem uma abordagem mais prática para quem estuda para concursos públicos, sendo incluído no livro questões ao final dos capítulos, bem como acórdãos do STJ.

O estudo e treinamento de questões objetivas também não pode ser deixado de lado, visto que, atualmente, a maioria das provas de primeira fase para os concursos de Defensoria Pública estaduais são compostas por questões objetivas. Para tanto, recomenda-se o acesso às questões no site "Questões de Concurso". Além disso, a editora Juspodivm tem lançado diversas coleções que se dedicam ao estudo e resolução de questões objetivas e discursivas, como a coleção Revisaço e Preparando para Concursos.

Por fim, não se pode esquecer do estudo das decisões proferidas pelo Superior Tribunal de Justiça e pelo Supremo Tribunal Federal, as quais são compiladas de forma brilhante pelas obras lançadas pelo "Dizer o Direito".

2 CONTEÚDO PROGRAMÁTICO DE DIREITO DO CONSUMIDOR NOS EDITAIS DOS CONCURSOS PARA A DEFENSORIA PÚBLICA ESTADUAL

Ao contrário do que ocorre em concursos públicos de algumas carreiras federais, como é o caso da Defensoria Pública da União, ou de concursos públicos para a magistratura estadual, não há qualquer Resolução versando sobre as disciplinas obrigatórias que devem ser objeto de arguição nas provas objetivas, discursivas e orais.

No entanto, certo é que o Direito do Consumidor integra o rol de disciplinas cobradas em todos os concursos de Defensoria Pública estadual, podendo ser observado, em alguns certames, tópicos referentes ao direito consumerista inseridos no conteúdo programático de de Direito Civil, especialmente aqueles referentes a revisão contratual, bem como no Direito Penal, referentes aos crimes contra o consumidor.

Em todos os certames ocorridos entre 2015 e 2019, salvo os concursos para a Defensoria Pública do Paraná de 2017 e Defensoria Pública do Rio Grande do Norte de 2015, é possível verificar, pela análise do edital que a matéria é trazida de forma independente nos pontos do edital.

No entanto, nos editais da DPE-PR/2017 e na DPE-RN/2015, o Direito do Consumidor é retratado nos editais em conjunto com os pontos de Direitos Difusos e Coletivos e leis especiais (como Estatuto da Criança e Adolescente, Estatuto do Idoso e Estatuto da Pessoa com Deficiência).

Da mesma forma, não há qualquer regramento acerca do número mínimo de questões, entretanto, tomando como base os concursos para Defensor Público estadual de 2015 a 2019, podemos observar o seguinte padrão:

BANCA	PROVAS	NÚMERO DE QUESTÕES
CESPE	DP-PE 2015	06
	DP-RN 2015	01
	DP-AC 2017	01
	DP-AL 2017	03
	DP-PE 2018	09
	DP-DFT 2019	09
FUNDEP	DP-MG 2019	01

BANCA	PROVAS	NÚMERO DE QUESTÕES
FCC	DP-MA 2015	05
	DP-SP 2015	Sem questões
	DP-BA 2016	04
	DP-ES 2016	06
	DP-PR 2017	06
	DP-SC 2017	03
	DP-RS 2017	04
	DP-AM 2018	03
	DP-AP 2018	08
	DP-AM 2018 (reaplicação)	03
	DP-SP 2018	01
	DP-MA 2018	06
VUNESP	DP-RO 2017	06
BANCA PRÓPRIA	DP-RJ 2016[1]	Sem questões
	DP-RJ 2019[2]	01
FMP CONCURSOS	DP-PA 2015	05
UFMT	DP-MT 2016	05

1 As provas preliminares aplicadas pela Defensoria Pública do Estado do Rio de Janeiro são discursivas.

2 As provas preliminares aplicadas pela Defensoria Pública do Estado do Rio de Janeiro são discursivas.

Analisando a tabela acima, podemos constatar que, em diversas provas objetivas de concursos para Defensoria Pública estadual, o número de questões de Direito do Consumidor é pequeno, enquanto em outras, equivale a outras matérias, com quase 10 (dez) questões, como é o caso da Defensoria Pública de Pernambuco e do Distrito Federal.

Além disso, pela análise das provas, foi possível verificar que, em algumas, a matéria de Direito do Consumidor foi cobrada em seção separada, como é o caso da prova para Defensoria Pública do Amazonas, enquanto em outros exames, a matéria é cobrada em conjunto com outras matérias, como o Direito Civil ou Direitos Coletivos.

De qualquer forma, sendo cobrado de forma isolada ou em conjunto com outras matérias, podemos concluir que o número de questões de Direito do Consumidor é bem inferior se comparada a outras matérias, como é o caso de Direito Civil. Isso não significa que o seu estudo deve ser negligenciado. Ao contrário, para aqueles que se dedicam ao estudo para provas de Defensor Público estadual, é importante ter em mente que o acerto das questões dedicadas ao Direito do Consumidor será essencial para a sua aprovação, sendo até exigível que tais questões sejam gabaritadas, para que o candidato possa avançar às fases posteriores.

Como já mencionado, não há um padrão de abordagem acerca do conteúdo programático do direito consumerista, já que, em alguns editais, observamos que a matéria é tratada em conjunto com Direito Civil, sem qualquer separação, enquanto em outras, ela é tratada de forma isolada. Além disso, alguns editais trazem a matéria de forma bem enxuta, citando apenas "Código de Defesa do Consumidor (lei 8.069/90)" e similares, como é o caso da Defensoria Pública de Minas Gerais.

Na minha opinião, embora alguns editais sejam mais enxutos que outros, naqueles editais que trazem o conteúdo programático de forma mais detalhada, não foi possível grandes distinções nos pontos referentes à matéria de Direito do Consumidor.

Para fins de comparação, trouxe como exemplo o edital da Defensoria Pública do Rio Grande do Norte, publicado em 2015, e da Defensoria Pública do Distrito Federal, publicado em 2019, ambos da banca CESPE. A parte grifada corresponde àquela que é similar em ambos os conteúdos programáticos:

DEFENSORIA PÚBLICA DO RIO GRANDE DO NORTE	DEFENSORIA PÚBLICA DO DISTRITO FEDERAL
(...) 5 Lei nº 8.078/1990 e suas alterações (Código de Defesa do Consumidor). Direitos do Consumidor. 5.1 Disposições gerais. 5.2 Política Nacional de Relações de Consumo. 5.3 Direitos básicos do consumidor. 5.4 Qualidade de produtos e serviços, da prevenção e da reparação dos danos. 5.4.1 Proteção à saúde e segurança. 5.4.2 Responsabilidade pelo fato do produto e do serviço. 5.4.3 Responsabilidade por vício do produto e do serviço. 5.4.4 Decadência e prescrição. 5.4.5 Desconsideração da personalidade jurídica. 5.5 Práticas comerciais. 5.5.1 Disposições gerais. 5.5.2 Oferta. 5.5.3 Publicidade. 5.5.4 Práticas abusivas. 5.5.5 Cobrança de dívidas. 5.5.6 Bancos de dados e cadastros de consumidores. 5.6 Proteção contratual. 5.6.1 Disposições gerais. 5.6.2 Cláusulas abusivas. 5.6.3 Contratos de adesão. Sanções administrativas. 5.7 Infrações penais. 5.8 Defesa do consumidor em juízo. 5.8.1 Disposições gerais. 5.8.2 Ações coletivas para a defesa de interesses individuais homogêneos. 5.8.3 Ações de responsabilidade do fornecedor de produtos e serviços. 5.8.4 Coisa julgada. 5.9 Sistema Nacional de Defesa do Consumidor. 5.9.1 Decreto nº 2.181/1997 e suas alterações. 5.10 Convenção coletiva de consumo.	1 Direito do consumidor. 1.1 Natureza e fonte de suas regras. 1.2 Características e princípios do Código de Defesa do Consumidor. 1.3 Integrantes e objeto da relação de consumo. 1.4 Política nacional de relações de consumo. 1.4.1 Objetivos e princípios. 1.5 Direitos básicos do consumidor. 1.6 Qualidade de produtos e serviços, prevenção e reparação de danos. 1.6.1 Proteção à saúde e segurança, responsabilidade pelo fato do produto e do serviço, responsabilidade por vício do produto e do serviço, decadência e prescrição, desconsideração da personalidade jurídica. 1.7 Práticas comerciais. 1.7.1 Oferta e efeito vinculante da oferta publicitária, publicidade, práticas abusivas, cobrança de dívidas, bancos de dados e cadastros de consumidores. 1.8 Proteção contratual. 1.8.1 Princípios basilares dos contratos de consumo, cláusulas abusivas, contratos de adesão. 1.9 Sanções administrativas. 2 Infrações penais. 2.1 As relações de consumo como bem jurídico penal. 2.2 Sujeitos ativo e passivo dos crimes contra as relações de consumo. 2.3 Resultado nas infrações penais de consumo e crimes de perigo. 2.4 Responsabilidade penal da pessoa jurídica. 2.5 Tipos penais. 3 Defesa do consumidor em juízo. 3.1 Interesses ou direitos difusos, coletivos e individuais homogêneos. 3.2 Legitimidade ativa para a propositura de ações coletivas. 3.3 Ações coletivas para a defesa de interesses individuais homogêneos. 3.4 Ações de responsabilidade do fornecedor de produtos e serviços. 3.5 Coisa julgada. 4 Sistema Nacional de Defesa do Consumidor. 4.1 PROCON. 5 Sistema Nacional de Informações de Defesa do Consumidor. 6 Relação de consumo no serviço público. 7 Jurisprudência dos tribunais superiores.

A principal diferença entre os conteúdos programáticos destacados acima, como se pode ver, está relacionado aos tópicos relacionados aos crimes contra as relações de consumo, que não foram incluídos no edital da Defensoria Pública do Rio Grande do Norte. Salvo isso, os conteúdos dos editais são similares.

Considerando a similaridade entre os conteúdos programáticos dos últimos anos, é prudente adotar como padrão o último publicado pela FCC, responsável pela organização da maior parte das últimas provas:

> 1. Direito do consumidor. 1.1 Natureza e fonte de suas regras. 1.1.1 Teoria constitucional da proteção do consumidor. 1.1.2 Competência legislativa sobre direito do consumidor. 1.2 Características e princípios do Código de Defesa do Consumidor. 1.3 Integrantes e objeto da relação de consumo. 1.4 Politica nacional de relações de consumo. 1.4.1 Objetivos e princípios. 1.5 Direitos básicos do consumidor. 1.6 Qualidade de produtos e serviços, prevenção e reparação de danos. 1.6.1 Proteção à saúde e segurança. 1.6.2 Responsabilidade pelo fato do produto e do serviço. 1.6.3 Responsabilidade por vício do produto e do serviço. 1.6.4 Decadência e prescrição. 1.6.5 Desconsideração da personalidade jurídica. 1.7 Práticas comerciais. 1.7.1 Oferta e efeito vinculante da oferta publicitária. 1.7.2 Publicidade. 1.7.3 Práticas abusivas. 1.7.4 Cobrança de dívidas. 1.7.5 Bancos de dados e cadastros de consumidores. 1.8 Proteção contratual. 1.8.1 Princípios basilares dos contratos de consumo. 1.8.2. Cláusulas abusivas. 1.8.3 Contratos de adesão. 1.8.4 Superendividamento. 1.9 Sanções administrativas. 2. Infrações penais. 2.1 As relações de consumo como bem jurídico penal. 2.2 Sujeitos ativo e passivo dos crimes contra as relações de consumo. 2.3 Código penal e proteção ao consumidor. 2.4 Resultado nas infrações penais de consumo e crimes de perigo. 2.5 Responsabilidade penal da pessoa jurídica. 2.6 Tipos penais. 2.6.1 Omissão de informação a consumidores. 2.6.2 Omissão de comunicação da nocividade de produtos. 2.6.3 Execução de serviço de alto grau de periculosidade. 2.6.4 Oferta não publicitária enganosa. 2.6.5 Publicidade enganosa ou abusiva. 2.6.6 Indução a comportamento prejudicial ou perigoso. 2.6.7 Publicidade sem base fática, técnica ou cientifica. 2.6.8 Troca de peças usadas sem autorização. 2.6.9 Cobrança abusiva de dívidas. 2.6.10 Impedimento de acesso a cadastros e banco de dados. 2.6.11 Omissão de correção de informações em bancos de dados e cadastros. 2.6.12 Omissão de entrega do termo de garantia. 2.7 Individualização e fixação judicial da pena. 2.8 Valor da fiança. 2.8.1 Assistência. 2.8.2 Ação penal subsidiária. 3. Defesa do consumidor em juízo. 3.1 Teoria dos direitos transindividuais: interesses ou direitos difusos, coletivos e individuais homogêneos. 3.2 Legitimidade ativa para a propositura de ações coletivas. 3.3 Ações coletivas para a defesa de interesses individuais

> homogêneos. 3.4 Ações de responsabilidade do fornecedor de produtos e serviços. 3.5 Coisa julgada. 4. Sistema nacional de defesa do consumidor. 4.1 Defensoria Pública. 4.2 Ministério Público. 4.3 Delegacia do consumidor. 4.4 PROCON. 4.5. Associações civis de defesa do consumidor. 4.6 Secretaria Nacional do Consumidor - SENACON. 4.7 Sistema nacional de informações de defesa do consumidor - SINDEC. 4.8 Conflito de atribuições entre PROCON e outros órgãos de defesa do consumidor. 5. Lei nº 8.078/1990. 7. Decreto nº 2.181/1997.

A utilização do conteúdo programático acima como padrão é indispensável para, além de facilitar a organização do estudo, com a visualização dos pontos que são cobrados da matéria, antecipar os possíveis pontos que serão incluídos nos editais no futuro. Além disso, considero mais eficiente estudar por um conteúdo programático mais detalhado.

De acordo com o levantamento feito dos últimos concursos para a Defensoria Pública foi possível perceber que das 24 (vinte e quatro) provas ocorridas entre os anos de 2015 e 2019, 12 (doze) delas (ou seja, **a metade**) foram organizadas pela Banca FCC e outras 6 (seis) pela Banca CESPE.

Ambas as bancas organizadoras mantêm o padrão acima de divisão da matéria em tópicos e subtópicos, de forma bem mais especificada do que ocorre com outras bancas, como a FUNDEP, por exemplo, que organizou o concurso da Defensoria Pública de Minas Gerais em 2019.

Entretanto, temos que analisar também dois editais específicos, que se mostram bem particulares. O primeiro é o da Defensoria Pública de São Paulo, cujo último concurso foi organizado pela FCC, cujo conteúdo programático segue abaixo:

> 46. DIREITO DO CONSUMIDOR. Proteção constitucional ao consumidor. Dever constitucional do Estado de proteção do consumidor. Estado e políticas públicas em matéria de consumo. 47. Código de Defesa do Consumidor (Lei nº 8.078/90). Relação jurídica de consumo. Conceitos de consumidor. Conceito de produtos e serviços. 48. Política Nacional das relações de consumo. Objetivos e princípios. Vulnerabilidade. Harmonização dos interesses. Boa-fé objetiva. Atuação estatal. Coibição e repressão às práticas abusivas. Adequada e eficaz prestação dos serviços públicos. Análise e acompanhamento do mercado de consumo. Adequação de produtos e serviços. Respeito à dignidade, saúde e segurança do consumidor. Educação. Informação. Acesso à justiça. 49. Direitos básicos do consumidor. Proteção à vida, saúde e segurança do consumidor. Garantia quanto à segurança e qualidade de produtos e serviços. Educação sobre consumo adequado.

Direito à informação. Da facilitação da defesa. Inversão do ônus da prova. Adequada e eficaz prestação dos serviços públicos. 50. Responsabilidade pelo fato do produto ou serviço. Responsabilidade pelo vício do produto ou serviço. Responsabilidade nos serviços públicos. 51. Prescrição e decadência nas relações de consumo. 52. Práticas comerciais. Práticas comerciais abusivas. Dever de informar. Publicidade. Práticas abusivas. Cobranças de Dívidas. **Oferta de crédito e Superendividamento.** Bancos de dados e cadastro de consumidores. 53. Proteção contratual. Interpretação das cláusulas contratuais. Cláusulas contratuais abusivas. Revisão contratual. **Financiamento de bens. Contrato de adesão. Deveres anexos ao contrato de consumo.** 54. Defesa do consumidor em juízo individual e coletivamente. 55. Do Sistema Nacional de defesa do consumidor. **Papel da Defensoria Pública no Sistema Nacional de defesa do consumidor. 56. Os direitos dos usuários de planos de saúde (Lei nº 9.656/98). 57. Os direitos dos usuários de energia elétrica (Resolução Normativa nº 414/10 da Agência Nacional de Energia Elétrica – ANEEL).**

Observamos acima a presença de alguns pontos específicos referentes aos contratos de adesão e contratos de financiamento, que são usualmente vistos no dia a dia do trabalho da Defensoria Pública e, além disso, os direitos dos usuários de plano de saúde e de energia elétrica.

Embora o conteúdo de Direito do Consumidor não seja extenso, já vimos que é essencial para a aprovação a inclusão do seu estudo, de forma sistemática e organizada, no calendário de quem deseja a aprovação para o cargo de Defensor Público estadual.

Para o estudo específico de qualquer prova, quando da publicação do edital, é preciso conferi-lo, especialmente para detectar a inclusão de pontos específicos, como ocorreu na Defensoria Pública de São Paulo.

Apesar de ser comum a inclusão de alguns pontos diferentes em alguns editais, é possível, através do levantamento das questões cobradas nas últimas provas, prever quais são os assuntos que merecem mais atenção.

Por fim, é preciso tecer alguns comentários sobre as provas para a Defensoria Pública do Estado do Rio de Janeiro. Dentre as provas realizadas para o cargo de Defensor Público, a referida prova era a única em que todas as etapas eram compostas por questões discursivas, bem como organizada por Banca da própria instituição. No XXVII Concurso, a prova da primeira fase passou a ser objetiva. Ainda assim, não há como ignorar o fato de que, se o seu objetivo é a aprovação na prova do Estado do Rio de Janeiro, o estudo deve ser específico, com cursos voltados para a prova e análise pormenorizada do edital.

Por experiência própria, nas provas para a Defensoria Pública do Rio de Janeiro é comum a cobrança de temas que foram destaque na instituição, tanto na prova preliminar como nas provas específicas, já tendo ocorrido, inclusive, formulação de questão que envolvia tema objeto de publicação no site da instituição.

3 ANÁLISE GERAL DAS ÚLTIMAS PROVAS OBJETIVAS: ANÁLISE DA PRINCIPAL BANCA, ABORDAGENS E ASSUNTOS MAIS COBRADOS

A proposta da presente obra não é ensinar ao leitor o conteúdo de cada uma das disciplinas do programa, mas, sim, apontar alguns aspectos estatísticos que podem direcionar os estudos daqueles que almejam a aprovação no cargo de Defensor Público estadual.

Nos concursos realizados para o cargo de Defensor Público dos Estados dos anos de 2015 a 2019, a regra tem sido a delegação da primeira fase a bancas especializadas, o que pode gerar uma maior padronização das questões cobradas nessa fase, com a cobrança recorrente de alguns temas.

Como visto na tabela acima, a principal banca examinadora dos últimos concursos para a Defensoria Pública estadual foi a FCC, que foi responsável pela metade (12) das provas realizadas nos últimos anos (24). Veja:

DEFENSORIA PÚBLICA	ANO	INSTITUIÇÃO
DP-PE	2015	CESPE
DP-RN	2015	CESPE
DP-AC	2017	CESPE
DP-AL	2017	CESPE
DP-PE	2018	CESPE
DP-DFT	2019	CESPE
DP-MG	2019	FUNDEP
DP-MA	2015	FCC
DP-SP	2015	FCC
DP-BA	2016	FCC
DP-ES	2016	FCC
DP-PR	2017	FCC

DEFENSORIA PÚBLICA	ANO	INSTITUIÇÃO
DP-SC	2017	FCC
DP-RS	2017	FCC
DP-AM	2018	FCC
DP-AP	2018	FCC
DP-AM (reaplicação)	2018	FCC
DP-SP	2018	FCC
DP-MA	2018	FCC
DP-RO	2017	VUNESP
DP-RJ	2016	BANCA PRÓPRIA
DP-RJ	2019	BANCA PRÓPRIA
DP-PA	2015	FMP CONCURSOS
DP-MT	2016	UFMT

Percebe-se que as bancas organizadoras mais utilizadas nos últimos anos foram a FCC (com doze provas) e a CESPE (com seis provas), as quais apresentam características bem diferentes quanto à elaboração de questões. Aqui, não se trata de classificar as questões em graus de dificuldade (até porque essa aferição é pessoal muitas vezes), mas sim de analisar a diferença das abordagens.

Assim, analisamos as questões das duas bancas citadas acima e as separamos nas seguintes categorias: doutrina, lei e jurisprudência. Chegamos ao seguinte resultado[3]:

	CESPE	FCC
DOUTRINA	05 questões	10 itens
LEI	16 questões	19 itens
JURISPRUDÊNCIA	18 questões	29 itens

Ao contrário do que ocorre em outras matérias, em que há a maior incidência de questionamento da legislação, em Direito do Consumidor

3 Algumas questões foram incluídas mais de uma vez em decorrência dos seus itens se referirem, ao mesmo tempo, a mais de uma categoria.

a maioria das questões formuladas pelas bancas CESPE e FCC abordam temas relativos à jurisprudência.

Entretanto, observa-se que as disposições do Código de Defesa do Consumidor, em sua literalidade, também é tema recorrente, o que demonstra que a leitura da legislação não pode ser deixada de lado.

Em Direito do Consumidor é possível perceber que há uma tendência para maior incidência de questões sobre entendimentos jurisprudenciais, sendo extremamente importante inserir no seu tempo de estudo a leitura dos informativos e súmulas dos Tribunais Superiores.

A cobrança de entendimentos jurisprudenciais, consolidados ou não, pela banca CESPE é uma das suas características principais. Para ilustrar o que estamos dizendo, trazemos como exemplo uma questão da prova para a Defensoria Pública do Distrito Federal (2019):

> *A respeito da publicidade, das sanções criminais e das práticas contratuais abusivas em relações de consumo, julgue o item a seguir, tendo como referência a legislação pertinente e o entendimento dos tribunais superiores.*
>
> *Segundo entendimento da 3.ª Turma e da 2.ª Seção do STJ, em consonância com o Código de Defesa do Consumidor, a venda casada às avessas, indireta ou dissimulada, consiste no condicionamento da aquisição de um produto ou serviço principal à concomitante aquisição de outro produto, secundário, quando o propósito do consumidor é unicamente obter o produto ou o serviço principal.*

O gabarito definitivo considerou que o item é *errado*, de acordo com o Recurso Especial 1.331.948/SP, da 3ª Turma do Superior Tribunal de Justiça, e o Recurso Especial 1.639.259/SP, da 2ª Seção do mesmo Tribunal.

De acordo com o primeiro acórdão, "*(...) 9. Uma das formas de violação da boa-fé objetiva é a venda casada (tying arrangement), que consiste no prejuízo à liberdade de escolha do consumidor decorrente do condicionamento, subordinação e vinculação da aquisição de um produto ou serviço (principal - "tying") à concomitante aquisição de outro (secundário - "tied"), quando o propósito do consumidor é, unicamente, o de obter o produto ou serviço principal. 10. A venda casada "às avessas", indireta ou dissimulada consiste em se admitir uma conduta de consumo intimamente relacionada a um produto ou serviço, mas cujo exercício é restringido à única opção oferecida pelo próprio fornecedor, limitando, assim, a liberdade de escolha do consumidor. Precedentes. (...)*"

Portanto, o item traz a conceituação da venda casada direta e não da indireta ou às avessas.

Além das questões no esquema "certo/errado", as provas da CESPE também são formuladas no estilo tradicional, com apresentação de cinco itens para assinalar o item correto:

> (DPE-PE 2018)
>
> *Em cada uma das opções a seguir é apresentada uma situação hipotética a respeito de práticas comerciais e contratos regidos pelo CDC, seguida de uma assertiva a ser julgada de acordo com a jurisprudência do STJ.*
>
> **A** *Determinado consumidor deu causa ao desfazimento de contrato de compra e venda de imóvel realizado junto a determinada construtora. Nesse caso, o consumidor, promitente comprador, tem direito à restituição integral das parcelas pagas.*
>
> **B** *Carlos deseja ajuizar ação de prestação de contas em face de instituição financeira para obter esclarecimentos sobre cobrança de tarifas e encargos bancários. Nesse caso, o ajuizamento da demanda deve observar o prazo decadencial previsto no CDC para a hipótese de vício do serviço.*
>
> **C** *A administração pública aplicou multa administrativa a sociedade empresária em razão de envio reiterado de cartões de crédito sem a prévia e expressa solicitação do consumidor. Nesse caso, a multa é nula por ausência de fundamento legal, cabendo a cada consumidor lesado a busca pela reparação do dano na esfera judicial.*
>
> **D** *O contrato de determinado plano de saúde possui cláusula contratual que limita o período de internação do segurado. Nessa situação, no caso de eventual internação, se o consumidor tiver sido previamente informado, a cláusula é considerada legítima.*
>
> **E** *Para quitar despesas pessoais, Rafael realizou contrato de mútuo com o banco X no valor de R$ 30 mil. Nessa situação, a cobrança, pela instituição financeira, de juros capitalizados será válida apenas se houver disposição contratual expressa nesse sentido.*

Uma semelhança entre as duas questões é que no próprio enunciado já existe a indicação de que a resposta correta deve ser tirada a partir da jurisprudência dos Tribunais Superiores. Tal indicação é comum nas questões que trazem os entendimentos jurisprudenciais como resposta.

O gabarito oficial traz a alternativa E como correta, fundamentada na Súmula 539 do Superior Tribunal de Justiça. As outras alternativas também fazem referência a outras súmulas do Superior Tribunal de Justiça.

Por sua vez, a banca FCC apresenta abordagem diversa das questões, com maior incidência de questionamento da letra da lei nas questões.

Ao contrário do que ocorre com as questões que trazem como tema a jurisprudência, quando a abordagem é a "letra de lei" nem sempre há indicação no enunciado. Veja:

> (DPE-RS 2018)
>
> *Acerca da responsabilidade do fornecedor de produtos e serviços, assinale a opção correta de acordo com as regras e os princípios previstos no CDC.*
>
> **A** *O comerciante responde pelo vício do produto que comercializa, mesmo que não tenha conhecimento da existência de falha de adequação que tenha surgido no momento de sua fabricação.*
>
> **B** *O CDC veda que o fornecedor provoque, nas ações propostas pelo consumidor, a intervenção de terceiro por intermédio da denunciação da lide ou do chamamento ao processo.*
>
> **C** *O consumidor pode pleitear a nulidade do contrato quando, por fato superveniente, determinada cláusula contratual se tornar excessivamente onerosa.*
>
> **D** *A informação ou a comunicação publicitária parcialmente falsa, apta a induzir o consumidor a erro, deve ser considerada publicidade abusiva e caracteriza ato ilícito do fornecedor.*
>
> **E** *Independentemente de o consumidor ser pessoa física ou jurídica, será considerada nula de pleno direito a cláusula que atenue a responsabilidade do fornecedor, mesmo diante de situação justificável.*

O gabarito oficial aponta como *correta* a alternativa A, com base no disposto no artigo 18 do Código de Defesa do Consumidor, sendo certo que a responsabilidade do comerciante por **vício do produto** é direta e solidária. As demais alternativas abordam o disposto nos artigos 88, 6º, inciso V, 37, §1º e 51, inciso I, todos do Código de Defesa do Consumidor, respectivamente.

Por outro lado, há algumas questões que combinam o conhecimento da lei com o entendimento dos Tribunais Superiores:

> (DPE-AC 2017)
>
> *Julgue os itens a seguir, acerca de práticas comerciais nas relações de consumo.*
>
> *I. As práticas abusivas vedadas ao fornecedor de produtos ou serviços são dispostas, no CDC, de modo exemplificativo.*
>
> *II. É vedado ao comerciante enviar ao consumidor qualquer produto sem que haja prévia solicitação.*
>
> *III. A cobrança de tarifa básica pelo uso dos serviços de telefonia fixa caracteriza venda casada, sendo considerada ilegítima.*

> *IV. Conforme o CDC, rejeitar cheque como forma de pagamento pela compra de um produto é prática abusiva.*

O gabarito oficial aponta os itens I e II como corretos, com base no artigo 39, caput e inciso III, do Código de Defesa do Consumidor. Além disso, os itens III e IV estão incorretos, com fundamento na súmula 356 do Superior Tribunal de Justiça e também o artigo 39 do CDC.

Diante desse levantamento, é possível perceber que é essencial manter-se atualizado com os informativos de jurisprudência dos tribunais superiores, especialmente nos do Superior Tribunal de Justiça, as novas súmulas e novas teses firmadas em recursos repetitivos.

Além de sites especializados em resumos de informativos o candidato também pode utilizar os próprios sites dos tribunais superiores que disponibilizam seus informativos divididos por ramos de direito.

Para a primeira fase, conhecer as teses firmadas em julgamentos repetitivos e com repercussão geral é suficiente, devendo o estudo ser aprofundado para as fases seguintes do certame.

Por fim, podemos observar que o número de questões envolvendo doutrina é bem menor que o comparativo da lei seca e jurisprudência, mas a forma com que as bancas tem exigido a doutrina não deve causar surpresa ao candidato bem preparado já que a maioria das questões tem cobrado questões envolvendo conceitos doutrinários, geralmente ligados aos princípios básicos do direito do consumidor, classificação dos institutos, etc.

Um exemplo é a questão formulada pela banca FCC para a última prova da DPE-AP:

> *O consumidor que se superendivida por questões alheias ao seu controle, mesmo tendo sido prudente ao realizar suas relações de consumo, atento à sua possibilidade de pagamento, denomina-se, doutrinária e jurisprudencialmente de superendividado*
>
> **A** *fortuito.*
>
> **B** *ativo.*
>
> **C** *passivo.*
>
> **D** *ocasional.*
>
> **E** *acidental.*

Como se vê, a questão trata da classificação doutrinária para o instituto do superendividamento. O gabarito oficial aponta a alternativa C como correta.

Como forma de trazer o maior número de dados estatísticos possível ao leitor, fizemos o levantamento da distribuição de questões conforme os tópicos do conteúdo programático, tendo como base o conteúdo programático da Defensoria Pública do Amazonas, pelos motivos já declinados.

Desse modo, fica relativamente clara a predileção das instituições por determinados conteúdos:

CONTEÚDO PROGRAMÁTICO DO EDITAL DA DEFENSORIA PÚBLICA DO AMAZONAS (2018)	
Tópico do Conteúdo Programático	**Quantidade de Itens[4]**
1. Direito do consumidor. 1.1 Natureza e fonte de suas regras. 1.1.1 Teoria constitucional da proteção do consumidor. 1.1.2 Competência legislativa sobre direito do consumidor.	05 itens
1.2 Características e princípios do Código de Defesa do Consumidor. 1.3 Integrantes e objeto da relação de consumo.	14 itens
1.4 Politica nacional de relações de consumo. 1.4.1 Objetivos e princípios.	01 item
1.5 Direitos básicos do consumidor.	15 itens
1.6 Qualidade de produtos e serviços, prevenção e reparação de danos. 1.6.1 Proteção à saúde e segurança. 1.6.2 Responsabilidade pelo fato do produto e do serviço. 1.6.3 Responsabilidade por vício do produto e do serviço.	21 itens
1.6.4 Decadência e prescrição.	07 itens
1.6.5 Desconsideração da personalidade jurídica.	04 itens
1.7 Práticas comerciais. 1.7.1 Oferta e efeito vinculante da oferta publicitária. 1.7.2 Publicidade. 1.7.3 Práticas abusivas. 1.7.4 Cobrança de dívidas. 1.7.5 Bancos de dados e cadastros de consumidores.	32 itens
1.8 Proteção contratual. 1.8.1 Princípios basilares dos contratos de consumo. 1.8.2. Cláusulas abusivas. 1.8.3 Contratos de adesão. 1.8.4 Superendividamento.	17 itens

4 Quantidade "aproximada" de itens, pois, algumas podem envolver o conhecimento relacionado a mais de um tópico do conteúdo programático. A consolidação foi feita com base no conteúdo programático do edital da Defensoria Pública do Amazonas, pois, trata-se do último conteúdo programático publicado pela Fundação Carlos Chagas.

CONTEÚDO PROGRAMÁTICO DO EDITAL DA DEFENSORIA PÚBLICA DO AMAZONAS (2018)	
1.9 Sanções administrativas.	01 item
2. Infrações penais. 2.1 As relações de consumo como bem jurídico penal. 2.2 Sujeitos ativo e passivo dos crimes contra as relações de consumo. 2.3 Código penal e proteção ao consumidor. 2.4 Resultado nas infrações penais de consumo e crimes de perigo. 2.5 Responsabilidade penal da pessoa jurídica. 2.6 Tipos penais.2.6.1 Omissão de informação a consumidores. 2.6.2 Omissão de comunicação da nocividade de produtos. 2.6.3 Execução de serviço de alto grau de periculosidade. 2.6.4 Oferta não publicitária enganosa. 2.6.5 Publicidade enganosa ou abusiva. 2.6.6 Indução a comportamento prejudicial ou perigoso. 2.6.7 Publicidade sem base fática, técnica ou cientifica. 2.6.8 Troca de peças usadas sem autorização. 2.6.9 Cobrança abusiva de dívidas. 2.6.10 Impedimento de acesso a cadastros e banco de dados. 2.6.11 Omissão de correção de informações em bancos de dados e cadastros. 2.6.12 Omissão de entrega do termo de garantia.2.7 Individualização e fixação judicial da pena. 2.8 Valor da fiança. 2.8.1 Assistência. 2.8.2 Ação penal subsidiária.	08 itens
3. Defesa do consumidor em juízo. 3.1 Teoria dos direitos transindividuais: interesses ou direitos difusos, coletivos e individuais homogêneos. 3.2 Legitimidade ativa para a propositura de ações coletivas. 3.3 Ações coletivas para a defesa de interesses individuais homogêneos. 3.4 Ações de responsabilidade do fornecedor de produtos e serviços. 3.5 Coisa julgada.	38 itens
4. Sistema nacional de defesa do consumidor. 4.1 Defensoria Pública. 4.2 Ministério Público. 4.3 Delegacia do consumidor. 4.4 PROCON. 4.5. Associações civis de defesa do consumidor. 4.6 Secretaria Nacional do Consumidor - SENACON. 4.7 Sistema nacional de informações de defesa do consumidor - SINDEC. 4.8 Conflito de atribuições entre PROCON e outros órgãos de defesa do consumidor.	03 itens
5. Lei nº 8.078/1990. 7. Decreto nº 2.181/1997.	Sem itens

Sem sombra de dúvidas o tema mais cobrado na primeira fase dos concursos de Defensoria Pública estadual são os relacionados a tutela coletiva dos consumidores, entretanto, tais itens, embora estejam inseridos na matéria de Direito do Consumidor, serão melhor explorados no Capítulo de Tutela Coletiva deste livro, de modo que o tema mais recorrente da matéria de Direito do Consumidor são as "Práticas Comerciais", especialmente as práticas abusivas previstas no Código de Defesa do Consumidor.

Dos 128 (cento e vinte e oito) itens (excluídos aqueles atinentes à tutela coletiva) levantados acima, 25% (vinte e cinco por cento) dos itens se referem, portanto, ao tema de Práticas Comerciais, o que demonstra a grande incidência da matéria nas provas de primeira fase para cargos de defensores públicos estaduais.

Por fim, ainda para fins de estudo, consideramos importante trazer quais são os assuntos mais cobrados pelas principais bancas organizadoras dos concursos para a Defensora Pública estadual, CESPE e FCC. O resultado é a tabela trazida abaixo:

PONTO COBRADO	CESPE	FCC
1. Direito do consumidor. 1.1 Natureza e fonte de suas regras. 1.1.1 Teoria constitucional da proteção do consumidor. 1.1.2 Competência legislativa sobre direito do consumidor..	01 item	04 itens
1.2 Características e princípios do Código de Defesa do Consumidor. 1.3 Integrantes e objeto da relação de consumo.	06 itens	08 itens
1.4 Politica nacional de relações de consumo. 1.4.1 Objetivos e princípios.		01 item
1.5 Direitos básicos do consumidor.	05 itens	10 itens
1.6 Qualidade de produtos e serviços, prevenção e reparação de danos. 1.6.1 Proteção à saúde e segurança. 1.6.2 Responsabilidade pelo fato do produto e do serviço. 1.6.3 Responsabilidade por vício do produto e do serviço..	10 itens	11 itens
1.6.4 Decadência e prescrição.	02 itens	05 itens
1.6.5 Desconsideração da personalidade jurídica.	02 itens	02 itens
1.7 Práticas comerciais. 1.7.1 Oferta e efeito vinculante da oferta publicitária. 1.7.2 Publicidade. 1.7.3 Práticas abusivas. 1.7.4 Cobrança de dívidas. 1.7.5 Bancos de dados e cadastros de consumidores.	18 itens	14 itens
1.8 Proteção contratual. 1.8.1 Princípios basilares dos contratos de consumo. 1.8.2. Cláusulas abusivas. 1.8.3 Contratos de adesão. 1.8.4 Superendividamento.	07 itens	10 itens
1.9 Sanções administrativas.	01 item	

PONTO COBRADO	CESPE	FCC
2. Infrações penais. 2.1 As relações de consumo como bem jurídico penal. 2.2 Sujeitos ativo e passivo dos crimes contra as relações de consumo. 2.3 Código penal e proteção ao consumidor. 2.4 Resultado nas infrações penais de consumo e crimes de perigo. 2.5 Responsabilidade penal da pessoa jurídica. 2.6 Tipos penais.2.6.1 Omissão de informação a consumidores. 2.6.2 Omissão de comunicação da nocividade de produtos. 2.6.3 Execução de serviço de alto grau de periculosidade. 2.6.4 Oferta não publicitária enganosa. 2.6.5 Publicidade enganosa ou abusiva. 2.6.6 Indução a comportamento prejudicial ou perigoso. 2.6.7 Publicidade sem base fática, técnica ou científica. 2.6.8 Troca de peças usadas sem autorização. 2.6.9 Cobrança abusiva de dívidas. 2.6.10 Impedimento de acesso a cadastros e banco de dados. 2.6.11 Omissão de correção de informações em bancos de dados e cadastros. 2.6.12 Omissão de entrega do termo de garantia.2.7 Individualização e fixação judicial da pena. 2.8 Valor da fiança. 2.8.1 Assistência. 2.8.2 Ação penal subsidiária.	06 itens	02 itens
3. Defesa do consumidor em juízo. 3.1 Teoria dos direitos transindividuais: interesses ou direitos difusos, coletivos e individuais homogêneos. 3.2 Legitimidade ativa para a propositura de ações coletivas. 3.3 Ações coletivas para a defesa de interesses individuais homogêneos. 3.4 Ações de responsabilidade do fornecedor de produtos e serviços. 3.5 Coisa julgada.	*Como já dito, esses itens serão explorados no Capítulo da Tutela Coletiva.*	*Como já dito, esses itens serão explorados no Capítulo da Tutela Coletiva.*
4. Sistema nacional de defesa do consumidor. 4.1 Defensoria Pública. 4.2 Ministério Público. 4.3 Delegacia do consumidor. 4.4 PROCON. 4.5. Associações civis de defesa do consumidor. 4.6 Secretaria Nacional do Consumidor - SENACON. 4.7 Sistema nacional de informações de defesa do consumidor - SINDEC. 4.8 Conflito de atribuições entre PROCON e outros órgãos de defesa do consumidor.	02 itens	01 item
5. Lei nº 8.078/1990. 7. Decreto nº 2.181/1997.		

Ressalte-se ainda que, na análise das questões, aquelas que exigiram conhecimento de mais de um ponto, foram incluídos em todos os pontos relacionados, de modo a trazer a análise mais autêntica possível sobre os pontos de maior incidência nas questões.

Consideradas todas as provas analisadas dos últimos 05 (cinco) anos, observamos que as matérias que mais apareceram nas provas da CESPE são:

1. *Práticas comerciais (e outros) – 18 itens*
2. *Responsabilidade civil pelo vício ou fato do produto ou serviço (e outros)-10 itens*
3. *Proteção contratual – 07 itens*

Por outro lado, nas provas organizadas pela FCC, que são a maioria das Defensorias Públicas estaduais dos últimos anos, os principais pontos cobrados foram:

1. *Práticas comerciais (e outros) – 14 itens*
2. *Responsabilidade civil pelo vício ou fato do produto ou serviço (e outros) – 11 itens*
3. *Proteção contratual – 10 itens*

Percebe-se que, numa comparação com as bancas em geral, não houve qualquer variação nos temas que têm maior incidência nas provas organizadas pela FCC e CESPE.

Passemos agora a uma análise qualitativa das matérias cobradas nas provas anteriores.

4 PONTOS ESPECÍFICOS MAIS RELEVANTES DAS PROVAS OBJETIVAS

Ultrapassada a análise quantitativa dos temas mais cobrados nas provas objetivas dos concursos para as Defensorias Públicas estaduais, podemos traçar um estudo mais detalhado sobre os pontos com maior incidência nas provas:

a) Práticas Comerciais:

O ponto referente às "práticas comerciais", como vimos, é o mais cotado para as provas para o cargo de Defensor Público estadual e, dentro do tema, cobra-se muito:

1. *Práticas abusivas*
2. *Banco de Dados e cadastros de consumidores*

Veja-se, como exemplo, a questão 53 do concurso da Defensoria Pública do Amazonas (reaplicação) de 2018, organizada pela FCC:

> A respeito dos bancos de dados e cadastros de consumidores, NÃO está expresso no Código de Defesa do Consumidor:
>
> **A** Consumada a prescrição relativa à cobrança de débitos do consumidor, não serão fornecidas, pelos respectivos Sistemas de Proteção ao Crédito, quaisquer informações que possam impedir ou dificultar novo acesso ao crédito junto aos fornecedores.
>
> **B** O consumidor, sempre que encontrar inexatidão nos seus dados e cadastros, poderá exigir sua imediata correção, devendo o arquivista, no prazo de cinco dias úteis, comunicar a alteração aos eventuais destinatários das informações incorretas.
>
> **C** Os bancos de dados e cadastros relativos a consumidores, os serviços de proteção ao crédito e congêneres são considerados entidades de caráter público.
>
> **D** Os cadastros e dados de consumidores devem ser objetivos, claros, verdadeiros e em linguagem de fácil compreensão, não podendo conter informações negativas referentes a período superior a dez anos.
>
> **E** Os órgãos públicos de defesa do consumidor manterão cadastros atualizados de reclamações fundamentadas contra fornecedores de produtos e serviços, devendo divulgá-los pública e anualmente.

É possível ver que o enunciado já traz a "dica" de que a questão vai exigir conhecimento do teor literal da lei para resolver a questão. De fato, a alternativa **incorreta** é a letra D, nos termos do artigo 43, §1º do Código de Defesa do Consumidor, já que o prazo para conter as informações negativas nos cadastros e dados de consumidores é de **cinco anos** e não de dez anos.

Continuando a análise, as demais alternativas estão corretas, de acordo com a literalidade do artigo 43, §5º; 43, §3º, 43, §4º; e 44, todos do Código de Defesa do Consumidor, respectivamente.

⊝ b) Responsabilidade Civil por vício ou fato do produto ou serviço:

Uma das questões que representa bem esse ponto é a questão da DPE-BA, organizada pela CESPE, abaixo:

> De acordo com a jurisprudência dominante no Superior Tribunal de Justiça,
>
> **A** o Estado tem responsabilidade civil nos casos de morte de custodiado em unidade prisional, desde que se prove a culpa in vigilando.

Consumidor

B a operadora de saúde não é responsável por eventuais falhas na prestação de serviços pelo profissional credenciado.

C a inclusão indevida do nome de consumidor em cadastro de proteção ao crédito gera dano moral indenizável, desde que se comprove efetivo prejuízo extrapatrimonial.

D as instituições financeiras respondem objetivamente pelos danos gerados por fortuito interno relativo a fraudes e delitos praticados por terceiros no âmbito de operações bancárias.

E a falta de pagamento do prêmio do seguro obrigatório de Danos Pessoais Causados por Veículos Automotores de Vias Terrestres (DPVAT) justifica a recusa do pagamento da indenização.

A questão aborda, em todas as suas alternativas, a jurisprudência do Superior Tribunal de Justiça e Supremo Tribunal Federal, o que é bastante comum neste tópico da matéria. Além disso, os artigos do Código de Defesa do Consumidor também costumam ser cobrados em situações práticas.

A alternativa correta é a letra D, de acordo com a Súmula 479 do Superior Tribunal de Justiça que dispõe: "*As instituições financeiras respondem objetivamente pelos danos gerados por furtuito interno relativo a fraudes e delitos praticados por terceiros no âmbito de operações bancárias.*"

Em relação às demais alternativas, a resposta pode ser observada nos seguintes julgados (na ordem das alternativas: RE 841526, AgRg no AREsp 194.955/RJ, REsp 1105974/BA e Súmula 257 do Superior Tribunal de Justiça.

➔ c) Proteção Contratual:

Por fim, o terceiro ponto mais cobrado é a "proteção contratual", tendo como principais pontos de cobrança as cláusulas abusivas, os contratos de adesão e os contratos bancários.

Um exemplo é a questão sobre taxas em contratos bancários formulada na prova da DPE-RS, organizada pela FCC:

> Aureliano procurou a Defensoria Pública para orientação jurídica acerca de um contrato de crédito pessoal à pessoa física, modalidade por adesão, que firmou com o Banco Cred-Mais. Sustentou que o pactuado lhe era excessivamente oneroso, razão pela qual não conseguia mais adimplir as prestações mensais do financiamento.

Com foco na proteção contratual ao consumidor e no entendimento preponderante do Superior Tribunal de Justiça, mostra-se possível a modificação judicial com o argumento da abusividade na cláusula que

A estipula juros remuneratórios com taxa superior a um por cento ao mês, porém inferior à taxa média de mercado divulgada pelo Banco Central do Brasil, em relação ao mesmo período.

B prevê taxa anual dos juros remuneratórios superior ao duodécuplo da taxa mensal contratada.

C prevê cobrança de comissão de permanência, para o caso de inadimplência, de forma alternativa à multa de mora e aos juros, sendo o índice expressamente limitado ao somatório destes.

D estipula o seguro prestamista no corpo do próprio contrato de empréstimo.

E estipula os juros de mora, cumulativos aos juros remuneratórios, no patamar de um por cento ao mês.

A questão exige o conhecimento da jurisprudência do Superior Tribunal de Justiça, somente. O entendimento firmado pelo Superior Tribunal de Justiça sob a sistemática dos recursos repetitivos no REsp n. 1.639.259/SP, da Relatoria do Ministro Paulo de Tarso Sanseverino, é no sentido de que "Nos contratos bancários em geral, o consumidor não pode ser compelido a contratar seguro com a instituição financeira ou com seguradora por ela indicada." Assim, a letra D é a considerada correta.

Em relação à alternativa A, deve ser considerada as Súmulas 296 e 530 do Superior Tribunal de Justiça. Em seguida, a alternativa B se refere a Súmula 382 do Superior Tribunal de Justiça. A letra C, por sua vez, se refere às Súmulas 472, 294 e 30, todas do Superior Tribunal de Justiça. Por fim, a letra E se refere a Súmula 379 do Superior Tribunal de Justiça.

Ter conhecimento acerca dos conteúdos mais cobrados, bem como a abordagem mais comum dada pelas bancas torna o estudo para os concursos de Defensoria Pública estadual mais eficazes. Como já foi amplamente dito, a organização e o estudo das bancas organizadoras podem facilitar muito o estudo para concursos públicos.

5 DICAS FINAIS PARA OS CANDIDATOS

Direito do Consumidor não é uma matéria extensa, no entanto, o seu estudo é muito importante para alcançar a aprovação. Isso se deve ao fato de que acertar as questões referentes a consumidor nas provas para Defensor Público farão diferença para alcançar a nota de corte nas provas de concursos. Então, não é possível deixar essa matéria de lado!

A escolha de uma bibliografia adequada, bem como a atenção aos principais pontos cobrados (como aqui indicado) facilitará muito o seu estudo. Embora seja uma matéria importante para alcançar a aprovação e que você precise praticamente gabaritar sempre para alcançar a nota de corte, as questões, em regra, cobram a literalidade da lei e focam nos mesmos pontos do conteúdo programático, como foi aqui explorado.

O estudo em Direito do Consumidor leva em conta, em sua grande parte, o Código do Consumidor, sendo uma grande vantagem em relação às outras matérias, já que há um texto consolidado ou codificado.

É muito difícil passar em um concurso público para Defensor Público estadual sem ter o conhecimento suficiente da lei, doutrina e jurisprudência atualizada. O estudo deve sempre estar baseado em uma doutrina completa, atualizada e acessível (considerando sempre os gostos pessoais), bem como o estudo da jurisprudência deve ser constante, já que é comum a cobrança de informativos recentes dos Tribunais Superiores nos concursos públicos.

E, além disso, ainda adiciono a profunda necessidade de manter a organização e o foco nos estudos. É essencial que o seu estudo seja dividido em partes, abrangendo doutrina, jurisprudência e legislação, e seja focado nos pontos mais cobrados em cada matéria. Em relação a isso, além da observância das análises feitas nesse livro, é necessário incluir o treino, através da resolução de questões das últimas provas, o que vai lhe dar uma ideia sobre a forma da abordagem das bancas e funcionar como um instrumento poderoso para fixar e revisar a matéria.

DIREITO EMPRESARIAL

Lívia Corrêa Batista Guimarães

1 BIBLIOGRAFIA INDICADA

A grande quantidade de disciplinas previstas nos editais dos concursos da Defensoria Pública estadual dá uma ideia do desafio que envolve o estudo para o cargo de Defensor Público. Alguns editais, como é o caso da Defensoria Pública do Estado de São Paulo, são compostos por quase 15 (quinze) disciplinas.

O grande número de matérias, bem como a extensão de algumas delas, somente demonstra a importância de encontrar a melhor estratégia na distribuição dos estudos, o que será indispensável para alcançar o seu objetivo.

Além disso, é importante observar que a distribuição equilibrada do seu tempo para o estudo de todas as matérias também é essencial. Durante a preparação para o concurso para Defensoria Pública estadual, não é possível investir tempo demais no estudo de determinada disciplina e, simplesmente, negligenciar o estudo das outras. É claro que algumas matérias, em razão da extensão do conteúdo programático, merecem maior dedicação e tempo de estudo do que outras. Adiciona-se, ainda, que para um estudo mais eficiente é importante analisar a probabilidade de certos assuntos serem cobrados nas provas objetivas e subjetivas, o que somente será obtido com uma análise das questões já cobradas.

De qualquer forma, é comum fazermos a comparação da preparação de concurso público com maratonas, o que significa que, além de atenção no planejamento, é preciso que o estudo nos proporcione domínio suficiente das matérias contidas no edital para que se possa ter sucesso na primeira fase do certame.

A escolha da bibliografia adequada para o estudo de Direito Empresarial, assim como em outras matérias, é pessoal e o mais importante é encontrar um livro de leitura agradável, cujo conteúdo seja realmente absorvido por você. Por isso, não adianta comprar os livros mais completos do mercado se a leitura se arrasta e o conteúdo não é absorvido.

Ainda no início da faculdade, um dos professores de Direito Civil que mais admiro, Francisco Amaral, aconselhou à turma que se dirigissem à uma livraria e, assim, separassem alguns livros para ler algumas páginas para, então, fazer a escolha daquele que mais lhe agradava. Atualmente, a compra de livros ocorre principalmente pela internet, de modo que o referido método pode ser adaptado indo à uma biblioteca com acervo atualizado ou lendo parte da obra nos próprios sites das editoras. Entretanto, considero tal passo essencial para a escolha do seu livro base de estudo, em qualquer matéria.

Particularmente, acredito que o livro mais didático e completo, para estudo para concursos públicos, é o "Manual de Direito Empresarial: Volume único" (2020), do autor André Luiz Santa Cruz Ramos, que foi atualizado recentemente de acordo com a Lei de Liberdade Econômica (Lei 13.874/2019), por exemplo.

O estudo e treinamento de questões objetivas também não pode ser deixado de lado, visto que, atualmente, a maioria das provas de primeira fase para os concursos de Defensoria Pública estaduais são compostas por questões objetivas. Para tanto, recomenda-se o acesso às questões no site "Questões de Concurso". Além disso, a editora Juspodivm tem lançado diversas coleções que se dedicam ao estudo e resolução de questões objetivas e discursivas, como a coleção "Revisaço" e "Preparando para Concursos".

Por fim, não esqueça do estudo e sistematização das decisões proferidas pelo Superior Tribunal de Justiça e pelo Supremo Tribunal Federal, as quais são compiladas de forma brilhante pelas obras lançadas pelo "Dizer o Direito".

2 CONTEÚDO PROGRAMÁTICO DE DIREITO EMPRESARIAL NOS EDITAIS DOS CONCURSOS PARA A DEFENSORIA PÚBLICA ESTADUAL

Ao contrário do que ocorre em concursos públicos de algumas carreiras federais, como é o caso da Defensoria Pública da União, ou de concursos públicos para a magistratura estadual, não há qualquer Resolução versando sobre as disciplinas obrigatórias que devem ser objeto de arguição nas provas objetivas, discursivas e orais.

No entanto, certo é que o Direito Empresarial integra o rol de disciplinas cobradas em quase todos os concursos de Defensoria Pública estadual, sendo, em regra, cobrada isoladamente da matéria de Direito Civil, embora os pontos do conteúdo programático normalmente sejam trazidos no edital em conjunto com esta matéria. Pelo estudo dos editais dos últimos cinco anos, observamos a seguinte lógica:

PONTOS DO CONTEÚDO PROGRAMÁTICO EM CONJUNTO COM DIREITO CIVIL	PONTOS DO CONTEÚDO PROGRAMÁTICO EM SEPARADO
• DP-PA 2015; • DP-DFT 2019; • DP- PE 2015; • DP-PR 2017;	• DP-RN 2015; • DP-AC 2017; • DP-AL 2017; • DP-MG 2019; • DP-MA 2015; • DP-SP 2015; • DP-BA 2016; • DP-ES 2016; • DP-SC 2017; • DP-RS 2017; • DP-AM 2018; • DP-AP 2018; • DP-SP 2018; • DP-MA 2018.

No entanto, nos concursos para as Defensorias Públicas do Mato Grosso 2016, de Pernambuco 2018 e de Roraima 2017, a matéria de Direito Empresarial não constou no edital, não sendo cobrada, portanto.

Da mesma forma, não há qualquer regramento acerca do número mínimo de questões, entretanto, tomando como base os concursos para Defensor Público estadual de 2015 a 2019, podemos observar o seguinte padrão:[1]

1 Não foram contabilizadas questões referentes a Direito do Consumidor e Direito Empresarial, as quais serão analisadas especificamente em outro Capítulo.

Empresarial

BANCA	PROVAS	NÚMERO DE QUESTÕES
CESPE	DP-PE 2015	08
	DP-RN 2015	03
	DP-AC 2017	03
	DP-AL 2017	05
	DP-PE 2018	----
	DP-DFT 2019	10
FUNDEP	DP-MG 2019	02
FCC	DP-MA 2015	02
	DP-SP 2015	01
	DP-BA 2016	02
	DP-ES 2016	02
	DP-PR 2017	00
	DP-SC 2017	00
	DP-RS 2017	00
	DP-AM 2018	02
	DP-AP 2018	03
	DP-AM 2018 (reaplicação)	02
	DP-SP 2018	01
	DP-MA 2018	02
VUNESP	DP-RO 2017	----
BANCA PRÓPRIA	DP-RJ 2016[2]	01
	DP-RJ 2019[3]	----
FMP CONCURSOS	DP-PA 2015	00

2 As provas preliminares aplicadas pela Defensoria Pública do Estado do Rio de Janeiro são discursivas.

3 As provas preliminares aplicadas pela Defensoria Pública do Estado do Rio de Janeiro são discursivas.

BANCA	PROVAS	NÚMERO DE QUESTÕES
UFMT	DP-MT 2016	-----

Portanto, analisando a tabela acima, é possível perceber que a porcentagem de questões de Direito Comercial gira em torno de 2% (dois por cento) da prova. Importante ressaltar que na prova da DP-DFT a prova objetiva contou com 200 (duzentas) questões, de modo que o percentual citado se manteve.

Assim, diante do baixo número de questões, o estudo da matéria deve ocorrer de forma focada e pontual, naqueles assuntos que são mais cobrados, para que o seu tempo de estudo seja mais bem aproveitado.

Também como se podia concluir, não há um padrão acerca do conteúdo programático divulgado pelos editais, de modo que cada edital apresenta os pontos do conteúdo programático de forma distinta.

Apenas para questões de exemplificação, retiramos dois pontos do conteúdo programático de provas organizadas no ano de 2019, o primeiro da Defensoria Pública de Minas Gerais e o segundo da Defensoria Pública do Distrito Federal:

DEFENSORIA PÚBLICA DE MINAS GERAIS	DEFENSORIA PÚBLICA DO DISTRITO FEDERAL
13. Títulos de crédito.	*3 Títulos de crédito. 3.1 Conceito de títulos de crédito, características e princípios informadores. 3.2 Classificação dos títulos de crédito. 3.2.1 Letra de câmbio, nota promissória, cheque, duplicata, endosso e aval. 3.3 Letra de arrendamento mercantil.*

Podemos observar que o primeiro conteúdo programático é bem mais enxuto que o segundo, mas ainda que contenham distinções, é possível verificar que os pontos dos editais são bem parecidos.

Na minha opinião, a principal diferença entre os editais é a forma como os assuntos estão pormenorizados, como será explicitado na tabela a seguir. Além disso, no edital da Defensoria Pública do Distrito Federal, Direito empresarial vem de forma separada ao Direito Civil, bem como é mais extenso, se comparado ao edital de Minas Gerais.

Assim, para fins de comparação, segue abaixo tabela comparativa dos dois editais mencionados acima:

DEFENSORIA PÚBLICA DE MINAS GERAIS	DEFENSORIA PÚBLICA DO DISTRITO FEDERAL
12. Direito de empresa. Empresário. Empresa individual de responsabilidade limitada. Sociedade. Estabelecimento. Institutos complementares.	1 Fundamentos do direito empresarial. 1.1 Teoria da empresa. 1.2 Empresário. 1.2.1 Conceito, caracterização, inscrição, capacidade. 1.2.2 Empresário individual. 1.2.3 Pequeno empresário. 1.3 Lei Complementar nº 123/2006 e suas alterações (microempresa e empresa de pequeno porte). 1.4 Nome empresarial, estabelecimento empresarial, escrituração. 2 Registro de empresa. 2.1 Inatividade da empresa. 2.2 Empresário irregular.
13. Títulos de crédito.	3 Títulos de crédito. 3.1 Conceito de títulos de crédito, características e princípios informadores. 3.2 Classificação dos títulos de crédito. 3.2.1 Letra de câmbio, nota promissória, cheque, duplicata, endosso e aval. 3.3 Letra de arrendamento mercantil. 4 Ação cambial. 4.1 Ação de regresso. 4.2 Inoponibilidade de exceções. 4.3 Responsabilidade patrimonial e fraude à execução. 4.4 Embargos do devedor. 4.5 Ação de anulação e substituição de título.
Sem correspondência	5 Protesto de títulos e outros documentos de dívida. 5.1 Legislação, modalidades, procedimentos, efeitos, ações judiciais envolvendo o protesto.
Sem correspondência	6 Direito societário. 6.1 Sociedade empresária. 6.1.1 Conceito, terminologia, ato constitutivo. 6.2 Sociedades simples e empresárias. 6.3 Personalização da sociedade empresária. 6.4 Classificação das sociedades empresárias. 6.5 Sociedade irregular. 6.6 Teoria da desconsideração da personalidade jurídica. 6.7 Desconsideração inversa. 6.8 Regime jurídico dos sócios. 6.9 Sociedade limitada. 6.10 Dissolução, liquidação e extinção das sociedades.

DEFENSORIA PÚBLICA DE MINAS GERAIS	DEFENSORIA PÚBLICA DO DISTRITO FEDERAL
14. Contratos Comerciais. Compra e venda mercantil. Mandato mercantil. Representação comercial. Seguro.	7 Contratos mercantis. 7.1 Características. 7.2 Contratos bancários. 7.2.1 Depósito bancário, mútuo bancário, desconto bancário, abertura de crédito. 7.3 Contratos bancários impróprios. 7.3.1 Alienação fiduciária em garantia, arrendamento mercantil (leasing), faturização (factoring), cartão de crédito. 7.4 Contrato de seguro.
15. Falência. Caracterização. Os ritos procedimentais na falência. A sentença falimentar. Efeitos da declaração falimentar. Revogação dos atos praticados pelo falido. A administração da falência. Arrecadação. Verificação e classificação dos créditos. Liquidação e realização do ativo. Extinção das obrigações.	8 Direito falimentar. 8.1 Lei nº 11.101/2005 e suas alterações. 8.2 Teoria geral do direito falimentar. 8.3 Processo falimentar. 8.4 Pessoa e bens do falido. 8.5 Regime jurídico dos atos e contratos do falido. 8.6 Regime jurídico dos credores do falido. 8.7 Recuperação judicial. 8.8 Recuperação extrajudicial. 8.9 Liquidação extrajudicial de instituições financeiras.
Sem correspondência	9 Jurisprudência dos tribunais superiores.
16. Lei 8.078/90. Decreto 5.903/06.	*Sem correspondência*

Os conteúdos programáticos acima se referem aos dois últimos editais para a Defensoria Pública estadual publicados. Entretanto, ao analisar os conteúdos programáticos de provas anteriores, principalmente aquelas organizadas pela FCC, observa-se conteúdos programáticos bem mais extensos, como é o caso das provas para a Defensoria Pública do Amazonas, com a divisão da matéria em aproximadamente cinquenta tópicos e subtópicos:

> 51. Fundamentos do direito empresarial; 51.1. Direito empresarial na Constituição Federal. 51.2 Origem e evolução histórica, autonomia, fontes e características. 51.3. Teoria da empresa; 51.4. Empresário: conceito, caracterização, inscrição, capacidade; empresário individual; pequeno empresário; 51.5. Lei Complementar nº 123/2006 (microempresa e empresa de pequeno porte); 51.6. Prepostos do empresário; 51.7. Institutos complementares: nome empresarial, estabelecimento empresarial, escrituração; 52. Registro de empresa; 52.1. Órgãos de registro de empresa; 52.2. Atos de registro de empresa; 52.3. Processo decisório do registro de empresa; 52.4. Inatividade da empresa; 52.5. Empresário irregular; 52.6. Lei nº 8.934/1994 e suas alterações; 53. Títulos

de crédito; 53.1. Histórico da legislação cambiária; 53.2. Conceito de títulos de crédito, características e princípios informadores; 53.3. Classificação dos títulos de crédito: letra de câmbio, nota promissória, cheque, duplicata, endosso e aval; 53.4. Títulos de crédito comercial, industrial, à exportação, rural, imobiliário, bancário; 53.5. Letra de arrendamento mercantil; 54. Protesto de títulos e outros documentos de dívida: legislação, modalidades, procedimentos, efeitos, ações judiciais envolvendo o protesto; 55. Direito societário; 55.1. Sociedade empresária: conceito, terminologia, ato constitutivo; 55.2. Sociedades simples e empresárias; 55.3. Personalização da sociedade empresária; 55.4. Classificação das sociedades empresárias; 55.5. Sociedade irregular; 55.6 Teoria da desconsideração da personalidade jurídica. 55.7 Desconsideração inversa. 55.8 Regime jurídico dos sócios; 55.9. Sociedade limitada; 55.10. Sociedade anônima; 55.11 Lei nº 6.404/1976 e suas alterações; 55.12. Sociedade em nome coletivo; 55.13. Sociedade em comandita simples; 55.14. Sociedade em comandita por ações; 55.15. Operações societárias: transformação, incorporação, fusão e cisão; 55.16. Relações entre sociedades: coligações de sociedades, grupos societários, consórcios, sociedade subsidiária integral, sociedade de propósito específico; 55.17. Dissolução, liquidação e extinção das sociedades; 55.18. Concentração empresarial e defesa da livre concorrência. 56. Direito falimentar; 56.1. Lei nº 11.101/2005; 56.2. Teoria geral do direito falimentar; 56.3. Processo falimentar; 56.4. Pessoa e bens do falido; 56.5. Regime jurídico dos atos e contratos do falido; 56.6. Regime jurídico dos credores do falido; 56.7. Recuperação judicial; 56.8. Recuperação extrajudicial.[4]

O conteúdo programático acima será utilizado como padrão por dois motivos principais: o primeiro é que a FCC é a responsável por organizar o maior número de provas para a Defensoria Pública estadual nos últimos anos, de modo que utilizar editais dessa banca como padrão será uma ótima forma de antecipar os possíveis pontos que serão incluídos nos editais no futuro; o segundo é que considero mais eficiente estudar por um conteúdo programático mais especificado, do que aqueles mais genéricos, como é o caso daquele trazido pelo edital da Defensoria Pública de Minas Gerais.

De acordo com o levantamento feito dos últimos concursos para a Defensoria Pública foi possível perceber que das 24 (vinte e quatro) provas ocorridas entre os anos de 2015 e 2019, 12 (doze) delas (ou seja,

4 Conteúdo programático retirado do edital da prova da Defensoria Pública do Amazonas, do ano de 2018, referente apenas a Direito Empresarial.

a metade) foram organizadas pela Banca FCC e outras 6 (seis) pela Banca CESPE.

Ambas as bancas organizadoras mantêm o padrão acima de divisão da matéria em tópicos e subtópicos, de forma bem mais especificada do que ocorre com outras bancas, como a FUNDEP, por exemplo.

Embora os editais sigam um padrão, é indispensável que para o estudo específico de qualquer prova, quando da publicação do edital, o candidato o confira especialmente para detectar a inclusão de pontos diferentes daqueles que vinham sendo cobrados.

Outra forma eficiente de estudo é fazer um levantamento das questões cobradas nas últimas provas, de modo a prever quais são os assuntos que merecem mais atenção.

Por fim, é preciso tecer alguns comentários sobre as provas para a Defensoria Pública do Estado do Rio de Janeiro. Dentre as provas realizadas para o cargo de Defensor Público, a referida prova era a única em que todas as etapas eram compostas por questões discursivas, bem como organizada por Banca da própria instituição. No XXVII Concurso, a prova da primeira fase passou a ser objetiva. Ainda assim, não há como ignorar o fato de que, se o seu objetivo é a aprovação na prova do Estado do Rio de Janeiro, o estudo deve ser específico, com cursos voltados para a prova e análise pormenorizada do edital.

Por experiência própria, nas provas para a Defensoria Pública do Rio de Janeiro é comum a cobrança de temas que foram destaque na instituição, tanto na prova preliminar como nas provas específicas, já tendo ocorrido, inclusive, formulação de questão que envolvia tema objeto de publicação no site da instituição.

3 ANÁLISE GERAL DAS ÚLTIMAS PROVAS OBJETIVAS: ANÁLISE DA PRINCIPAL BANCA, ABORDAGENS E ASSUNTOS MAIS COBRADOS

A proposta da presente obra não é ensinar ao leitor o conteúdo de cada uma das disciplinas do programa, mas, sim, apontar alguns aspectos estatísticos que podem direcionar os estudos daqueles que almejam a aprovação no cargo de Defensor Público estadual.

Nos concursos realizados para o cargo de Defensor Público dos Estados dos anos de 2015 a 2019, a regra tem sido a delegação da primeira fase às bancas especializadas, o que pode gerar uma maior padronização das questões cobradas nessa fase, com a cobrança recorrente de alguns temas.

Como visto na tabela acima, a principal banca examinadora dos últimos concursos para a Defensoria Pública estadual foi a FCC, que foi responsável pela metade (12) das provas realizadas nos últimos anos (24). Veja:

DEFENSORIA PÚBLICA	ANO	INSTITUIÇÃO
DP-PE	2015	CESPE
DP-RN	2015	CESPE
DP-AC	2017	CESPE
DP-AL	2017	CESPE
DP-PE	2018	CESPE
DP-DFT	2019	CESPE
DP-MG	2019	FUNDEP
DP-MA	2015	FCC
DP-SP	2015	FCC
DP-BA	2016	FCC
DP-ES	2016	FCC
DP-PR	2017	FCC
DP-SC	2017	FCC
DP-RS	2017	FCC
DP-AM	2018	FCC
DP-AP	2018	FCC
DP-AM (reaplicação)	2018	FCC
DP-SP	2018	FCC
DP-MA	2018	FCC
DP-RO	2017	VUNESP
DP-RJ	2016	BANCA PRÓPRIA
DP-RJ	2019	BANCA PRÓPRIA
DP-PA	2015	FMP CONCURSOS
DP-MT	2016	UFMT

Percebe-se que as bancas organizadoras mais utilizadas nos últimos anos foram a FCC (com doze provas) e a CESPE (com seis provas), as quais apresentam características bem diferentes quanto à elaboração de questões. Aqui, não se trata de classificar as questões em graus de dificuldade (até porque essa aferição é pessoal muitas vezes), mas sim de analisar a diferença das abordagens.

Assim, analisamos as questões das duas bancas citadas acima e as separamos nas seguintes categorias: doutrina, lei e jurisprudência. Chegamos ao seguinte resultado:

	CESPE	FCC
DOUTRINA	06 itens	01 item
LEI	22 itens	17 itens
JURISPRUDÊNCIA	04 itens	02 itens

Pelo levantamento das provas organizadas pela banca CESPE e da FCC nos últimos anos, fica clara a maior incidência de questionamento da legislação.

Dentre as provas analisadas, duas foram formuladas no esquema "certo/errado", típico da banca CESPE. Na primeira (DPE-PE 2015), 06 (seis) itens tinham como objeto questionamento sobre a legislação, enquanto na segunda (DPE-DF 2019) foram 09 (nove) itens que tinham essa abordagem.

Não se pode, ainda, atestar com segurança que há uma tendência para maior incidência de questões sobre legislação, no entanto, nas duas provas de 2015 organizadas pela CESPE para o cargo de Defensor Público vemos questões cujo foco é a jurisprudência, o que não se vê com tanta frequência nas provas realizadas nos anos seguintes.

De qualquer forma, a cobrança de entendimentos jurisprudenciais, consolidados ou não, pela banca CESPE é uma das suas características principais, de modo que esse estudo não pode ser deixado de lado pelo candidato se a prova está sendo organizada por esta banca.

Para ilustrar o que estamos dizendo, trazemos como exemplo uma questão da prova para a Defensoria Pública do Distrito Federal (2019):

> *Amélia, casada sob o regime de comunhão universal de bens, exerce empresa na qualidade de empresária individual. Ela pretende formalizar a colaboração de seu filho, maior de idade, que a ajuda informalmente, tornando-o sócio. Uma vez em sociedade, pretende instituir filial em cidade vizinha sujeita à jurisdição de outro registro público de empresas mercantis. Para tanto, planeja vender um*

imóvel que integra o patrimônio da empresa. Contudo, Amélia desconhece os requisitos legais para essas providências.

Considerando essa situação hipotética, julgue o seguinte item.

Para instituir filial em cidade vizinha sujeita à jurisdição de outro registro público, Amélia deverá inscrever tal filial neste registro, com a prova da inscrição originária, e averbar a constituição da filial no registro público de empresas mercantis da sede empresarial.

O gabarito definitivo considerou que o item é *certo*, de acordo com o disposto no artigo 969 do Código Civil: *"O empresário que instituir sucursal, filial ou agência, em lugar sujeito à jurisdição de outro Registro Público de Empresas Mercantis, neste deverá também inscrevê-la, com a prova da inscrição originária. Parágrafo único. Em qualquer caso, a constituição do estabelecimento secundário deverá ser averbada no Registro Público de Empresas Mercantis da respectiva sede."*

Assim, bastava o conhecimento da literalidade do artigo para resolver a questão acima.

Além das questões no esquema "certo/errado", as provas da CESPE também são formuladas no estilo tradicional, com apresentação de cinco itens para assinalar o item correto:

(DPE-AL 2017)

Assinale a opção que apresenta a denominação dada a pessoa capaz ordenada ao exercício profissional de atividade economicamente organizada para a produção ou a circulação de bens ou serviços.

- **A** *sociedade anônima*
- **B** *sociedade limitada*
- **C** *empresa*
- **D** *empreendedor*
- **E** *empresário*

O gabarito oficial traz a alternativa E como correta, fundamentada no artigo 966 do Código Civil que traz o conceito de empresário.

A intenção de trazer algumas questões como ilustração é apresentar que as questões que trazem a lei como resposta, em regra, repetem nas alternativas os dispositivos legais, incluindo pequenas incorreções. Por isso, é preciso ficar atento em palavras chaves como "não", "nunca", "sempre", já que são elas que normalmente tornam a alternativa errada.

Com relação à banca FCC, a abordagem das questões segue o padrão de maior incidência de questionamento da letra da lei nas questões.

Ao contrário do que ocorre com as questões que trazem como tema a jurisprudência, quando a abordagem é a "letra de lei" nem sempre há indicação no enunciado. Veja:

> (DPE-ES 2016)
>
> *Sobre o endosso e o aval de letras de câmbio e de notas promissórias,*
>
> *I. pelo endosso transmitem-se todos os direitos emergentes da letra de câmbio e da nota promissória e o endossante, salvo cláusula em contrário, garante o pagamento desses títulos.*
>
> *II. o endosso pode ser condicional, mas não parcial.*
>
> *III. o pagamento de uma letra de câmbio ou de uma nota promissória pode ser no todo ou em parte garantido por aval.*
>
> *IV. o avalista é responsável da mesma maneira que a pessoa afiançada, mas sua obrigação se mantém se a obrigação que ele garantiu for nula apenas por vício de forma.*
>
> *V. o endossante acionado não pode opor ao portador de uma nota promissória as exceções fundadas sobre as relações pessoais dele com os portadores anteriores, salvo se o portador ao adquirir a nota promissória tiver procedido conscientemente em detrimento do devedor.*
>
> *Está correto o que se afirma APENAS em*

O gabarito oficial aponta como *correto* os itens I, II, III e V. O item I traz afirmação de acordo com o disposto nos artigos 14 e 15 da LU (Lei uniforme de Genebra - Decreto nº 57.663/66. O item II, por sua vez, se refere ao artigo 12 do referido Decreto. Por fim, o item III se refere ao artigo 30 da Lei Uniforme de Genebra e o item V, ao artigo 32 do mesmo diploma.

Portanto, podemos perceber que com o conhecimento de alguns artigos específicos do mesmo Decreto era suficiente para responder à questão.

Diante desse levantamento, é possível perceber que o maior percentual de questões se dedica à literalidade das normas legais e constitucionais, vindo em seguida a cobrança dos entendimentos jurisprudenciais, principalmente do Superior Tribunal de Justiça.

É essencial manter-se atualizado com os informativos de jurisprudência dos tribunais superiores, especialmente nos do Superior Tribunal de Justiça, as novas súmulas e novas teses firmadas em recursos repetitivos.

Além de sites especializados em resumos de informativos o candidato também pode utilizar os próprios sites dos tribunais superiores que disponibilizam seus informativos divididos por ramos de direito.

Para a primeira fase conhecer as teses firmadas em julgamentos repetitivos e com repercussão geral é suficiente, devendo o estudo ser aprofundado para as fases seguintes do certame.

Por fim, podemos observar que o número de questões envolvendo doutrina é bem menor que o comparativo da lei seca e jurisprudência, mas a forma com que as bancas tem exigido a doutrina não deve causar surpresa ao candidato bem preparado já que a maioria das questões tem cobrado questões envolvendo conceitos doutrinários, geralmente ligados aos princípios básicos do direito empresarial, classificação dos institutos, etc.

Como forma de trazer o maior número de dados estatísticos possível ao leitor, fizemos o levantamento da distribuição de questões conforme os tópicos do conteúdo programático, tendo como base o conteúdo programático da Defensoria Pública do Amazonas, pelos motivos já declinados.

Desse modo, fica relativamente clara a predileção das instituições por determinados conteúdos:

	CONTEÚDO PROGRAMÁTICO DO EDITAL DA DEFENSORIA PÚBLICA DO AMAZONAS (2018)	
	Tópico do Conteúdo Programático	**Quantidade de Itens[5]**
PARTE INTRODUTÓRIA/PRINCIPIOLÓGICA	51. Fundamentos do direito empresarial; 51.1. Direito empresarial na Constituição Federal. 51.2 Origem e evolução histórica, autonomia, fontes e características.	02 itens
TEORIA DA EMPRESA	51.3. Teoria da empresa; 51.4. Empresário: conceito, caracterização, inscrição, capacidade; empresário individual; pequeno empresário; 51.5. Lei Complementar nº 123/2006 (microempresa e empresa de pequeno porte); 51.6. Prepostos do empresário; 51.7. Institutos complementares: nome empresarial, estabelecimento empresarial, escrituração;52. Registro de empresa; 52.1. Órgãos de registro de empresa; 52.2. Atos de registro de empresa; 52.3. Processo decisório do registro de empresa; 52.4. Inatividade da empresa; 52.5. Empresário irregular; 52.6. Lei nº 8.934/1994 e suas alterações;	12 itens

5 Quantidade "aproximada" de itens, pois, algumas podem envolver o conhecimento relacionado a mais de um tópico do conteúdo programático. A consolidação foi feita com base no conteúdo programático do edital da Defensoria Pública do Amazonas, pois, trata-se do último conteúdo programático publicado pela Fundação Carlos Chagas.

	CONTEÚDO PROGRAMÁTICO DO EDITAL DA DEFENSORIA PÚBLICA DO AMAZONAS (2018)	
	Tópico do Conteúdo Programático	**Quantidade de Itens[5]**
TÍTULOS DE CRÉDITO	53. Títulos de crédito; 53.1. Histórico da legislação cambiária; 53.2. Conceito de títulos de crédito, características e princípios informadores; 53.3. Classificação dos títulos de crédito: letra de câmbio, nota promissória, cheque, duplicata, endosso e aval; 53.4. Títulos de crédito comercial, industrial, à exportação, rural, imobiliário, bancário; 53.5. Letra de arrendamento mercantil;	17 itens
PROTESTO	54. Protesto de títulos e outros documentos de dívida: legislação, modalidades, procedimentos, efeitos, ações judiciais envolvendo o protesto;	01 itens
DIREITO SOCIETÁRIO	55. Direito societário; 55.1. Sociedade empresária: conceito, terminologia, ato constitutivo; 55.2. Sociedades simples e empresárias; 55.3. Personalização da sociedade empresária; 55.4. Classificação das sociedades empresárias; 55.5. Sociedade irregular; 55.6 Teoria da desconsideração da personalidade jurídica. 55.7 Desconsideração inversa. 55.8 Regime jurídico dos sócios; 55.9. Sociedade limitada; 55.10. Sociedade anônima; 55.11 Lei nº 6.404/1976 e suas alterações; 55.12. Sociedade em nome coletivo; 55.13. Sociedade em comandita simples; 55.14. Sociedade em comandita por ações; 55.15. Operações societárias: transformação, incorporação, fusão e cisão; 55.16. Relações entre sociedades: coligações de sociedades, grupos societários, consórcios, sociedade subsidiária integral, sociedade de propósito específico; 55.17. Dissolução, liquidação e extinção das sociedades; 55.18. Concentração empresarial e defesa da livre concorrência.	10 itens
CONTRATOS EMPRESARIAIS	8 Contratos mercantis. 8.1 Características. 8.2 Compra e venda mercantil. 8.3 Comissão mercantil. 8.4 Representação comercial. 8.5 Concessão mercantil. 8.6 Franquia (franchising). 8.7 Contratos bancários: depósito bancário, mútuo bancário, desconto bancário,	07 itens

Empresarial

	CONTEÚDO PROGRAMÁTICO DO EDITAL DA DEFENSORIA PÚBLICA DO AMAZONAS (2018)	
	Tópico do Conteúdo Programático	**Quantidade de Itens[5]**
CONTRATOS EMPRESARIAIS[6]	abertura de crédito. 8.8 Contratos bancários impróprios: alienação fiduciária em garantia, arrendamento mercantil (leasing), faturização (factoring), cartão de crédito. 8.9 Contrato de seguro. 8.10 Contratos intelectuais: cessão de direito industrial, licença de uso de direito industrial, transferência de tecnologia, comercialização de logiciário (software).	07 itens
DIREITO FALIMENTAR	56. Direito falimentar; 56.1. Lei nº 11.101/2005; 56.2. Teoria geral do direito falimentar; 56.3. Processo falimentar; 56.4. Pessoa e bens do falido; 56.5. Regime jurídico dos atos e contratos do falido; 56.6. Regime jurídico dos credores do falido; 56.7. Recuperação judicial; 56.8. Recuperação extrajudicial	09 itens

Sem sombra de dúvidas o tema mais cobrado na primeira fase dos concursos de Defensoria Pública estadual são os relacionados aos títulos de crédito, que estava presente em 17 (dezessete) itens, seguidos por aqueles que envolvem Teoria da Empresa e Direito Societário.

Dos 58 (cinquenta e oito) itens levantados acima, cerca de 30% (trinta por cento) dos itens se referem, portanto, ao ponto de Títulos de Crédito, o que demonstra a grande incidência da matéria nas provas de primeira fase para cargos de defensores públicos estaduais.

Por fim, ainda para fins de estudo, consideramos importante trazer quais são os assuntos mais cobrados pelas principais bancas organizadoras dos concursos para a Defensora Pública estadual, CESPE e FCC. O resultado é a tabela trazida abaixo:

PONTO COBRADO	CESPE	FCC
Parte introdutória/ principiológica	01 item	01 item
Teoria da Empresa	06 itens	06 itens

6 Itens retirados do Conteúdo Programático do Edital do Concurso para a Defensoria Pública do estado de Pernambuco (2014).

PONTO COBRADO	CESPE	FCC
Títulos de Crédito	07 itens	08 itens
Protesto	01 itens	0 itens
Direito Societário	06 itens	04 itens
Contratos Empresariais	04 itens	02 itens
Direito Falimentar	04 itens	04 itens

Ressalte-se ainda que, na análise das questões, aquelas que exigiram conhecimento de mais de um ponto, foram incluídos em todos os pontos relacionados, de modo a trazer a análise mais autêntica possível sobre os pontos de maior incidência nas questões.

Consideradas todas as provas analisadas dos últimos 05 (cinco) anos, observamos que as matérias que mais apareceram nas provas da CESPE são:

1. *Títulos de Crédito – 07 itens;*
2. *Teoria da Empresa – 06 itens; e*
3. *Direito Societário – 06 itens.*

Da mesma forma, as provas organizadas pela FCC seguem o mesmo padrão:

1. *Títulos de Crédito -08 itens;*
2. *Teoria da Empresa -06 itens; e*
3. *Direito Societário – 04 itens.*

Percebe-se que, numa comparação com as bancas em geral, não houve variação nos temas que têm maior incidência nas provas organizadas pela FCC e pela CESPE.

Passemos agora a uma análise qualitativa das matérias cobradas nas provas anteriores.

4 PONTOS ESPECÍFICOS MAIS RELEVANTES DAS PROVAS OBJETIVAS

Ultrapassada a análise quantitativa dos temas mais cobrados nas provas objetivas dos concursos para as Defensorias Públicas estaduais, podemos traçar um estudo mais detalhado sobre os pontos com maior incidência nas provas:

⊝ a) Títulos de Crédito:

O ponto referente aos Títulos de Crédito, como vimos, é o mais cotado para as provas para o cargo de Defensor Público estadual e, dentro do tema, cobra-se muito:

1. *Títulos em espécie;*

2. *Endosso, aval e protesto;*

Veja-se, como exemplo, a questão do concurso da Defensoria Pública do Maranhão de 2018, organizada pela FCC, que versa sobre cheque:

> De acordo com a jurisprudência consolidada do STJ a respeito do cheque:
>
> **A** não caracteriza dano moral a apresentação antecipada de cheque pré-datado
>
> **B** em ação monitória fundada em cheque prescrito ajuizada contra o emitente, é indispensável a menção ao negócio jurídico subjacente à emissão da cártula
>
> **C** a simples devolução indevida de cheque não caracteriza dano moral.
>
> **D** o prazo para ajuizamento de ação monitória em face do emitente de cheque sem força executiva é quinquenal, a contar do dia seguinte à data de emissão estampada na cártula.
>
> **E** é inadmissível a ação monitória fundada em cheque prescrito.

Como se pode ver, a questão exige conhecimento de diversas súmulas do Superior Tribunal de Justiça. A alternativa correta da questão é a Letra D, que tem como objeto de cobrança o teor da Súmula 503 do Superior Tribunal de Justiça: *"O prazo para ajuizamento de ação monitória em face do emitente de cheque sem força executiva é quinquenal, a contar do dia seguinte à data de emissão estampada na cártula".*

Além dessa, as Súmulas 370 (*"Caracteriza dano moral a apresentação antecipada de cheque pré-datado")*, 531 (*"Em ação monitória fundada em cheque prescrito, ajuizada em face do emitente, é dispensável a menção ao negócio jurídico subjacente à emissão da cártula")*, 388 (*"A simples devolução indevida de cheque caracteriza dano moral")* e 299 (*"É admissível ação monitória fundada em cheque prescrito")*, todas do Superior Tribunal de Justiça, tinham que ser conhecidas pelo candidato para responder à questão.

b) Teoria da Empresa:

Em relação à teoria da empresa, os assuntos mais cobrados nas provas para Defensoria Pública dos últimos anos foram "Registro e Escrituração" (04 itens), seguido por "Empresário" (03 itens).

Uma das questões que representa bem esse ponto é a questão da Defensoria Pública de Alagoas de 2017, organizada pela CESPE:

> *Constitui ato constitutivo da pessoa jurídica de direito privado*
>
> Ⓐ *a certidão simplificada.*
>
> Ⓑ *o registro de imóvel.*
>
> Ⓒ *a procuração pública.*
>
> Ⓓ *o balanço patrimonial.*
>
> Ⓔ *o contrato social.*

A questão traz o mesmo assunto em todas as alternativas, envolvendo o conceito do "ato constitutivo da pessoa jurídica de direito privado". Assim, bastava o conhecimento do artigo 997 do Código Civil para responder à questão:

> *"A sociedade constitui-se mediante contrato escrito, particular ou público, que, além de cláusulas estipuladas pelas partes, mencionará:*

Assim, a resposta correta da questão é a Letra E.

c) Direito Societário:

Por fim, o terceiro ponto mais cobrado é o Direito Societário, sendo o tema mais cobrado, sem dúvida, as sociedades não personificadas. Em regra, a abordagem das questões se refere à literalidade da lei e o entendimento do Superior Tribunal de Justiça.

Um exemplo é a questão da Defensoria Pública do Amazonas de 2018, organizada pela FCC:

> No tocante às disposições gerais das sociedades e à sociedade em comum, é correto afirmar que
>
> Ⓐ os bens sociais na sociedade em comum como regra não respondem pelos atos de gestão praticados por qualquer dos sócios, dada sua natureza de sociedade não personificada.
>
> Ⓑ a sociedade adquire personalidade jurídica com o início de suas atividades empresárias, ainda que pendentes de registro seus atos constitutivos.
>
> Ⓒ independentemente de seu objeto, considera-se empresária a sociedade de responsabilidade limitada; e são sociedades civis as cooperativas.

Empresarial

D a sociedade que tenha por objeto o exercício de atividade própria de empresário rural e seja constituída, ou transformada, de acordo com um dos tipos de sociedade empresária, pode, observadas as formalidades legais, requerer inscrição no Registro Público de Empresas Mercantis da sua sede, caso em que, depois de inscrita, ficará equiparada, para todos os efeitos, à sociedade empresária.

E na sociedade em comum, todos os sócios respondem subsidiária e limitadamente pelas obrigações sociais, respeitado o benefício de ordem àquele que contratou em seu nome.

A questão exige o conhecimento dos seguintes artigos do Código Civil, respectivamente, sendo o item D o correto, que se refere ao artigo 984 do Código:

> *Art. 989. Os bens sociais respondem pelos atos de gestão praticados por qualquer dos sócios, salvo pacto expresso limitativo de poderes, que somente terá eficácia contra o terceiro que o conheça ou deva conhecer.*
>
> *Art. 985. A sociedade adquire personalidade jurídica com a inscrição, no registro próprio e na forma da lei, dos seus atos constitutivos (arts. 45 e 1.150).*
>
> *Art. 982. Salvo as exceções expressas, considera-se empresária a sociedade que tem por objeto o exercício de atividade própria de empresário sujeito a registro (art. 967); e, simples, as demais. Parágrafo único. Independentemente de seu objeto, considera-se empresária a sociedade por ações; e, simples, a cooperativa.*
>
> *Art. 984. A sociedade que tenha por objeto o exercício de atividade própria de empresário rural e seja constituída, ou transformada, de acordo com um dos tipos de sociedade empresária, pode, com as formalidades do art. 968, requerer inscrição no Registro Público de Empresas Mercantis da sua sede, caso em que, depois de inscrita, ficará equiparada, para todos os efeitos, à sociedade empresária. Parágrafo único. Embora já constituída a sociedade segundo um daqueles tipos, o pedido de inscrição se subordinará, no que for aplicável, às normas que regem a transformação.*
>
> *Art. 990. Todos os sócios respondem solidária e ilimitadamente pelas obrigações sociais, excluído do benefício de ordem, previsto no art. 1.024, aquele que contratou pela sociedade.*

Ter conhecimento acerca dos conteúdos mais cobrados, bem como a abordagem mais comum dada pelas bancas torna o estudo para os concursos de Defensoria Pública estadual mais eficazes. Como já foi amplamente dito, a organização e o estudo das bancas organizadoras podem facilitar muito o estudo para concursos públicos.

5 DICAS FINAIS PARA OS CANDIDATOS

Direito Empresarial é uma matéria pouco extensa, embora os assuntos sejam repletos de detalhes e causem alguma dificuldade aos estudantes, principalmente em provas objetivas.

Mas o fato de a análise do conteúdo programático da matéria, bem como o estudo focado dos principais assuntos cobrados tornará o estudo mais eficaz. Além disso, a escolha de uma bibliografia adequada e a resolução de questões de provas anteriores facilitará muito o seu estudo.

Com o estudo é possível perceber qual a abordagem da matéria dada pelas bancas, bem como quais são os artigos da lei que são mais cobrados.

Por fim, observo que é muito difícil passar em um concurso público para Defensor Público estadual sem ter o conhecimento suficiente da lei, doutrina e jurisprudência atualizada. O estudo deve sempre estar baseado em uma doutrina completa, atualizada e acessível (considerando sempre os gostos pessoais), bem como o estudo da jurisprudência deve ser constante, já que é comum a cobrança de informativos recentes dos Tribunais Superiores nos concursos públicos.

E, além disso, ainda adiciono a profunda necessidade de manter a organização e o foco nos estudos. É essencial que o seu estudo seja dividido em partes, abrangendo doutrina, jurisprudência e legislação, e seja focado nos pontos mais cobrados em cada matéria. Em relação a isso, além da observância das análises feitas nesse livro, é necessário incluir o treino, através da resolução de questões das últimas provas, o que vai lhe dar uma ideia sobre a forma da abordagem das bancas e funcionar como um instrumento poderoso para fixar e revisar a matéria.

PROCESSO CIVIL

Bruno Freire de Jesus

1 BIBLIOGRAFIA INDICADA

A análise do conteúdo programático disposto nos editais dos concursos da Defensoria Pública estadual mostra a grande quantidade de disciplinas a serem estudadas, sendo um grande desafio a divisão do tempo e dedicação para cada matéria.

Em razão da quantidade de disciplinas que compõe o conteúdo programático a estratégia na distribuição dos estudos será fundamental para o sucesso do concurseiro.

O candidato precisa estar atento ao fato de que não é possível investir muita "energia" em determinada disciplina e, simplesmente, negligenciar as demais. É evidente que algumas matérias merecem maior atenção em função da probabilidade de serem cobradas na prova objetiva, mas o concurseiro precisar ter um domínio razoável dos outros conteúdos para que possa ter êxito.

Estrategicamente, o estudo para a primeira etapa do concurso da Defensoria Pública estadual precisa se pautar na distribuição adequada de tempo investido em cada uma das disciplinas previstas no edital. Para o sucesso, a escolha do material de estudo adequado torna-se crucial.

Não há como ler monografias ou doutrinas densas para cada uma das diversas matérias que constam no edital, assim, é necessário dividir bem o estudo de primeira fase e segunda fase. Tenho que na primeira fase o candidato deve ter uma doutrina de apoio, mas o forte dos seus estudos estará em resolução de exercício, caso esteja assistindo aulas, na confecção de seu caderno próprio, estudo da jurisprudência e leitura da lei. O livro será para consultas pontuais a determinados temas que o candidato tenha grande dificuldade.

Após o aviso acima, sobre a escolha da bibliografia, a indicação vai muito do gosto de cada candidato. Alguns fazem questão de estudar por obras mais completas, outros preferem materiais mais resumidos.

O Curso de Direito Processual Civil do professor Fredie Didier é uma das melhores obras sobre o assunto, pois ele traz posições divergentes e quando é minoritário, avisa ao leitor da sua posição, mostrando a posição prevalente. Contudo, são vários volumes. Outra obra que já se consagrou como uma das favoritas dentre os concurseiros é o "Manual de Processo Civil", do professor Daniel Amorim de Assumpção Neves.

Além dos livros doutrinários, recomendo os livros com resolução de exercícios. É o caso, p. ex., da coleção "Revisaço", disponibilizado pela Ed. Juspodivm.

Amigo leitor, ressalto que essas indicações são gerais para primeira fase do seu concurso. Tenham em mente que em processo civil, como em tantas outras matérias, o seu examinador também poderá ser um doutrinador, sendo esse o caso, para segunda fase, necessariamente você deverá ler o que foi escrito pelo membro da banca que irá avaliar sua prova.

Por fim, convém dar uma conferida nas obras do "Dizer o Direito", que trazem com excelente didática os principais julgados do STF e do STJ.

2 CONTEÚDO PROGRAMÁTICO NOS EDITAIS DOS CONCURSOS PARA A DEFENSORIA PÚBLICA ESTADUAL

Importante ressaltar que cada Defensoria Pública tem confeccionado o seu edital de acordo com a comissão organizadora. Assim, se consegue extrair um padrão que vincula a maioria dos concursos analisados.

Foram analisados os editais de todos os concursos que se realizaram entre 2016 até fevereiro de 2020. O edital do concurso para o Estado do Rio de Janeiro, foi lido e analisado, mas ressalta-se que não há etapas objetivas. No lapso temporal analisado não tiveram concursos os seguintes Estados: Ceará, Paraíba, Piauí, Sergipe, Goiás, Mato Grosso do Sul, Rio Grande do Norte, Roraima, Tocantins.

Dos 16 editais de concursos que possuem provas objetivas e dissertativas, 09 foram de certames realizados pela FCC, 04 editais da CESPE/ CEBRASPE, 01 da FUNDEP, 01 da VUNESP e 01 da UFMT.

Das duas bancas com maior representatividade nos concursos públicos da Defensoria Pública, tem-se que que os editais da CESPE/ CEBRASPE, em processo civil, são mais enxutos enquanto os editais da FCC trazem a matéria dividida, minudenciando o que pode ser exigido na prova.

Veja-se edital da FCC e CESPE/CEBRASPE seguem seus padrões em todos os concursos que organizam facilitando, por isso, a compreensão da sua forma de cobrar a matéria. Apresentamos os últimos dois editais de cada uma das bancas para que se extraia uma esquematização, servindo de norte para nossa análise, sendo também orientador para as demais bancas.

(DISTRITO FEDERAL 2019) CESPE:

DIREITO PROCESSUAL CIVIL: 1 Lei nº 13.105/2015 e suas alterações (Código de Processo Civil). 1.1 Normas processuais civis. 1.2 Princípios gerais do direito processual civil. 1.3 Função jurisdicional. 1.4 Ação. 1.4.1 Conceito, natureza, elementos e características. 1.4.2 Condições da ação. 1.4.3 Classificação. 1.5 Pressupostos processuais. 1.6 Preclusão. 1.7 Sujeitos do processo. 1.7.1 Capacidade processual e postulatória. 1.7.2 Deveres das partes e procuradores. 1.7.3 Procuradores. 1.7.4 Sucessão das partes e dos procuradores. 1.8 Litisconsórcio. 1.9 Intervenção de terceiros. 1.10 Poderes, deveres e responsabilidade do juiz. 1.11 Ministério Público. 1.12 Advocacia Pública. 1.13 Defensoria Pública. 1.14 Atos processuais. 1.14.1 Forma dos atos. 1.14.2 Tempo e lugar. 1.14.3 Prazos. 1.14.4 Comunicação dos atos processuais. 1.14.5 Nulidades. 1.14.6 Distribuição e registro. 1.14.7 Valor da causa. 1.15 Tutela provisória. 1.15.1 Disposições Gerais. 1.15.2 Tutela de urgência. 1.15.3 Tutela de evidência. 1.16 Formação, suspensão e extinção do processo. 1.17 Processo de conhecimento e do cumprimento de sentença. 1.17.1 Procedimento comum. 1.17.2 Disposições Gerais. 1.17.3 Petição inicial. 1.17.4 Improcedência liminar do pedido. 1.17.5 Audiência de conciliação ou de mediação. 1.17.6 Contestação, reconvenção e revelia. 1.17.7 Audiência de instrução e julgamento. 1.17.8 Providências preliminares e do saneamento. 1.17.9 Julgamento conforme o estado do processo. 1.17.10 Provas. 1.17.11 Sentença e coisa julgada. 1.17.12 Cumprimento da sentença. 1.17.13 Disposições Gerais. 1.17.14 Cumprimento. 1.17.15 Liquidação. 1.18 Procedimentos Especiais. 1.19 Procedimentos de jurisdição voluntária. 1.20 Processos de execução. 1.21 Processos nos tribunais e meios de impugnação das decisões judiciais. 1.22 Livro Complementar. 1.22.1 Disposições finais e transitórias. 2 Mandado de segurança. 3 Ação popular. 4 Ação civil pública. 5 Ação de improbidade administrativa. 6 Reclamação constitucional. 7 Lei nº 8.245/1991 e suas alterações (Locação de imóveis urbanos). 7.1 Procedimentos. 8 Lei nº 9.099/2015 e suas alterações (Juizados Especiais Cíveis e Criminais). 9 Lei nº 12.153/2009 (Juizados Especiais da Fazenda Pública). 10 Lei nº 5.478/1968 (Ação de alimentos). 10.1 Execução de alimentos. 11 Lei nº 11.419/2006 e suas alterações (processo eletrônico). 12 Jurisprudência dos tribunais superiores.

(PERNAMBUCO 2018) CESPE:

DIREITO PROCESSUAL CIVIL: 1 Lei nº 13.105/2015 – Novo Código de Processo Civil. 2 Normas processuais civis. 3 Jurisdição. 4 Ação. 4.1 Conceito, natureza, elementos e características. 4.2 Condições da ação. 4.3 Classificação. 5 Pressupostos processuais. 6 Preclusão. 7 Sujeitos do processo. 7.1 Capacidade processual e postulatória. 7.2 Deveres das partes e procuradores. 7.3 Procuradores. 7.4 Sucessão das partes e dos procuradores. 8 Litisconsórcio. 9 Intervenção de terceiros. 10 Poderes, deveres e responsabilidade do juiz. 11 Ministério Público. 12 Advocacia Pública. 13 Defensoria Pública. 14 Atos processuais. 14.1 Forma dos atos. 14.2 Tempo e lugar. 14.3 Prazos. 14.4 Comunicação dos atos processuais. 14.5 Nulidades. 14.6 Distribuição e registro. 14.7 Valor da causa. 15 Tutela provisória. 16 Processo de conhecimento e do cumprimento de sentença. 16.1 Procedimento comum. 16.2 Disposições Gerais. 16.3 Petição inicial. 16.4 Improcedência liminar do pedido. 16.5 Audiência de conciliação ou de mediação. 16.6 Contestação, reconvenção e revelia. 16.7 Audiência de instrução e julgamento. 16.8 Providências preliminares e de saneamento. 16.9 Julgamento conforme o estado do processo. 16.10 Provas. 16.11 Sentença e coisa julgada. 16.12 Cumprimento da sentença. 17 Proteção judicial dos interesses individuais, difusos e coletivos. 18 Procedimentos Especiais. 19 Procedimentos de jurisdição voluntária. 20 Processos de execução. 21 Processos nos tribunais e meios de impugnação das decisões judiciais. 22 Livro Complementar: disposições finais e transitórias. 23 Mandado de segurança. 24 Reclamação constitucional. 25 Jurisprudência aplicada dos tribunais superiores.

(SÃO PAULO 2019) FCC:

1. DIREITO PROCESSUAL CIVIL 1. Código de Processo Civil (Lei nº 13.105, de 16 de março de 2015). 2. Constituição e Processo. 2.1. A Constitucionalização do processo. Princípios constitucionais no processo civil. 2.2. Conteúdo jurídico do direito de acesso à tutela jurisdicional do Estado. 2.3. Conteúdo jurídico do direito de defesa. 2.4. Direitos fundamentais e processo. 2.5. A busca pela efetividade do processo e as Reformas Processuais. 2.6. O provimento jurisdicional como instrumento de transformação social. 3. Normas de Direito Processual Civil: natureza jurídica, fontes, princípios processuais civis, interpretação e direito processual intertemporal. Princípios infraconstitucionais do processo civil. 4. Jurisdição: conceito, características, princípios e espécies. 4.1. Competência. 5. Meios alternativos de solução de conflitos: autotutela, autocomposição (conciliação e mediação), arbitragem e tribunais administrativos. 5.1. Teoria do conflito e os mecanismos autocompositivos. 5.2 Técnicas de negociação e mediação. Procedimentos, posturas, condutas e mecanismos aptos a obter a solução conciliada dos conflitos. 5.3 Teoria dos Jogos. 5.4 Fundamentos de negociação. 5.5 A mediação e o processo judicial. 5.6 Lei nº 13.140 de 26 de junho de 2015. 6. Ação: teorias, classificação, elementos, condições e cumulação. 7. Processo: pressupostos processuais, atos processuais, vícios dos atos processuais, lugar, tempo e forma dos atos processuais, comunicação dos atos processuais. Preclusão. 8. Sujeitos do processo: partes, capacidade, deveres e responsabilidade por dano processual, substituição, sucessão. Litisconsórcio. Intervenção de terceiros: típicas e atípicas.

9. Tutela de urgência e da evidência. 10. Formação, suspensão e extinção do processo. 10. Procedimento comum: petição inicial, improcedência liminar do pedido. Audiência de conciliação ou de mediação. Respostas do réu; contestação, reconvenção e revelia. Providências preliminares. Julgamento conforme o estado do processo. Das provas; teoria geral das provas e provas em espécie. Sentença e coisa julgada. 11. Procedimentos do processo de conhecimento: procedimentos especiais (jurisdição contenciosa e jurisdição voluntária). 12. Normas processuais civis e medidas tutelares: 12.1. No Estatuto da Criança e Adolescente. 12.2. No Estatuto do Idoso; 12.3. No Estatuto das Cidades; 12.4. Na Lei de Proteção e Defesa aos Portadores de Deficiência; 12.5. No Código de Defesa aos Consumidores. 13. Tutelas declaratórias, condenatórias, mandamentais, cominatórias e específicas. 14. Cumprimento de sentença e processo de execução. Diversas espécies de execução. Defesas do executado e de terceiros na execução. Ações prejudiciais à execução. 15. Processo nos tribunais: e meios de impugnação das decisões judiciais. Incidente de assunção de competência; incidente de arguição de inconstitucionalidade; conflito de competência; homologação de decisão estrangeira; ação rescisória; incidente de resolução de demandas repetitivas; reclamação. 16. Recursos e meios de impugnação. Teoria geral dos recursos. Admissibilidade e efeitos. Princípios. Apelação, agravos, embargos de declaração, embargos de divergência. Recursos nos Tribunais Superiores. Regimento Interno do TJ/SP, do STJ e STF. Repercussão Geral. Súmula. Súmula Vinculante. Reexame necessário, ação rescisória, mandado de segurança contra ato judicial, ação declaratória de inexistência de ato processual e querela nullitatis. 17. Precedentes: teoria geral, distinguishing e overhulling. 18. Prerrogativas processuais da Defensoria Pública. 19. A Fazenda Pública como parte no processo: polos ativo e passivo. Prerrogativas. Ação de conhecimento e execução. A Fazenda nos procedimentos especiais. Juizados Especiais da Fazenda Pública Estadual. 20. Ação de usucapião. Usucapião como matéria de defesa. 21. Processo coletivo. Ação civil pública. 22. Ação declaratória de inconstitucionalidade/constitucionalidade. Ação de descumprimento de preceito constitucional. 23. Habeas Corpus, Habeas Data e Mandado de Injunção. 24. Reclamação. 25. Ação popular. 26. Mandado de segurança individual e coletivo. 27. Ações da Lei de Locação dos Imóveis Urbanos: despejo, consignatória de aluguel e acessórios, renovatória e revisional. Postulação e defesa. 28. Ações de família. Alimentos. Execução de alimentos. Lei de Alimentos e disposições do Código de Processo Civil. Ações declaratória e negatória de vínculo parental (em vida e póstuma). Separação, divórcio direto e mediante conversão. Declaratória de união estável (em vida e póstuma). Separação e divórcio extrajudiciais. 29. Inventário judicial e extrajudicial. Arrolamento. Alvará. 30. Juizados Especiais Cíveis. Enunciados. 31. Assistência Judiciária: aspectos processuais. 32. Processo eletrônico.

(RIO GRANDE DO SUL, 2018) FCC:

DIREITO PROCESSUAL CIVIL 1. Constituição e Processo. Princípios Constitucionais no Processo Civil. Conteúdo jurídico do direito de acesso à tutela jurisdicional do Estado. Conteúdo jurídico do direito de defesa. Direitos fundamentais e processo. A busca pela efetividade do processo e as reformas processuais. O provimento jurisdicional como instrumento de transformação social. 2. Normas de Direito Processual Civil: natureza jurídica, fontes, princípios processuais civis e interpretação.

Direito processual intertemporal. Princípios infraconstitucionais do Processo Civil. 3. Jurisdição: conceito, características, princípios, limites e espécies. Meios alternativos de solução de conflitos: autotutela, autocomposição (conciliação e mediação), arbitragem e tribunais administrativos. 4. Competência. Critérios de determinação e de modificação. Competência originária dos Tribunais Superiores. Competência absoluta e competência relativa. Conflitos de competência e de atribuição. Conexão e continência. 5. Ação: teorias, classificação, elementos, condições e cumulação. Direito subjetivo. Pretensão. Ação de direito material e de direito processual. Direito de ação na perspectiva constitucional. Direito à adequada tutela jurisdicional. 6. Sujeitos do processo: partes, capacidade, deveres e responsabilidade por dano processual, substituição, sucessão. Litisconsórcio. Assistência. Intervenção de terceiros típica e atípica. O Juiz e os auxiliares da justiça. Ministério Público. Advocacia Pública. Defensoria Pública. 7. Defensoria Pública. Prerrogativas processuais. Exercício da Curadoria Especial. 8. Assistência Judiciária: aspectos processuais. 9. Processo: pressupostos processuais e atos processuais. Forma, tempo e lugar dos atos processuais. Atos processuais eletrônicos. Prazos. Comunicação dos atos processuais. Citação. Cartas. Intimação. Teoria das invalidades processuais. Nulidades. Preclusão. Distribuição e registro. Valor da causa. 10. Tutela Provisória. Tutela de urgência e tutela evidência. Tutela antecedente e tutela incidente. Estabilização da tutela provisória. 11. Formação, suspensão e extinção do processo. 12. Procedimento comum. Petição inicial. Indeferimento da petição inicial. Improcedência liminar do pedido. Conversão da ação individual em ação coletiva. Audiência de conciliação. Audiência de mediação. Respostas do réu. Revelia. Providências preliminares e saneamento. Julgamento conforme o estado do processo. Audiência de instrução e de julgamento. 13. Provas. Objeto, fonte e meios. Admissibilidade. Provas típicas e atípicas. Provas ilícitas. Ônus da prova. Provas em espécie e sua produção. Fatos que independem de prova. Exame da prova e sua valoração. 14. Sentença: conteúdo, vícios, efeitos e modalidades. Liquidação de sentença. Coisa Julgada: conceito, requisitos, vícios, efeitos e classificações. Limites subjetivos, objetivos e temporais da coisa julgada. Relativização da coisa julgada. Remessa necessária. 15. Tutelas declaratórias, condenatórias, mandamentais, cominatórias e específicas. 16. Cumprimento de sentença. Classificação. Pressupostos. Cumprimento da sentença que reconheça a obrigação de pagar quantia certa, de prestar alimentos, de fazer, de não fazer e de entregar coisa. Defesas do devedor e de terceiros nos pedidos de cumprimento de sentença. 17. Execução. Teoria geral. Princípios que norteiam o processo de execução. Execução em geral. Pressupostos do processo de execução. Características dos títulos executivos. Títulos executivos judiciais e extrajudiciais. Execução definitiva e execução provisória. Legitimidade ativa e passiva no processo de execução. Competência. Responsabilidade patrimonial. Das diversas espécies de execução. Da suspensão e da extinção da execução. Defesas do devedor e de terceiros na execução. Exceção de pré-executividade. Embargos do devedor. Defesa heterotópica. 18. Processos nos tribunais. Ordem dos processos nos tribunais e processos de competência originária dos tribunais. Incidente de assunção de competência. Incidente de arguição de inconstitucionalidade. Conflito de competência. Homologação de decisão estrangeira e concessão do exequatur à carta rogatória. Ação rescisória. Incidente de resolução de demandas repetitivas. Reclamação. 19. Recursos e meios de impugnação das decisões judiciais. Teoria geral dos recursos. Admissibilidade e efeitos. Princípios. Apelação. Agravo de instrumento. Embargos de declaração. Embargos de divergência. Agravo interno. Duplo grau obrigatório. Mandado de segurança contra ato judicial. Ação declaratória de inexistência de ato processual e querela nullitatis. Recursos nos Tribunais Superiores. Recurso ordinário. Recurso especial. Recurso extraordinário. Repercussão geral. Do julgamento dos recursos especial e extraordinários repetitivos. Súmula. Súmula vinculante. Precedentes: Teoria Geral, distinguishing e overruling. Pedidos de suspensão de liminares e sentenças. 20. Fazenda Pública como parte do processo: polos ativo e passivo. Prerrogativas. Tutela provisória e tutela específica. Ação de conhecimento, cumprimento de sentença e execução. A Fazenda nos procedimentos especiais. 21. Procedimentos especiais e procedimentos de jurisdição voluntária: conceito, espécies, características e peculiaridades. 22. Separação. Divórcio direto. Divórcio mediante conversão. Declaratória de união estável (em vida e póstuma). Separação extrajudicial. Divórcio extrajudicial. 23. Ação de usucapião. Conceito, procedimento e espécies. Usucapião como matéria de defesa. 24. Ação direta de inconstitucionalidade. Ação declaratória de constitucionalidade. Arguição de descumprimento de preceito fundamental. 25. Ação popular. 26. Ações da Lei de locações de imóveis urbanos. Despejo. Consignatório de aluguel e acessórios. Ação renovatória. Ação revisional. Postulação e defesa. 27. Ações de alimentos. Lei de alimentos. Lei de alimentos e o Código de Processo Civil. 28. Ações declaratória e negatória de vínculo parental (em vida e póstuma). 29. Ações Possessórias. Ações Petitórias. 30. Habeas Corpus. Habeas Data. Mandato de Injunção. 31. Inventário judicial e extrajudicial. Arrolamentos. Alvará. 32. Procedimento nos Juizados Especiais Cíveis e nos Juizados Especiais da Fazenda Pública. Princípios, normas e especificidades. Enunciados. 33. Mandado de segurança individual. Mandado de segurança coletivo. 34. Microssistema da Tutela dos Direitos Coletivos. Teoria geral do Processo Civil coletivo. Princípios gerais do Processo Civil coletivo. Sistema de proteção coletiva. Entes e instituições legitimadas. Sistemas de legitimação. Tutela de direitos coletivos e tutela coletiva de direitos. Mecanismos processuais e respectivos procedimentos para tutela dos interesses transindividuais. Direitos e interesses difusos, coletivos e individuais homogêneos. Ação civil pública. 35. Normas processuais civis no Estatuto da Criança e do Adolescente, no Estatuto do Idoso, no Estatuto das Cidades, na Lei de Proteção e Defesa aos Portadores de Deficiência, no Código de Defesa do Consumidor. 36. Processo eletrônico. Normas e especificidades. Comunicação e prazos dos atos processuais eletrônicos. 37. Jurisprudência e Enunciados de Súmulas do Supremo Tribunal Federal, do Superior Tribunal de Justiça e do Tribunal de Justiça do Estado do Rio Grande do Sul. 38. Código de Processo Civil (Lei nº 13.105, de 16 de março de 2015).

Fácil perceber um padrão nos editais.

Ponto a ser sublinhado é que alguns editais colocam o processo coletivo junto com o direito processual civil. O recorte do edital em nossa pesquisa será, tão somente, de questões de direito processual civil, uma vez que a presente obra possui capítulo próprio para o processo coletivo.

Para que se esgote o edital deve se proceder com leitura da lei aliada à resolução de exercícios. É primordial, para primeira fase objetiva, esse trabalho de memorização da lei, às custas de muito exercício e leitura do texto legal.

A indicação supra vale para qualquer disciplina, mas no que toca ao processo civil, após o advento da vigência do CPC atual, essa regra ganhou mais valor. As provas passaram a ter uma maior quantidade de questões "letra da lei", e mesmo bancas como a CESPE/CEBRASPE, que tinha a tradição de exigir muita jurisprudência, passou a confeccionar provas mais obedientes ao texto da lei.

Cuida-se de uma segurança para as bancas examinadoras, uma vez que a doutrina ainda não se firmou em diversas inovações e a jurisprudência dos Tribunais Superiores ainda não pacificou temas controversos do atual diploma processual. O texto da lei é o porto seguro do seu examinador da prova objetiva, logo, você, futuro colega, tem que dominá-lo.

A leitura de uma doutrina básica alcançará a maioria das questões na fase vestibular. Já refaço a ressalva sobre a leitura específica para fase subjetiva, haja vista que a banca examinadora poderá ser composta de doutrinadores.

Diante da leitura dos editais de todas as bancas organizadoras dos concursos ocorridos entre 2016 e 2020, chega-se a seguinte sistematização dos principais pontos que são cobrados em processo civil:

- **1)** Princípios constitucionais, processo civil e acesso à Justiça
- **2)** Normas do processo civil
- **3)** Jurisdição e competência
- **4)** Teoria do conflito e os mecanismos autocompositivos.
- **5)** Teoria da ação e do processo
- **6)** Sujeitos do processo.
- **7)** Litisconsórcio, intervenção de terceiro.
- **8)** Tutela de urgência e da evidência.
- **9)** Formação, suspensão e extinção do processo.
- **10)** Pressupostos processuais e atos processuais

- **11)** Procedimento comum: petição inicial, improcedência liminar do pedido. Audiência de conciliação ou de mediação. Respostas do réu; contestação, reconvenção e revelia. Providências preliminares. Julgamento conforme o estado do processo.
- **12)** Das provas; teoria geral das provas e provas em espécie.
- **13)** Sentença e coisa julgada
- **14)** Procedimentos especiais
- **15)** Espécies de tutela, liquidação e cumprimento de sentença
- **16)** Execução, defesa do executado.
- **17)** Processos nos tribunais
- **18)** Recursos
- **19)** Precedentes
- **20)** Fazenda Pública em Juízo
- **21)** Defensoria Pública e assistência jurídica.
- **22)** Remédios constitucionais.
- **23)** Processo eletrônico
- **24)** Normas regimentais dos tribunais estaduais.

Por fim, cumpre sublinhar novamente que a FCC possui um edital mais extenso entre as bancas examinadoras, mas o padrão da FUNDEP, UFMT, VUNESP trazem exigências próximas com os colacionados acimas, o que nos permite afirmar que os pontos destacados são os principais itens a serem estudados em processo civil.

3 ANÁLISE DAS ÚLTIMAS PROVAS OBJETIVAS

Para fins deste estudo, procedeu-se à análise das provas de 2016 a 2020 das Defensorias Públicas dos Estados, atentando-se para as provas promovidas por todas bancas. O resultado são as tabelas abaixo apresentadas:

ANÁLISE DA BANCA FCC		
Pontos	TOTAL	INCIDÊNCIA
1. Princípios constitucionais, processo civil e acesso à Justiça	5	4,31%
2. Normas do processo civil	2	1,72%
3. Jurisdição e competência	9	7,76%
4. Teoria do conflito e os mecanismos autocompositivos.	6	5,17%
5. Teoria da ação e do processo	0	0
6. Sujeitos do processo, capacidade processual.	2	1,72%
7. litisconsórcio, intervenção de terceiro.	4	3,45%
8. Tutela de urgência e da evidência.	5	4,31%
9. Formação, suspensão e extinção do processo.	0	
10. Pressupostos processuais e atos processuais.	7	6,03%
11. Procedimento comum: petição inicial, improcedência liminar do pedido. Audiência de conciliação ou de mediação. Respostas do réu; contestação, reconvenção e revelia. Providências preliminares. Julgamento conforme o estado do processo.	15	12,93%
12. Das provas; teoria geral das provas e provas em espécie.	5	4,31%
13. Sentença e coisa julgada.	2	1,72%
14. Procedimentos e legislação especial.	13	11,21%
15. Espécies de tutela, liquidação e cumprimento de sentença, execução.	4	3,45%
16. Execução e defesa, defesa do executado e expropriação.	5	4,31%
17. Processos nos Tribunais	4	3,45%
18. Recursos.	12	10,34%
19. Precedentes.	4	3,45%
20. Fazenda Pública em juízo.	1	0,86%
21. Defensoria Pública e assistência jurídica gratuita.	4	3,45%
22. Remédios constitucionais.	4	3,45%
23. Processo eletrônico.	3	2,59%
24. Normas regimentais dos tribunais estaduais.	0	

ANÁLISE DA BANCA CESPE		
Pontos	TOTAL	INCIDÊNCIA
1. Princípios constitucionais, processo civil e acesso à Justiça	1	1,69%
2. Normas do processo civil	1	1,69%
3. Jurisdição e competência	3	5,08%
4.Teoria do conflito e os mecanismos autocompositivos.	1	1,69%
5. Teoria da ação e do processo	0	0
6. Sujeitos do processo, capacidade processual.	0	0
7. litisconsórcio, intervenção de terceiro.	3	5,08%
8. Tutela de urgência e da evidência.	3	5,08%
9. Formação, suspensão e extinção do processo.	1	1,69%
10. Pressupostos processuais e atos processuais.	3	5,08%
11. Procedimento comum: petição inicial, improcedência liminar do pedido. Audiência de conciliação ou de mediação. Respostas do réu; contestação, reconvenção e revelia. Providências preliminares. Julgamento conforme o estado do processo.	11	18,64%
12. Das provas; teoria geral das provas e provas em espécie.	1	1,69%
13. Sentença e coisa julgada.	2	3,39%
14. Procedimentos e legislação especial.	5	8,47%
15. Espécies de tutela, liquidação e cumprimento de sentença, execução.	2	3,39%
16. Execução e defesa, defesa do executado e expropriação.	4	6,78%
17. Processos nos Tribunais	2	3,39%
18. Recursos.	5	8,47%
19. Precedentes.	1	1,69%
20. Fazenda Pública em juízo.	1	1,69%
21. Defensoria Pública e assistência jurídica gratuita.	4	6,78%
22. Remédios constitucionais.	2	3,39%
23. Processo eletrônico.	1	1,69%
24. Normas regimentais dos tribunais estaduais.	0	0

ANÁLISE DAS OUTRAS BANCAS		
Pontos	TOTAL	INCIDÊNCIA
1. Princípios constitucionais, processo civil e acesso à Justiça	2	6,06%
2. Normas do processo civil	-	-
3. Jurisdição e competência	2	6,06%
4.Teoria do conflito e os mecanismos autocompositivos.	-	-
5. Teoria da ação e do processo	-	-
6. Sujeitos do processo, capacidade processual.	-	-
7. litisconsórcio, intervenção de terceiro.	1	3,03%
8. Tutela de urgência e da evidência.	1	3,03%
9. Formação, suspensão e extinção do processo.	-	-
10. Pressupostos processuais e atos processuais.	-	-
11. Procedimento comum: petição inicial, improcedência liminar do pedido. Audiência de conciliação ou de mediação. Respostas do réu; contestação, reconvenção e revelia. Providências preliminares. Julgamento conforme o estado do processo.	7	21,21%
12. Das provas; teoria geral das provas e provas em espécie.	2	6,06%
13. Sentença e coisa julgada.	2	6,06%
14. Procedimentos e legislação especial.	7	21,21%
15. Espécies de tutela, liquidação e cumprimento de sentença, execução.	1	3,03%
16. Execução e defesa, defesa do executado e expropriação.	-	-
17. Processos nos Tribunais	-	-
18. Recursos.	1	3,03%
19. Precedentes.	1	3,03%
20. Fazenda Pública em juízo.	1	3,03%
21. Defensoria Pública e assistência jurídica gratuita.	1	3,03%
22. Remédios constitucionais.	1	3,03%
23. Processo eletrônico.	1	3,03%
24. Normas regimentais dos tribunais estaduais.	-	-

Ressalte-se ainda que, na análise das questões, aquelas que exigiram conhecimento de mais de um ponto, foram incluídos em todos os pontos relacionados. Se por um lado esta técnica produz um número de análises maior do que o número real de questões, por outro, resulta em uma pesquisa de incidências de pontos mais autêntica possível, demonstrando os pontos que efetivamente devem ser mais estudados pelo candidato.

Passemos agora a uma análise qualitativa das matérias cobradas nas provas anteriores.

4 PONTOS ESPECÍFICOS MAIS RELEVANTES DAS PROVAS OBJETIVAS

De posse da lista e dos números informados acima, podemos traçar quais são os tópicos mais cobrados, que possuem maior incidência, logo devem ser mais explorado pelo estudante. Em uma análise de banca, podemos observar uma variação pequena nos temas que têm maior incidência:

a) CESPE

1. Procedimento Comum.
2. Procedimento e legislação especial.
3. Recursos.

b) FCC

1. Procedimento Comum.
2. Procedimento e legislação especial.
3. Recursos.

c) OUTRAS

1. Procedimento Comum.
2. Procedimento e legislação especial.
3. Sentença e coisa julgada, provas e outros.

Procedimento comum, procedimento especial e recursos lideram a lista em quantidade de questões, e em compensação, normas dos tribunais estaduais, legislação estadual e teorias da ação e do processo não tiveram nenhum interesse pelo examinador.

Isso quer dizer que essas matérias com menos incidência não vão cair? Evidente que podem cair, estão no edital! O concurseiro tem que possuir a consciência que o corte das provas objetivas está entre 70% a 80%, logo a margem para errar é pouca. Assim, nenhuma matéria deve ser abandonada, mas o candidato terá que reservar um tempo diminuto para esses tópicos. Não adianta dominar a evolução do processo civil, as teorias do processo, conhecendo as críticas ao momento processual no Brasil, se isso não cairá em sua prova objetiva, sendo uma dissertação para ingresso em um curso de pós graduação. Essa inteligência na hora de estudar que é fundamental, sendo a crucial diferença entre o candidato que tem um domínio invejável de uma matéria, e não passa no concurso, e o candidato que sabe bem aquilo que é necessário, conseguindo a posse no seu cargo.

Como já alertado, as provas de processo civil, após a vigência do código de 2015, vem cobrando a literalidade dos artigos, como será demonstrado no próximo tópico com o gráfico de incidência.

5 DOUTRINA, JURISPRUDÊNCIA E "LEI SECA" NOS CONCURSOS DA DEFENSORIA PÚBLICA ESTADUAL

Já foi dito e redito! Leia a lei, faça muitos exercícios, e quando achar que fez o bastante, faça mais ainda. Não existe fórmula mágica nem segredos aqui, apenas o estudo reiterado de resolução de questões de prova fará com que você passe na prova objetiva. Demostro a imperiosa necessidade do comando acima, com gráficos que analisam todas as provas, de todas as bancas dos últimos cinco anos.

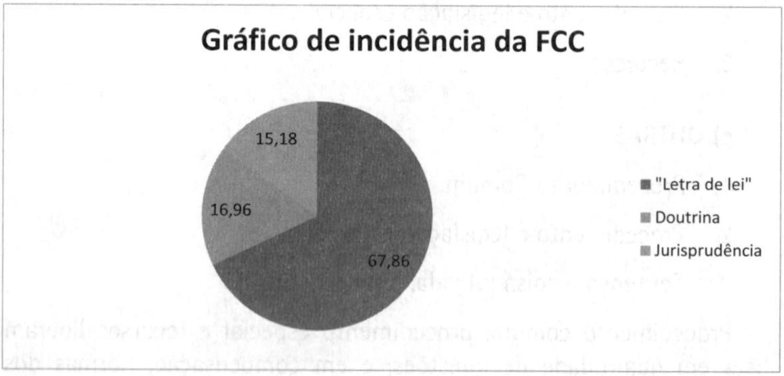

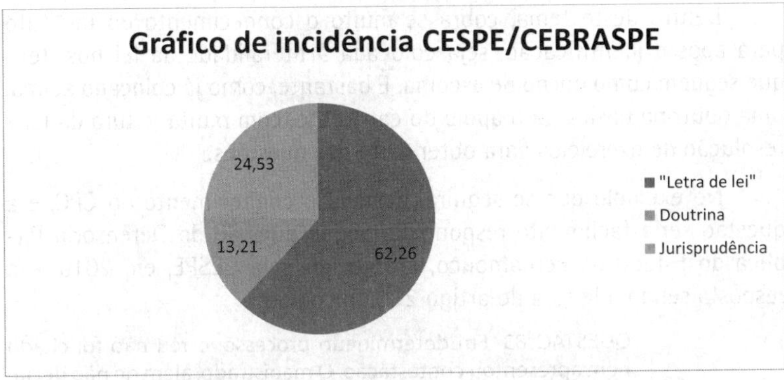

É de saltar os olhos a quantidade de questões que são mera reprodução da lei. Todas as bancas, inclusive a CESPE/CEBRASPE que é conhecida por cobrar muita jurisprudência, hoje, em processo civil, se rende a segurança de exigir estritamente o conhecimento da lei. Não sei se essa é a melhor forma de selecionar candidatos, mas fato que é essa a forma que vem sendo utilizada pelas bancas, e se você, caro leito, quer ser um futuro colega da Defensoria Pública, você terá que se adaptar a essa forma de cobrança.

6 ANÁLISE DE QUESTÕES DOS PONTOS ESPECÍFICOS MAIS RELEVANTES DAS PROVAS OBJETIVAS

a) Procedimento comum: petição inicial, improcedência liminar do pedido. Audiência de conciliação ou de mediação. Respostas do réu; contestação, reconvenção e revelia. Providências preliminares. Julgamento conforme o estado do processo.

Dentro deste tema, cobra-se muito o conhecimento do instituto para após a identificação, seja colocada a literalidade da lei nos itens que seguem como opção de escolha. É bastante, como já colocado acima, uma doutrina básica para apoio do candidato, com muita leitura da lei e resolução de exercícios para obter êxito nas questões.

No exemplo que se seguirá, bastava o conhecimento do CPC, e a questão seria facilmente respondida. Segue questão da Defensoria Pública do Estado de Pernambuco, promovido pela CESPE, em 2018, e a resposta sendo a leitura do artigo 282 do código:

> QUESTÃO 83. Em determinado processo, o réu não foi citado nem apresentou contestação. O magistrado, além de não declarar o processo nulo, julgou-o, no mérito, favoravelmente ao réu. Nessa situação hipotética, a conduta do magistrado foi correta porque
>
> Ⓐ ele aproveitou atos que não dependem da citação.
>
> Ⓑ **ele julgou favoravelmente o mérito da causa para a parte que seria beneficiada caso a nulidade fosse decretada.**
>
> Ⓒ o autor não requereu a nulidade do processo.
>
> Ⓓ o autor foi o causador da nulidade.
>
> Art. 282. § 2º Quando puder decidir o mérito a favor da parte a quem aproveite a decretação da nulidade, o juiz não a pronunciará nem mandará repetir o ato ou suprir-lhe a falta.

Agora vamos analisar a questão 54, formulada pela FCC, a Defensoria Pública do Estado de Santa Catarina, em 2017, que também bastava o conhecimento da lei para conquistar o ponto, trabalhando com uma diferença entre o atual código e o anterior, que previa um procedimento apartado para discutir a gratuidade de justiça:

> Na hipótese de ser concedida gratuidade da justiça quando do recebimento da petição inicial, o réu poderá impugnar esta decisão
>
> Ⓐ **em preliminar de contestação, sem a instauração de incidente apartado.**
>
> Ⓑ por agravo de instrumento, sob pena de preclusão.
>
> Ⓒ mediante petição própria que instaura incidente apartado de impugnação à concessão da gratuidade da justiça.
>
> Ⓓ por simples petição, no prazo de quinze dias a partir da data da citação, sob pena de preclusão.
>
> Ⓔ por simples petição e a qualquer tempo do processo, uma vez que o deferimento da gratuidade não gera preclusão.

Como se pode observar do artigo transcrito abaixo, a questão exigiu muito pouco, bastando o conhecimento do texto legal.

> Art. 100. Deferido o pedido, a parte contrária poderá oferecer impugnação na contestação, na réplica, nas contrarrazões de recurso ou, nos casos de pedido superveniente ou formulado por terceiro, por meio de petição simples, a ser apresentada no prazo de 15 (quinze) dias, nos autos do próprio processo, sem suspensão de seu curso.
>
> Art. 337. Incumbe ao réu, antes de discutir o mérito, alegar:
>
> XIII - indevida concessão do benefício de gratuidade de justiça.

Observemos agora a questão da FCC na realização de concurso para Defensoria de São Paulo, em 2019, que trabalhava competência e procedimento ordinário. Por vezes, a exigência vem em conhecer holisticamente o código, pois artigos de capítulos distintos podem ser cobrados em uma mesma questão.

> Humberto comparece à unidade da Defensoria Pública da cidade onde reside, no interior do Estado, informando que recebeu citação de uma demanda em que se discutem direitos reais sobre bens móveis, proposta na capital do mesmo Estado, sendo intimado no mesmo ato do prazo para a apresentação de resposta. Humberto discorda do pedido do autor e deseja apresentar defesa. Diante desta situação, o Defensor lotado no interior do Estado deverá
>
> **A** elaborar a peça defensiva de contestação, que poderá ser protocolada no foro de domicílio do réu, ainda que não apresente preliminar de incompetência do juízo.
>
> **B** elaborar a peça defensiva de contestação, que somente poderá ser protocolada no foro de domicílio do réu se a carta precatória ainda não tiver sido devolvida ao juízo deprecante.
>
> **C** **elaborar a peça defensiva de contestação, com a alegação de incompetência do juízo em preliminar de contestação, hipótese em que poderá protocolar a contestação no foro de domicílio do réu.**
>
> **D** orientar Humberto para que compareça ao atendimento da Defensoria Pública na Capital, onde deverão ser tomadas as medidas em sua defesa, inclusive a elaboração de contestação.
>
> **E** elaborar a peça defensiva de contestação, protocolando-a necessariamente no foro da Capital, onde está sendo processada a ação, em razão da existência de norma de competência absoluta quanto ao foro da situação do bem.

Art. 46. A ação fundada em direito pessoal ou em direito real sobre bens móveis será proposta, em regra, no foro de domicílio do réu.

Art. 65. Prorrogar-se-á a competência relativa se o réu não alegar a incompetência em preliminar de contestação.

Art. 340. Havendo alegação de incompetência relativa ou absoluta, a contestação poderá ser protocolada no foro de domicílio do réu, fato que será imediatamente comunicado ao juiz da causa, preferencialmente por meio eletrônico.

Por fim, como último exemplo, uma questão da Defensoria Pública do Maranhão, realizada pela FCC, em 2018, que bastava conhecer o artigo 332 do CPC para ganhar mais um ponto, como pode se observar dos comentários que seguem embaixo da questão.

41) A improcedência liminar do pedido

A é a medida a ser imposta quando for constatada, de plano, a prescrição ou a decadência.

B deve ser precedida, via de regra, da regular citação do demandado.

C é permitida diante da existência de precedente firmado pelo Superior Tribunal de Justiça ou pelo Supremo Tribunal Federal, mas não de Tribunal de Justiça.

D pode ser decretada com fundamento na inépcia da petição inicial.

E caso não seja impugnada por recurso no prazo legal, produz coisa julgada meramente formal.

A) Correta. Art. 332, § 1o CPC, O juiz também poderá julgar liminarmente improcedente o pedido se verificar, desde logo, a ocorrência de decadência ou de prescrição.

B) Errada. Art. 332. Nas causas que dispensem a fase instrutória, o juiz, independentemente da citação do réu, julgará liminarmente improcedente o pedido que contrariar:

C) Errada. Art. 332, IV, CPC - IV - enunciado de súmula de tribunal de justiça sobre direito local.

D) Errada. Trata-se do Princípio da Não Surpresa, onde deverá a parte ser intimada para apresentar emenda à petição inicial, não podendo ser indeferido preliminarmente o pedido, ademais, a ação será extinta sem resolução do mérito em caso de não aditamento.

E) Errada. Faz coisa julgada material, tendo em vista que o pronunciamento de rejeição liminar do pedido é sentença (art. 203, § 1º), passível de apelação, com base no arts.332, §§ 2º e 3º, e 1.009 do CPC.

b) Procedimento especial e legislação especial

Não é de espantar que questões sobre procedimento e legislação especial sejam reiteradamente cobradas em provas objetivas. Isso se explica porque o examinador consegue perguntar as diferenças do procedimento especial com procedimento comum, se valendo da segurança do texto legal e confeccionando assertivas que se assemelham ao procedimento comum para causar confusão, as famosas pegadinhas.

Segue questão da prova do Amapá, de 2018, promovida pela FCC.

> 66 Em relação às ações locativas, considere os seguintes enunciados:
>
> I. Nas ações de despejo, consignação em pagamento de aluguel e acessórios da locação, revisionais de aluguel e renovatórias de locação, os recursos interpostos contra as respectivas sentenças terão efeito meramente devolutivo, possibilitando sua execução provisória.
>
> II. Nas ações de despejo fundadas na falta de pagamento de aluguel e acessórios da locação, o pedido de rescisão da locação poderá ser cumulado com o pedido de cobrança dos aluguéis e acessórios da locação; nesta hipótese, citar-se-á o locatário para responder ao pedido de rescisão e o locatário e os fiadores para responderem ao pedido de cobrança, devendo ser apresentado, com a inicial, cálculo discriminado do valor do débito.
>
> III. Na ação revisional de aluguel, de rito sumário, o aluguel fixado na sentença é devido a partir desse arbitramento, bem como as diferenças devidas durante a demanda, exigíveis de imediato à fixação de novo aluguel.
>
> IV. Na ação renovatória, a petição inicial deverá indicar o exato cumprimento do contrato, desde que o prazo mínimo a renovar e o tempo de exploração do comércio no mesmo ramo, ininterruptamente, pelo locatário, sejam de três anos.
>
> V. Nas locações ajustadas por escrito e por prazo igual ou superior a trinta meses, a resolução do contrato ocorrerá findo o prazo estipulado, independentemente de notificação ou aviso; findo o contrato ajustado, se o locatário continuar na posse do imóvel alugado por mais de trinta dias sem oposição do locador, presumir-se-á prorrogada a locação por prazo indeterminado, mantidas as demais cláusulas e condições do contrato.
>
> Está correto o que se afirma APENAS em
>
> **(A) I, II e V.**
>
> (B) I, III e IV.
>
> (C) II, III, IV e V.
>
> (D) I, II e IV.
>
> (E) III, IV e V.

Processo Civil

Para realização dessa questão, imprescindível ter, na hora da prova, às disposições da Lei de Locações, que somente se irá conseguir através de leitura da lei e resolução de questões. Veja os comentários.

I. Nas ações de despejo, consignação em pagamento de aluguel e acessórios da locação, revisionais de aluguel e renovatórias de locação, os recursos interpostos contra as respectivas sentenças terão efeito meramente devolutivo, possibilitando sua execução provisória.

Correta. Lei n. 8.245/91. Art. 58, V.

II. Nas ações de despejo fundadas na falta de pagamento de aluguel e acessórios da locação, o pedido de rescisão da locação poderá ser cumulado com o pedido de cobrança dos aluguéis e acessórios da locação; nesta hipótese, citar-se-á o locatário para responder ao pedido de rescisão e o locatário e os fiadores para responderem ao pedido de cobrança, devendo ser apresentado, com a inicial, cálculo discriminado do valor do débito.

Correta. Lei n. 8.245/91. Art. 62, I.

III. Na ação revisional de aluguel, de rito sumário, o aluguel fixado na sentença é devido a partir desse arbitramento, bem como as diferenças devidas durante a demanda, exigíveis de imediato à fixação de novo aluguel.

Errada. O rito da ação revisional de aluguel efetivamente é o sumário, conforme disposição do art. 68, caput, da Lei n. 8.245/91. Contudo, o art. 69 dispõe que "o aluguel fixado na sentença retroage à citação, e as diferenças devidas durante a ação de revisão, descontados os alugueres provisórios satisfeitos, serão pagas corrigidas, exigíveis a partir do trânsito em julgado da decisão que fixar o novo aluguel". Assim, o aluguel fixado na sentença é devido a partir da citação, bem como a diferença devida durante a ação revisional só é exigível a partir do trânsito em julgado.

IV. Na ação renovatória, a petição inicial deverá indicar o exato cumprimento do contrato, desde que o prazo mínimo a renovar e o tempo de exploração do comércio no mesmo ramo, ininterruptamente, pelo locatário, sejam de três anos.

Errada. O art. 71 da Lei n. 8.245/91 efetivamente prevê que a inicial da ação renovatória deverá indicar o exato cumprimento do contrato (inciso II), bem como que o locatário deve explorar comércio do mesmo ramo pelos últimos três anos (art. 51, III). Contudo, o prazo mínimo a renovar é de 5 anos (art. 51, II).

V. Nas locações ajustadas por escrito e por prazo igual ou superior a trinta meses, a resolução do contrato ocorrerá findo o prazo estipulado, independentemente de notificação ou aviso; findo o contrato ajustado, se o locatário continuar na posse do imóvel alugado por mais de trinta dias sem oposição do locador, presumir-se-á prorrogada a locação por prazo indeterminado, mantidas as demais cláusulas e condições do contrato.

Correta. Lei n. 8.245/91. Art. 46 e §1º.

As duas próximas questões trazem a necessidade de conhecimento da jurisprudência. A Defensoria Pública do Distrito Federal em 2019 perguntou:

> 57 O termo inicial do prazo de decadência para impetração de mandado de segurança contra aplicação de penalidade disciplinar é a data da publicação do respectivo ato no Diário Oficial. J
>
> JUSTIFICATIVA - CERTO. "O Superior Tribunal de Justiça tem entendimento consolidado segundo o qual o termo inicial do prazo de decadência para impetração de mandado de segurança contra aplicação de penalidade disciplinar é a data da publicação do respectivo ato no Diário Oficial, e não a posterior intimação pessoal do servidor." (AgInt no RMS 51.319/SP, Rel. Ministra REGINA HELENA COSTA, PRIMEIRA TURMA, julgado em 25/10/2016, DJe 10/11/2016)

Segue questão da Defensoria Pública do Espírito Santo realizado em 2016 pela FCC

> Eduardo, maior e capaz, com 19 anos de idade, comparece à Defensoria Pública informando que seu genitor, que está desempregado mas tem recursos financeiros, não realizou o pagamento das duas últimas parcelas da pensão alimentícia fixada em sentença. Diante desta situação, o defensor público deverá
>
> Ⓐ orientar Eduardo sobre a impossibilidade de cobrar os alimentos após o atingimento da maioridade civil, pois a exoneração do devedor decorre de previsão legal expressa.
>
> Ⓑ **pedir o cumprimento da sentença, sob pena de prisão, uma vez que este débito autoriza a prisão civil do devedor de alimentos, sem prejuízo de outros meios coercitivos para o pagamento, tais como o protesto da sentença.**
>
> Ⓒ pedir o cumprimento da sentença, sob pena de penhora, uma vez que este débito não autoriza a prisão civil do devedor de alimentos.
>
> Ⓓ orientar Eduardo para aguardar o próximo mês, uma vez que o pedido de prisão civil depende do inadimplemento das três prestações anteriores ao ajuizamento da execução.
>
> Ⓔ pedir o cumprimento, sob pena de penhora, uma vez que, embora este débito autorize a prisão civil do devedor de alimentos, o desemprego do devedor justifica o inadimplemento.

A questão acima pode ser toda respondida apenas com a lei e com os julgados do STJ sobre o assunto, veja os comentários.

O item A está errado pois a necessidade não está vinculada exclusivamente ao critério biológico. O STJ decidiu que: "A maioridade do alimentando não é suficiente, por si só, para desconstituir a obrigação alimentar." (STJ, HC 337.402/PA, 2016)".

O item B e C, com a literalidade da lei, eram verificados pelo candidato. O artigo 528, §7º está assim disposto: "O débito alimentar que autoriza a prisão civil do alimentante é o que compreende até as 3 (três) prestações anteriores ao ajuizamento da execução e as que se vencerem no curso do processo."

Já o item D tem resposta em reiterada jurisprudência do STJ conforme julgado que se segue: "O atraso de uma só prestação alimentícia, desde que atual, ou seja, compreendida entre as três últimas devidas, já autoriza o pedido de prisão do devedor, nos termos do artigo 733 do CPC." (STJ, AgRg no AREsp 561.453/SC, 2015).

O item E também é respondido pelos julgados de longa data do STJ, que se mantém hígidos até hoje : "A situação atual de desemprego do alimentante não o isenta da obrigação alimentar perante seus filhos." (STJ, RHC 29.777/MG,2011).

⊖ c) Recursos

Aqui há uma maior incidência de questões que trabalham a jurisprudência, mas ainda assim, a maioria das questões é a literalidade da lei. Segue a questão 71 apresentada no concurso da Defensoria Pública do Espirito Santo 2016, elaborada pela FCC seguida dos comentários.

71. Analise as proposições abaixo, a respeito dos recursos:

I. Os recursos impedem, em regra, a eficácia da decisão, salvo disposição legal ou decisão judicial em sentido contrário.

II. O recorrente pode desistir do recurso sem a anuência do recorrido ou dos litisconsortes, mas a desistência não impede a análise de questão cuja repercussão geral já tenha sido reconhecida e daquela objeto de julgamento de recursos extraordinários ou especiais repetitivos.

III. Excetuados os embargos de declaração, o prazo para interpor os recursos e para responder-lhes é de quinze dias.

IV. Os embargos de declaração possuem efeito suspensivo da eficácia da decisão e do prazo para a interposição de outros recursos.

Está correto o que se afirma APENAS em:

(A) **II e III.**

(B) I, III e IV.

(C) I, II e IV.

(D) III.

(E) II e IV.

I - INCORRETA - CPC/15 - Art. 995 Os recursos não impedem a eficácia da decisão, salvo disposição legal ou decisão judicial em sentido diverso.

II - CORRETA - CPC/15 - Art. 998. O recorrente poderá, a qualquer tempo, sem a anuência do recorrido ou dos litisconsortes, desistir do recurso.

Parágrafo único. A desistência do recurso não impede a análise de questão cuja repercussão geral já tenha sido reconhecida e daquela objeto de julgamento de recursos extraordinários ou especiais repetitivos.

III - CORRETA - CPC/15 - Art. 1003, § 5o Excetuados os embargos de declaração, o prazo para interpor os recursos e para responder-lhes é de 15 (quinze) dias.

IV - INCORRETA - CPC/15 - Art. 1.026. Os embargos de declaração não possuem efeito suspensivo e interrompem o prazo para a interposição de recurso.

Por fim, a questão 50 e 51 do concurso para Defensoria Pública do Distrito Federal 2019, elaborada pela CESPE. Veja que nessa prova, do ano de 2019, a maioria das questões de processo civil eram literalidade da lei, o que reforça que após a vigência do atual CPC, até mesmo a CESPE/ CEBRASPE vem elegendo questões "letra de lei".

50 Será considerado intempestivo o recurso de apelação interposto antes da publicação da sentença.

JUSTIFICATIVA - ERRADO. Código de Processo Civil Art. 218. Os atos processuais serão realizados nos prazos prescritos em lei. (...) CEBRASPE – DPDF – Aplicação: 2019 § 4.º Será considerado tempestivo o ato praticado antes do termo inicial do prazo.

51 Ocorrerá a preclusão lógica do recurso para a parte que aceitar, ainda que tacitamente, sentença que lhe foi desfavorável.

JUSTIFICATIVA - CERTO. Código de Processo Civil Art. 1.000. A parte que aceitar expressa ou tacitamente a decisão não poderá recorrer. Parágrafo único. Considera-se aceitação tácita a prática, sem nenhuma reserva, de ato incompatível com a vontade de recorrer. A preclusão lógica consiste na perda de um direito ou de uma faculdade processual por quem tenha realizado atividade incompatível com o respectivo exercício.

O padrão da literalidade da lei é alto como demonstramos nos gráficos. Conforme já dito amiúde, o estudo da "lei seca" responderá a maioria das questões, e esse acerto somente virá com a leitura incessante da lei e a resolução de questões. A doutrina, na prova objetiva, será apenas para consulta e apoio em temas que o candidato se encontrar completamente perdido e desguarnecidos dos conceitos.

7 ANÁLISE DE QUESTÕES DISSERTATIVAS

Amigo leitor, aqui, como já alertado no início, o candidato deverá olhar para seus examinadores, fazendo uma pesquisa sobre cada um deles, uma vez que existe a possibilidade de o avaliador possuir obras publicadas.

A pesquisa supracitada é fundamental, uma vez que existindo doutrina do membro da banca, essa deve ser obrigatória, pois servirá para responder perguntas específicas e também para que se consiga absorver a forma de escrever e os vieses dentro do processo civil que são seguidos pela pessoa que irá corrigir sua prova. A utilização na sua prova de expressões, correlações e exemplos citados na obra do examinador criará uma "empatia" na hora de corrigir.

Em nossas pesquisas, verifica-se que nas provas da CESPE, processo civil é aferido dentro da peça prática, sem trazer questões eminentemente doutrinárias, exigindo que o candidato tenha a técnica na elaboração da peça processual adequada. A preparação de peças como treino é essencial para o candidato nessa fase. Além disso, o candidato deverá sempre ser objetivo e organizado, colocando os pontos chaves de sua peça em destaque para que o examinador não tenha nenhuma dificuldade em enxergar o que está se defendendo.

Bom, feita a recomendação acima, tem-se que as provas dissertativas cobram questões que trabalham com aspectos práticos-jurisprudenciais e doutrinários.

A Defensoria Pública do estado de Minas Gerais, em 2019, apresentou a seguinte questão de segunda fase:

> Questão 4 – Processo Civil
>
> A partir da perspectiva "dinâmica" do contraditório, DISCORRA, de forma fundamentada, sobre a juridicidade da seguinte assertiva: A lei determina que apenas os fatos da causa devem ser submetidos ao contraditório, não o ordenamento jurídico. Este é considerado de conhecimento presumido não só do magistrado (iura novit curia), mas de todos os sujeitos processuais que atuam sob a égide do direito objetivo, conforme presunção absoluta ou jure et de jure.

Note-se que se trata de um tema que a maioria dos candidatos alcançariam o cerne da indagação, que era discorrer sobre o contraditório em uma faceta que promove um processo cooperativo e dialógico, retirando o protagonismo do juiz e prestigiando a atuação de todos os atores. O atual CPC é um marco por deixar expresso em seus artigos aquilo que a doutrina já defendia à época do Código de 1973, como, por exemplo, a vedação da decisão de terceira via, ou decisão surpresa.

Contudo, a questão exigia uma resposta madura, com citação de artigos que expressasse esse contraditório dinâmico e como deve ser feito a releitura, através dos princípios estabelecidos no CPC. Como estamos em uma segunda fase, em uma questão aberta, o candidato teria que estabelecer como esses novos vieses do contraditório estão sendo recebidos pelos tribunais para tecer uma crítica do que já se vê nos julgados.

Voltando a necessidade da pesquisa do membro da banca, o examinador da Defensoria de Minas Gerias possui um texto publicado e disponível no site da ANADEP, de autoria examinador do concurso da Defensoria de Minas Gerais em Processo Civil com o seguinte título: "A perspectiva "dinâmica" do princípio do contraditório". É claro que a resposta não está toda dentro desse artigo, mas o candidato que tivesse estudado o artigo publicado, estaria bem na frente dos demais, seja porque teria condições de trazer os conceitos cunhados pelo doutrinador/examinador, seja porque pelo menos teria um referencial doutrinário para estudar.

Passemos agora a analisar a terceira questão, da segunda fase, do concurso da Defensoria Pública do Rio de Janeiro, realizado em 2019.

> Questão 3 – Processo Civil
>
> Ajuizada ação de execução de nota promissória no valor de 25 mil reais, o réu foi citado e deixou transcorrer o prazo para pagamento voluntário. Não foi possível encontrar bens penhoráveis, tendo o magistrado determinado, a requerimento do exequente, que fosse suspensa a CNH e o bloqueou os cartões de crédito em nome do executado, até o pagamento da dívida. Diante do caso: Qual medida deve ser tomada para a tutela dos direitos do executado, considerando que este não possui bens a oferecer à penhora, sendo certo que é taxista e seu veículo encontra-se financiado, e quais os argumentos que devem ser utilizados em sua defesa. Fundamente.

Cuida-se de questão bem elaborada que exigiu do candidato o conhecimento da lei, recursos, dimensão das medidas atípicas (art.139, IV CPC) que o juiz pode se valer na fase executiva, e a proporcionalidade que deve existir entre a efetividade da execução e o mínimo para manutenção da dignidade do devedor.

O agravo de instrumento era a peça correta, sendo impossível imaginar os embargos à execução, pois a questão diz que o prazo já se escoou e também não se pode manejar o HC, como se verifica em reiterada jurisprudência do STJ (RHC97082/SP, 2018). A questão da CNH já foi a apreciada pelo Poder Judiciário e a discussão na questão cingiu-se ao fato do assistido ser taxista.

Além de conceitos firmes e conhecimento da posição doutrinária, a questão exigiu do candidato conhecimento acerca da evolução da jurisprudência, à luz dos poderes do juiz previsto no CPC, sempre com o filtro das normas constitucionais.

O candidato que quer ingressar na Defensoria Pública tem que estar afiado com a jurisprudência não para segui-la cegamente, e sim para estudá-la com o olhar crítico que o Defensor Público tem que ter sempre em sua atuação.

Pesquise a banca, leia os textos que os seus avaliadores escreveram e publicaram, acompanhe a jurisprudência sempre com um olhar de criticá-la, em favor dos interesses dos assistidos.

8 DICAS FINAIS PARA OS CANDIDATOS

É muito difícil lograr aprovação em concurso para a Defensoria Pública estatual sem passar pelo conhecimento suficiente da lei, doutrina e jurisprudência, conhecendo também as críticas dos atuais julgados para fazer uma leitura imbuída do interesse e pensamento da instituição.

O estudo deve estar baseado em uma doutrina suficiente para conhecer os principais pontos, utilizando-se para tanto os livros acima indicados, mas sempre com a ressalva de ler o seu examinador, caso a pesquisa da banca indique alguma obra. Deve ser conhecido os enunciados do Fórum Permanente de Processualistas Civil, pois são orientações doutrinárias bem observadas pelo Poder Judiciário.

Por fim, o estudo da jurisprudência deve ser constante, por meio do acompanhamento dos informativos dos Tribunais Superiores. Importante salientar que muitas Defensorias Públicas possuem escolas como órgãos atuantes, publicando enunciados e textos em revistas próprias, que auxiliam o candidato a tomar conhecimento dos temas mais atuais, aqueles que estão sendo discutidos. Por isto, uma visita ao site da Defensoria Pública, que o candidato irá realizar o concurso, é essencial.

Princípios Institucionais DA DEFENSORIA PÚBLICA

Bruno Freire de Jesus

1 BIBLIOGRAFIA INDICADA

A análise do conteúdo programático disposto nos editais dos concursos da Defensoria Pública estadual mostra a grande quantidade de disciplinas a serem estudadas, sendo um grande desafio, para qualquer candidato, a divisão do tempo e dedicação para cada matéria.

Em razão da quantidade de disciplinas que compõem o conteúdo programático, de 12 a 14 disciplinas, a estratégia na distribuição dos estudos será fundamental para o sucesso do concurseiro.

É de conhecimento de todos que se aventuram em fazer concursos públicos, que as provas não são feitas para especialistas em uma determinada área, e sim um clínico geral. O candidato, portanto, não deve investir energia e tempo exclusivamente em determinadas disciplinas, negligenciando as demais.

Fato é que algumas matérias possuem um maior destaque na prova, possuindo uma quantidade maior de questões, merecendo, portanto, maior inclusão nos quadros de estudos em função da probabilidade de serem cobradas na prova objetiva.

Em relação à princípios institucionais, observa-se que os editais da maioria dos concursos reservam uma quantidade relevante de questões nas provas e, por isso, o conhecimento dos Princípios Institucionais da Defensoria Pública é uma das exigências imprescindíveis para aqueles que almejam o cargo de Defensor Público. Cabe ressaltar que o índice de acerto nas questões de princípios institucionais é alto, logo, se você perder pontos aqui, sairá atrás de muitos concorrentes.

Na primeira fase, que é objetiva, na imensa maioria dos concursos, não importa qual seja a matéria em análise, o candidato não conseguirá ler doutrinas densas para cada disciplina, sendo inviável o estudo dirigido dessa forma. O estudo deve ser pautado em resolução de exercício, aulas, confecção de seu caderno próprio, estudo da jurisprudência e leitura da lei. O livro será para consultas pontuais a determinados temas que o candidato tenha dificuldades especificas.

No tocante aos princípios institucionais, falando de provas objetivas, o destaque do estudo deverá ser na leitura das leis pertinentes acompanhada de resolução de exercícios, pois as provas, de todas as bancas, cobram muita letra de lei, como será demonstrado em tópico posterior. Cuida-se de disciplina relativamente mais simples de ser estudada, uma vez que as provas são muito fincadas na letra fria da lei. Um outro facilitador do estudo de princípios institucionais é o fato de existirem diplomas normativos mais enxutos e fáceis de serem estudados quando se compara com outras disciplinas.

Dessa forma, com exceção da Defensoria Pública de São Paulo, que tem um edital com seu conteúdo diferenciado aos demais concursos incluindo norma infralegais estaduais, com a leitura da legislação básica (leis orgânicas e Constituição), se alcançará êxito na maioria dos pontos perguntados e provas.

Em termos de bibliografia, por se tratar de um tópico muito específico, é importante que o candidato busque uma obra resumida e que aborde o tema de forma objetiva. Uma das dificuldades para o candidato está em localizar livros que estejam atualizados e que, preferencialmente, tenham sido redigidos por membros da própria carreira.

Uma obra que possui edição recente é "Princípios Institucionais da Defensoria Pública", de Diogo Esteves e Franklyn Roger Alves, e serve para primeira fase como apoio, sendo muito útil para fase dissertativa.

Além dos livros doutrinários, recomendo os livros com resolução de exercícios. É o caso, p. ex., da coleção "Revisaço", disponibilizado pela Ed. Juspodivm.

Por fim, convém dar uma conferida nas obras do "Dizer o Direito", que trazem com excelente didática os principais julgados do STF e do STJ.

2 CONTEÚDO PROGRAMÁTICO NOS EDITAIS DOS CONCURSOS PARA A DEFENSORIA PÚBLICA ESTADUAL

Importante ressaltar que cada Defensoria Pública tem confeccionado o seu edital se valendo do padrão da comissão organizadora, sendo possível, assim, extrair uma sistematização que vincula os editais analisados por banca.

Foram analisados os editais de todos os concursos que se realizaram entre 2016 até fevereiro de 2020. O edital para o concurso para o Estado do Rio de Janeiro, foi lido e analisado, mas é necessário apontar que o referido concurso não possui etapas objetivas. No lapso temporal analisado não tiveram concursos os seguintes Estados: Ceará, Paraíba, Piauí, Sergipe, Goiás, Mato Grosso do Sul, Rio Grande do Norte, Roraima, Tocantins.

Dos 16 editais de concursos que possuem prova objetiva e dissertativas, 09 foram de certames realizados pela FCC, 04 editais da CESPE/CEBRASPE, 01 da FUNDEP, 01 da VUNESP e 01 da UFMT.

Das duas bancas com maior representatividade nos concursos públicos da Defensoria Pública, tem-se que que os editais da CESPE/CEBRASPE são mais enxutos enquanto os editais da FCC que trazem mais detalhes daquilo que pode ser exigido na prova.

Veja-se edital da FCC e CESPE/CEBRASPE seguem padrões em todos os editais. Apresentamos os últimos dois editais de cada uma das bancas para que se extraia uma esquematização de cada uma das bancas, servindo de norte para nossa análise.

(AMAZONAS, 2018) FCC:

1. A evolução histórica da prestação da Assistência Jurídica Gratuita. 2. O movimento universal do Acesso à Justiça e as "três ondas" de Cappelletti e Garth; 3. Modelos de Prestação de Assistência Judiciária e Jurídica Gratuitas; 4) A Assistência Judiciária Gratuita e a Assistência Jurídica Gratuita nas Constituições Brasileiras. 4. Panorama da Defensoria Pública no Brasil; 6) Defensoria Pública e democracia; 7) Defensoria Pública e sociedade civil: mecanismos de transparência, controle e participação social. Ouvidoria da Defensoria Pública; 8) Resolução 2656/11 da OEA. 9. O Estatuto Constitucional da Defensoria Pública e da Assistência Jurídica: diferenças e semelhanças em relação ao estatuto constitucional das demais carreiras do sistema de justiça; a Constituição Federal de 1988 e a Emenda Constitucional nº 45; autonomias; independência funcional – extensão e limites; vedações constitucionais; competência para legislar sobre a Defensoria Pública; o estatuto constitucional do servidor público; o controle externo das instituições e órgãos

públicos. 10. Lei Federal nº 1060/50: contexto histórico; os benefícios da "justiça gratuita" e a assistência judiciária na lei federal e na Constituição Federal de 1988. 11. A Defensoria Pública no ordenamento jurídico federal. 12. Defensoria Pública da União, do Distrito Federal e Territórios. 13. Lei Complementar Federal nº 80/94 e Lei Complementar Federal nº 132/09 – contexto histórico, vetos e conteúdo em vigor. 14. Lei Complementar Estadual nº 01/90: premissas, princípios, organização, atribuições e demais aspectos da Lei Orgânica da Defensoria Pública do Estado do Amazonas

(MARANHÃO 2018) FCC:

I. LEGISLAÇÃO E PRINCÍPIOS DA DEFENSORIA PÚBLICA 1. A evolução histórica da prestação da assistência jurídica; 2. Gratuidade judiciária, assistência judiciária, e assistência jurídica: conceito e operacionalização; 3. Panorama da Defensoria Pública no Brasil; 4. Acesso à Justiça formal e material: atuação individual, coletiva e meios extrajudiciais de solução de conflitos. 5. Defensoria Pública e democracia; 6. Defensoria Pública e sociedade civil; 7. Defensoria Pública no Direito Internacional dos Direitos Humanos; Resoluções 2.656/11 e 2714/12 da OEA inclusive; 8. O Estatuto Constitucional da Defensoria Pública: modelos de prestação de assistência jurídica e a opção político-constitucional de 1988; diferenças e semelhanças em relação ao estatuto constitucional das demais carreiras do sistema de justiça; autonomia constitucional; princípios, objetivos e funções institucionais; deveres, garantias e prerrogativas; vedações constitucionais e infraconstitucionais; direitos dos assistidos; competência para legislar sobre a Defensoria Pública; o estatuto constitucional do servidor público; o controle externo das instituições e órgãos públicos; 9. Lei Federal nº 1.060/50; 10. Defensoria Pública da União e do Distrito Federal e Territórios; 11. Lei Orgânica Nacional da Defensoria Pública (Lei Complementar n. 80/94) e alterações; 12. Lei Orgânica da Defensoria Pública do Estado do Maranhão (Lei Complementar 19/94) e alterações.

(DISTRITO FEDERAL 2019) CESPE:

1 A evolução histórica da prestação da assistência jurídica. 2 Assistência judiciária, assistência jurídica e Defensoria Pública nas Constituições Brasileiras. 3 Defensoria Pública na Constituição Federal e na Lei Orgânica do Distrito Federal. 4 Estatuto Constitucional da Defensoria Pública. Diferenças e semelhanças em relação ao estatuto constitucional das demais carreiras do sistema de justiça. Princípios Institucionais da Defensoria Pública. Unidade. Indivisibilidade. Independência funcional. Funções típicas e atípicas da Defensoria Pública. Competência para legislar sobre a Defensoria Pública. Autonomias da Defensoria Pública. Funcional. Administrativa. Financeira. Garantias constitucionais e institucionais relativas aos membros da Defensoria Pública. 5 Defensoria Pública como instituição essencial à conciliação. Defensor Público como instrumento de transformação social. 6 Defensoria Pública como instituição permanente, essencial à função jurisdicional do Estado. Relevância e essencialidade da Defensoria Pública no exercício da cidadania e da defesa do estado democrático de direito. Lei Complementar Federal nº 80/1994, com as alterações da Lei Complementar Federal nº 132/2009. 7 Defensoria Pública e justiça gratuita: distinções. Pressupostos para obtenção da justiça gratuita. Presunção de hipossuficiência. A Lei nº 1.060/1950 e suas alterações. 8 Defensor Público e a natureza da representação do assistido em juízo.

Direito dos assistidos. Defensoria Pública e o patrocínio de pessoas jurídicas. 9 Estrutura Organizacional e o Regime Jurídico dos membros da Defensoria Pública na Constituição Federal, na Lei Orgânica do Distrito Federal e na legislação institucional. 10 A Defensoria Pública e a Advocacia: distinções fundamentais (Lei Complementar Federal nº 80/1994 e suas alterações e Lei Federal nº 8.906/1994 e suas alterações). 11 Lei Complementar Distrital nº 828/2010 e suas alterações, Lei Complementar Distrital nº 884/2014 e Lei Complementar Distrital nº 908/2016.

(PERNAMBUCO 2018) CESPE:

DIREITO INSTITUCIONAL: 1 A Defensoria Pública na Constituição Estadual e na Constituição Federal e Jurisprudência aplicada dos Tribunais Superiores. 2 A Defensoria Pública como instituição essencial à função jurisdicional do Estado e Jurisprudência aplicada dos Tribunais Superiores. 3 Garantias, atribuições, prerrogativas, autonomia funcional e poder de requisição do defensor público e Jurisprudência aplicada dos Tribunais Superiores. 4 Direito à assistência jurídica pública; distinções entre Defensoria Pública e justiça gratuita; pressupostos para obtenção de justiça gratuita; presunção de hipossuficiência; a Defensoria Pública e o patrocínio de pessoas jurídicas e Jurisprudência aplicada dos Tribunais Superiores. 5 Autonomia funcional do defensor público; distinções entre Defensoria Pública e advocacia; Estatuto da OAB (Lei nº 8.906/1994); Lei Complementar Federal nº 80/1994, e suas alterações.

Como se percebe, para esgotar o edital, a leitura da lei com a resolução de exercícios e a leitura de uma doutrina básica alcançará a maioria das questões. Importante observar que a parte de Princípios Institucionais possui uma ligação com outros ramos do Direito, o que recomenda ao candidato um estudo interdisciplinar. É o caso, por exemplo, dos reflexos do CPC nas atividades dos Defensores Públicos, bem como questões processuais penais relacionadas com a atuação funcional dos defensores públicos.

Seguem, de forma condensada, os pontos principais dos editais:

- **1)** A evolução histórica da Defensoria no Brasil
- **2)** Gratuidade judiciária e assistência judiciária
- **3)** Panorama da Defensoria Pública no Brasil
- **4)** Princípios Institucionais, garantias, atribuições e prerrogativas.
- **5)** Competência para legislar sobre Defensoria
- **6)** Defensoria Pública e direito internacional
- **7)** Lei Complementar 80/94

➔ **8)** Legislação Estadual

➔ **9)** Organização da Defensoria Pública

➔ **10)** Funções típicas e atípicas

Por fim, cumpre salientar que as demais bancas examinadoras (FUNDEP, UFMT, VUNESP) confeccionam editais com exigências próximas com os colacionados acimas, o que nos permite indicar que os ponto que serão abaixo relacionados são os principais pontos a serem estudados.

3 ANÁLISE DAS ÚLTIMAS PROVAS OBJETIVAS

Para fins deste estudo, procedeu-se à análise das provas de 2016 a 2020 das Defensorias Públicas dos Estados, atentando-se para as provas promovidas por todas bancas. O resultado são as tabelas abaixo apresentadas:

BANCA FCC

PONTO	TOTAL	INCIDÊNCIA
1. A evolução histórica da Defensoria no Brasil	2	2,74%
2. Gratuidade judiciária e assistência jurídica	7	9,59%
3. Panorama da Defensoria Pública no Brasil	3	4,11%
4.Princípios institucionais, garantias, atribuições e prerrogativas.	12	16,44%
5.Competência para legislar sobre Defensoria	2	2,74%
6. Defensoria Pública e direito internacional	4	5,48%
7. Lei Complementar 80/94	15	20,55%
8. Legislação Estadual	21	28,77%
9. Organização da Defensoria Pública.	6	8,22%
10. Funções típicas e atípicas	1	1,37%

BANCA CESPE/CEBRASPE

PONTO	TOTAL	INCIDÊNCIA
1. A evolução histórica da Defensoria no Brasil	-	-
2. Gratuidade judiciária e assistência jurídica	4	11,43%
3. Panorama da Defensoria Pública no Brasil	-	-

PONTO	TOTAL	INCIDÊNCIA
4.Princípios institucionais, garantias, atribuições e prerrogativas.	8	22,86%
5.Competência para legislar sobre Defensoria	3	8,57%
6. Defensoria Pública e direito internacional	1	2,86%
7. Lei Complementar 80/94	5	14,29%
8. Legislação Estadual	6	17,14%
9. Organização da Defensoria Pública.	1	2,86%
10. Funções típicas e atípicas	7	20,00%

OUTRAS BANCAS

PONTO	TOTAL	INCIDÊNCIA
1. A evolução histórica da Defensoria no Brasil	1	2,44%
2. Gratuidade judiciária e assistência jurídica	3	7,32%
3. Panorama da Defensoria Pública no Brasil	2	4,88%
4.Princípios institucionais, garantias, atribuições e prerrogativas.	6	14,63%
5.Competência para legislar sobre Defensoria	-	-
6. Defensoria Pública e direito internacional	2	4,88%
7. Lei Complementar 80/94	13	31,71%
8. Legislação Estadual	8	19,51%
9. Organização da Defensoria Pública.	2	4,88%
10. Funções típicas e atípicas	4	9,76%

Ressalte-se ainda que, na análise das questões, aquelas que exigiram conhecimento de mais de um ponto, foram incluídos em todos os pontos relacionados. Se por um lado esta técnica produz um número de análises maior do que o número real de questões, por outro, resulta em uma pesquisa de incidências de pontos mais autêntica possível, demonstrando os pontos que efetivamente devem ser mais estudados pelo candidato.

4 PONTOS ESPECÍFICOS MAIS RELEVANTES DAS PROVAS OBJETIVAS

De posse da lista e dos números informados acima, podemos traçar quais são os tópicos mais cobrados, que possuem maior incidência, logo deve ser mais explorado pelo estudante. Em uma análise de banca, podemos observar uma variação pequena nos temas que têm maior incidência.

De fato, consideradas todas as provas analisadas dos últimos 5 anos, observamos que as matérias que mais apareceram nas provas, em todas as bancas, são as seguintes:

- **1)** Lei Complementar 80/94 e suas alterações
- **2)** Lei Complementar Estadual e Constituição Estadual
- **3)** Princípios, garantias, prerrogativas e atribuições
- **4)** Gratuidade de Justiça e assistência jurídica

Meu amigo leitor, não posso faltar com a verdade aqui. O que temos para indicar para sua aprovação é muita leitura da lei com uma dosagem cavalar de resoluções de exercícios.

A cobrança na prova objetiva na disciplina princípios institucionais é ainda muito basilar, não fugindo ao texto legal. A cobrança da doutrina é apenas de conceitos básicos, que em qualquer livro ou material sobre a disciplina terá o bastante para conseguir lograr êxito nos questionamentos de primeira fase.

Em legislação estadual, as questões parecem que são "copiadas e coladas" da lei e colocadas na sua prova.

Isso quer dizer que Princípios Institucionais não precisa ser levado a sério e tem que ser estudado com negligência? Jamais! O concurseiro tem que possuir a consciência que o corte das provas objetivas está entre 70% a 80%, logo a margem para errar é pouca, e a quantidade de questões dessa matéria é relevante na prova.

Assim, nenhuma matéria deve ser abandonada, mas o candidato deverá direcionar o estudo para não se dedicar a uma doutrina densa. Não adianta dominar todas as discussões mais elegantes que existem em princípios institucionais se isso não cairá em sua prova objetiva, sendo um conhecimento viável apenas para uma dissertação. Essa inteligência na hora de estudar que é fundamental, sendo a crucial diferença entre o candidato que tem um domínio invejável de uma matéria, e não passa no concurso, e o candidato que sabe bem aquilo que é necessário, conseguindo a posse no seu cargo.

Veja-se a quantidade de questão que cobra exatamente a literalidade dos artigos.

5 DOUTRINA, JURISPRUDÊNCIA E "LEI SECA" NOS CONCURSOS DA DEFENSORIA PÚBLICA ESTADUAL

Já foi dito e redito! Leia a lei, faça muitos exercícios, e quando achar que fez o bastante, faça mais ainda. Não formula mágica nem segredos aqui, apenas o estudo reiterado de resolução de questões de prova fará com que você passe na prova objetiva. Demonstro a imperiosa necessidade do comando acima, com gráficos que analisam todas as provas, de todas as bancas dos últimos cinco anos.

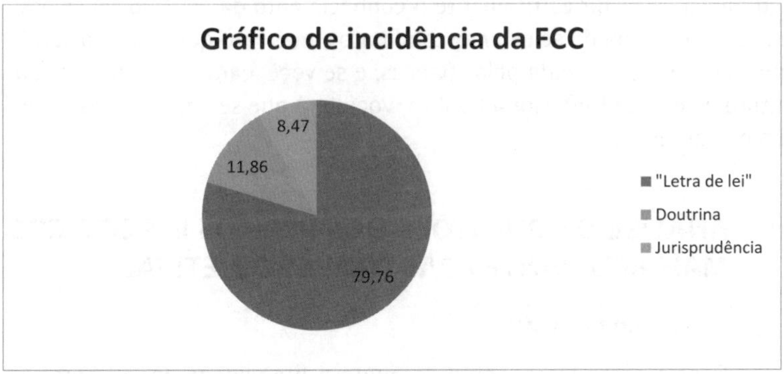

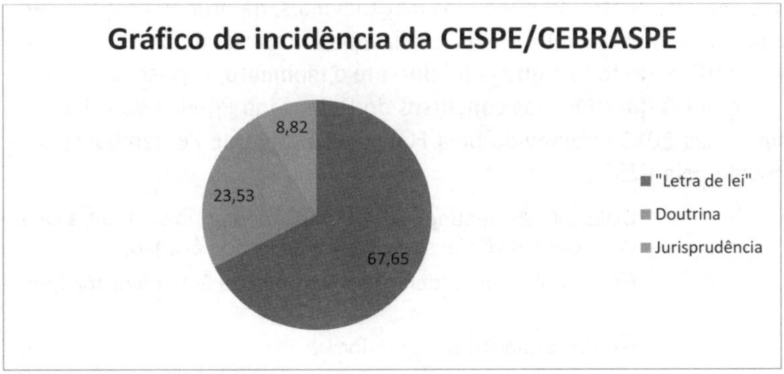

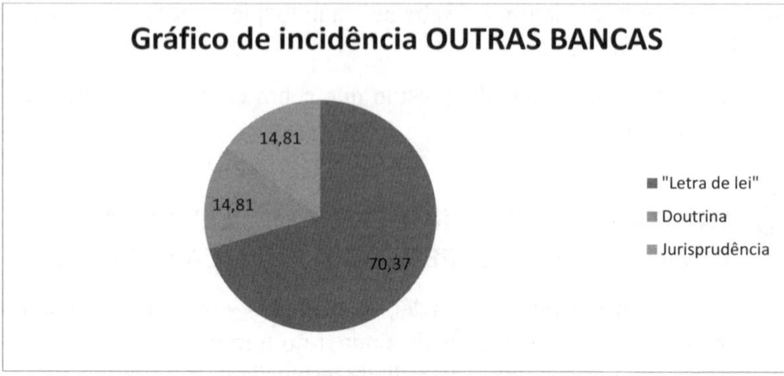

É de saltar os olhos a quantidade de questões que são mera reprodução. Todas as bancas, inclusive a CESPE/CEBRASPE, que é conhecida por cobrar muita jurisprudência, em princípios institucionais, se rende a segurança de exigir estritamente o conhecimento da lei. Não sei se essa é a melhor forma de selecionar candidatos, mas fato que é essa a forma que vem sendo utilizada pelas bancas, e se você, caro leito, quer ser um futuro colega da Defensoria Pública, você terá que se adaptar a essa forma de cobrança.

6 ANÁLISE DE QUESTÕES DOS PONTOS ESPECÍFICOS MAIS RELEVANTES DAS PROVAS OBJETIVAS

a) Lei complementar

Dentro deste tema, cobra-se muito a literalidade da lei. Como já dito amiúde, dentro de princípios institucionais, na primeira fase, o candidato terá quer ler muito a lei, realizando exercícios de provas anteriores. Ratificando tudo o que já foi dito até o momento, veja-se, a exemplo, as seguintes questões dos concursos do Defensoria Pública do Estado do Amazonas 2018, promovido pela FCC, e do Estado de Pernambuco, promovido pela CESPE:

> QUESTÃO 95. Segundo a Lei Complementar no 80/1994, a Ouvidoria Geral da Defensoria Pública do Estado é órgão:
>
> (A) complementar, dentro da estrutura da Subdefensoria Pública-Geral.
>
> (B) da administração superior.
>
> (C) de atuação junto aos movimentos sociais.
>
> (D) de execução.
>
> (E) **auxiliar**

QUESTÃO 55. A Lei Complementar n.º 80/1994 considera órgão auxiliar de promoção da qualidade dos serviços prestados pelas defensorias públicas estaduais

A a Corregedoria Pública-Geral.

B **a Ouvidoria-Geral.**

C o Conselho Superior.

D os núcleos da Defensoria Pública.

E a Subdefensoria Pública-Geral.

Art. 98. A Defensoria Pública dos Estados compreende:

I - órgãos de administração superior:

a) a Defensoria Pública-Geral do Estado;

b) a Subdefensoria Pública-Geral do Estado;

c) o Conselho Superior da Defensoria Pública do Estado;

d) a Corregedoria-Geral da Defensoria Pública do Estado;

II - órgãos de atuação:

a) as Defensorias Públicas do Estado;

b) os Núcleos da Defensoria Pública do Estado;

III - órgãos de execução:

a) os Defensores Públicos do Estado.

IV – órgão auxiliar: Ouvidoria-Geral da Defensoria Pública do Estado.

Como se pode observar, as questões exigem muito pouco, bastando o conhecimento do texto legal. É importante perceber que a questão não está buscando conceito ou interpretações, e por serem fáceis, não podem ser perdidas pelo candidato.

b) Legislação Estadual

Apresentamos duas questões, a questão 87 do concurso da Defensoria Pública de Santa Catarina promovido pela FCC em 2017 e a questão 179 do concurso para Defensoria Pública do Distrito Federal, promovido pela CESPE, em 2019.

QUESTÃO 87. A lei orgânica da Defensoria Pública do Estado de Santa Catarina prevê a pena de remoção compulsória do Defensor Público, expressamente,

A quando a falta praticada, apurada em processo disciplinar, verse sobre fato que coloque em risco a integridade física do membro ou a credibilidade da instituição.

B caso a falta praticada tenha acarretado dano irreparável ao usuário da instituição.

C quando reconhecida sua culpa em processo disciplinar que envolva falta de urbanidade com juiz de direito ou promotor de justiça da Comarca em que atua.

D **caso a falta praticada, por sua gravidade e repercussão, tornar incompatível sua permanência no órgão de atuação de sua lotação.**

E quando haja manifesto interesse público na efetivação da remoção, com indispensável parecer a ser emitido pelo Conselho Superior.

179 É vedado ao defensor público-geral do DF modificar cargos comissionados que integram a estrutura administrativa da DPDF, ainda que isso não importe aumento de despesas. **JUSTIFICATIVA - ERRADO. A Defensoria Pública do Distrito Federal possui tal prerrogativa. Embora o governador à época tenha vetado o inciso da LC Distrital que prevê essa possibilidade, a Câmara Legislativa do DF o manteve. Lei Complementar Distrital n.º 908/2016**

Segue questão 80 do concurso realizado pela FCC, em 2019, para o ingresso na Defensoria Pública de São Paulo.

80. Nas ações judiciais em que a parte vencedora for patrocinada pela Defensoria Pública do Estado de São Paulo, havendo condenação em honorários advocatícios, tais recursos

A serão repassados à Fazenda Estadual.

B integrarão os vencimentos dos membros da Instituição.

C **deverão constituir receita de fundo específico da Escola da Defensoria, em percentual a ser definido pelo Conselho Superior.**

D não serão devidos, em vista da parte vencedora ser beneficiária da gratuidade da justiça.

E deverão constituir receita de fundo específico para incremento do parque tecnológico da Instituição.

LEI COMPLEMENTAR Nº 988, DE 09 DE JANEIRO DE 2006 (ESTADO DE SÃO PAULO)

Artigo 237 - A receita do Fundo de Despesas da Escola da Defensoria Pública do Estado **será constituída por porcentagem dos honorários de sucumbência pagos em favor da Defensoria Pública do Estado**, recursos orçamentários, doações, taxas e valores cobrados nos concursos de ingresso e cursos realizados, bem como por recursos oriundos de prestação de serviços a terceiros no âmbito de suas atribuições.

A Lei Complementar nº 26/06 do Estado da Bahia, que dispõe sobre a Lei Orgânica e o Estatuto da Defensoria Pública do Estado, afirma que a Ouvidoria da Defensoria Pública:

I. tem por finalidade receber, encaminhar e acompanhar as denúncias, reclamações e sugestões dos usuários, relacionados com os serviços prestados pelas Defensorias Públicas.

II. deve ser dirigida por um titular, não integrante do quadro de Defensor Público, para mandato de 02 (dois) anos, sendo vedada a recondução.

III. deve receber e julgar as reclamações e denúncias feitas por qualquer pessoa, inclusive pelos próprios membros e servidores da Defensoria Pública, de entidades ou órgãos públicos, relacionadas à qualidade dos serviços prestados pela Instituição.

IV. deve prestar esclarecimentos à população sobre os serviços e os deveres dos Defensores Públicos.

Está correto o que se afirma APENAS em

A I e IV.

B I e II.

C II e III.

D III e IV.

E II e IV.

Percebam que o examinador apenas "copiou e colou" o texto da lei para confeccionar a questão.

Item I - Art. 76 - A Ouvidoria da Defensoria Pública tem por finalidade receber, encaminhar e acompanhar as denúncias, reclamações e sugestões dos usuários, relacionados com os serviços prestados pelas Defensorias Públicas.

Item II - Art. 77 - A Ouvidoria da Defensoria Pública será dirigida por um titular, não integrante do quadro de Defensor Público, para mandato de 02 (dois) anos, permitida uma única recondução.

Item III - Art. 79 - À Ouvidoria da Defensoria Pública compete: I - receber e encaminhar as reclamações e denúncias feitas por qualquer pessoa, inclusive pelos próprios membros e servidores da Defensoria Pública, de entidades ou órgãos públicos, relacionadas à qualidade dos serviços prestados pela Instituição.

Item IV - Art. 79 - À Ouvidoria da Defensoria Pública compete: VI- prestar esclarecimentos à população sobre os serviços e os deveres dos Defensores Públicos

Por vezes, a "jogada" da banca é cobrar disposições a lei orgânica nacional e da lei orgânica estadual na mesma questão, para tentar confundir o candidato. Veja a questão da Defensoria Pública do Rio Grande do Sul, em 2018, realizada peal FCC.

> A Lei Complementar Estadual n° 14.130/12, que dispõe sobre a organização da Defensoria Pública do Estado do Rio Grande do Sul, estabelece que são direitos dos assistidos:
>
> I. o patrocínio de seus direitos e interesses por defensor natural, salvo nas causas patrocinadas diretamente por Núcleo Especializado da Defensoria Pública do Estado do Rio Grande do Sul.
>
> II. a informação sobre a tramitação dos processos e dos procedimentos para a realização de exames, perícias e outras providências necessárias à defesa de seus interesses.
>
> III. a atuação de defensores públicos distintos quando verificada a existência de interesses antagônicos ou colidentes entre destinatários de suas funções.
>
> IV. a qualidade e eficiência do atendimento e da execução das funções institucionais da Defensoria Pública.
>
> V. o atendimento não presencial na hipótese de residir em comarca diversa daquela onde tramita o processo no qual o assistido figura como parte.
>
> Está correto o que consta de:
>
> Ⓐ **II, III e IV, apenas.**
>
> Ⓑ III e IV, apenas.
>
> Ⓒ II, III e V, apenas.
>
> Ⓓ I, II e V, apenas.
>
> Ⓔ I, II, III, IV e V.
>
> Lei Complementar Estadual n° 14.130/12
>
> Art. 5.º São direitos dos assistidos da Defensoria Pública, além daqueles previstos na legislação ou em atos normativos internos:
>
> (...)
>
> I - a informação sobre: a) localização e horário de funcionamento dos órgãos da Defensoria Pública;
>
> b) a tramitação dos processos e dos procedimentos para a realização de exames, perícias e outras providências necessárias à defesa de seus interesses;
>
> II - a qualidade e a eficiência do atendimento e da execução das funções institucionais da Defensoria Pública;
>
> (...)
>
> V - a atuação de Defensores Públicos distintos, quando verificada a existência de interesses antagônicos ou colidentes entre destinatários de suas funções.
>
> (...)

> § 1.º As causas patrocinadas diretamente por Núcleo Especializado da Defensoria Pública do Estado terão como defensor natural os integrantes do respectivo Núcleo Especializado.

A questão pode ser resolvida à luz da Lei Complementar 80/94:

> Art. 4-A. São direitos dos assistidos da Defensoria Pública, além daqueles previstos na legislação estadual ou em atos normativos internos:
>
> I – a informação sobre:
>
> a) localização e horário de funcionamento dos órgãos da Defensoria Pública;
>
> b) a tramitação dos processos e os procedimentos para a realização de exames, perícias e outras providências necessárias à defesa de seus interesses; (item 2)
>
> II – a qualidade e a eficiência do atendimento; (item 4)
>
> III – o direito de ter sua pretensão revista no caso de recusa de atuação pelo Defensor Público;
>
> IV – o patrocínio de seus direitos e interesses pelo defensor natural; (item 1 - não há ressalva)
>
> V – a atuação de Defensores Públicos distintos, quando verificada a existência de interesses antagônicos ou colidentes entre destinatários de suas funções. (item 3)

Mais uma vez cuida-se de questões que exigem muito pouco, ou seja, exige-se apenas a memorização da lei, sendo certo que, o remédio para questões assim é leitura do texto legal e a realização de exercícios à exaustão.

c) Princípios, garantias, prerrogativas e atribuições

Neste tema, vários tópicos podem ser cobrados e algumas questões trazem um pouco mais de requinte, podendo trabalhar com conceitos doutrinários (básicos) e aspectos processuais discutidos na jurisprudência.

Segue a questão 88 apresentada no concurso da Defensoria Pública do Maranhão de 2018, elaborada pela FCC.

> 88. Sobre a autonomia funcional, administrativa e financeira conferidas à Defensoria Pública dos Estados, é correto afirmar que
>
> **A** devem ser preservadas pelo Chefe do Poder Executivo, ainda que, em tese, seja admitida a vinculação da Defensoria Pública à Secretaria de Governo.
>
> **B** compete à Defensoria Pública, independentemente da chancela de outro Poder, a abertura de concurso público, a criação e o provimento dos cargos de suas carreiras e dos serviços auxiliares.

C segundo previsão de sua Lei Orgânica Nacional, à Defensoria Pública dos Estados é assegurada autonomia funcional, administrativa e iniciativa para elaboração de sua proposta orçamentária, sendo-lhe, porém pela mesma lei, expressamente vedada a participação na elaboração da Lei de Diretrizes Orçamentárias, de iniciativa do Poder Executivo.

D a Defensoria Pública do Estado elaborará sua proposta orçamentária atendendo aos seus princípios, às diretrizes e aos limites definidos na lei de diretrizes orçamentárias, encaminhando-a diretamente ao Poder Legislativo, uma vez que não se encontra subordinada ao Poder Executivo.

E **a Defensoria Pública do Estado encaminhará sua proposta orçamentária ao Chefe do Poder Executivo que, apesar de não poder realizar a redução unilateral do orçamento proposto, quando tenha sido elaborado em obediência à lei de diretrizes orçamentárias e enviado conforme as diretrizes constitucionais, poderá pleitear ao Poder Legislativo a redução eventualmente pretendida.**

Note-se que aqui se cobrou um conhecimento da jurisprudência do Tribunais Superiores. Segue o aresto:

> "parcialmente conhecida e, nesta parte, julgada procedente para declarar a inconstitucionalidade, sem a pronúncia de nulidade, da Lei Estadual nº 10.437/2015, do Estado da Paraíba, apenas quanto à parte em que fixou a dotação orçamentária à Defensoria Pública estadual em razão da prévia redução unilateral perpetrada pelo Governador do Estado, para fixar a seguinte tese: "É inconstitucional a redução unilateral pelo Poder Executivo dos orçamentos propostos pelos outros Poderes e por órgãos constitucionalmente autônomos, como o Ministério Público e a Defensoria Pública, na fase de consolidação do projeto de lei orçamentária anual, quando tenham sido elaborados em obediência às leis de diretrizes orçamentárias e enviados conforme o art. 99, § 2º, da CRFB/88, cabendo-lhe apenas pleitear ao Poder Legislativo a redução pretendida, visto que a fase de apreciação legislativa é o momento constitucionalmente correto para o debate de possíveis alterações no Projeto de Lei Orçamentária".(ADI 5287, Relator(a): Min. LUIZ FUX, Tribunal Pleno, julgado em 18/05/2016).

Agora, passemos a analisar as questões 61 e 62 da recente prova realizada pela FUNDEP, que organizou e promoveu o concurso para Defensoria Púbica de Minas Gerais, em 2019.

> Questão 61 A propósito da autonomia constitucional das Defensorias Públicas Estaduais, assinale a alternativa incorreta.

A A Defensoria Pública pode propor diretamente ao Poder Legislativo a alteração do número de membros da carreira e a remuneração destes, ainda que divirja o Poder Executivo.

B O Supremo Tribunal Federal reputa inconstitucional norma que imponha a celebração de convênio com a OAB para prestação de assistência jurídica, por limitação à autonomia das Defensorias Públicas.

C **Se houver previsão na Constituição e Lei Orgânica Estaduais e se observada lista tríplice, pode o chefe do Poder Executivo nomear os ocupantes dos cargos de defensor público-geral, subdefensor público-geral e corregedor--geral.**

D As decisões da Defensoria Pública do Estado, obedecidas as formalidades legais, têm eficácia plena e executoriedade imediata, mas estão sujeitas à fiscalização do Tribunal de Contas.

Analise as seguintes afirmativas referentes às prerrogativas processuais dos defensores públicos.

I. O defensor público necessita de procuração para transigir em nome da pessoa assistida, quando não há anuência expressa dela com os termos do acordo.

II. A pedido da Defensoria Pública, a parte assistida deverá ser intimada pessoalmente para prestar informação ou tomar providência quando somente dela depender o ato processual.

III. Encerrada a instrução em audiência na qual presente o Defensor, este se considera intimado pessoalmente e daí passa a correr o prazo processual para apresentação dos memoriais.

IV. É válida a manifestação em autos administrativos ou judiciais por meio de cota, ainda que sem a utilização do timbre da instituição, desde que identificada a assinatura.

Está(ão) incorreta(s) a(s) afirmativa(s)

A I e II, apenas.

B I, III e IV, apenas.

C II e IV, apenas.

D **III, apenas.**

As questões acima mencionadas, exigem do candidato conhecimento sobre as discussões acerca do alcance das prerrogativas do Defensor Público, as decisões judiciais dos Tribunais Superiores, bem como a literalidade da lei. Percebe-se, assim, que se trata de um campo mais fértil para elaboração de questões, pendendo se trabalhar os aspectos processuais das prerrogativas do defensor. Caso o candidato esteja iniciando

Defensoria Pública

os estudos para o concurso da Defensora Pública, aqui, com certeza, é o local que o livro será um bom apoio para os estudos.

⊖ d) Gratuidade de Justiça e assistência jurídica

Neste tópico, costuma-se a trabalhar com o texto da lei, os conceitos dos institutos, conceito de vulnerabilidade e o campo de atuação da Defensoria Pública, bem como a desvinculação da análise do defensor com o judiciário. A doutrina também serve de apoio para fixação dos conceitos aludidos e necessários para elucidação desse tipo de questão.

Na questão 54 do concurso da Defensoria Pública de Pernambuco de 2018, a questão elaborada pela CESPE tinha o seguinte texto:

> 54. Com relação aos institutos da gratuidade da justiça e da assistência jurídica pública gratuita, assinale a opção correta.
>
> **Ⓐ A recusa da assistência jurídica gratuita pelo defensor público responsável pelo atendimento é passível de controle de legalidade no âmbito da própria instituição.**
>
> Ⓑ A aferição do direito da parte à assistência jurídica gratuita pela Defensoria Pública e a decisão da concessão do benefício da gratuidade da justiça são atribuições do defensor público responsável pelo atendimento.
>
> Ⓒ O deferimento da gratuidade da justiça e a posterior intimação judicial para a atuação em favor de parte desprovida de capacidade postulatória obrigam a atuação da Defensoria Pública nos autos da demanda judicial.
>
> Ⓓ A decisão do defensor público que defere a assistência jurídica gratuita da Defensoria Pública deve ser submetida a revisão judicial.
>
> Ⓔ Deferida a assistência jurídica gratuita, a decisão não pode ser revista, ainda que alterada a situação econômica do assistido, o que obriga a Defensoria Pública a atuar durante todo o curso da demanda judicial.

O candidato para acertar a questão deveria ter em mente a diferenciação entre assistência jurídica gratuita e gratuidade de justiça, e que a assistência jurídica gratuita é analisada e deferida (triagem institucional interna) pela própria Defensoria Pública, e não pelo Poder Judiciário.

Conforme já dito, o estudo da "lei seca" responderá a maioria das questões, sendo, necessário complementar com a jurisprudência e uma doutrina especializada (apenas para conceitos básicos), para que o candidato consiga fechar todas as questões de princípios institucionais.

7 ANÁLISE DE QUESTÕES DISSERTATIVAS

Vale ressaltar que em alguns editais a matéria sequer é exigida na segunda fase, em alguns editais não existe nem previsão de cobrança. Contudo, quando exposta ao candidato, as questões dissertativas ou discursivas possuem como objeto de indagação aos candidatos pontos relacionados à autonomia e prerrogativas da Defensoria Pública e seus membros, apontando aspectos processuais, sempre em cotejo com julgamentos mais recentes dos tribunais superiores.

A Defensoria Pública do estado de Minas Gerais, em 2019, apresentou a seguinte questão de segunda fase:

> Questão 4 – Princípios Institucionais.
>
> Considere estas afirmativas.
>
> I. Os Defensores Públicos são remunerados pelo regime de subsídio, na forma do Art. 39, §4º, CR/88. Por isto, é vedada a cobrança de honorários.
>
> II. Às Defensorias Públicas Estaduais, é assegurada autonomia funcional e administrativa. Integra a independência funcional do Defensor Público a cobrança, ou não, da verba sucumbencial.
>
> III. Dispõe a súmula 421 do STJ: "Os honorários advocatícios não são devidos à Defensoria Pública quando ela atua contra a pessoa jurídica de direito público à qual pertença". Trata-se, pois, de tema pacificado.
>
> IV. O STJ possui jurisprudência no sentido de que "o Defensor Público não faz jus ao recebimento de honorários pelo exercício da curatela especial, por estar no exercício das suas funções institucionais, para o que já é remunerado mediante o subsídio em parcela única". A doutrina subsidia esse entendimento.
>
> V. O Art. 85 do CPC estipula que os honorários constituem direito do advogado e têm natureza alimentar e, além disto, que "os advogados públicos perceberão honorários de sucumbência, nos termos da lei". Aplica-se aos Defensores Públicos.
>
> No que se refere exclusivamente à cobrança de honorários decorrentes da atuação de seus membros, DISSERTE quanto à validade de cada uma dessas afirmativas sob a ótica das normas que regem a Defensoria Pública, justificando sucintamente cada resposta.

Veja que nessa fase do concurso, diferentemente da etapa objetiva, a lei seca já não se mostra suficiente para a maioria dos questionamentos realizados em princípios institucionais. É necessário o conhecimento da doutrina especializada, e aqui indico novamente o "Princípios Institucionais da Defensoria Pública", de Diogo Esteves e Franklyn Roger Alves.

A questão exigia o conhecimento da lei, especificamente o artigo 4º, XXI da LC 80/94, que define como função institucional da Defensoria Pública a execução e recebimento das verbas sucumbenciais decorrentes de sua atuação e as discussões sobre a interpretação desse dispositivo.

O STJ já se posicionou conforme o disposto no item IV. O exercício da curadoria especial é função institucional da Defensoria Pública, sendo isso o que prevê a Lei Orgânica da Defensoria Pública (LC 80/94) e também o CPC, e com essa fundamentação, decidiu da seguinte forma:

> A Turma reafirmou que não são devidos honorários à Defensoria Pública no exercício da curadoria especial, uma vez que essa função faz parte de suas atribuições institucionais. (...) Esclareceu a Min. Relatora que, apesar da impossibilidade de percepção de honorários advocatícios no exercício de função institucional, eles só são devidos à Defensoria Pública como instituição, quando forem decorrentes da regra geral de sucumbência nos termos do art. 4º, XXI, da LC n. 80/1994. REsp 1.203.312-SP, Rel. Min. Nancy Andrighi, julgado em 14/4/2011 (Info 469).

Contudo o entendimento acima colacionado possui severas críticas da doutrina especializada e já possui amparo na jurisprudência de alguns Tribunais.

> APELAÇÃO CÍVEL. EXECUÇÃO DE TÍTULO DE CRÉDITO. HONORÁRIOS ADVOCATÍCIOS. DEFENSORIA PÚBLICA. CURADORIA ESPECIAL. POSSIBILIDADE. FIXAÇÃO. EQUIDADE. ART. 85, § 8º DO CPC/15.
>
> 1. É cabível o recebimento de honorários advocatícios pela Defensoria Pública (Fundo de Aparelhamento) ainda que a sua atuação ocorra no exercício da Curatela Especial. Precedentes deste Tribunal.
>
> 2. A vedação legal contida no art. 130, III da LC nº 80/94 restringe-se aos honorários advocatícios contratuais e, ainda, à pessoa física do Defensor Público, mas não alcança verba sucumbencial a ser paga à Defensoria Pública.
>
> 3. O Supremo Tribunal Federal reconheceu que o ente público que mantém a própria Defensoria Pública pode ser condenado a pagar a ela honorários de sucumbência:"(...) 6. Honorários em favor da Defensoria Pública da União. Mesmo ente público. Condenação. Possibilidade após EC 80/2014. 7. Ausência de argumentos capazes de infirmar a decisão agravada. Agravo a que se nega provimento." (AR 1937 AgR, Relator(a): Min. GILMAR MENDES, Tribunal Pleno, julgado em 30/06/2017, ACÓRDÃO ELETRÔNICO DJe-175 DIVULG 08-08-2017 PUBLIC 09-08-2017)
>
> 4. Nas hipóteses em que a verba honorária revelar-se irrisória ou exorbitante, é cabível o arbitramento dos honorários

> mediante apreciação equitativa, com fundamento no art. 85, §8º do CPC/2015, em atenção aos princípios da proporcionalidade e da razoabilidade. Precedentes deste Tribunal.
>
> (Acórdão 1133094, 20100111451953APC, Relator: DIAULAS COSTA RIBEIRO, 8ª Turma Cível, data de julgamento: 25/10/2018, publicado no DJe: 29/10/2018)

A questão também exigiu o conhecimento dos limites da garantia da independência funcional do defensor público no que toca à liberdade de executar ou não os honorários advocatícios, a destinação dessas verbas, e a natureza jurídica dos honorários devidos à Defensoria Pública.

Além de conceitos firmes e conhecimento da posição doutrinária, a questão exigiu do candidato conhecimento acerca da evolução da jurisprudência do STJ e STF, à luz das modificações das normas constitucionais que versam sobre a Defensoria Pública, bem como o conhecimento sobre o alcance das prerrogativas e das garantias.

Veja, por exemplo, que na afirmativa III não era suficiente o conhecimento do entendimento do STJ, vez que este já foi apresentado inclusive no enunciado da questão, mas se fez necessário o conhecimento crítico doutrinário e o resultado do julgamento do STF. (Plenário. AR 1937 AgR).

Era necessário que o candidato dissecasse as afirmativas trazendo as posições divergentes, a prevalente e a que mais favorece à Defensoria Pública.

8 DICAS FINAIS PARA OS CANDIDATOS

É muito difícil lograr aprovação em concurso para a Defensoria Pública estatual sem passar pelo conhecimento suficiente da lei, doutrina e jurisprudência atualizada (e suas alterações, inclusive, como se pode observar na questão discursiva do DPE/MG acima).

O estudo em Direito Institucional deve levar em especial consideração o texto da lei, fazendo que esse recorte do edital tenha certa vantagem em relação às demais matérias, vez que são bem menos diplomas a serem estudados, de conteúdo normativo mais enxuto, e as legislações são convergentes entre si. Além disso, é de elevada importância a realização muitos exercícios, que devem ser feitos à exaustão.

Ainda, o estudo deve estar baseado em uma doutrina suficiente para conhecer os principais pontos, utilizando-se para tanto a bibliografia acima indicada.

Por fim, o estudo da jurisprudência deve ser constante, por meio do acompanhamento dos informativos dos Tribunais Superiores. Importante salientar que muitas Defensorias Públicas possuem Escolas atuantes e que publicam enunciados e textos em revistas próprias, que auxiliam o candidato a tomar conhecimento dos temas mais atuais, aqueles que estão sendo discutidos. Por isto, uma visita ao site da Defensoria Pública, que o candidato irá realizar o concurso, é essencial.

Direito Penal, Leis Penais EXTRAVAGANTES E CRIMINOLOGIA

Thiago Góes Cavalcanti de Araújo

1 BIBLIOGRAFIA INDICADA

A bibliografia a ser adotada na caminhada rumo à aprovação na Defensoria Pública é um dos passos mais importantes para a consecução desse objetivo. Não é difícil concordar com a seguinte afirmação: sua trajetória até tornar-se defensor/a público/a será permeada pela necessidade de tomar decisões. A primeira delas é a decisão por estudar, por iniciar a jornada; mas, a partir dela, surgirão dezenas de outras decisões, que envolverão dúvidas sobre como conduzir essa jornada – e a bibliografia certamente será uma delas.

E o objetivo deste material é ajudá-lo a sanar esta dúvida, com o compromisso de que as considerações feitas aqui não se basearão em achismo ou propaganda, mas sim partirão do que funciona na prática, do que deu certo para muitas das pessoas que atingiram o objetivo da aprovação.

Firmada essa premissa, considere agora que o edital é muito extenso, como se verá nos tópicos seguintes, e isso se repete em todas as matérias. Por isso, uma conclusão é inevitável: objetividade é a regra de ouro. O seu dia continuará a ter vinte e quatro horas, e o caminho para a aprovação virá de uma gestão eficiente desse tempo, não importa o quão intensa seja a sua rotina. Sem objetividade, será muito mais árdua a sua jornada.

Nesse sentido, a primeira indicação é que você adote *apenas um livro*. Muito embora as provas de Defensoria Pública sejam difíceis, se comparadas às de outros concursos públicos, essa dificuldade vem mais da extensão do edital do que do nível da cobrança. Portanto, o seu objetivo será criar uma *base sólida* em cada disciplina. E consolidar uma *base* pressupõe saber o *básico*, como o próprio nome sugere.

Feita essa consideração geral, necessária uma consideração específica sobre a disciplina de Direito Penal: nessa matéria, adotar apenas um livro não significa que se estudará por um único volume. Essa matéria é especial, pois extensa; é como se ela abrangesse várias submatérias, todas reunidas sob uma mesma denominação. Assim, na verdade, em Defensorias Públicas, o Direito Penal costuma englobar quatro grandes matérias:

- **1.** Código Penal - Parte Geral;
- **2.** Código Penal - Parte Especial;
- **3.** Leis Penais Extravagantes;
- **4.** Criminologia.

E é por causa dessa variedade, isto é, da constatação de que Direito Penal não é bem uma só disciplina, mas várias ao mesmo tempo, que se indica *um livro para cada submatéria*. Perceba que o raciocínio exposto inicialmente continua a ser inteiramente válido, pois o seu foco será em uma única fonte de leitura.

Dito isso, indicam-se as seguintes obras:

1. Para o estudo tanto da Parte Geral como da Parte Especial do Código Penal, o Manual de Direito Penal, de Rogério Sanches Cunha, da Editora Juspodivm. Há um volume único para a Parte Geral, e outro para a Parte Especial, portanto são dois os livros. A obra é bastante objetiva e explica os conceitos básicos do Direito Penal de forma satisfatória para o objetivo que você almeja. Lembre-se: você pretende tornar-se Defensor/a Público/a, e não mestre em Direito Penal.
2. Quanto às Leis Penais Extravagantes, o livro Leis Especiais para Concursos, de Gabriel Habib, também da Editora Juspodivm.

Trata-se de volume único, que trabalha as leis uma a uma, artigo por artigo, com menção à jurisprudência atualizada sobre cada tema. Assim como a obra de Rogério Sanches Cunha, ela é extremamente objetiva e atenderá às expectativas.

3. Em Criminologia, o livro de Eduardo Viana, que é curto e objetivo, e aborda o essencial à compreensão da matéria com muita precisão.

Por fim, mais duas observações são muito importantes na escolha da bibliografia.

Em primeiro lugar, não se preocupe se você já testou algum desses livros, mas não gostou deles e pretende adotar outros. É claro que há outras excelentes obras no mercado, que igualmente são indicadas. A preferência pelas obras referidas acima se justificou em razão da busca por objetividade, pois, ainda que elas não sejam as únicas obras objetivas existentes no mercado, ainda parecem ser as melhores no ponto. Mas elas não são as únicas com essas qualidades.

Assim, seguem outras indicações que igualmente atenderão aos fins propostos, pois igualmente didáticas, bastante completas e de leitura agradável:

1. Código Penal - Parte Geral e Especial:
    - Direito Penal, Editora Método, de autoria de Cléber Masson, em três volumes, um deles dedicado à Parte Geral, e os outros dois, à Parte Especial;
    - Manual de Direito Penal, Editora Juspodivm, de autoria de Jamil Chaim Alves, em volume único, que abrange tanto a Parte Geral e quanto a Parte Especial.
2. Legislação Extravagante:
    - Legislação Criminal Especial Comentada, Editora Juspodivm, de autoria Renato Brasileiro de Lima, volume único;
    - Leis Penais Especiais Comentadas, Editora Juspodivm, de autoria de Rogério Sanches, Ronaldo Batista Pinto e Renee de Ó Souza, volume único.
3. Criminologia:
    - Criminologia, Editora Revista dos Tribunais, de autoria de Sérgio Salomão Shecaira, volume único.

Em segundo lugar, dê uma atenção muito especial à Lei nº 13.964/2019, fruto do polêmico "Pacote Anticrime", que alterou significativamente o Código Penal e a legislação penal especial. Perguntas sobre essas alterações "choverão" nas próximas provas. Por isso, sugere-se que:

1. Se ainda não adquiriu nenhum livro, quando for fazê-lo, esforce-se para comprar uma versão atualizada com o Pacote Anticrime;
2. Se já tem um livro, mas ele está desatualizado, adote uma ou outra dentre as opções a seguir:
    a. Estude as alterações legislativas uma a uma, pela lei seca, que deve ser a forma predominante de cobrança nos primeiros concursos que virão;
    b. Como complemento, compre uma obra específica sobre o assunto, que pode ser o livro Pacote Anticrime, da Editora Juspodivm, de autoria de Renato Brasileiro de Lima, pois é didático, objetivo e traz boas explicações sobre cada alteração realizada pela nova lei, inclusive em outras áreas.

No mais, atente para a necessidade de estudar a jurisprudência. Embora todos os livros indicados trabalhem os julgados mais importantes com atenção, é importante ter uma fonte específica para o estudo dos precedentes do STJ e do STF sobre os assuntos trabalhados em cada área. Mais: sugere-se que haja um horário específico da semana só para o estudo da jurisprudência, o que serve para todas as matérias.

E, aqui, a indicação é única: não há como não adotar as obras de Márcio André Lopes Cavalcante, que são as mais completas e didáticas do mercado. Pela objetividade, sugere-se que você adote uma das seguintes fontes, que permitem o estudo por assunto e por matéria:

1. Se há facilidade de leitura pela internet, o buscador Dizer o Direito;
2. Caso contrário, o *Vade Mecum* de Jurisprudência do Dizer o Direito, da Editora Juspodivm.

2 CONTEÚDO PROGRAMÁTICO DE DIREITO PENAL NAS PROVAS DA DEFENSORIA PÚBLICA ESTADUAL

O conteúdo programático de Direito Penal é praticamente idêntico em todas as provas. As diferenças são pontuais e dizem respeito principalmente à legislação especial.

Neste trabalho, analisaram-se vinte e dois editais de Defensoria Pública, todos lançados entre 2015 a 2019. E se constatou que a predominância da FCC nos últimos anos foi clara, já que a banca organizou doze dos concursos analisados; mas também houve participação relevante da banca CESPE/CEBRASPE, que foi responsável por outros cinco. Os demais concursos foram organizados por instituições esparsas, como a FMP, a VUNESP, a UFMT e a FUNDEP; e a Defensoria Pública do Rio de Janeiro teve seu concurso organizado por conta própria, como é praxe na instituição já há algumas décadas.

Fato é que, diante dessa predominância, sistematizou-se o conteúdo programático a partir dos editais trazidos pela FCC, em termos de numeração e nomenclatura, com algumas adaptações. Mas esse foi apenas um ponto de partida, de modo que a análise incluiu todos os outros editais, inclusive os do CESPE/CEBRASPE e de outras bancas.

Portanto, em termos gerais, o conteúdo programático de Direito Penal em Defensorias Públicas é o seguinte:

- **Código Penal – Parte Geral**

1. Teoria da lei penal: conceito, fontes, objetivos. Lei penal em branco.

2. Direito penal e poder punitivo. As escolas penais. Modernas tendências do pensamento penal. Evolução histórica do Direito Penal.

3. Princípios de Direito Penal.

4. Validade da lei penal no espaço e no tempo.

5. Interpretação da lei penal.

6. Constituição e Direito Penal. O Direito Penal e o Estado Democrático de Direito. Direito Penal e Direitos Humanos. Direitos humanos e processo de criminalização. Aplicação e interpretação da lei penal à luz dos direitos humanos.

7. Teoria do delito: evolução histórica, elementos do crime. Bem jurídico-penal. Modernas tendências da teoria do delito. Teoria da ação. Evolução do modelo de ação.

8. Classificação dos crimes.

9. Tipicidade: evolução do conceito de tipo penal, modelos de tipo, elementos constitutivos do tipo penal (objetivos, subjetivos, descritivos, normativos). Conduta (ação e omissão), nexo de causalidade, resultado, imputação objetiva. Tipos dolosos, tipos culposos e tipos omissivos.

➔ **10.** Antijuridicidade: conceito. O injusto penal. Causas de justificação.

➔ **11.** Culpabilidade: conceito, evolução histórica, estrutura. Elementos da culpabilidade. Imputabilidade, potencial consciência da ilicitude e exigibilidade de conduta diversa. Princípio da culpabilidade. Culpabilidade e liberdade. Culpabilidade e periculosidade. Culpabilidade e vulnerabilidade. Coculpabilidade. Direito Penal do fato e Direito Penal do autor. Excludentes da culpabilidade (legais e supralegais).

➔ **12.** Erro no Direito Penal.

➔ **13.** Punibilidade. Causas de extinção da punibilidade.

➔ **14.** Iter criminis. Desistência voluntária e arrependimento eficaz. Arrependimento posterior.

➔ **15.** Concurso de agentes.

➔ **16.** Concurso de crimes e continuidade delitiva.

➔ **17.** Pena: evolução histórica, espécies, aplicação. Teorias da pena. Modernas tendências das teorias da pena.

➔ **18.** Aplicação da pena. Circunstâncias judiciais. Agravantes e atenuantes. Causas de aumento e de diminuição. Cálculo da pena. Fixação do regime inicial. Substituição da pena.

➔ **19.** Suspensão condicional da pena.

➔ **20.** Medidas de segurança: evolução histórica, conceito, espécies, execução. Direito Penal e saúde mental. Lei nº 10.216/01. Reforma psiquiátrica. A antipsiquiatria.

➔ **21.** Efeitos da condenação. Reabilitação.

- **Código Penal – Parte Especial**

➔ **22.** Crimes contra a pessoa.

- **23.** Crimes contra o patrimônio.
- **24.** Crimes contra a propriedade imaterial.
- **25.** Crimes contra a organização do trabalho.
- **26.** Crimes contra o sentimento religioso e contra o respeito aos mortos.
- **27.** Crimes contra a dignidade sexual.
- **28.** Crimes contra a família.
- **29.** Crimes contra a incolumidade pública.
- **30.** Crimes contra a paz pública.
- **31.** Crimes contra a fé pública.
- **32.** Crimes contra a administração pública.

- **Legislação Penal Especial**

- **33.** Lei de Drogas (Lei nº 11.343/2006).
- **34.** Lei de Crimes Ambientais (Lei nº 9.605/1998).
- **35.** Lei das Contravenções Penais (Lei nº 3.688/1941).
- **36.** Violência doméstica e familiar contra a mulher (Lei nº 11.340/2006).
- **37.** Crimes de trânsito (Lei nº 9.503/1997 – Código de Trânsito Brasileiro).
- **38.** Estatuto do Desarmamento (Lei nº 10.826/2003).
- **39.** Crimes hediondos (Lei nº 8.072/1990).
- **40.** Tortura (Lei nº 9.455/1997).
- **41.** Crimes do Estatuto da Criança e do Adolescente (Lei nº 9.503/1997).
- **42.** Organização criminosa (Lei nº 12.850/2013 e Decreto nº 5.123/2004).

➔ **43.** Abuso de autoridade (Lei nº 13.869/2019).

➔ **44.** Lei Antiterrorismo (Lei nº 13.260/2016).

➔ **45.** Lei nº 13.964/2019 (Pacote Anticrime) e suas repercussões no Direito Penal.

De início, não é demais repetir, atente para o Pacote Anticrime (tem 45), que trouxe alterações no Código Penal e na própria legislação especial. Esse assunto não estava nos editais anteriores, pois a lei não estava em vigor, mas certamente aparecerá nos próximos.

Em segundo lugar, quanto às leis especiais, optou-se por inserir na sistematização apenas aquelas presentes na maioria dos editais analisados. Além disso, excluíram-se aquelas leis que, embora presentes em quase todos os editais, tiveram incidência irrisória ou nula nas provas de Direito Penal dos últimos cinco anos (o tema será aprofundado no tópico seguinte).

Entre as leis penais especiais com menos incidência, mas presentes em alguns editais, citam-se as seguintes, em ordem decrescente de importância: crimes contra as relações de consumo (Lei nº 8.078/1990 – Código de Defesa do Consumidor – e Lei nº 8.137/1990); Estatuto do Idoso (Lei nº 10.741/2003); lavagem de dinheiro (Lei nº 9.613/1998 e Lei nº 12.683/2012); crimes de preconceito (Lei nº 7.716/1989); crimes contra a economia popular (Lei nº 1.521/1951); crimes de licitação (Lei nº 8.666/1993); crimes contra o parcelamento do solo urbano (Lei nº 6.766/79 e Lei nº 10.932/04); normais penais do Estatuto do Índio (Lei nº 6.001/1973); crimes do Estatuto do Torcedor (Lei nº 10.671/2003); crimes eleitorais (Lei nº 4.737/1965); crimes de imprensa (Lei nº 5.250/1967); crimes da Lei de Alimentos (Lei nº 5.478/1968); e crimes falimentares (Lei nº 11.101/2005).

Logo, sugere-se que você priorize as leis constantes do conteúdo programático indicado. Não há como desprezar nenhum item do edital, mas é inteligente iniciar os estudos da legislação especial por aqueles assuntos que já foram cobrados em concursos anteriores. Após o estudo das leis mais cobradas, consulte o edital da Defensoria Pública de sua preferência e estude as demais.

Em terceiro lugar, observe que, em muitos dos editais, o conteúdo programático de Direito Penal inclui Criminologia. De fato, ainda é mais comum que esta última apareça como uma submatéria de Direito Penal, como ocorreu nos concursos da DPESP – 2019, da DPEDF – 2019 e da

DPESC – 2018, para citar alguns exemplos. No entanto, doutrinariamente, há praticamente um consenso no sentido de que a Criminologia é uma ciência autônoma, de modo que em outros concursos ela já é considerada uma matéria à parte – foi o que ocorreu nas provas da DPERS (2018), da DPERJ (2018) e da DPERO (2018), por exemplo.

Por essa razão, elaborou-se aqui um edital próprio para a Criminologia, também realizado com base na pesquisa de todos os editais mencionados:

- **1.** Conceito, método, objeto, sistema e funções da Criminologia.
- **2.** A Criminologia como ciência e a interdisciplinaridade. Criminologia e Política Criminal. Criminologia e ciências criminais. Criminologia e o sistema de justiça criminal. Criminologia e o papel da Polícia Judiciária.
- **3.** Conceitos de crime, de criminoso e de pena nas diversas correntes do pensamento criminológico. As escolas criminológicas. Escola clássica. Positivismo criminológico. O positivismo criminológico no Brasil. Ideologia da defesa social.
- **4.** Prevenção da infração penal no Estado democrático de direito. Prevenção primária. Prevenção secundária. Prevenção terciária. Modelos de reação ao crime.
- **5.** Vitimologia e vitimização.
- **6.** Sistema penal e controle social. O processo de criminalização.
- **7.** Sociologia criminal e desorganização social. A Escola de Chicago. Teoria da associação diferencial. Teoria da anomia. Estrutura social defeituosa. Funcionalismo na criminologia.
- **8.** A perspectiva interacionista. A Criminologia e o paradigma da reação social. *Labelling approach.*
- **9.** Minimalismo e Garantismo Penal.
- **10.** Criminologia Crítica. Marxismo e a questão criminal. O realismo criminológico de esquerda. A esquerda punitiva. Criminologia na América Latina e as agências de controle.
- **11.** Abolicionismo penal. Vertentes do abolicionismo penal.

- **12.** Modernas tendências do pensamento criminológico e de política criminal. A privatização do controle penal. Direito penal simbólico. Movimento de Lei e Ordem. Tolerância zero. Autoritarismo e sistema penal. Análises criminológicas concretas. Racismo e sistema penal. Gênero e sistema penal.
- **13.** Direito Penal do inimigo.
- **14.** Polícia e Sistema Penal. O encarceramento no Brasil: dados e perspectivas.
- **15.** Prisão: prisionização e relações de poder penitenciárias. A prisão na sociedade moderna. Prisão e capitalismo. Foucault e a questão prisional.
- **16.** Mídia e sistema penal.

3 ANÁLISE GERAL DAS ÚLTIMAS PROVAS OBJETIVAS

3.1. A metodologia utilizada

Como já se referiu, a predominância na organização das provas de Defensoria Pública dos últimos cinco anos (2015 a 2019) foi da FCC, a quem coube conduzir doze dos concursos analisados, seguida do CESPE/CEBRASPE, que organizou outros cinco. Veja a tabela abaixo:

CONCURSO	ANO DA PROVA	BANCA
DPEMA	2015	FCC
DPEPA	2015	FMP
DPERN	2015	CESPE
DPESP	2015	FCC
DPEBA	2016	FCC
DPEES	2016	FCC
DPEMT	2016	UFMT
DPEAC	2017	CESPE
DEPAL	2017	CESPE
DPEPR	2017	FCC
DPERO	2017	VUNESP
DPESC	2017	FCC
DPEAM	2017	FCC

CONCURSO	ANO DA PROVA	BANCA
DPEAM	2018	FCC
DPEAP	2018	FCC
DPEMA	2018	FCC
DPEPE	2018	CESPE
DPERS	2018	FCC
DPERJ	2018	Banca própria
DPEDF	2019	CESPE
DPEMG	2019	FUNDEP
DPESP	2019	FCC

Pois bem, sobre a FCC e o CESPE/CEBRASPE, costuma-se afirmar que essas bancas teriam um foco específico em cobrança de lei seca e de jurisprudência, respectivamente. Com efeito, é comum ouvir que a FCC "não cobra jurisprudência" ou que o CESPE/CEBRASPE "não cobra lei seca". Mas só a análise dos dados permitirá saber se essas afirmações são válidas para as provas de Direito Penal e Criminologia das Defensorias Públicas.

Então, fizeram-se três classificações principais: 1) análise por tipo de conteúdo exigido por cada banca predominante (lei seca, jurisprudência ou doutrina); 2) análise quanto aos principais assuntos do conteúdo programático cobrados; 3) análise por submatéria de Direito Penal.

E, para não comprometer a objetividade, adotaram-se os seguintes critérios: o da predominância e o da resposta correta. O critério da predominância quer dizer que, nas avaliações do tipo ABCDE, quando se analisaram questões mistas, que trabalhavam lei seca e jurisprudência ao mesmo tempo, ou mais de um assunto por vez, por exemplo, definiu-se o tipo de questão a partir da categoria que predominava naquela questão. Por outro lado, nos casos em que não estava claro qual o conteúdo ou o assunto predominante, passou-se a adotar o critério da resposta correta: o tipo de questão foi definido a partir da alternativa considerada correta pela banca examinadora, pelo simples fato de que conhecer essa alternativa era suficiente para acertar a questão.

Além disso, a análise se ateve aos conteúdos descritos no conteúdo programático. Portanto, como visto, questões de Criminologia foram analisadas à parte, mesmo que estivessem inseridas em Direito Penal; e assim se deu também quanto a itens alheios ao conteúdo definido no tópico anterior, como Execução Penal, objeto de capítulo próprio, e Direito Penal Militar, que não costuma ser cobrado em Defensorias Públicas Estaduais.

E, no mais, as provas da DPERJ (2018) e da DPEDF (2019) foram excluídas das estatísticas. De fato, a prova do Rio de Janeiro é peculiar, pois costumava ser escrita desde a primeira fase, e é elaborada por banca própria, sem vínculo com nenhuma organização mais profissional. Nessa prova, costuma haver a cobrança de casos práticos que envolvem, quase sempre, mais de um assunto e pressupõem o conhecimento de mais de um tipo de conteúdo, o que poderia comprometer a precisão dos dados. Por sua vez, a avaliação do Distrito Federal foi a única prova feita no formato "certo ou errado", de modo que sua inclusão também poderia afetar os resultados obtidos, já que haveria muito mais questões a analisar do que as outas provas[1].

Por fim, sobre Criminologia, não fez sentido a análise por tipo de conteúdo exigido (lei seca, jurisprudência ou doutrina). É claro que o foco foi a doutrina: cobraram-se conceitos, dados e teorias. Assim, as estatísticas ficaram restritas aos assuntos mais cobrados.

3.2. Análise dos dados

3.2.1. O tipo de conteúdo mais exigido por cada banca predominante

Quanto à FCC, analisou-se um universo de 98 questões de Direito Penal, extraídas das doze provas realizadas nos últimos anos. E se verificou certo equilíbrio entre a lei seca e a doutrina, conforme o gráfico abaixo:

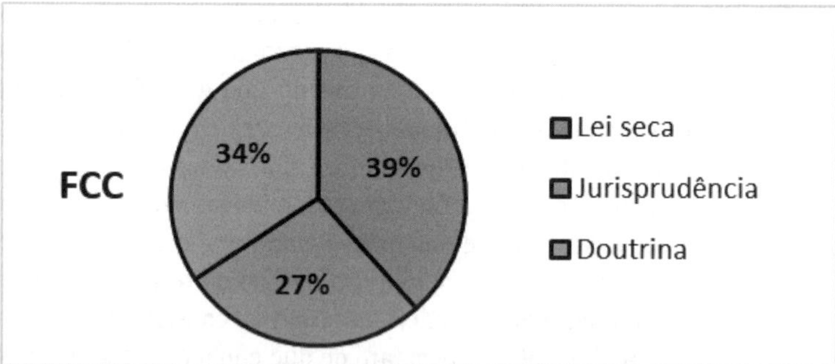

1 A prova do Rio de Janeiro será objeto de comentários à parte, dada as suas peculiaridades. Já quanto à prova do Distrito Federal, ela seguiu o padrão CESPE, de modo que as sugestões gerais também serão válidas para esse certame.

Por sua vez, no caso do CESPE/CEBRASPE, analisaram-se 39 questões de Direito Penal, provenientes de 4 das 5 provas realizadas nos últimos anos[2]. E, como se vê no gráfico, o equilíbrio se deu entre jurisprudência e doutrina:

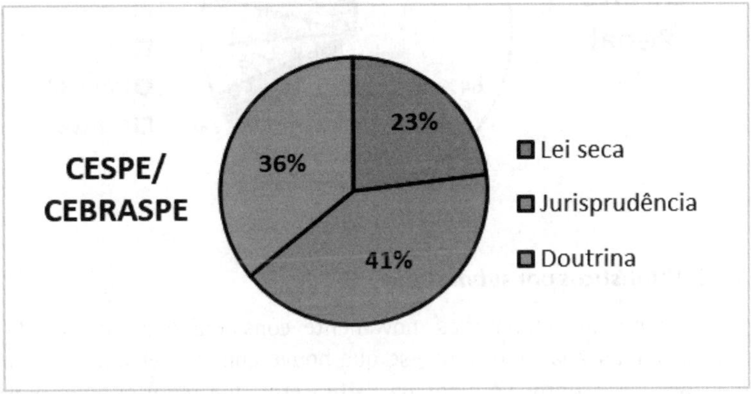

3.2.2. Os assuntos mais cobrados

Considerado um universo de 171 questões, que abrangeram todas as provas estilo ABCDE de Defensorias Públicas dos últimos 5 anos, os cinco assuntos mais cobrados foram os seguintes: item 18[3] (25 questões), item 22[4] (11 questões), item 13[5] (11 questões), item 33[6] (9 questões) e item 32[7] (8 questões). Observe o gráfico:

2 Relembre-se que a prova da DPEDF (2019) foi excluída da análise, pelos motivos expostos no item 3.1. No entanto, observa-se que ela não destoou da tendência geral observada nos concursos do CESPE/CEBRASPE.

3 Aplicação da pena. Circunstâncias judiciais. Agravantes e atenuantes. Causas de aumento e de diminuição. Cálculo da pena. Fixação do regime inicial. Substituição da pena.

4 Crimes contra a pessoa.

5 Punibilidade. Causas de extinção da punibilidade.

6 Lei de Drogas (Lei nº 11.343/2006).

7 Crimes contra a administração pública.

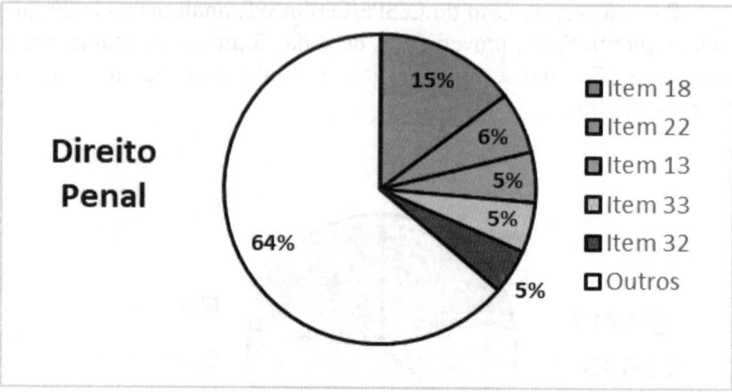

3.2.3. Estatísticas por submatéria

Quanto às submatérias, novamente considerado o total de 171 questões analisadas, constatou-se que houve enorme destaque para as questões de assuntos contidos na Parte Geral, que representaram 62% do conteúdo cobrado:

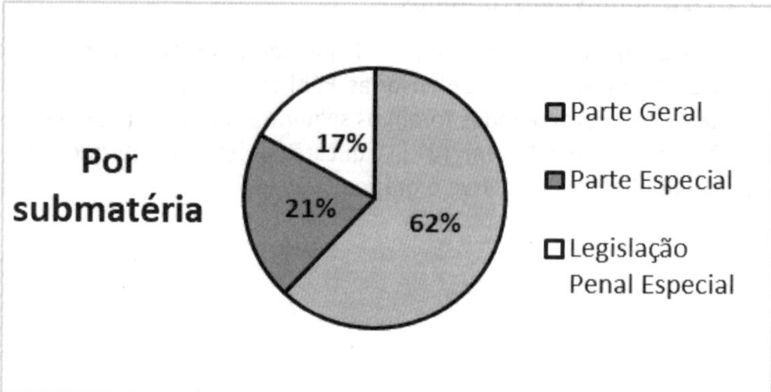

Por outro lado, dentro de cada submatéria, também foi possível constatar a predominância de determinados assuntos:

- Parte Geral: 1/3 das 106 questões foram representadas por apenas 2 itens do conteúdo – o item 18[8] (25 questões) e o item 13[9] (11 questões), cuja predominância já foi destacada no

8 Aplicação da pena. Circunstâncias Judiciais. Agravantes e Atenuantes. Causas de Aumento e de Diminuição. Cálculo da Pena. Fixação do regime inicial. Substituição da pena.

9 Punibilidade. Causas de extinção da punibilidade.

tópico 3.2.2. Porém, outros 2 itens também tiveram destaque: o item 9[10] (7 questões) e o item 17[11] (7 questões).

- Parte Especial: além da predominância dos itens 22[12] e 32[13], como já referido no tópico 3.2.2, que abrangeram juntos mais de 50% das questões dessa submatéria, mereceu destaque o item 23[14] (7 questões).
- Legislação Penal Especial: houve predominância do item 33[15], responsável por 9 das 29 questões dessa submatéria, mas também houve uma cobrança significativa dos itens 34[16] (5 questões), 36[17] (4 questões) e 37[18] (4 questões).

3.2.4. Criminologia

Por fim, quanto à Criminologia, analisou-se um total de 30 questões, extraídas das provas ABCDE realizadas nos últimos 5 anos, ora inseridas como matéria autônoma, ora colocadas dentro da própria prova de Direito Penal. E se constatou que o assunto exposto no item 3[19] teve grande destaque, já que apareceu em 8 questões. Em seguida, apareceram os assuntos dos itens 8[20] (4 questões), 7[21] (3 questões), 10[22] (3 questões), 12[23] (3 questões) e 14[24] (3 questões). Veja o gráfico:

10 Tipicidade: evolução do conceito de tipo penal, modelos de tipo, elementos constitutivos do tipo penal (objetivos, subjetivos, descritivos, normativos). Conduta (ação e omissão), nexo de causalidade, resultado, imputação objetiva. Tipos dolosos, tipos culposos e tipos omissivos.

11 Pena: evolução histórica, espécies, aplicação. Teorias da pena. Modernas tendências das teorias da pena.

12 Crimes contra a pessoa.

13 Crimes contra a administração pública.

14 Crimes contra o patrimônio.

15 Lei de Drogas (Lei nº 11.343/2006).

16 Lei de Crimes Ambientais (Lei nº 9.605/1998).

17 Violência doméstica e familiar contra a mulher (Lei nº 11.340/2006).

18 Crimes de trânsito (Lei nº 9.503/1997 – Código de Trânsito Brasileiro).

19 Conceitos de crime, de criminoso e de pena nas diversas correntes do pensamento criminológico. As Escolas Criminológicas. Escola clássica. Positivismo criminológico. O positivismo criminológico no Brasil.

20 A perspectiva interacionista. A Criminologia e o Paradigma da Reação Social. Labelling Approach.

21 Sociologia Criminal e Desorganização Social. A Escola de Chicago. Teoria da Associação Diferencial. Teoria da anomia. Estrutura social defeituosa. Funcionalismo na criminologia.

22 Criminologia Crítica. Marxismo e a questão criminal. O realismo criminológico de esquerda. A esquerda punitiva. Criminologia na América Latina e as agências de controle.

23 Modernas tendências do pensamento criminológico e de política criminal. A privatização do controle penal. Direito penal simbólico. Movimento de Lei e Ordem. Tolerância zero. Autoritarismo e sistema penal.

24 Polícia e Sistema Penal. O encarceramento no Brasil: dados e perspectivas.

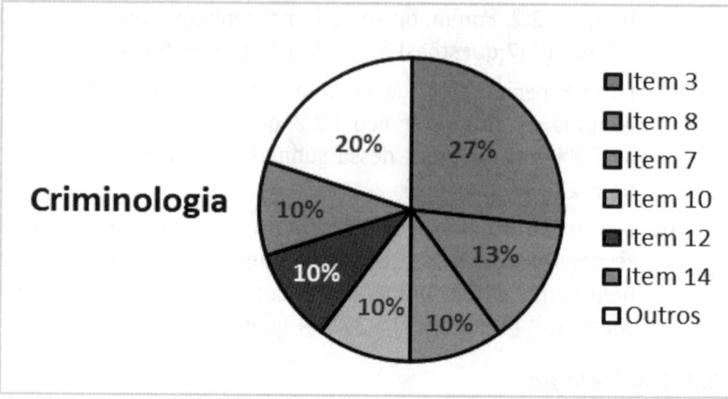

4 CONCLUSÕES E SUGESTÕES: ESTABELECIDOS OS PONTOS MAIS RELEVANTES DAS PROVAS OBJETIVAS, COMO RACIONALIZAR OS ESTUDOS?

Diante dos dados apresentados, é possível fazer algumas sugestões para otimizar o seu estudo.

Em primeiro lugar, constatou-se que a doutrina tem uma importância grande nas provas de Direito Penal, tanto no caso da FCC quanto no caso do CESPE/CEBRASPE. E isso tem uma explicação simples: como visto, é muito grande a incidência de questões da Parte Geral, que envolvem conceitos e teorias, portanto exigem um conhecimento básico de doutrina.

No entanto, no caso da FCC, o equilíbrio existiu entre doutrina e lei seca, enquanto o CESPE/CEBRASPE também colocou o seu foco na jurisprudência. Assim, as afirmações que constituíram o ponto de partida da análise ("FCC costuma cobrar lei seca, e CESPE/CEBRASPE, jurisprudência") foram confirmadas, de certa forma. Mas atente para o seguinte fato: a FCC também cobra jurisprudência, e o CESPE/CEBRASPE também exige o conhecimento de lei seca.

Diante disso, sugere-se o seguinte: 1) mantenha o foco na tríade "lei seca/jurisprudência/doutrina" no estudo de longo prazo; 2) porém, nas vésperas de uma prova específica, lei seca ou jurisprudência, conforme seja a prioridade da banca organizadora desse concurso.

E a sugestão também é válida para os assuntos de maior incidência. De início, não há como desprezar nenhum dos assuntos expostos no conteúdo programático, pois qualquer deles pode estar presente na sua prova (todos foram cobrados em uma ou outra avaliação). Porém, de posse da informação dos assuntos "preferidos" dos/as examinadores/as, você pode e deve tomar duas atitudes: 1) dar especial importância a esses assuntos no estudo de longo prazo, o que significa estudá-los com calma e revisá-los periodicamente; 2) diante da proximidade de uma prova de Defensoria Pública, priorizar esses assuntos numa eventual "revisão final", pois eles serão presença praticamente certa na sua prova.

E mais: nas provas de Direito Penal, a incidência de questões da Parte Geral foi tão marcante que a sugestão acima ganha importância redobrada nesse caso. Não há como não dar extrema importância aos assuntos da Parte Geral, que foram responsáveis por praticamente 2/3 das questões de Direito Penal nas Defensorias Públicas dos últimos cinco anos. O seu livro da Parte Geral deve ser seu companheiro: você deve lê-lo, revisá-lo, revisá-lo, revisá-lo, revisá-lo e revisá-lo. E não se esqueça: dentro da Parte Geral, os itens 18 e 13 merecem ainda mais atenção, pois, sozinhos, representaram 1/3 das questões dessa submatéria, como também já referido.

Quanto às demais submatérias, também atente para os itens destacados: a) na Parte Especial, estude especialmente os crimes contra a pessoa, os crimes contra a Administração Pública e os crimes contra o patrimônio; b) na legislação penal especial, lembre-se que as bancas adoram a Lei de Drogas, mas também têm uma predileção (inexplicável) pela Lei de Crimes Ambientais, que é pouco usada pelo defensor/a público/a na prática; c) em Criminologia, as bancas são "viciadas" no item 3, que inclui as Escolas Penais (Lombroso é "presença VIP" nas avaliações).

No mais, note que nem sempre a FCC e o CESPE/CEBRASPE elaboram as questões das provas que organizam. Há concursos em que, muito embora elas sejam as organizadoras, há uma *banca própria de defensores*, que criam toda a prova. Essa é uma tradição nas provas da Defensoria Pública do Rio Grande do Sul e da Defensoria Pública de São Paulo, por exemplo. Nas últimas provas dessas instituições, houve intensa cobrança de jurisprudência, com preferência a assuntos que fazem parte do cotidiano da instituição. Portanto, atentar para o seu edital é imprescindível.

Por fim, se o seu foco é a prova da Defensoria Pública do Rio de Janeiro, atente para o fato de que tal avaliação é peculiar. Trata-se de uma Defensoria Pública tradicional, consolidada há décadas, que se propõe a trazer uma abordagem prática. Desde o início, a prova constumava ser escrita, focada *no que importa* para a Defensoria Pública, o que é ótimo.

E, justamente por isso, é essencial ler o regulamento e o edital dessa avaliação com cuidado, assim que forem publicados, com atenção aos pontos cobrados (geralmente objeto de edital próprio) e àquilo que os diferencia do conteúdo-padrão exposto nesta obra.

De todo modo, na prova de 2018, como de praxe, Direito Penal e Criminologia estiveram inseridos em um grupo à parte, ao lado de Processo Penal e Execução Penal. O grupo concentrou 4 questões, dentre as quais:

- 1 de Direito Penal, que exigiu conhecimentos básicos sobre dosimetria da pena (item 18) e crimes contra o patrimônio (item 23), com foco na jurisprudência;
- 1 de Criminologia, que exigiu o conhecimento do paradigma da reação social/*labelling approach* (item 8) e da relação entre sistema penal e controle social/processo de criminalização (item 6).

Portanto, na primeira fase da prova do Rio de Janeiro, além das sugestões feitas acima, valem duas sugestões adicionais: 1) atentar para os pontos específicos do conteúdo, de forma a racionalizar os estudos; 2) priorizar aqueles temas que fazem parte do dia a dia da Defensoria Pública. Por fim, não tema a "fama" da instituição: na primeira fase, o que se cobra é o conhecimento *básico* sobre Direito Penal e Criminologia, nada mais que isso.

5 ANÁLISE DAS PROVAS DISCURSIVAS

Como dito, as provas objetivas exigem um conhecimento *básico*. Mas e as provas subjetivas? Que nível de conhecimento se exige nelas?

Por um lado, é claro que as provas de segunda fase exigirão um conhecimento mais aprofundado. Não é à toa que elas são o "calo" de muita gente. Porém, a boa notícia é que o conhecimento exigido na segunda fase costuma ser *menos profundo* do que você pode imaginar antes de enfrentar essa prova.

Em outras palavras, não é fácil, longe disso, chegar a essa fase; e, logicamente, não será nada fácil superá-la. Todavia, não faz sentido nenhum superestimar a segunda fase, como se nela se exigisse um conhecimento próprio de especialistas na matéria. Embora essa "romantização" da fase escrita seja muito comum, não caia nessa armadilha: mesmo aqui, não é necessário ser mestre em Direito Penal para obter a aprovação.

Mas existe uma grande diferença com relação à fase anterior, naturalmente: na fase escrita, o conhecimento *básico* exigido na primeira fase não será mais cobrado por meio de um "X" marcado na folha de resposta. Agora, você terá de escrever o que a banca pergunta, e isso traz uma dificuldade maior. Então, você precisará dar um passo à frente: será necessário mostrar que você conhece o *básico* de uma parte considerável do assunto, mas também que sabe aplicar esse conhecimento básico a um caso concreto; ou explicar a informação pedida no enunciado com as suas palavras.

Em suma, a prova escrita tem duas grandes características: 1) exige um conhecimento básico, não mais que isso; 2) porém, você precisa saber explicar esse conceito básico ou mostrar que sabe aplicá-lo a um caso prático, de modo que será preciso mostrar que conhece os *fundamentos* sobre aquilo que está falando.

Observe a questão de Direito Penal cobrada na Defensoria Pública de Pernambuco:

Discorra sobre as medidas de segurança, abordando

- as diferenças entre essas medidas de segurança e as penas; [valor: 0,75 ponto]
- os pressupostos para sua aplicação; [valor: 0,20 ponto]
- a diferença entre periculosidade real e periculosidade presumida; [valor: 0,20 ponto]
- as espécies de medidas de segurança; [valor: 0,10 ponto]
- o tempo de duração desse instrumento jurídico, conforme a jurisprudência sumulada do Superior Tribunal de Justiça (STJ). [valor: 0,65 ponto].

Agora, observe o padrão de respostas divulgado pela banca examinadora (CESPE/CEBRASPE):

- As medidas de segurança diferem das penas nos seguintes pontos: as penas têm natureza retributiva-preventiva, as medidas de segurança são preventivas e assistenciais; as penas são proporcionais à gravidade da infração, enquanto a proporcionalidade das medidas de segurança fundamenta-se na periculosidade do sujeito; as penas ligam-se ao sujeito pelo juízo de culpabilidade (reprovação social), as medidas de segurança, pelo juízo de periculosidade; as penas são fixas, as medidas de segurança são indeterminadas, cessando com o desaparecimento da periculosidade do sujeito; as penas são aplicáveis aos imputáveis e aos semirresponsáveis, enquanto as medidas de segurança não podem ser aplicadas aos absolutamente imputáveis. (0,15 para cada diferença).

- Pressupostos de aplicação. A aplicação da medida de segurança pressupõe: a prática de fato descrito como crime; e a periculosidade do sujeito. (0,10 para cada).
- Periculosidade real e presumida. Fala-se em periculosidade real quando ela deve ser verificada pelo juiz por meio de constatação clínica/pericial. Fala-se em periculosidade presumida nos casos em que a lei a presume, independentemente da periculosidade real do sujeito. (0,10 para cada).
- Espécies. Há duas espécies de medidas de segurança: detentiva e restritiva. (0,05 para cada).
- Tempo de duração da medida de segurança – Jurisprudência sumulada do STJ. Súmula n.º 527 STJ – Órgão Julgador Terceira Seção – Data da Decisão 13/5/2015. Ementa: "O tempo de duração da medida de segurança não deve ultrapassar o limite máximo da pena abstratamente cominada ao delito praticado."

FONTE: Damásio Evangelista de Jesus. Direito Penal. Ed. Saraiva, 1.º volume – Parte Geral, p. 545.

Perceba que a questão exigiu: 1) conhecimento *básico* sobre as medidas de segurança, obtido a partir de doutrina e jurisprudência presentes em qualquer bom livro de Direito Penal; 2) a explicação desse conteúdo de uma forma objetiva. Nesse caso, o examinador utilizou o livro do penalista Damásio de Jesus, bastante tradicional, para orientar o espelho, mas as informações exigidas também constavam dos livros indicados neste trabalho.

Era necessário ser mestre em Direito Penal para responder à pergunta? Não, longe disso – o que não significa que é simples acertar a questão, obviamente, já que o assunto é vasto.

E o mais curioso é que essa questão foi praticamente *repetida* pelo CESPE/CEBRASPE na prova da Defensoria Pública do Distrito Federal, realizada em 2019. Veja:

> No que se refere à aplicação de medidas de segurança no ordenamento jurídico brasileiro, redija um texto atendendo ao que se pede a seguir.

1 Explique o sistema adotado no Código Penal. [valor: 1,70 ponto]

2 Indique a finalidade das medidas de segurança. [valor: 1,70 ponto]

3 Indique os pressupostos para a aplicação dessas medidas. [valor: 1,70 ponto]

4 Aborde as espécies de medidas de segurança. [valor: 1,00 ponto]

5 Discorra sobre o tempo máximo de duração dessas medidas, segundo entendimento do STJ, detalhando sua resposta. [valor: 1,70 ponto]

6 Aborde o tratamento legalmente determinado para indivíduos inimputáveis em razão de dependência de droga. [valor: 1,70 ponto]

No espelho, mais uma vez, houve referência a conceitos básicos, presentes nos principais manuais. Não se adotou Damásio como padrão de respostas, mas outros manuais, como o de Mirabete, o de Rogério Greco, o de Zaffaroni e o de Renato Brasileiro de Lima. Mas isso não significa que você deveria ter estudado por essas obras, repita-se: as informações exigidas estavam em qualquer bom livro de Direito Penal sobre o assunto, o que inclui os indicados neste livro, naturalmente.

Além disso, note que, muitas vezes, as questões não são conceituais, e sim práticas. Expõe-se um caso concreto, e se pede que você aplique a legislação cabível ou mencione a jurisprudência consolidada sobre o assunto. Ainda assim, o nível é semelhante ao das questões acima.

E perceba que, em boa parte das provas, será possível a consulta à legislação. Em outras, essa consulta será vedada, mas essas provas tendem a ter um nível mais baixo de cobrança para compensar esse fato. De todo modo, quando for admitida a consulta, você deverá indicar cada artigo de lei que mencionar; cada norma que você imagina que estará no espelho deve ser citada. Se isso não acontecer, você não pontuará. Lembre-se que o concurso é uma prova séria, portanto a avaliação tem que ser objetiva: a banca não terá "pena" do/a candidato/a que se esqueceu de um dispositivo legal, pois isso feriria a própria imparcialidade.

O mesmo raciocínio vale quanto à jurisprudência. Imagine que você afirma, na prova, que a opinião do julgador sobre a gravidade em abstrato de um crime não é fundamento para a colocação do réu em regime mais gravoso. De onde você tirou isso? Do STJ? Do STF? De ambos? É súmula?

Não é súmula? Isso precisa ser dito[25]. É óbvio que, se não houve a possibilidade de consultar súmulas, você não precisará citar o seu número, mas é importante que diga que se trata de súmula, a não ser que não se lembre dessa informação (coloque o máximo que você souber).

Também seja criterioso na organização. Faça simulados e, a cada exercício realizado, trabalhe para que sua prova seja limpa, bem organizada, com divisão do assunto em itens bem individualizados. Busque uma escrita clara, objetiva, fácil de ler. O membro da sua banca corrigirá centenas de provas, e naturalmente uma caligrafia ruim e uma prova bagunçada prejudicarão sua nota.

Além do mais, normalmente, a disciplina de Direito Penal é objeto de questões próprias; e/ou de uma peça processual, que exigirá conhecimentos de Direito Penal e Direito Processual Penal ao mesmo tempo.

Já no caso de Criminologia, a pergunta virá apenas em forma de questão, se for o caso. Veja o exemplo da prova da Defensoria Pública de São Paulo (2015), organizada pela FCC:

> Disserte sobre as relações entre racismo e sistema penal, de modo a desenvolver suas características, explicações e consequências nos processos de criminalização primária e secundária.

Quanto à peça processual, as questões relacionadas à sua identificação serão abordadas no tópico de processo penal. Por outro lado, sobre o direito material, isto é, sobre o Direito Penal propriamente dito, é comum que haja a cobrança de vários assuntos ao mesmo tempo. De todo modo, há uma clara tendência à cobrança de questões relacionadas a temas práticos, que geralmente coincidem com muitos dos assuntos predominantes na fase objetiva, como Lei de Drogas, crimes contra a vida ou crimes contra o patrimônio, por exemplo.

Também é bastante provável que se exija conhecimento sobre o "badalado" item 18 do conteúdo, que envolve a aplicação da pena e a definição do regime inicial[26]. Esse tema é bastante rico, e o domínio das in-

---

25 No caso, a referência é ao enunciado nº 718 da súmula de jurisprudência dominante do STF: "a opinião do julgador sobre a gravidade em abstrato do crime não constitui motivação idônea para a imposição de regime mais severo do que o permitido segundo a pena aplicada".

26 Aplicação da pena. Circunstâncias judiciais. Agravantes e atenuantes. Causas de aumento e de diminuição. Cálculo da pena. Fixação do regime inicial. Substituição da pena.

formações básicas sobre o assunto permite que o/a defensor/a público/a obtenha resultados expressivos na prática, já que ainda é muito comum que juízes e Tribunais desrespeitem até mesmo enunciados de súmula sobre o assunto. Assim, nada mais natural que sua incidência em prova seja alta.

Além disso, por óbvio, necessariamente haverá a cobrança de algum tema da Parte Especial ou da Legislação Penal Especial na peça escrita, pois não há como elaborar um caso prático sem que exista um delito específico a ser trabalhado. Aqui, repita-se, vale dar atenção redobrada aos temas preferidos das bancas nas provas objetivas, especialmente os que têm relevância prática.

Enfim, como se vê, a aprovação na segunda fase será difícil e desafiadora, mas não é nenhuma meta inalcançável ou restrita aos cérebros "superdotados". Isso não existe. Se alguém lhe disse que a segunda fase era extraordinária (às vezes é a sua própria mente que o faz), não dê atenção a essa informação. Essa fase é difícil como todas as outras, mas o motivo é muito mais o tamanho do edital do que o nível da cobrança.

6 DICAS SOBRE A PROVA ORAL

Ultrapassada a concorrida primeira fase e a difícil segunda fase, você estará na prova oral, que geralmente é a terceira e última fase eliminatória do concurso. A fase seguinte, de títulos, apenas será responsável por mudanças na classificação, portanto não gerará a eliminação propriamente dita de nenhum/a candidato/a[27].

Nessa fase, é muito comum que o/a aluno/a tenha a sensação de que não é qualificado/a o suficiente para estar nela. É extremamente

27 No concurso da Defensoria Pública do Rio Grande do Sul, há ainda a fase de Tribuna, também eliminatória. Trata-se de uma fase bastante específica, na qual se sorteia um ponto dentre os divulgados previamente numa lista própria para esse fim – no último certame, a lista continha 21 pontos, quase todos de Direito Penal, que abrangiam assuntos da Parte Geral, da Parte Especial e da Legislação Penal Especial. Sorteado o ponto, o/a candidato/a tem 15 minutos para fazer uma explanação à banca examinadora, numa tribuna. Assim, não se trata de uma simulação de júri ou de sustentação oral, como muitos/as imaginam, mas sim de uma "pequena aula" sobre o tema, que é assistida pela banca examinadora e pela Presidência do concurso. Não se preocupe: uma vez aprovado/a para essa fase específica, você terá tempo suficiente para preparar-se para a explanação de qualquer um dos pontos. Com treinamento regular, você estará preparado para ser aprovado/a nessa fase até com mais tranquilidade do que nas outras etapas.

normal ouvir do/a candidato/a que se prepara para a fase oral que ele/a considera a si mesmo uma "fraude" ou que "só chegou a essa fase por sorte, pois o/a examinador/a provavelmente foi muito benevolente na correção". Se você já está/esteve na prova oral e sente/sentiu exatamente isso, saiba que você não está só – aliás, este autor teve essa exata sensação na sua primeira prova oral e constatou que, aparentemente, todos os/as seus/suas companheiros/as dessa fase do concurso, especialmente na primeira vez, também possuíam esse sentimento.

Então, a dica fundamental é: *não romantize essa fase*. Não imagine que o/a seu/sua examinador/a é uma pessoa super distante, com uma qualificação inatingível, que olhará de cima para baixo para você. Isso até pode acontecer, mas não tem sido a regra nesse tipo de prova, especialmente na Defensoria Pública. E, ainda que isso ocorra, o motivo para isso *não* é que você seja uma "fraude" – eventual arrogância do/a examinador/a, que destoará da postura dos seus próprios colegas, é um problema dele/a, não seu. Na verdade, você só chegou a essa fase porque ultrapassou o corte, e ultrapassar o corte é uma comprovação *objetiva* de que o seu nível é, *no mínimo, alto*. Repito: o seu nível não é médio, mas *alto*, pois você foi capaz de demonstrar um conhecimento básico de um edital *imenso*.

Algo precisa ficar claro aqui: a afirmação de que você necessariamente chega à fase oral com um nível alto é feita com base em experiência na orientação em concursos, e não em achismo ou motivação barata. Na realidade, essa sensação de incapacidade (compreensível e comum, repita-se) provavelmente vem de uma crença equivocada de que alguém é capaz de atingir a quase-perfeição, ou seja, de que há a possibilidade de chegar à fase oral com 90% ou mais dos assuntos do edital na ponta da língua. Isso é compreensível, pois é uma sensação generalizada, como dito. Mas, de uma vez por todas, trabalhe esse tipo de sentimento: é verdade que você não domina 90% do assunto, a ponto de responder corretamente a 90% das perguntas sobre um ou mais pontos aleatórios do edital, mas também é verdade que ninguém, *nem o/a seu/sua próprio/a examinador/a*, domina 90% ou mais do edital.

Mais: é verdade ainda que você não precisa de nota dez em todas as matérias para ser aprovado/a na fase oral.

E, aqui, vai um segredo para sepultar de vez sua insegurança: os examinadores *estudam bastante antes da prova oral*. E sabe por que isso acontece? Porque eles sabem que não são computadores, "reis" ou "rainhas" do conhecimento. Eles são seres humanos como você, que sentem um "frio na barriga" antes da prova, querem dar o melhor de si nas avaliações e pretendem fazer uma seleção justa. Compreender isso é fundamental para que você saiba que você não é pior do que ninguém – e tampouco melhor do que o seu examinador, obviamente.

Aliás, esse último ponto é igualmente importante: se a insegurança não deve ser alimentada, também será um erro ir ao outro extremo, que é o da arrogância, do excesso de autoconfiança. Essa é uma das piores coisas a se fazer numa prova oral. Lembre-se: você não é uma fraude, mas também não é um especialista na matéria. Em geral, é muito provável que o examinador/a saiba mais que você sobre aquela matéria específica. E isso por um motivo simples: 1) ele se prepara apenas para aquela matéria; 2) normalmente, ele é examinador porque é um especialista *teórico* e *prático* na disciplina, geralmente com anos de experiência nos assuntos que pretende preguntar. Portanto, se é verdade que seu examinador não é Deus, também é verdade você igualmente não é Deus.

Feitas essas ressalvas, parte-se para a prática: independentemente da banca, a melhor forma de preparar-se para uma prova oral é misturar estudo com *treino*. Então, a sugestão é que você se alie a um amigo ou a uma amiga que está na mesma situação e simule, diariamente, a prova oral. Você pode usar metade do seu tempo de estudo para a leitura, e a outra metade para o treino, por exemplo.

No treino, um de vocês será examinador, e o outro, candidato e vice-versa. No início, pode haver medo ou a sensação de que algumas das respostas são insatisfatórias, mas, em poucos dias, você verá que o seu nível é maior do que você imagina. E, de quebra, isso permitirá que você entenda que a posição de examinador também não é fácil.

Nesses treinamentos, explore o conteúdo programático. Não tenha medo de perguntar e responder sobre um assunto que aparentemente é difícil ou desconhecido por você ou pelo/a seu/sua colega. Se a resposta for difícil, esse será um indicativo de que você deve reler informações básicas sobre o tema. Se for fácil, isso lhe trará segurança para enfrentar o dia da prova oral.

No mais, conheça a sua banca examinadora. Atualmente, os concursos têm o hábito de divulgar quem estará na sua prova oral e quem será responsável por cada matéria. Aliás, não é raro que uma mesma matéria esteja sob a responsabilidade de mais de uma pessoa, o que só existe para dar-lhe mais segurança contra eventuais notas injustas. De posse do nome do/a seu/sua examinador/a, faça uma busca na internet e procure entender quais os temas sobre os quais ele/a escreve, o que ele/a estuda. Conheça-o minimamente. Obviamente, as perguntas não serão limitadas a assuntos específicos, mas há uma tendência natural da banca de perguntar o que domina – que nada mais é do que a "zona de conforto" do/a examinador/a.

"E se eu não souber a pergunta de jeito nenhum?"

Questionamento clássico. Obviamente, não há resposta pronta para isso. Os treinamentos serão a melhor forma de ensiná-lo a lidar com esse tipo de situação. Mas há duas sugestões:

- Sempre que possível, mostre que você conhece o assunto, embora não saiba responder à pergunta específica. Por exemplo: perguntado/a sobre a possibilidade de compensação entre a agravante da reincidência e a atenuante da confissão, você explica rapidamente o conceito de reincidência e confissão e, também rapidamente, esclarece que há duas posições sobre o tema. Certamente, com treino, você saberá raciocinar sobre essas posições e sobre os possíveis argumentos favoráveis e contrários a ela. Faz sentido compensar? Por quê? Desenvolvido o raciocínio, você pode "chutar" sem problema nenhum, afirmando que o STJ decide em um ou outro sentido. Mesmo que esteja errada a conclusão, você terá demonstrado conhecimento, capacidade de raciocínio e segurança. Lembre-se: não é necessário tirar 10, mas, sim, ser aprovado/a. Não se espante se você receber um 10 após uma resposta segura, mesmo que com alguns erros...

- Se não souber absolutamente nada sobre o assunto, hipótese que, à medida que treina, você verá que é rara; ou, ainda, se o membro da banca for claro no sentido de que quer uma resposta direta (exemplo: ele interrompe sua resposta mais genérica e pede que você vá direto ao ponto), em última hipótese, você pode reconhecer que não se recorda do assunto. É comum que o membro da banca examinadora o ajude nesses casos, inclusive – ele pode dar uma dica ou mudar a pergunta. Ou, se a resposta exigida for direta, chute. Se você errar, é provável/possível que a própria banca convide você a uma reflexão maior sobre o assunto. De todo modo, normalmente, não haverá apenas uma pergunta, mas várias, de modo que você se recuperará na própria prova. Mas, claro, fique atento ao seu modelo de prova, à forma como farão as perguntas, à quantidade de perguntas, entre outras variáveis - esta sugestão não é absoluta, mas deve ser analisada com maturidade e, principalmente, com *treino*.

Por fim, nas Defensorias Públicas, alguns editais exigem uma nota mínima em cada matéria ou grupo, enquanto, em outros, esse mínimo é exigido apenas na prova como um todo. Na primeira hipótese, há uma tendência à reprovação maior; na segunda hipótese, a reprovação é mais rara. De todo modo, como o intuito desta obra é a franqueza, saiba que as reprovações em prova oral acontecem normalmente, e muitas vezes por causa de conteúdo mesmo: em algumas provas, reprovam-se em torno de 10% dos/as candidatos/as; em outras, cerca de 1/3 deles, embora isso seja mais raro; e há também provas em que não costuma haver reprovações. Contudo, o fato é que não é possível esnobar essa fase e cair na afirmação de que "prova oral é só homologatória".

7 APONTAMENTOS E DICAS FINAIS PARA OS CANDIDATOS

Direito Penal é um assunto vasto, amplo, grande. Inclui diversas submatérias e pressupõe a aquisição de mais de um livro, ainda que se aconselhe apenas uma obra por submatéria. Contudo, trata-se de um estudo possível, que não pressupõe o domínio do conteúdo inteiro, mas dos conhecimentos básicos de uma parte significativa dele.

Todas as sugestões aqui expostas foram feitas com base no estudo de provas anteriores e na experiência. Confie nessas informações, pois foram colocadas aqui após a realização de análises cuidadosas. Mas também atente para o fundamental: a sua aprovação virá se você fizer o *simples*, que é "sentar a bunda na cadeira", abrir o livro e estudar. As sugestões aqui expostas são apenas uma forma de lapidar a sua rotina para aumentar a sua eficiência.

Portanto, se você fizer o simples e, ao mesmo tempo, não der atenção às vozes internas e externas que afirmam que a aprovação é coisa de cérebros "superdotados", sua aprovação é questão de tempo. E este autor tem plena convicção e certeza de que, ao ler estas páginas até o fim, você já demonstrou uma imensa disposição em realizar o seu sonho de tornar-se defensor/a público/a, cuja realização, agora, é só uma questão de persistência e tempo.

Direito Processual Penal e Leis PROCESSUAIS PENAIS EXTRAVAGANTES

Thiago Góes Cavalcanti de Araújo

1 BIBLIOGRAFIA INDICADA

O Direito Processual Penal é matéria obrigatória na Defensoria Pública. Isso porque é uma disciplina extensa, rica, com intensa aplicação prática, que não será absorvida em nível satisfatório através de poucas semanas de estudo.

Em outras palavras, assim como o Direito Penal, o estudo do processo penal deve ser planejado, consistente e duradouro. E, por essa razão, a sugestão exposta no capítulo reservado ao Direito Penal é também afirmada neste capítulo: adote apenas um livro.

Realmente, sabe-se que o edital é muito vasto, o que praticamente força o/a candidato/a à objetividade. Assim, ainda que você tenha a intenção de tornar-se especialista na matéria, por afinidade ou por qualquer outro motivo, supervalorizar uma disciplina talvez não seja a melhor estratégia para o fim específico da aprovação. Se o tempo é escasso, e o edital é extenso, a conclusão lógica é que será preciso ter foco.

Mas note que a matéria de Direito Processual Penal pode ser subdividida em outras duas partes, autônomas entre si:

1. Código de Processo Penal e temas acessórios;
2. Leis Processuais Penais Extravagantes.

A divisão existe entre as próprias obras existentes no mercado, que costumam versar sobre um ou outro item, nunca sobre todo o processo penal ao mesmo tempo, com algumas exceções. De todo modo, a importância da submatéria "Leis Processuais Penais Extravagantes" justifica a adoção de uma fonte única – especialmente porque a obra escolhida também abrangerá a parte de Direito Penal dessas leis.

Diante disso, indicam-se as seguintes obras:

1. Para o estudo do Código de Processo Penal, o Curso de Direito Processual Penal, da Editora Juspodivm, de Renato Brasileiro de Lima. Em volume único, a obra é a mais completa do mercado, mas também consegue ser objetiva e didática.

2. Para o estudo da Legislação Processual Penal extravagante, indica-se a obra Leis Especiais para Concursos, de Gabriel Habib, também da Editora Juspodivm. O autor comenta cada artigo de lei, um a um, com menção à jurisprudência atualizada sobre cada tema, o que é suficiente para atender à expectativa de aprovação. No mais, ela abrange os aspectos materiais e processuais das leis especiais, por isso também é indicada para a matéria de Direito Penal (veja o capítulo próprio de Direito Penal).

De todo modo, o fato é que o mercado é bastante rico em obras de processo penal. Por isso, também é indicado o Curso de Direito Processual Penal, de Nestor Távora e Rosmar Rodrigues Alencar, que abrange o estudo do Código de Processo Penal; e a Legislação Criminal Especial Comentada, de Renato Brasileiro de Lima, ambos da Editora Juspodivm. Neste trabalho, deu-se prioridade à obra de Gabriel Habib, quanto à legislação especial, em razão de que o livro de Renato, embora mais completo, também é mais extenso e mais denso, razão pela qual consumirá mais tempo de estudo quanto a essa submatéria. Mas, repita-se, não há nenhum exagero em adotar a obra de Renato Brasileiro também nesse caso, muito pelo contrário.

Outras opções satisfatórias são o Código de Processo Penal para concursos, da Editora Juspodivm, de Nestor Távora e Fábio Roque Araújo; o livro Processo Penal, da Editora Método, de autoria de Norberto Avena; e as Leis Penais Especiais Comentadas, da Editora Juspodivm, de autoria de Rogério Sanches, Ronaldo Batista Pinto e Renee de Ó Souza.

Além disso, em processo penal, é igualmente muito comum a indicação do Curso de Direito Processual Penal, de autoria de Aury Lopes Jr., considerado, por muitos, leitura obrigatória para a Defensoria Pública. E isso não se dá à toa: o livro de Aury é capaz de despertar um pensamento crítico essencial ao exercício da profissão de defensor/a público/a. Nesse livro, você encontrará informações que não estão em nenhum outro.

Todavia, o foco aqui é único: a sua aprovação. E a aprovação pressupõe a construção de uma base sólida em todas (ou quase todas) as disciplinas, e não só em processo penal, isto é, pressupõe que você saiba *básico* de cada uma das principais matérias do edital. A partir disso, é inevitável a conclusão de que a obra de Aury Lopes Jr. é indicada, sim, mas como um *complemento* ao seu estudo. Portanto, sugere-se que você a adote especialmente se já estudou processo penal e sente que construiu uma base na matéria. Por outro lado, se o objetivo é começar do zero, não se indica o livro de Aury.

No mais, não se esqueça de que a Lei nº 13.964/2019, popularmente conhecida como o "Pacote Anticrime", trouxe profundas transformações no Direito Processual Penal, inclusive na legislação especial. Por isso, é óbvio que ela será objeto de intensa cobrança nos concursos que virão. Diante disso, sugere-se que você:

1. Compre um livro de processo penal já atualizado com o Pacote Anticrime, se ainda vai iniciar os estudos;
2. Se já tem um livro de sua preferência, escolha uma de duas alternativas:
   a. Estude as alterações legislativas uma a uma, pela lei seca, que deve ser a forma predominante de cobrança nos primeiros concursos que virão;
   b. Como complemento, compre uma obra específica sobre o assunto, que pode ser o livro Pacote Anticrime, da Editora Juspodivm, de autoria de Renato Brasileiro de Lima, pois é didático, objetivo e traz boas explicações sobre cada alteração realizada pela nova lei, inclusive em outras áreas.

Por fim, é essencial que o estudo da jurisprudência se dê por uma fonte própria. Ainda que os livros indicados trabalhem quase todos os julgados mais cobrados (com exceção do livro de Aury, que foca num conteúdo mais doutrinário e crítico), é necessário complementar e atualizar o estudo no ponto.

E, aqui, o trabalho de Márcio André Lopes Cavalcante, do Dizer o Direito, é o melhor existente no mercado. Sugere-se que você adote uma das seguintes fontes, ambas de leitura fácil, didática, objetiva e agradável, com possibilidade de consulta de julgados por matéria e por assunto:

1. Buscador Dizer o Direito, se há facilidade de estudar pela internet;
2. *Vade Mecum* de Jurisprudência – Dizer o Direito, da Editora Juspodivm, se não há essa facilidade.

2 CONTEÚDO PROGRAMÁTICO DE DIREITO PROCESSUAL PENAL NAS PROVAS DA DEFENSORIA PÚBLICA ESTADUAL

Nas provas de Defensoria Pública, a identificação do conteúdo programático de Direito Processual Penal é relativamente simples, pois as divergências entre os editais são pontuais e costumam restringir-se à legislação especial.

Aqui, fez-se a análise de vinte e dois editais de Defensoria Pública, todos lançados entre 2015 a 2019. Como se verá no tópico apropriado, a FCC foi a banca examinadora de doze dos concursos analisados; por sua vez, o CESPE/CEBRASPE foi responsável por outros cinco; e os concursos restantes foram organizados por instituições diversas (FMP, VUNESP, UFMT e FUNDEP) – exceto o caso particular da Defensoria Pública do Rio de Janeiro, que organiza o seu concurso por conta própria já há algumas décadas. Assim, em razão da predominância da FCC, bem como do fato de que ela trabalha com um edital padrão, que se repete quase que integralmente na maioria dos concursos, mesmo nos organizados por outras bancas, a sistematização utilizou a numeração e a organização trazida nos editais da referida banca examinadora.

De todo modo, não tenha receio de pautar os seus estudos pela sistematização aqui proposta mesmo que o seu foco seja a banca CESPE/CEBRASPE ou alguma outra: o conteúdo abaixo abrange todos os editais analisados, repita-se.

Sem mais delongas, o conteúdo pode ser resumido da seguinte forma:

- **Código de Processo Penal e assuntos acessórios**

→ **1.** Princípios que regem o processo penal.

→ **2.** Direitos e garantias aplicáveis ao processo penal na Constituição Federal.

- **3.** Direitos e garantias aplicáveis ao processo penal nos tratados e convenções internacionais ratificados pelo Brasil.
- **4.** Conceito e características do devido processo penal.
- **5.** Conceito e características do processo penal inquisitório e acusatório.
- **6.** Fontes do processo penal.
- **7.** Lei processual penal no tempo e no espaço.
- **8.** Interpretação da lei processual penal.
- **9.** Sistemas de investigação preliminar. Inquérito policial. Identificação criminal (Lei nº 12.037/2009)[1].
- **10.** Meios de obtenção de prova na persecução criminal. Busca e apreensão. Interceptação telefônica (Lei nº 9.296/1996). Quebra de sigilo telefônico, bancário e fiscal. Delação premiada. Lei de Organizações Criminosas (Lei nº 12.850/2013).
- **11.** Ação penal de iniciativa pública e privada. Condições da ação.
- **12.** Denúncia e queixa-crime. Garantias do processo penal.
- **13.** Ação civil *ex delicto*.
- **14.** O papel da vítima no processo penal.
- **15.** Jurisdição e competência.
- **16.** Sujeitos processuais.
- **17.** O direito de defesa. Autodefesa e defesa técnica.
- **18.** Interrogatório.

1 Dentro deste assunto, infelizmente, em alguns concursos de Defensoria Pública, já foram cobradas duas leis que não têm relação direta com a atuação cotidiana do/a defensor/a público/a. Elas não aparecem expressamente nos editais, por isso não foram incluídas no ponto 9, mas são ressalvadas aqui: trata-se da Lei nº 10.446/2002, que trata das atribuições da Polícia Federal; e da Lei nº 12.830/2013, que trata da investigação criminal conduzida pelo Delegado de Polícia. Como se trata de normas bastante curtas (ao todo, há apenas três artigos de lei para estudo), sugere-se sua anotação e sua leitura.

- **19.** Questões e processos incidentes.
- **20.** Prova. Ônus da prova. Procedimento probatório. Garantias aplicáveis à proposição, produção e valoração da prova. Meios de prova. Indícios no processo penal.
- **21.** Prisão em flagrante. Prisão preventiva. Prisão temporária (Lei nº 7.960/1989). Prisão domiciliar. Relaxamento e liberdade provisória. Medidas cautelares diversas da prisão. Audiências de custódia. Resolução nº 213/2015 do CNJ.
- **22.** Medidas assecuratórias.
- **23.** Citação, notificação e intimação.
- **24.** Revelia e suspensão do processo.
- **25.** Aplicação provisória de interdições e medida de segurança.
- **26.** Sentença penal, motivação das decisões e coisa julgada.
- **27.** *Emendatio libelli* e *mutatio libelli*.
- **28.** Processo e procedimento. Pressupostos processuais. Rito ordinário. Rito sumário.
- **29.** Rito sumariíssimo. Juizados Especiais Criminais (Lei nº 9.099/1995).
- **30.** Procedimento relativo ao Tribunal do Júri.
- **31.** Procedimentos especiais.
- **32.** Nulidades.
- **33.** Recursos.
- **34.** Ações de impugnação. Revisão criminal. Habeas corpus. Mandado de segurança contra ato jurisdicional penal.
- **35.** Prerrogativas e garantias dos defensores públicos relacionadas com o processo penal: Lei Orgânica Nacional da Defensoria Pública e Lei Orgânica da Defensoria Pública local. Assistência jurídica integral e gratuita: aspectos processuais.
- **36.** Lei nº 13.964/2019 (Pacote Anticrime) e suas repercussões no Direito Processual Penal.

- **Aspectos processuais da legislação penal especial**

⊖ **37.** Violência doméstica e familiar contra a mulher (Lei nº 11.340/2006).

⊖ **38.** Normais procedimentais para os processos perante o STJ e o STF (Lei nº 8.078/1990).

⊖ **39.** Crimes hediondos (Lei nº 8.072/1990).

⊖ **40.** Lei de Drogas (Lei nº 11.343/2006).

⊖ **41.** Trânsito (Lei nº 9.503/1997 - Código de Trânsito Brasileiro).

⊖ **42.** Proteção a vítimas e a testemunhas (Lei nº 9.807/1999).

⊖ **43.** Abuso de autoridade (Lei nº 4.898/65, revogada pela Lei nº 13.869/2019).

⊖ **44.** Tortura (Lei nº 9.455/1997).

⊖ **45.** Desarmamento (Lei nº 10.826/2003).

⊖ **46.** Meio ambiente (Lei nº 9.605/1998).

⊖ **47.** Crimes de preconceito (Lei nº 7.716/1989).

⊖ **48.** Crimes contra as relações de consumo (Lei nº 8.078/1990 - Código de Defesa do Consumidor - e Lei nº 8.137/1990).

⊖ **49.** Estatuto do Idoso (Lei nº 10.741/2003).

⊖ **50.** Lei Antimanicomial (Lei nº 10.216/2001).

De início, observe que alguns assuntos da primeira submatéria não dizem respeito ao Código de Processo Penal especificamente. Contudo, como é mais comum que apareçam nessa primeira parte, ali é que foram alocados, com referência expressa às leis especiais relacionadas a eles. Bons exemplos são os itens 9, 10, 21 e 29.

Em segundo lugar, veja que os editais analisados não incluíam a referência ao Pacote Anticrime (item 36), obviamente, pois a lei não estava em vigor na época de seu lançamento. Porém, como já dito, o assunto requer muita atenção, pois será presença certa nos próximos concursos.

Já quanto às leis especiais, optou-se por inserir na sistematização apenas aquelas presentes em quase todos os concursos analisados. Contudo, ainda assim, registra-se que a incidência desse assunto em provas de processo penal da Defensoria Pública é baixa. Assim, atente-se para as sugestões de estudo específicas para essa submatéria nos tópicos seguintes.

De todo modo, numa minoria de editais, havia as seguintes leis: Lei Antiterrorismo (Lei nº 13.260/2016), Estatuto da Criança e do Adolescente em matéria criminal (Lei nº 9.503/1997), Lei do SINASE (Lei nº 12.594/2012), Lei do SINESP (Lei nº 12.681/2012), Lei do Tráfico de Pessoas (Lei nº 13.144/2016), Lei da Repercussão Geral (Lei nº 11.418/2006), Lei da Súmula Vinculante (Lei nº 11.418/2006), Lei das Contravenções Penais (Lei nº 3.688/1941), crimes contra a economia popular (Lei nº 1..521/1951), crimes contra a ordem econômica e tributária (Lei nº 8.137/1990 e Lei nº 8.176/1991), transplante de órgãos e tecidos (Lei nº 9.437/1997 e Lei nº 10.211/2001), lavagem de dinheiro (Lei nº 9.613/1998 e Lei nº 12.683/2012), Estatuto do Torcedor (Lei nº 10.671/2003), crimes de imprensa (Lei nº 5.250/1967), crimes falimentares (Lei nº 11.101/2005) e Lei de Informatização do Processo Judicial (Lei nº 11.419/2006).

Como esses assuntos não são comuns em prova, priorize a primeira submatéria. Posteriormente, com a proximidade da prova ou a definição do foco em um edital específico, você poderá estudar as leis especiais, com preferência para as de maior incidência e para as alterações realizadas pelo Pacote Anticrime.

3 ANÁLISE GERAL DAS ÚLTIMAS PROVAS OBJETIVAS

3.1. A metodologia utilizada

Como já se referiu no item anterior, analisaram-se editais de vinte e dois concursos de Defensoria Pública, realizados entre 2015 e 2019. Percebeu-se uma predominância da FCC, que organizou doze desses concursos; seguida pelo CESPE/CEBRASPE, que organizou outros cinco. Observe-se a tabela seguinte:

CONCURSO	ANO DA PROVA	BANCA
DPEMA	2015	FCC
DPEPA	2015	FMP
DPERN	2015	CESPE

CONCURSO	ANO DA PROVA	BANCA
DPESP	2015	FCC
DPEBA	2016	FCC
DPEES	2016	FCC
DPEMT	2016	UFMT
DPEAC	2017	CESPE
DEPAL	2017	CESPE
DPEPR	2017	FCC
DPERO	2017	VUNESP
DPESC	2017	FCC
DPEAM	2017	FCC
DPEAM	2018	FCC
DPEAP	2018	FCC
DPEMA	2018	FCC
DPEPE	2018	CESPE
DPERS	2018	FCC
DPERJ	2018	Banca própria
DPEDF	2019	CESPE
DPEMG	2019	FUNDEP
DPESP	2019	FCC

Pois bem, constatada a predominância da FCC e do CESPE/CEBRASPE, passou-se à análise dos dados sobre as provas objetivas organizadas por essas bancas. Essa análise é especialmente importante porque, no mundo dos concursos públicos, duas afirmações são muitos comuns sobre essas instituições: 1) a FCC teria um foco na cobrança de lei seca; 2) a CESPE/CEBRASPE focaria na jurisprudência. Como o objetivo é pautar os estudos pela razão, só com o estudo cuidadoso dos dados será possível saber se essas informações se aplicam ou não às provas de processo penal da Defensoria Pública.

A partir disso, fizeram-se análises de três ordens: 1) por banca predominante (FCC e CESPE/CEBRASPE); 2) por assunto cobrado; 3) por tipo de conhecimento exigido (lei seca, jurisprudência ou doutrina).

Além disso, adotaram-se os critérios da predominância e da resposta correta.

Explica-se: nas provas objetivas estilo ABCDE, algumas questões eram mistas, ou seja, trabalhavam doutrina em uma alternativa, lei seca em outra, jurisprudência em outra. Nesses casos, definiu-se o tipo de questão a partir do conteúdo predominante: se a maioria das alternativas exigia o conhecimento de lei seca, a questão foi considerada como de lei seca; e o mesmo raciocínio foi observado para jurisprudência/doutrina e para a análise dos assuntos cobrados, pois também aconteceu de algumas questões tratarem de mais de um tópico, especialmente no caso da banca CESPE/CEBRASPE.

Contudo, houve casos em que a predominância não era clara. Por isso, partiu-se para o critério da alternativa correta, portanto a classificação foi feita a partir da análise da alternativa considerada correta pelo examinador. Afinal, bastaria essa alternativa para acertar a questão.

Por fim, na análise realizada, excluíram-se questões de Execução Penal que estavam inseridas na prova de processo penal[2], pois elas são objeto de análise em apartado nesta obra. E também não se analisaram as provas da DPEDF (2019) – já que foi feita no formato "certo ou errado", e não "ABCDE", e trazia muito mais assertivas do que o normal para análise, o que poderia comprometer a precisão dos dados finais[3]; e da DPERJ (2018), uma vez que se trata de prova extremamente peculiar, escrita, com questão única, que mereceu análise à parte[4].

3.2. Análise dos dados

Esclarecida a metodologia utilizada, passa-se à análise dos dados.

No caso da FCC, as 12 provas de Defensoria Pública organizadas pela banca nos últimos anos totalizaram 98 questões de processo penal. E aproximadamente 40% desse total foi representado por apenas 4 dos itens de todo o conteúdo programático: item 21[5] (11 questões), item 30[6] (11 questões), item 33[7] (9 questões) e item 20[8] (8 questões). Veja o gráfico abaixo:

2 Foi o caso das provas da DPEBA (2016), DPEES (2016) e DPEPR (2017), por exemplo.

3 Quanto à prova da DPEDF, é válida a consulta aos dados das demais provas, ainda que ela tenha sido excluída das estatísticas. Isso porque essa prova não destoou das demais provas de processo penal do CESPE/CEBRASPE. Assim, as observações feitas para as demais provas objetivas também são válidas para esse concurso.

4 Veja o tópico 3.3.

5 Prisão em flagrante. Prisão preventiva. Prisão temporária (Lei nº 7.960/1989). Prisão domiciliar. Relaxamento e liberdade provisória. Medidas cautelares diversas da prisão. Audiências de custódia. Resolução nº 213/2015 do CNJ.

6 Procedimento relativo ao Tribunal do Júri.

7 Recursos.

8 Prova. Ônus da prova. Procedimento probatório. Garantias aplicáveis à proposição, produção e valoração da prova. Meios de prova. Indícios no processo penal.

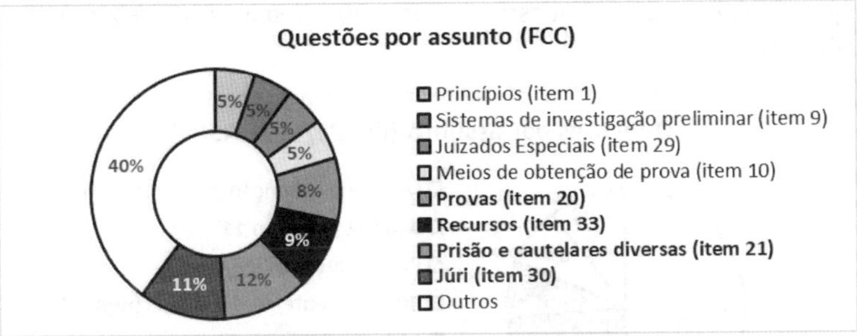

Por outro lado, no mesmo universo de 98 questões, houve quase um equilíbrio entre a exigência de lei seca ou de jurisprudência, com leve predominância da primeira:

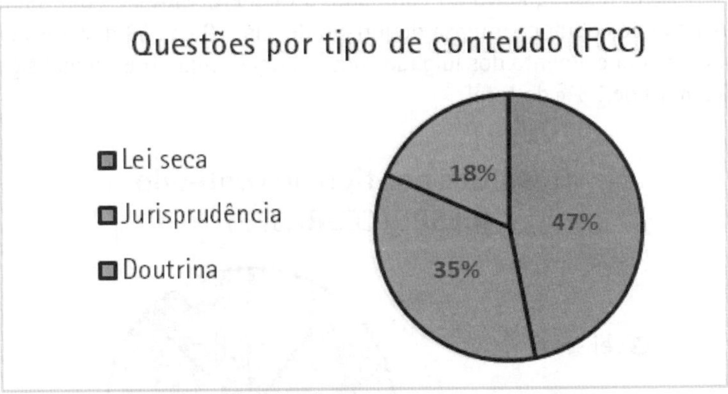

Já no caso da banca CESPE/CEBRASPE, analisaram-se 38 questões, provenientes de 4 das 5 provas realizadas[9]. O conteúdo foi mais variado, mas 6 itens do conteúdo concentraram 50% das questões: item 10[10] (4 questões), item 11[11] (3 questões), item 20[12] (3 questões), item 21[13] (3

9 Como dito no tópico 3.1, excluiu-se a prova da DPEDF (2019).

10 Meios de obtenção de prova na persecução criminal. Busca e apreensão. Interceptação telefônica (Lei nº 9.296/1996). Quebra de sigilo telefônico, bancário e fiscal. Delação premiada. Lei de Organizações Criminosas (Lei nº 12.850/2013).

11 Ação penal de iniciativa pública e privada. Condições da ação.

12 Prova. Ônus da prova. Procedimento probatório. Garantias aplicáveis à proposição, produção e valoração da prova. Meios de prova. Indícios no processo penal.

13 Prisão em flagrante. Prisão preventiva. Prisão temporária (Lei nº 7.960/1989). Prisão domiciliar. Relaxamento e liberdade provisória. Medidas cautelares diversas da prisão. Audiências de custódia. Resolução nº 213/2015 do CNJ.

questões), item 29[14] (3 questões) e item 30[15] (3 questões). Veja o gráfico abaixo:

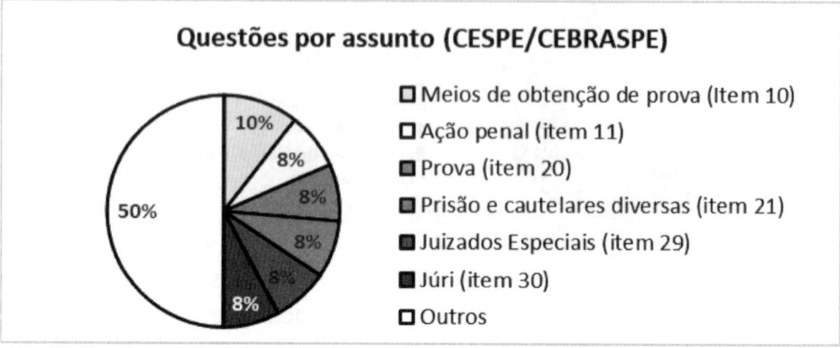

Além disso, quanto ao conteúdo, o CESPE/CEBRASPE confirmou a tradição de cobrança intensa de jurisprudência: 29 das 38 questões exigiam o conhecimento dos julgados dos Tribunais Superiores, o que significa mais de 75% do total.

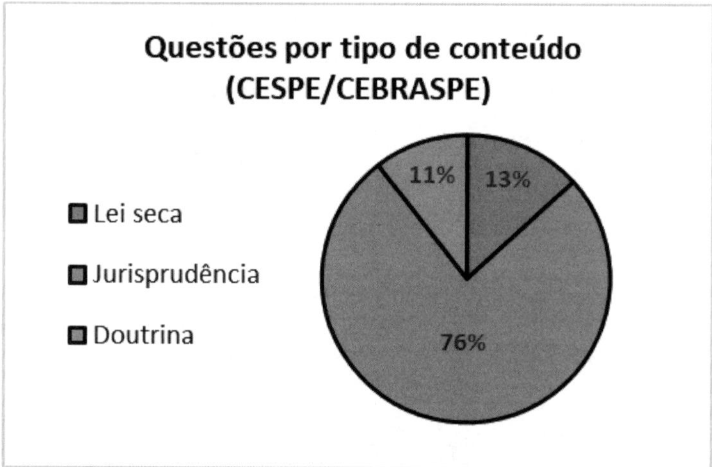

Por fim, quanto aos números totais, incluídas aí as demais provas[16], observou-se uma predominância dos itens 10, 33, 20, 21 e 30, responsáveis

14 Juizados Especiais Criminais (Lei nº 9.099/95).

15 Procedimento relativo ao Tribunal do Júri.

16 Nesta análise geral, estão incluídas as provas de outras bancas, como FUNDEP, FMP, UFMT e VUNESP. Excluíram-se apenas a DPERJ (2018) e a DPEDF (2019), como já dito.

por mais de 40% de todas as 171 questões de processo penal de Defensorias Públicas analisadas:

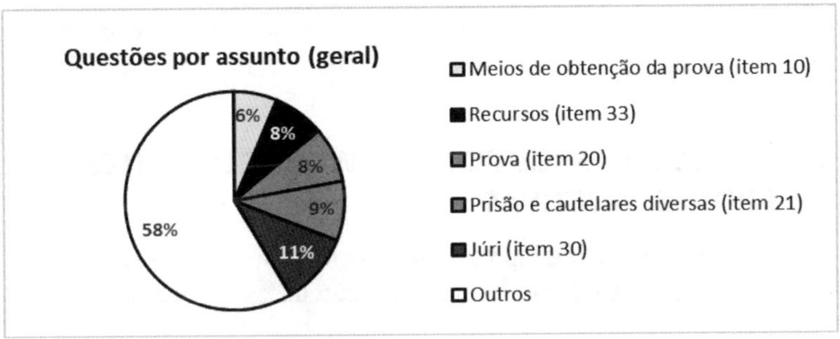

Sobre o conteúdo, observou-se um equilíbrio entre lei seca e jurisprudência, que abrangeram cerca de 80% das questões:

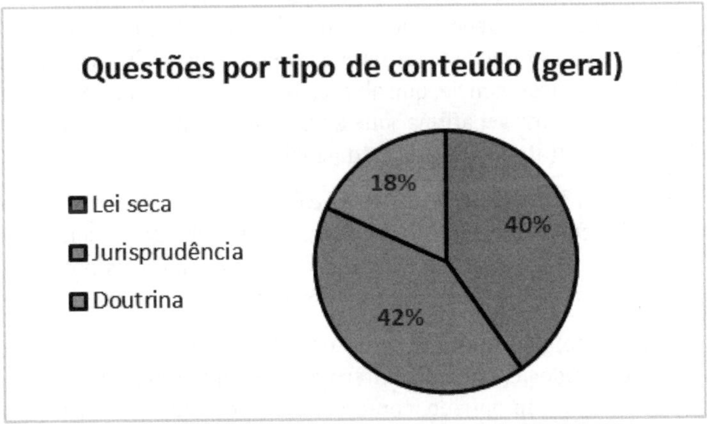

3.3. A prova da Defensoria Pública do Rio de Janeiro (2018)

Por fim, como dito, a prova da Defensoria Pública do Estado do Rio de Janeiro merece um comentário à parte, já que é peculiar, pois é feita por banca própria de defensores/as públicos do próprio Rio de Janeiro e costumava ser escrita já na primeira fase.

E, na avaliação de 2018, como de praxe, a disciplina de processo penal estava inserida no grupo II, que incluía Direito Penal, Execução Penal e Criminologia. Nessa prova, foi cobrada apenas uma questão específica de Direito Processual Penal, que consistiu em um caso prático no qual se pedia que o/a candidato/a identificasse a peça cabível e dissesse, objetivamente, em poucas linhas, os principais fundamentos para a peça. Assim, nessa questão, além do item 33[17], necessário para a identificação da peça, abordaram-se os itens 10[18] e 20[19] do edital. Já na prova de 2015, houve três questões de processo penal, também na forma de casos práticos, que trabalharam os itens 30[20], 18[21] e 21[22].

4 CONCLUSÕES: OS PONTOS MAIS RELEVANTES DAS PROVAS OBJETIVAS

Pois bem, os dados apresentados permitem algumas conclusões importantes, que permitirão a racionalização do estudo de Direito Processual Penal.

Em primeiro lugar, a FCC confirmou uma leve tendência à cobrança à lei seca. Contudo, também se verificou que a banca tem usado casos práticos para a cobrança de lei seca, com a elaboração de questões mais inteligentes, que pressupõem raciocínio do/a candidato/a, e não o mero conhecimento da literalidade da norma. Além disso, a FCC também deu boa atenção à jurisprudência, que abrangeu mais de 1/3 do total de questões. Portanto, é possível afirmar que a tradição de foco da lei seca não é tão forte, em se tratando de processo penal.

Por outro lado, sobre o CESPE/CEBRASPE, ficou plenamente confirmada a expectativa de que haveria uma priorização da jurisprudência. De fato, como se viu, mais de 75% das questões analisadas poderia ser resolvida apenas com o conhecimento dos julgados importantes.

Além disso, os principais assuntos cobrados nas provas em geral foram concentrados em apenas 5 itens do conteúdo programático estabelecido no tópico apropriado, conforme o gráfico exposto. Esses assuntos concentraram quase 40% das questões, o que permite a conclusão de

17 Recursos.

18 Meios de obtenção de prova na persecução criminal. Busca e apreensão. Interceptação telefônica (Lei nº 9.296/1996). Quebra de sigilo telefônico, bancário e fiscal. Delação premiada. Lei de Organizações Criminosas (Lei nº 12.850/2013).

19 Prova. Ônus da prova. Procedimento probatório. Garantias aplicáveis à proposição, produção e valoração da prova. Meios de prova. Indícios no processo penal.

20 Procedimento relativo ao Tribunal do Júri.

21 Interrogatório.

22 Prisão em flagrante. Prisão preventiva. Prisão temporária (Lei nº 7.960/1989). Prisão domiciliar. Relaxamento e liberdade provisória. Medidas cautelares diversas da prisão. Audiências de custódia. Resolução nº 213/2015 do CNJ.

que sua incidência nas próximas provas é praticamente certa, seja qual for a banca organizadora. A bem da verdade, o procedimento relativo ao Tribunal do Júri foi exigido em todas as provas objetivas, estilo ABCDE, analisadas.

Contudo, aqui também vale uma ressalva: no caso do CESPE/CEBRASPE, houve uma grande tendência à cobrança de vários assuntos na mesma questão. Assim, os assuntos foram um pouco mais variados do que se pode imaginar a partir da leitura apressada do gráfico. Como dito, os critérios utilizados foram os da resposta correta e da predominância, o que significa que outros assuntos também estavam presentes nas provas analisadas. De todo modo, saber o que tem maior incidência é uma informação valiosa, como se verá a seguir.

Por fim, saiba que nem sempre é a própria banca organizadora elabora as questões, já que, em alguns concursos, mesmo com a contratação de uma instituição específica, há uma *banca própria de defensores*, que elaboram as questões da prova. Essa é uma tradição nas provas da Defensoria Pública do Rio Grande do Sul e de São Paulo, por exemplo: a FCC foi contratada, mas defensores/as fizeram a prova. Assim, tanto nesses casos como no caso particular da prova do Rio de Janeiro, verificou-se uma tendência forte de cobrança de jurisprudência e uma priorização de assuntos que fazem parte do cotidiano da instituição. A conclusão é que, nessas provas, é improvável que predominem as "pegadinhas" sobre assuntos sem relação direta com a função de defensor/a.

5 SUGESTÕES: COMO MELHOR SE PREPARAR PARA A FASE OBJETIVA?

Diante de todo o apanhado de dados e da extração de conclusões a partir deles, passa a ser possível fazer algumas sugestões, que certamente permitirão um estudo mais racional da matéria de processo penal nas Defensorias Públicas:

1. Não despreze nenhum item do conteúdo programático. A incidência maior de um ou de outro assunto não o isenta do estudo do conteúdo. Sabe-se que ele é extenso, mas é justamente por isso que se sugeriu apenas um livro para cada submatéria no tópico apartado. Os dados facilitam o foco, mas, repita-se, eles não são perfeitos, e há assuntos que não aparecem neles, mas podem garantir sua aprovação.

2. Contudo, dê especial atenção aos cinco assuntos mais cobrados, que certamente estarão na sua prova. Dar especial atenção a esses assuntos significa: 1) estudá-los bem, sem pressa de esgotá-los com uma leitura rápida; 2) priorizar a sua revisão antes da prova, se não houver tempo para revisar tudo.

3. Dê grande atenção à jurisprudência. Considere reservar um horário da sua semana só para o estudo de julgados pelo Dizer o Direito, como se recomendou no tópico apropriado. Mesmo no caso da FCC, a cobrança dos julgados é frequente.

4. Considere suficiente conhecer o básico sobre cada matéria, sem a profundidade do conhecimento cobrado em uma especialização, por exemplo. Quando se diz que uma questão é resolvida por lei seca ou jurisprudência, quer-se dizer que basta conhecer a norma ou o julgado, e se acertará a questão. E esse tipo de conhecimento não é profundo, denso, mas sim objetivo. Se conseguir fixá-lo, você será aprovado/a.

5. Você almeja determinada Defensoria Pública? Se sim, você fará a prova em breve ou esperará alguns anos? Faça essas perguntas a si mesmo, pois isso afetará suas prioridades no processo penal e em qualquer outra matéria. Então, se o seu foco for em uma prova específica, pergunte-se também se as questões do último concurso foram elaboradas por defensores/as públicos/as (caso da DPEMG, DPESP, DPERS e DPERJ, por exemplo). A resposta a essa última pergunta abrirá duas possibilidades:

   a. Se a resposta for positiva, há uma forte tendência à cobrança de assuntos que fazem parte do cotidiano da Defensoria Pública nesses casos. Portanto, dê especial atenção às informações que são úteis à Defensoria Pública estadual (exemplo: julgado que reconheça a ilicitude de determinada prova).

   b. Em caso de resposta negativa, isto é, se o concurso for elaborado por uma banca contratada pela FCC ou pelo CESPE/CEBRASPE que não seja constituída por defensores públicos (essa informação pode ser anunciada num edital, como na prova da DPEPE/2018), a tendência mencionada desaparece, e há a possibilidade de cobranças mais específicas[23].

23 Para facilitar a compreensão, segue um exemplo: na prova da DPEPE/2018, determinada questão exigia que o candidato soubesse o recurso cabível da decisão que afirma

6. Por fim, saiba que houve pouca cobrança da legislação processual extravagante nos últimos cinco anos. Em outras palavras, muito embora essa matéria seja tão extensa que mereça a aquisição de um livro próprio para o seu estudo, ela foi cobrada em apenas 8 das 171 questões analisadas, o que representa menos de 5% do total. E, das 8 questões de legislação extravagante, metade delas dizia respeito a apenas uma lei: a Lei Maria da Penha (Lei nº 11.340/2006). O que fazer, então? No caso de processo penal, é recomendável que você priorize o estudo do Código de Processo Penal e, entre as leis especiais, priorize a Lei Maria da Penha. Apenas atente dois fatos: 1) o livro de leis especiais adotado também servirá para o estudo da parte penal dessas leis, que compõem o assunto de Direito Penal, como já referido (e, como você verá no capítulo apropriado, elas têm incidência relevante na matéria de Direito Penal); 2) o Pacote Anticrime trouxe alterações relevantes na legislação processual especial, que têm tudo para ser objeto de cobrança.

6 ANÁLISE DAS PROVAS DISCURSIVAS

Ultrapassar a fase objetiva não é nada fácil, e a maior dificuldade de alguns está justamente nessa primeira etapa. Porém, não há dúvidas de que a segunda fase é um pouco mais complexa e, por essa razão, também é mais temida pelos/as candidatos/as em geral.

E é justamente por isso que existe este tópico: é preciso desfazer alguns mitos e ajudá-lo/a a conhecer efetivamente a segunda fase.

Em primeiro lugar, seguramente, as provas de segunda fase exigirão um conhecimento mais aprofundado do que na primeira. Não há dúvidas nesse sentido. Porém, você também precisa saber o outro lado da história: o nível de conhecimento exigido nessa etapa costuma ser *menos profundo* do que as pessoas geralmente imaginam. Repita-se: certamente, a prova não é fácil, mas também não deve ser superestimada.

---

a ilegitimidade do Ministério Público e extingue a punibilidade pela decadência. Não há dúvidas de que a informação é relevante e diz respeito a assunto inserido no edital; contudo, seria mais provável sua cobrança numa prova de Ministério Público, que é quem atacaria a decisão na prática, já que favorável ao réu. Numa banca composta por defensores/as públicos/as, é mais raro ver esse tipo de cobrança.

Na verdade, o grande diferencial da segunda fase é que ela é escrita, e não objetiva. E, por essa razão, aquele conhecimento básico exigido na etapa anterior agora terá que ser descrito por você mesmo, com as suas palavras, e não pelo próprio examinador, que antes oferecia cinco alternativas e pedia que você assinalasse a correta ou a incorreta. Essa informação pode parecer óbvia, e realmente é, mas ela carrega consigo algo muito significativo: em última análise, normalmente, o nível de conhecimento cobrado *continua a ser básico*, ou seja, ainda é aquele encontrado em qualquer manual de processo penal. Nada muda no ponto; o que muda é que você terá que construir a resposta.

Para que você entenda o que se afirma aqui, transcreve-se o trecho do espelho da peça criminal da Defensoria Pública do Rio Grande do Norte, aplicada pelo CESPE/CEBRASPE em 2016, especialmente a parte que trata do Direito Processual Penal:

> 2.1. Recurso cabível: apelação (art. 593, III, c, do CPP)
>
> Cabimento: sentença proferida pelo juiz presidente do tribunal do júri é impugnável por meio da interposição de recurso de apelação. Preliminar de tempestividade. Contagem de prazos processuais (art. 798 do CPP). Prazo de cinco dias para a interposição. Réu assistido pela Defensoria Pública. Prazo em dobro (art. 5.º, § 5.º, da Lei n.º 1.060/1950 e/ou art. 128, I, da LC 80/94.). Prazo fatal para interposição: 25/10/2015, domingo. Prorrogação para o dia subsequente (art. 798, § 3.º, do CPP).
>
> (...)
>
> 2.4. Indenização Mínima – Ausência de Pedido Expresso – Prova do Dano Material – Inexistência – Impossibilidade de Condenação por Dano Moral
>
> Nos termos do art. 387, IV, do CPP, o juiz, ao proferir sentença condenatória, fixará valor mínimo para reparação dos danos causados pela infração, considerando os prejuízos sofridos pelo ofendido.
>
> (...)
>
> No caso discutido, considerando os prejuízos supostamente sofridos pelos familiares da vítima, o juiz presidente fixou a quantia de R$ 50.000,00 como valor mínimo a ser pago pelo apelante a título de indenização e reparação pelos dos danos causados pela infração. Entretanto, não houve, durante todo o trâmite processual, qualquer pedido ou debate a respeito dos supostos prejuízos sofridos pela família, tampouco o disposto no art. 387, IV, do CPP abarca a fixação de indenização moral. Dessa forma, conforme jurisprudência do STJ, "ausentes a prévia discussão e a efetiva prova do valor do prejuízo, o magistrado deve abster-se de aplicar o art. 387, inciso IV, do CPP", pois somente assim estar-se-á assegurando o contraditório e ampla defesa.

Fácil? Talvez não. Dizer que a resposta é fácil é um exagero. Porém, certamente, a questão não exigiu nada além do *básico* – e, reitera-se, "básico" não é necessariamente sinônimo de "fácil". Dito de outro modo, *todas as informações de processo penal exigidas pressupunham que você conhecesse*: 1) *a literalidade da lei* (art. 593, c, art. 798 e art. 387, IV, do CPP; e art. 128, I, da Lei Complementar nº 80/1994); 2) *uma conhecida posição jurisprudencial do Superior Tribunal de Justiça*, que estará presente no seu livro de processo penal e/ou no Dizer o Direito. Com essas duas informações, você simplesmente acertaria tudo o que a questão exigia (quanto a processo penal). E mais: *era permitida a consulta à lei seca*, de modo que você sequer precisava memorizar as informações exigidas na legislação.

Portanto, nessa avaliação, a grande diferença é que você tinha que explicar esse conhecimento básico com as suas palavras. E, naturalmente, para fazê-lo com qualidade, era preciso que você tivesse lido o seu livro de Direito Processual Penal, pois era essa leitura que lhe faria entender o assunto e "raciociná-lo juridicamente", ou seja, identificá-lo e aplicá-lo a um caso concreto, utilizando-se de fundamentação adequada.

E, justamente em razão do que foi dito, não será necessário mudar as fontes de estudo para a fase escrita, a não ser em concursos muito específicos, como o do Rio de Janeiro, por exemplo, que eventualmente exigirá a leitura de fontes adicionais, a depender de quem integre a banca examinadora[24]. Quanto ao conteúdo, sugere-se que você mantenha o seu livro de processo penal e, a partir do que aprendeu/aprenderá nele, faça o máximo possível de simulados de segunda fase para acostumar-se a essa nova etapa.

Contudo, observe que o Direito Processual Penal costuma ser cobrado por meio da uma peça processual. E isso exigirá que você conheça algumas formalidades, como endereçamento, abertura de uma folha de interposição, entre outras. Embora a melhor forma de aprender a fazer uma peça ainda seja o treino, será necessário que você tenha um livro de apoio para aprender a construir as principais petições.

Assim, indica-se o livro Prática Jurídica – Penal, da Editora Saraiva[25], de autoria de Gustavo Octaviano Diniz Junqueira, Paulo Henrique

24 Sempre fique atento à banca examinadora, pois essa informação é importantíssima em todos os concursos, especialmente naqueles com "banca própria", como dito nos tópicos anteriores. Isso pode ser feito caso a caso, concurso por concurso. De todo modo, em regra, os concursos de Defensoria Pública não exigirão uma leitura adicional em processo penal mesmo na segunda fase.

25 Observe que, até 2018, a obra era publicada pela Editora Revista dos Tribunais.

Aranda Fuller, Guilherme Madeira Dezem e Patrícia Vanzolini Figueiredo. Trata-se de uma obra objetiva e que traz um rol de modelos de peças processuais, que guiará o seu estudo inicial de forma satisfatória. O mais você aprenderá com muito treino – vale fazer um curso de simulados, com correção individualizada, para aumentar o seu nível de forma mais rápida.

Por outro lado, fique atento ao edital, pois uma minoria de concursos veda a consulta até mesmo à legislação. Nesses casos, não se desespere: treine sem consulta e espere um nível mais baixo de cobrança na avaliação, o que é comum nesses casos, numa tentativa compensar o fato de que não haverá acesso à legislação.

Além disso, quando for admitida a consulta, indique cada artigo de lei que mencionar, sem exceção. Cada norma que você imagina que estará no espelho deve ser citada. E o mesmo raciocínio vale para a jurisprudência, de modo que você deverá indicar: 1) se a referência que você fez foi a um julgado ou a uma súmula; 2) de onde a jurisprudência vem (STJ ou STF). Não será necessário indicar o número da súmula, a não ser que a consulta a elas seja admitida.

Essa dica é especialmente importante porque, sempre que você deixar de citar uma norma ou especificar a jurisprudência, não pontuará integralmente (por vezes, levará nota zero no item). Justa ou injusta, essa é a forma que as instituições organizadoras encontraram para tornar objetiva a avaliação da prova escrita.

Quanto à peça processual, a sua identificação costuma ser menos difícil do que no processo civil. Em geral, nos concursos de Defensoria Pública, costuma-se exigir uma das quatro petições seguintes: alegações finais escritas, apelação (ou apenas as razões/contrarrazões de apelação); recurso em sentido estrito (ou apenas as razões/contrarrazões de recurso em sentido estrito); e resposta à acusação. Esporadicamente, há a cobrança de *habeas corpus*, revisão criminal, pedido de liberdade, recurso especial/extraordinário, entre outras[26].

Já os assuntos exigidos giram em torno dos itens de maior incidência nas provas objetivas: além do item relativo a recursos, que pode ser cobrado através da própria análise de cabimento da peça, é muito comum

26 Se a peça processual penal for de execução penal, é possível e até provável que se cobre agravo em execução, o recurso clássico dessa matéria, ou algum incidente de execução. Porém, essa disciplina foi objeto de análise em capítulo à parte.

a incidência dos itens de prisões e medidas cautelares diversas (item 21); dos relacionados às provas (itens 10 e 20); e do item relativo aos Juizados Especiais Criminais (item 29). Além disso, merecem muita atenção os julgados que consistem em posições favoráveis à defesa, como o reconhecimento de nulidades.

Na prova da Defensoria Pública de São Paulo, aplicada pela FCC em 2015, por exemplo, o espelho trazia como peça cabível a resposta à acusação. E exigia que, ao longo da peça, o/a candidato/a abordasse o seguinte (quanto ao Direito Processual Penal):

- **1.** Preliminar de ilicitude da apreensão do documento;
- **2.** Preliminares de ausência de justa casa e inépcia da denúncia;
- **3.** Necessidade de reconhecimento da suspensão condicional do processo em caso de desclassificação;
- **4.** Pedido de revogação da prisão preventiva ou aplicação de medida cautelar diversa.

Com exceção do item 2, todos os demais dizem respeito a pontos com alta incidência nas provas objetivas em geral. E, ressalte-se, a prova de São Paulo certamente é de um nível "difícil", se comparada às demais provas de Defensoria Pública do Brasil, em geral.

Outro bom exemplo foi a recente fase específica do Rio de Janeiro. Na prova aplicada em 2019, a peça cabível era a de razões de apelação. E, no espelho divulgado pela banca, abordaram-se os seguintes assuntos do conteúdo de processo penal:

- **1.** Nulidade pela ausência de citação, quanto ao crime objeto de aditamento;
- **2.** Ilicitude da prova emprestada, dada a ausência do contraditório;
- **3.** Quebra da cadeia de custódia, com pedido de inutilização das conversas objeto de interceptação telefônica;
- **4.** Impossibilidade de *mutatio libelli* em segundo grau.

Em suma, o fato é que a fase subjetiva exigirá, sim, um foco um pouco diverso, inclusive com a aquisição de mais um livro para o estudo da prática penal, especialmente quanto às peças de maior incidência. Porém, o nível exigido não será anormal, como se pode pensar: essa não é uma fase reservada para candidatos/as "fenomenais", mas sim àqueles/as que perseveraram na construção de uma *base* sólida de estudos.

7 DICAS SOBRE A PROVA ORAL[27]

E eis que você ultrapassa a concorridíssima fase objetiva, é aprovado na temida segunda fase e, de repente, vê-se "colocado" na prova oral. Normalmente, a sensação é exatamente esta: o/a candidato/a não costuma entender com facilidade que "ralou" e fez jus a estar na terceira fase, mas, sim, imagina que deu "sorte", contou com uma correção "benevolente" e, "mesmo sem conhecimento suficiente", acabou por conseguir avançar a essa fase.

Nessa hora, a frase "Eu sou uma fraude e vou passar vergonha na prova oral" é muito mais comum do que se imagina, no início. Talvez você já tenha estado na fase oral e se identifique com esse sentimento ou, possivelmente, conhece alguém que esteve lá e se sentiu assim. Seja esse o caso ou não, é preciso definir o seguinte: 1) é natural sentir-se assim, pois a fase é nova, e você não está sozinho nesse tipo de sensação; 2) só chega à prova oral quem é *bom*, ou seja, quem demonstrou um nível de conhecimento *alto*.

-Mas você não disse que todas as fases exigiam conhecimento básico? Como é que a pessoa que está na prova oral tem necessariamente um nível de conhecimento alto?

Mais uma vez, em concursos públicos difíceis, inclusive na Defensoria Pública, estar num nível alto não significa que você sabe muito além do básico. Com o perdão da repetição, é justamente esse engano que faz muitos/as candidatos/as desistirem no meio do caminho ou chegarem a uma fase oral ainda com a confiança abalada: eles/as acreditam que estar na oral significa que você deve saber muito sobre tudo, o que é *falso*.

---

27 No concurso da Defensoria Pública do Rio Grande do Sul, há ainda a fase de Tribuna, também eliminatória. Trata-se de uma fase bastante específica, em que há o sorteio de um ponto, entre uma lista divulgada previamente – no último certame, a lista continha 21 pontos, quase todos de Direito Penal. Sorteado o ponto, o/a candidato/a tem 15 minutos para fazer uma explanação à banca examinadora, numa tribuna. Assim, não se trata de uma simulação de júri ou de sustentação oral, como muitos/as imaginam, mas sim uma "pequena aula" sobre o tema, que é assistida pela banca examinadora e pela Presidência do concurso. Não se preocupe: uma vez aprovado/a para essa fase específica, você terá tempo suficiente para preparar-se para a explanação de qualquer um dos pontos. Com treinamento regular, você estará preparado para ser aprovado nessa fase com mais tranquilidade do que nas outras fases.

Quem está na fase oral tem um nível alto de conhecimento porque demonstrou, *objetivamente*, em mais de uma fase, que, entre as milhares de pessoas que participaram do certame, tem conhecimento suficiente para estar entre a elite. Apenas isso. Em outras palavras, está na oral quem demonstra que tem uma *base sólida*, que talvez seja insuficiente para dar uma palestra sobre todas as matérias como um/a "especialista", mas que certamente é suficiente para tratar do *básico* de cada uma delas com a propriedade de quem estuda já há um bom tempo.

Isso não significa que *todo o básico* é dominado por quem chega à oral. Mas haverá tempo para recuperar informações básicas esquecidas, estudar muitas das não estudadas, e, depois de muito treino, o/a candidato/a estará preparado para a realização de uma ótima prova.

Portanto, aqui já vai uma das principais sugestões: *simule* a prova oral o máximo de vezes que conseguir. Junte-se a um/a colega de concurso e finja que está numa prova oral de verdade. Um/a de vocês será examinador/a, e o/a outro/a, candidato/a e vice-versa. Deixe o medo e a vergonha de lado, pois esse não é o momento de permitir que esses sentimentos sabotem a sua aprovação, especialmente no caso de uma pessoa como você, que já terá provado tanta competência nas fases anteriores. Com pouco tempo, você se acostumará a perguntar e responder e, ainda, conseguirá entender que até mesmo a posição de examinador não é fácil.

Nesses treinamentos, explore todo o conteúdo programático de processo penal. Não é raro que, na prova oral, aqueles conteúdos mais "esquecidos" comecem a ser cobrados. Então, treine também sobre assuntos aparentemente difíceis ou desconhecidos por você ou pelo/a seu/sua colega, mesmo que aparentemente você não tenha o que responder, mesmo que sua resposta não tenha relação nenhuma com o assunto. No mínimo, isso o/a ensinará e sair de algumas situações potencialmente difíceis na terceira fase.

No mais, sempre que houver divulgação dos nomes dos membros da banca examinadora, dê um *Google* nesses nomes para pescar informações sobre o perfil de cada um/a. O seu examinador é um delegado de polícia ou um defensor público? Se for um delegado, isso não significa que você esquecerá as regras de processo penal e encarnará o punitivismo, obviamente, mas também não se surpreenda se for perguntado sobre temas que estão na *zona de conforto* dessa pessoa – temas que fazem parte do cotidiano dela, como os dispositivos sobre o inquérito policial, por exemplo.

Ainda sobre a banca examinadora, não há nenhuma necessidade de "romantizar" a figura da pessoa que conduzirá a avaliação. Eles/as são seres humanos como você, com conhecimento limitado, e, na esmagadora maioria dos casos, farão um nítido esforço para tratá-lo com urbanidade e respeito. Em Defensorias Públicas, não é comum o estilo mais tradicional de avaliação, com a realização de perguntas absurdamente difíceis, acompanhadas de um tom de arrogância e desprezo. Isso simplesmente não costuma existir.

Por outro lado, obviamente, não pule para o outro extremo: respeite a pessoa que fará a avaliação. Humildade transmite confiança, e não fraqueza; inversamente, soberba passa insegurança e medo, o que custa a aprovação de algumas pessoas muito competentes.

Além disso, observe o seu edital. Possivelmente, o Direito Processual Penal estará no mesmo grupo de Direito Penal e, em alguns casos, nem será cobrado, pois o examinador poderá priorizar outras matérias do grupo. Porém, a possibilidade de cobrança existe em praticamente todos os certames, de modo que essa será uma matéria que certamente exigirá o seu tempo e a sua preparação.

Junto aos treinos, revise também o conteúdo e aproveite para estudar, rapidamente, o que não conseguiu ler ainda. Seja ainda mais objetivo e foque ainda mais no básico, pois isso permitirá que você construa respostas mesmo quando não conhecer a pergunta. Atente para as definições e os conceitos, que o ajudarão nesse sentido.

Por fim, e não menos importante, é preciso desconstruir mais dois mitos sobre prova oral:

- ⊖ **1.** Mito nº 1: "Prova oral é só homologatória". Você ouvirá isso de muitas pessoas, que naturalmente não estarão nessa fase oral, caso contrário não diriam isso. Quem está de fora adora colocar uma pressão, muitas vezes com a melhor das intenções: no fundo, muitas dessas pessoas querem vê-lo/a seguro/a, querem mostrar que acreditam na sua aprovação. Mas, rapidamente, você descobrirá que a fase oral não é nada "protocolar". Nas Defensorias Públicas em geral, há sim reprovações em prova oral, e é preciso que você assuma esse fato para não entrar de "salto alto".

- ⊖ **2.** Mito nº 2: "Na prova oral, a banca sabe que você tem muito conhecimento, então você só precisa demonstrar segurança para passar, mesmo que erre tudo". Na verdade, em muitas das Defensorias Públicas, o conteúdo é sim avaliado e é muito importante para a aprovação. Naturalmente, o conteúdo não será o único critério a ser considerado, de modo que você poderá compensar respostas erradas se demonstrar que é capaz de "raciocinar juridicamente", se conseguir demonstrar segurança e se fizer uso de um português correto, por exemplo. Mas a banca examinadora quer sim que você demonstre conteúdo. Por outro lado, nunca se esqueça de que você não precisa tirar 10 em todas as matérias; a rigor, você não precisa tirar 10 em nenhuma delas. A aprovação já será um ótimo negócio, não é mesmo?

8 APONTAMENTOS E DICAS FINAIS PARA OS CANDIDATOS

Como visto, o Direito Processual Penal é uma matéria "chave" para a sua jornada de estudos. Mais que isso: ela tem um caráter prático muito forte, de modo que você "respirará" processo penal quando tornar-se defensor/a, especialmente se estiver numa Defensoria com atribuição criminal, por óbvio.

Com as informações aqui compartilhadas, espera-se que você tenha entendido que não há fórmula mágica. O grande desafio será fazer a parte *simples*, que é sentar-se, abrir o livro e estudar. Nenhuma dica substituirá isso, e é seguro afirmar que, se você for capaz de fazer a parte simples bem feita, será aprovado/a mesmo que não consulte livros como este.

Porém, tem-se plena convicção de que essa leitura o/a ajudará muito a *racionalizar* os seus estudos, já que entender o funcionamento das provas lhe permitirá ganhar tempo e confiança, dois elementos que certamente encurtarão o (ainda assim, longo) caminho para a aprovação.

Confie no que é dito, pois este trabalho não é resultado de achismo ou fruto de motivação vazia de conteúdo, mas sim resultado de muita pesquisa e experiência na jornada dos concursos. No mais, saiba que, pelo simples fato de ter buscado esta leitura, você já demonstrou um interesse diferenciado, que, se for aliado à persistência, trará a aprovação.

Portanto, vamos em frente e bons estudos!

EXECUÇÃO PENAL

Thiago Góes Cavalcanti de Araújo

1 BIBLIOGRAFIA INDICADA

O Direito das Execuções Penais é uma disciplina extremamente importante na prática da Defensoria Pública. Há uma quantidade relevante de cargos criados para lidar exclusivamente com essa matéria, mas, contraditoriamente, ainda é comum ouvir de muitos/as estudantes, especialmente os/as que nunca tiveram contato com a disciplina na prática, que ela é muito específica, complexa e de difícil compreensão.

Por vezes, essa noção de que a Execução Penal é difícil começa com a escolha de livros menos objetivos, que não se ocupam de uma explicação mais "mastigada" da matéria. Em outras palavras, gostar de Execução Penal passa também por escolher um livro que simplifique o estudo – e há muitas obras no mercado que fazem isso, como se verá a seguir.

Além disso, como você provavelmente já sabe, os editais dos concursos de Defensoria Pública são enormes, abrangem muitas matérias, muitas delas tão vastas que podem ser divididas em submatérias também bastante extensas. Então, como se disse nos capítulos destinados ao Direito Penal e ao Direito Processual Penal, a primeira sugestão é que você adote *um livro por matéria*, de preferência uma obra objetiva, que vá direto ao ponto, e complemente o seu estudo com a dedicação de um tempo para o estudo da jurisprudência[1].

1 Se você já iniciou os estudos e adota um livro de Execução Penal que não está entre as indicações desta obra, mas que você considera satisfatório, não pense duas vezes:

Feitas essas observações, sem mais delongas, indica-se a obra Lei de Execução Penal para Concursos (LEP), da Editora Juspodivm, de autoria de Rogério Sanches Cunha. O livro comenta a Lei de Execução Penal artigo por artigo, com uma explicação objetiva de cada um deles e menção aos julgados mais importantes sobre a matéria. Além disso, traz questões de concursos associadas a cada dispositivo, como é praxe nas obras voltadas para concursos.

A indicação do livro de Rogério Sanches se dá pela objetividade, já que o livro é curto e não demanda tanto tempo para ser estudado, se comparado às outras obras, mas também traz conhecimento suficiente para a aprovação. Contudo, no mercado, há outros livros que atingem os mesmos objetivos e também serão excelentes escolhas, inclusive pela objetividade. Assim, também se indica o livro Execução Penal, da Editora GEN/Método, de autoria de Norberto Avena, que é excelente, não muito longo, e traz informações mais do que suficientes para a aprovação.

Todavia, o estudo de Execução Penal impõe uma ressalva: a depender da sua maior ou menor familiaridade com a matéria, poderá ser necessário um complemento do estudo através da *consulta pontual* a alguma outra obra. Se você sentir essa necessidade, especialmente por observar que precisa de uma melhor visualização prática dos institutos da Execução Penal, adote uma das duas obras seguintes como complemento:

- **1.** Execução Penal: teoria crítica, da Editora Saraiva, de autoria de Rodrigo Duque de Estrada Roig. O autor é defensor público do Estado do Rio de Janeiro e foi membro da banca examinadora do concurso da DPERJ por diversas vezes, de modo que a obra é uma leitura obrigatória para a prova específica de Execução Penal desse concurso (no caso da DPERJ, a 3ª fase). Para os demais concursos, mesmo na segunda fase, não se trata de leitura obrigatória, mas certamente o livro é um excelente complemento, tanto por permitir uma compreensão da matéria sob um ponto de vista prático, quanto pelo acentuado senso crítico do autor, que o ajudará a olhar para a Execução Penal com "olhos de defensor/a público/a".

- **2.** Execução Penal: teoria e prática, da Editora Juspodivm, de autoria de Rafael de Souza Miranda. O autor é defensor público no

mantenha esse livro e siga os estudos. As indicações aqui feitas são meras orientações, sugestões, e não mandamentos. Se você estudar com constância e afinco o assunto do edital, será aprovado, qualquer que seja o livro.

Estado de São Paulo, e a sua obra é focada na compreensão prática dos institutos de Execução Penal, inclusive com sugestões para o cotidiano de colegas defensores/as públicos/as. Além disso, traz modelos próprios de petições que funcionaram na prática, o que a torna uma boa fonte de estudo para as fases subsequentes. Não só como complemento, mas até mesmo como "primeiro livro", a obra é satisfatória e será capaz de facilitar a compreensão da Execução Penal mesmo para quem não tem experiência prática com a matéria.

No mais, é fundamental atentar para as recentes reformas legislativas ocorridas com o Pacote Anticrime, que mudaram bastante a configuração de inúmeros institutos da Execução Penal. Nesse ponto, uma vez que os próximos exames certamente cobrarão essas alterações, sugere-se que:

1. Se ainda vai iniciar os estudos, compre uma obra de Execução Penal já atualizada;
2. Se já iniciou os estudos e tem um livro de execução penal de sua preferência, escolha uma de duas alternativas:
   a. Estude as alterações da LEP, uma a uma, pela lei seca, que deve ser a forma predominante de cobrança nos primeiros concursos que virão;
   b. Como complemento, compre uma obra específica sobre o assunto, que pode ser o livro Pacote Anticrime, da Editora Juspodivm, de autoria de Renato Brasileiro de Lima, pois é didática, objetiva e traz boas explicações sobre cada alteração realizada pela nova lei, inclusive em outras áreas.

Por fim, é essencial que o estudo da jurisprudência se dê por uma fonte própria, tamanha a sua importância. E, aqui, indicam-se as obras de Márcio André Lopes Cavalcante, do Dizer o Direito. Todos os seus livros e materiais são de leitura fácil, didática, objetiva e agradável, com possibilidade de consulta aos julgados por matéria e por assunto. Contudo, dois deles são especialmente indicados, por sua objetividade (adote um *ou* o outro):

→ **1.** Buscador Dizer o Direito, se há facilidade de estudar pela internet;

→ **2.** *Vade Mecum* de Jurisprudência – Dizer o Direito, da Editora Juspodivm, se não há essa facilidade.

2 CONTEÚDO PROGRAMÁTICO DE EXECUÇÃO PENAL NAS PROVAS DA DEFENSORIA PÚBLICA ESTADUAL

Quanto ao conteúdo cobrado, muito embora não seja difícil estabelecer um ponto comum entre os editais, o fato é que a disciplina de Execução Penal não é apresentada de modo uniforme nos concursos de Defensoria Pública. Assim, apesar de haver um conteúdo especificamente voltado para essa matéria na maioria dos certames, eventualmente ela aparece como um tópico de Direito Penal[2] ou Direito Processual Penal[3], caso em que o conteúdo costuma ser mais sucinto.

Então, a proposta é que, a partir da análise de vinte e dois editais de Defensoria Pública lançados entre 2015 a 2019, você tenha acesso a um programa-padrão, que lhe permitirá ter sucesso em qualquer prova de Execução Penal – ressalvadas as peculiaridades de um ou outro edital, como se verá oportunamente.

Nesse sentido, o conteúdo de Execução Penal pode ser resumido da seguinte forma:

- **1.** Princípios constitucionais que regem a Execução Penal.
- **2.** Objeto e aplicação da Lei de Execução Penal. Antecedentes históricos.
- **3.** Exame de classificação e criminológico.
- **4.** Assistência.
- **5.** Trabalho.
- **6.** Direitos e deveres dos presos.
- **7.** Disciplina. Faltas disciplinares. Sanções e recompensas. Aplicação das sanções. Procedimento disciplinar.
- **8.** Órgãos da Execução Penal.
- **9.** A Defensoria Pública na Execução Penal. Legitimação social. Da tutela individual e coletiva dos presos realizada pela Defensoria Pública.

2 Esse foi o caso das últimas provas da DPESP, da DPEDF e da DPEAC, por exemplo.

3 Esse foi o caso também das provas da DPESP, da DPEDF e da DPEAC, além da última prova da DPEAP.

- **10.** Estabelecimentos penais.
- **11.** Execução das penas. Penas privativas de liberdade. Disposições Gerais. Enunciado nº 56 da súmula vinculante do STF.
- **12.** Regimes. A aplicação do art. 111 da Lei de Execução Penal.
- **13.** Autorizações de saída.
- **14.** Remição.
- **15.** Livramento condicional.
- **16.** Monitoração eletrônica.
- **17.** Penas restritivas de direitos.
- **18.** "Sursis".
- **19.** Multa.
- **20.** Execução das medidas de segurança.
- **21.** Incidentes de execução. Conversões das penas privativas de liberdade.
- **22.** Incidentes de execução. Excesso ou desvio de execução.
- **23.** Incidentes de execução. Anistia ou indulto. Decretos presidenciais sobre indulto e comutação das penas.
- **24.** Processo da Execução Penal. Do processo administrativo. Do processo judicial: do procedimento judicial.
- **25.** Recursos em Execução Penal. Agravo em execução.
- **26.** "Habeas Corpus" na Execução Penal.
- **27.** Regras de Mandela (Regras Mínimas para o Tratamento do Preso da ONU).
- **28.** Lei nº 11.671/2008 e Decreto nº 6.877/2009 (transferência e inclusão de presos em estabelecimentos penais federais de segurança máxima).
- **29.** Lei nº 13.964/2019 (Pacote Anticrime) e suas repercussões na Execução Penal.

Observe que se criou um tópico específico para o Pacote Anticrime, que naturalmente não estava presente nos editais analisados, todos anteriores à vigência da lei. Não é demais repetir que a atenção a essas alterações é fundamental, pois elas estarão presentes nos próximos concursos.

Por outro lado, excluíram-se do conteúdo aqueles assuntos que apareceram apenas em alguns editais ou que, embora presentes na maioria deles, não foram cobrados em prova. Assim, não foram inseridos no programa os tópicos sobre normas estaduais relacionadas a procedimentos de Execução Penal, algumas resoluções do Conselho Nacional de Política Criminal e Penitenciária e alguns tratados internacionais, como a Convenção contra a Tortura e outros Tratamentos ou Penas Cruéis, Desumanas ou Degradantes[4]. De todo modo, sugere-se que, se o seu foco é em algum concurso específico, consulte o edital e atente para assuntos especificamente presentes nele, que eventualmente não apareçam no programa-padrão acima sugerido.

3 ANÁLISE GERAL DAS ÚLTIMAS PROVAS OBJETIVAS

3.1. A metodologia utilizada

Como já se referiu no item anterior, analisaram-se editais de vinte e dois concursos de Defensoria Pública, realizados entre 2015 e 2019. E, conforme a tabela seguinte, doze desses concursos foram organizados pela FCC, cinco pelo CESPE/CEBRASPE, e os demais por bancas diversas, conforme a tabela seguinte:

CONCURSO	ANO DA PROVA	BANCA
DPEMA	2015	FCC
DPEPA	2015	FMP
DPERN	2015	CESPE
DPESP	2015	FCC
DPEBA	2016	FCC
DPEES	2016	FCC
DPEMT	2016	UFMT
DPEAC	2017	CESPE

4 O assunto costuma ser objeto da disciplina de Direitos Humanos, aliás.

CONCURSO	ANO DA PROVA	BANCA
DEPAL	2017	CESPE
DPEPR	2017	FCC
DPERO	2017	VUNESP
DPESC	2017	FCC
DPEAM	2017	FCC
DPEAM	2018	FCC
DPEAP	2018	FCC
DPEMA	2018	FCC
DPEPE	2018	CESPE
DPERS	2018	FCC
DPERJ	2018	Banca própria
DPEDF	2019	CESPE
DPEMG	2019	FUNDEP
DPESP	2019	FCC

Assim, neste trabalho, estudaram-se as questões de Execução Penal de cada uma dessas provas, inclusive as da Defensoria Pública do Distrito Federal (única feita no formato "certo/errado") e da Defensoria Pública do Rio de Janeiro (única feita até então no formato de respostas escritas)[5]. E, com o objetivo fazer uma análise o mais objetiva possível, adotaram-se dois grandes critérios para a definição do tipo de conteúdo cobrado pela questão (lei/jurisprudência/doutrina) e do assunto do edital cobrado nela (dentre os itens do programa-padrão exposto no item anterior): os critérios da predominância e da resposta correta.

Isso foi necessário em razão de que algumas questões eram mistas, ou seja, trabalhavam mais de um tipo de conteúdo (lei seca e jurisprudência ao mesmo tempo, por exemplo) ou mais de um assunto (trabalho do preso e remição, por exemplo). Nesses casos, usou-se primeiro o critério da predominância, de modo que o tipo ou o assunto eram definidos a partir daquilo que predominava na questão; mas, quando essa predominância não era clara, especialmente nas provas estilo ABCDE, partiu-se para o critério subsidiário da alternativa correta, de modo que a definição passou a ser feita a partir da resposta considerada correta, já que conhecê-la era suficiente para resolver toda a questão.

5 As demais provas foram todas no estilo ABCDE.

3.2. Análise dos dados

De início, verificou-se que as provas de Defensoria Pública trouxeram entre 4 e 5 questões de execução penal, em média. Obviamente, há exceções, como os casos em que a disciplina sequer foi cobrada na fase objetiva (DPEMT, DPESP/2018 e DEPAC, por exemplo) e os casos em que se cobraram mais questões nessa etapa (casos da DPEPR, com 7 questões, e da DPEMG, com 10 questões).

Fato é que, quanto ao assunto cobrado, de um total de 85 questões de execução penal analisadas, extraídas dos 22 mencionados, observou-se que mais de 50% versaram apenas sobre quatro itens: item 7[6] (13 questões), item 14[7] (12 questões), item 15[8] (11 questões) e item 12[9] (9 questões). Veja o gráfico abaixo:

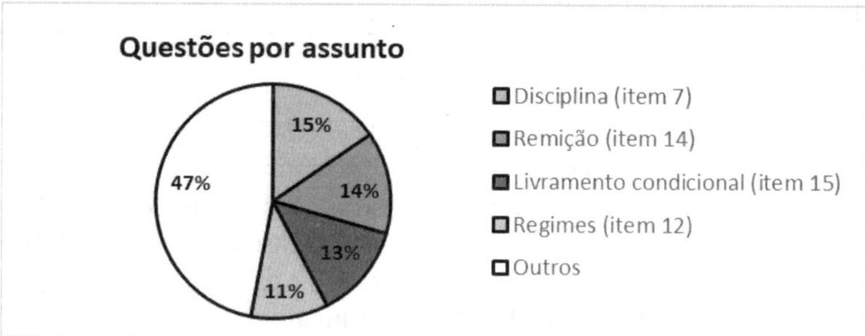

Além disso, chamou atenção a cobrança relevante do item 27[10], que apareceu em 5 questões, embora não tenha sido incluído no gráfico. A constatação é importante especialmente porque esse assunto não costuma ser trabalhado nos livros de Execução Penal e, por essa razão, muitas vezes não é estudado por muitos/as candidatos/as.

Por outro lado, sobre o tipo de conteúdo cobrado, observou-se uma clara predominância de lei seca. Assim, em quase 60% das questões, a resposta correta era obtida meramente a partir do que dizia o texto de lei, enquanto 34% pressupunham o conhecimento de jurisprudência, e meros 7% pressupunham o estudo de doutrina:

6 Disciplina. Faltas disciplinares. Sanções e recompensas. Aplicação das sanções. Procedimento disciplinar.

7 Remição.

8 Livramento condicional.

9 Regimes. A aplicação do art. 111 da Lei de Execução Penal.

10 Regras de Mandela (Regras Mínimas para o Tratamento do Preso da ONU).

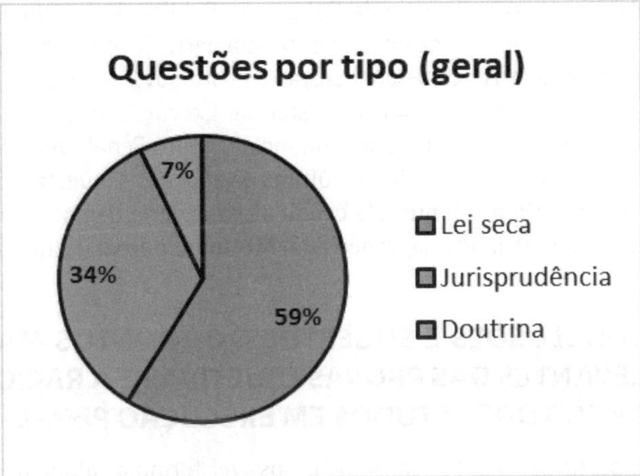

Contudo, quando se fez o recorte por banca, percebeu-se que a cobrança de lei seca era muito mais intensa no caso da FCC, enquanto o CESPE/CEBRASPE deu prioridade à jurisprudência:

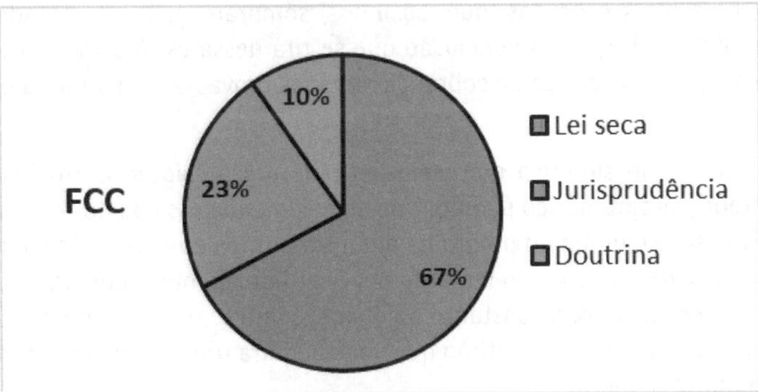

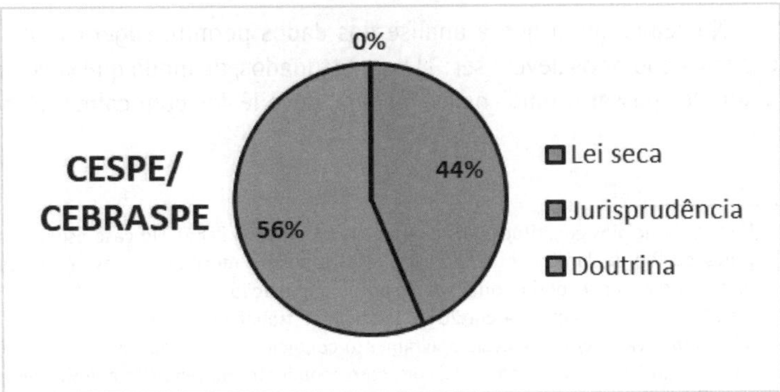

Por fim, quanto à prova da Defensoria Pública do Estado do Rio de Janeiro (2018), que merece um comentário à parte, já que é feita por banca própria de defensores/as públicos/as e costumava ser discursiva já na primeira fase, houve uma única questão de Execução Penal na primeira etapa, inserida no grupo que também inclui Direito Penal, Direito Processual Penal e Criminologia. Nessa última avaliação, a questão consistiu em um caso prático, em que o/a candidato/a deveria demonstrar conhecimento básico de doutrina, especialmente sobre o item 1[11] do edital[12].

4 CONCLUSÕES E SUGESTÕES: OS PONTOS MAIS RELEVANTES DAS PROVAS OBJETIVAS E A RACIONALIZAÇÃO DOS ESTUDOS EM EXECUÇÃO PENAL

A partir da análise realizada, é possível formular algumas conclusões que permitirão que você torne o seu estudo em Execução Penal mais objetivo.

Em primeiro lugar, por óbvio, é imprescindível conhecer os quatro assuntos mais cobrados, que, sozinhos, somaram mais da metade das questões analisadas. A conclusão que se tira dessa estatística é que eles são quase uma certeza de cobrança nas suas provas, seja qual for a banca organizadora.

Isso não significa que você pode desprezar algum outro item do conteúdo programático padrão. Não se recomenda essa postura, inclusive porque se excluíram do programa alguns assuntos que não costumam ser cobrados, de modo que o restante deve ser lido. E, muito embora o edital seja extenso, há livros bastante objetivos, como se demonstrou no tópico de bibliografia, que permitirão que você adquira uma visão geral do tema sem muita demora.

Na realidade, o que a análise dos dados permite sugerir é que os itens mais cobrados devem ser: 1) bem estudados, de modo que você deve ir além de "passar o olho" neles, ou seja, deve lê-los com calma; 2) bem

11 Item 1: Princípios constitucionais que regem a Execução Penal. No caso específico da prova do Rio de Janeiro, esperava-se que o candidato mencionasse os princípios da legalidade e da não-obrigatoriedade de autoincriminação.

12 Na prova anterior, aplicada em 2015, também se trabalhou um caso prático, em que se perguntava se eram cabíveis o livramento condicional e a progressão de regime, e, em caso positivo, quais eram as frações correspondentes ao requisito objetivo de cada benefício.

revisados, especialmente nos momentos de proximidade de provas, pois sua alta incidência fará você garantir questões de última hora.

De todo modo, note também que, em alguns concursos, as bancas organizadoras (como a FCC ou o CESPE/CEBRASPE) são contratadas apenas para tratarem de questões mais burocráticas, como a aplicação da prova em si e a execução do concurso. Nesses casos, a avaliação costuma ser elaborada e corrigida por defensores públicos da própria instituição, como tem ocorrido nas Defensorias Públicas dos estados de São Paulo, Minas Gerais e Rio Grande do Sul, por exemplo. Assim, tanto nessas provas como no caso particular da Defensoria Pública do Rio de Janeiro, já comentado, verifica-se uma tendência maior de cobrança de assuntos que fazem parte do dia-a-dia do/a defensor/a público/a.

Por tudo isso, se a avaliação em que você foca é elaborada por banca de defensores públicos, além dos itens de maior incidência, você deve dar atenção especial a assuntos que façam parte do cotidiano da Defensoria, como o indulto e a comutação da pena e as autorizações de saída, por exemplo. Por outro lado, se o concurso em que você foca não é conduzido dessa maneira, você pode estabelecer um foco maior apenas nos assuntos já mencionados, como se sugeriu inicialmente.

No mais, note que dois assuntos do edital não costumam estar presentes em livros de Execução Penal, mas merecem um comentário à parte: 1) as Regras de Mandela (item 27), que, como dito, apareceram em 5 provas de Defensoria Pública, todas do CESPE/CEBRASPE; 2) a Lei nº 11.671/2008, que dispõe sobre a transferência e a inclusão de presos em estabelecimentos penais federais de segurança máxima (item 28), que parece ser um "queridinho" do CESPE/CEBRASPE, já que apareceu em 2 das 5 provas da instituição organizadas nos últimos 5 anos.

Por outro lado, quanto ao tipo de conteúdo, verificou-se que predomina a cobrança de lei seca na disciplina de Execução Penal, especialmente no caso da FCC, em que quase 70% das questões podiam ser resolvidas pelo conhecimento da literalidade da lei. Porém, não há como desprezar o estudo da jurisprudência, não só porque esse tipo de conteúdo foi levemente predominante nas provas do CESPE/CEBRASPE, mas também porque a própria FCC dá uma atenção relevante a esse tipo de conhecimento - mais de 30% das questões da banca envolveram jurisprudência como conhecimento predominante, como visto.

Por outro lado, em todas as provas, a cobrança de doutrina foi ínfima ou, na maioria dos casos, até mesmo nula. E, quando houve cobrança de doutrina, ela esteve associada ao item relativo aos princípios (item 1), que foi o caso do Rio de Janeiro.

Diante disso, sugere-se que você concentre os seus estudos sobre Execução Penal no conhecimento da literalidade da lei e no estudo das súmulas do STJ e do STF e dos julgados mais importantes desses tribunais sobre o tema. Por isso é que se sugeriram obras muito mais objetivas, com menos foco na doutrina, no tópico apropriado. Se você já tem familiaridade com Execução Penal, inclusive, não é uma má ideia estudar diretamente pelo *Vade Mecum* e pelos informativos/súmulas, sem adotar nenhum livro.

Por fim, note que a cobrança de lei seca não significa necessariamente que a questão é fácil e óbvia. É cada vez mais comum que o conhecimento de lei seca seja associado a um caso prático, que pressuponha um raciocínio lógico por parte do/a candidato/a, ou seja, que demande a demonstração de que é capaz de associar a letra da lei a um caso concreto. Assim, decorar a lei não será suficiente: é preciso que você compreenda minimamente como aquela norma pode ser usada no dia-a-dia.

5 ANÁLISE DAS PROVAS DISCURSIVAS

Se, quando se trata da primeira etapa, a disciplina de Execução Penal é presença praticamente certa na maioria das provas de Defensoria Pública, com poucas exceções, esse cenário praticamente se inverte na fase discursiva: em geral, nessa etapa, há questões específicas sobre tal disciplina apenas numa minoria das provas.

E isso acontece por um motivo simples: ainda é comum que, no conteúdo programático divulgado, a Execução Penal seja inserida em Direito Penal ou Direito Processual Penal, como visto no tópico 2. Assim, por vezes, com possibilidades de cobrança mais restritas, a banca prioriza uma questão de Direito Penal ou uma peça prática de Processo Penal.

Por outro lado, em outros editais, já se afirma com antecedência que haverá questão de Execução Penal na segunda fase. E, nesse caso, a presença dessa disciplina é certa, obviamente.

Pois bem, as provas de segunda fase se diferenciam das demais especialmente pelo fato de que são escritas, e não objetivas. Portanto, nelas, ainda se exige um conhecimento de nível considerado básico, mas as informações costumam ser cobradas a partir de casos práticos, o que exige que o/a candidato/a demonstre raciocínio. Além disso, naturalmente, é necessário que você responda à questão com as suas próprias palavras, e não com as do examinador, como na prova objetiva, o que também dificulta um pouco a resposta.

É nesse sentido que as provas de segunda fase exigirão um conhecimento mais aprofundado do que na primeira. Porém, a rigor, praticamente todas as respostas serão extraídas da lei ou da jurisprudência atualizada sobre os assuntos – portanto, ao contrário do que muitas pessoas imaginam, não será necessário um estudo profundo da execução penal, típico de uma especialização, por exemplo.

Já os assuntos cobrados costumam girar em torno dos mesmos itens com maior incidência nas fases objetivas. Assim, é comum que se elaborem questões relacionadas ao livramento condicional, às faltas disciplinares e suas consequências, à remição e à progressão de regime.

A título de exemplo, veja-se o enunciado da recente prova do Distrito Federal (2019), organizada pelo CESPE/CEBRASPE:

> "No dia 20/8/2015, durante manifestação política na Esplanada dos Ministérios, Osmar Boaventura, desempregado, maior de idade e capaz, atirou uma pedra contra o policial militar Gabriel Silva, que trabalhava naquela ocasião. O ato de Osmar causou a perda completa da acuidade visual do policial militar.
>
> Preso em flagrante, Osmar respondeu a processo acautelado preventivamente e, depois de devidamente processado, foi condenado pela prática de crime de lesão corporal gravíssima, tendo-lhe sido imposta pena privativa de liberdade de seis anos e seis meses de reclusão em regime inicialmente fechado, em razão da gravidade concreta do delito e de reincidência, pois Osmar possuía condenação anterior pelo crime de furto.
>
> Após o trânsito em julgado da sentença condenatória, o juízo sentenciante expediu a carta de guia para a vara competente, convertendo a prisão provisória em definitiva. Com isso, Osmar foi transferido do Centro de Detenção Provisória para a Penitenciária do Distrito Federal, localizada no Complexo Penitenciário da Papuda, sob a administração do governo distrital, e iniciou o cumprimento da pena em 27/1/2017.
>
> Ao dar início à execução, o juiz competente analisou a folha de antecedentes penais de Osmar e verificou que a pena anteriormente imposta a ele devido à condenação pelo crime de furto havia sido integralmente cumprida antes do cometimento do referido crime de lesão corporal gravíssima, não havendo, assim, penas a serem unificadas.
>
> Durante o tempo das prisões provisória e definitiva, Osmar teve bom comportamento, estudou e trabalhou como marceneiro,

> por ter aptidão para o ofício. Em razão disso, conseguiu duzentos e setenta dias de remição da pena. Entretanto, em 26/7/2018, agentes penitenciários flagraram Osmar com um telefone celular no interior da cela, o que motivou a instauração de procedimento administrativo disciplinar, que resultou na determinação de isolamento do detento por trinta dias, perda de um terço do seu tempo a remir e sua manutenção no regime fechado.
>
> Passado um ano, Osmar, novamente na condição de boa conduta carcerária, obteve da comissão técnica de classificação resultado satisfatório no exame criminológico, o que o motivou a solicitar a providência cabível à Defensoria Pública, especificamente no atendimento penitenciário".
>
> Diante da situação hipotética apresentada, redija, na qualidade de defensor público representante de Osmar, o pleito judicial cabível ao caso e diverso do habeas corpus. Ao desenvolver a peça processual, aborde toda a matéria de direito pertinente ao caso, fundamente sua explanação na legislação cabível e no entendimento jurisprudencial consolidado pelos tribunais superiores, e não crie fatos novos.

Conforme o padrão de respostas, esperava-se que o/a candidato/a redigisse uma petição simples, com pedido de livramento condicional, dirigida ao Juízo da Vara de Execuções Penais de Brasília. Na fundamentação da peça, o/a candidato/a deveria fazer menção ao direito à remição pelo estudo e pelo trabalho e às consequências da prática de falta grave em relação ao livramento condicional. Portanto, em uma única questão, cobraram-se três dos quatro assuntos com maior incidência na fase objetiva.

De forma muito semelhante, na prova específica da Defensoria Pública do Rio de Janeiro aplicada em 2015, em síntese, a questão de Execução Penal abordava: a) as consequências da prática de falta grave em relação aos benefícios de livramento condicional e progressão de regime; b) as consequências da prática de falta grave em relação à remição da pena.

Assim, repita-se, os assuntos com maior incidência merecem uma atenção especial nos estudos, ainda que isso não signifique que você desprezará os demais itens do conteúdo[13].

13 Por exemplo, na prova específica mais recente da Defensoria Pública do Rio de Janeiro (2019), cobrou-se o item 23, que trata do indulto. E, na recente prova da Defensoria Pública de Minas Gerais (2019), trabalhou-se o item 17, que trata da execução de penas restritivas de direitos. Portanto, não há como desprezar os demais assuntos do conteúdo.

Além do mais, você já deve ter percebido que a disciplina de Execução Penal pode ser cobrada de duas formas diferentes na chamada fase discursiva: 1) por meio de uma questão específica; 2) por meio de uma peça processual. Em ambos os casos, é mais comum que se apresente um caso prático.

No caso da peça processual, naturalmente, você deve ficar atento ao recurso "por excelência" na Execução Penal, que é o agravo em execução. A par disso, costuma ser rara a cobrança de *habeas corpus*, embora já tenha acontecido. Também pode ser exigida uma mera petição, como no caso da prova do Distrito Federal, já citado. De todo modo, não será difícil a identificação da peça.

Contudo, para que você atinja um bom nível na peça processual, é importante que adquira uma obra adicional para saber redigir as principais peças processuais da Execução Penal. Aqui, renova-se a indicação do Manual de Execução Penal – Teoria e Prática, de autoria de Rafael de Souza Miranda, mencionado no tópico 1. O livro traz uma série de modelos, inclusive adotados pelo próprio autor, que são bastante comuns na prática e lhe servirão de roteiro para a redação da sua peça no momento da avaliação.

Além do mais, no caso do concurso do Rio de Janeiro, a disciplina de Execução Penal costuma ser cobrada na terceira fase. Essa etapa também é discursiva. A questão é que, nessa Defensoria, a tradicional segunda fase é "dividida" em três fases próprias, uma para cada grupo de matérias. Então, a segunda dessas provas específicas (terceira prova do concurso, contada a primeira fase) é reservada apenas à área criminal, o que inclui a Execução Penal. Nesse caso, é imprescindível a leitura do livro de Rodrigo Roig, também já mencionado no primeiro tópico, não só porque ele é defensor público do Rio de Janeiro, mas também porque ele já foi examinador de diversos certames da Defensoria Pública daquele Estado.

Veja que não será necessário mudar a fonte de estudo usada para a fase objetiva. Os livros inicialmente indicados proporcionarão um nível de conhecimento suficiente também para a segunda fase. A questão é que você poderá ser instado a redigir uma peça processual, e é essa a razão para o complemento – ressalvado o caso particular do Rio de Janeiro.

No mais, fique atento ao edital, especialmente quanto ao fato de ser permitida ou não a consulta à legislação. Caso a consulta seja vedada, não há motivo para desespero, especialmente porque o nível de cobrança será mais baixo. Porém, se ela for admitida, é imprescindível indicar cada artigo de lei e entendimento jurisprudencial que for usado como fundamento para a resposta, sem exceção. Se você "esquecer" esse detalhe, deixará de pontuar integralmente, o que pode custar a sua aprovação.

6 DICAS SOBRE A PROVA ORAL[14]

Ultrapassadas todas essas difíceis etapas, você chegará à "temida" prova oral. E se compreende por que a fase é "temida": a possibilidade de ter que falar em público assusta muitas pessoas que não estão acostumadas a isso. Mas não deve haver motivo para desespero, como se demonstrará.

Em primeiro lugar, é necessário observar o edital com atenção. É bem possível que Execução Penal sequer esteja entre os pontos passíveis de cobrança na sua fase oral. Nesse caso, você deve simplesmente esquecer que a matéria existe. Simples assim.

Por outro lado, se o seu edital indica que é possível a cobrança dessa disciplina, ainda que dentro do Direito Penal ou do Direito Processual Penal, é importante que você verifique se o/a responsável pela arguição será um/a defensor/a público/a com atuação na área. Normalmente, os nomes dos/as examinadores/as são divulgados por um edital, seja no início do concurso, seja posteriormente. De posse desse nome, verifique se essa é uma matéria com a qual o/a examinador/a tem afinidade: se esse for o caso, isso não trará a certeza de cobrança, pois pode ser que haja o sorteio de pontos, por exemplo, mas certamente indicará que essa é uma *zona de conforto* dessa pessoa, razão pela qual as chances de cobrança aumentarão drasticamente.

No mais, aqui, não há diferenças substanciais quanto ao que foi dito para as disciplinas de Direito Penal e Direito Processual Penal (veja

14 No concurso da Defensoria Pública do Rio Grande do Sul, há ainda a fase de Tribuna, também eliminatória. Trata-se de uma fase bastante específica, em que há o sorteio de um ponto, entre uma lista divulgada previamente, quase toda formada por assuntos de Direito Penal. Sorteado o ponto, o/a candidato/a tem 15 minutos para fazer uma explanação à banca examinadora, numa tribuna. Assim, não se trata de uma simulação de júri ou de sustentação oral, como muitos/as imaginam, mas sim uma "pequena aula" sobre o tema, que é assistida pela banca examinadora e pela Presidência do concurso. Não se preocupe: uma vez aprovado/a para essa fase específica, você terá tempo suficiente para preparar-se para a explanação de qualquer um dos pontos. Com treinamento regular, você estará preparado para ser aprovado nessa fase com mais tranquilidade do que nas outras fases.

os capítulos correspondentes): no geral, será necessário muito treino! Coloque-se na situação de prova o máximo de vezes que conseguir, com simulações semanais, junto a colegas de concurso – futuros colegas de profissão, aliás. Reveze-se entre os papeis de examinador/a e candidato/a, e busque trabalhar cada ponto do edital de Execução Penal, inclusive os que você não domina, para que a dúvida não seja uma surpresa na hora da prova.

No ponto, é importante compreender que, quer você acredite nisso ou não, o seu nível de conhecimento será necessariamente *alto* caso você tenha chegado a essa fase. Não se quer dizer que você será um especialista em Execução Penal – provavelmente não será. Também não se quer dizer que você saberá o básico de *tudo* o que estiver relacionado a essa disciplina, pois isso também não corresponderá à realidade. Mas é possível afirmar, com segurança, que você terá demonstrado conhecimento *suficiente* para estar entre a elite: você não fraudou as fases anteriores, mas foi aprovado/a porque demonstrou que construiu uma *base sólida* em cada disciplina, que será ampliada e consolidada com mais estudo e treinamento durante o tempo que antecede a fase oral.

Consciente disso, você deverá seguir firme nos estudos e não terá o que temer.

E mais: saiba que, também nessa fase, o *nível de cobrança* novamente não será profundo. Muito provavelmente, você ainda será perguntado/a sobre o básico: sobre os entendimentos jurisprudenciais predominantes nos Tribunais Superiores, as frações para o livramento condicional ou para a progressão da pena, as condições para o livramento condicional etc. Não espere perguntas sobre a tese de doutorado de determinado professor famoso, pois esse não costuma ser o perfil das provas orais de Defensoria Pública em geral.

Por fim, e é importante que este texto seja realista no ponto, sua prova oral não será uma fase meramente homologatória. É bem verdade que a maioria costuma obter a aprovação nessa etapa, mas, nas Defensorias Públicas, ainda são comuns as reprovações em provas orais sim, inclusive por conta de Execução Penal. Novamente, a leitura do edital é importante, pois permitirá que você saiba exatamente a nota que precisa obter para ser aprovado/a. De todo modo, o seu conhecimento será também avaliado, e não só a sua postura, o seu português ou a sua capacidade de raciocínio, como muitas pessoas imaginam.

7 APONTAMENTOS E DICAS FINAIS PARA OS CANDIDATOS

De posse de todas essas informações, o que lhe restará é estudar, dia a dia, com persistência. De nada adiantará saber os assuntos com maior incidência nas provas, adquirir os livros indicados e conhecer a fundo o perfil de cada examinador/a, se você não fizer o básico, o simples, que é sentar-se à cadeira e estudar.

Você sabe que essa é uma verdade. Todas as pessoas sabem disso. Agora, é momento de sair do intelecto e agir!

Por outro lado, tem-se plena convicção e tranquilidade de que as informações aqui prestadas certamente serão suas aliadas na jornada até a aprovação, pois elas permitirão que você priorize o que é importante, racionalize os estudos, foque no que merece maior atenção.

Então, o mais profundo desejo deste autor é que os seus estudos em Execução Penal sejam leves, agradáveis e consistentes, e que você possa ser aprovado com a sensação de que essa é uma matéria interessante. Nunca se esqueça: muitas pessoas pobres, esquecidas, talvez até "invisíveis" aos olhos do "cidadão de bem", ficarão extremamente felizes e agradecidas pelo conhecimento que você se propôs a adquirir com tanto afinco.

DIREITO CONSTITUCIONAL

Paula Benette

1 BIBLIOGRAFIA INDICADA

A matéria de direito Constitucional dispõe de um grande mercado de cursos e manuais. Cabe ao candidato escolher aquela que tenha uma linguagem facilitadora do estudo.

Sem demérito às demais, indico o Curso de Direito Constitucional do Professor Marcelo Novelino. A linguagem é clara, os temas organizados de forma didática e o conteúdo excelente.

2 CONTEÚDO PROGRAMÁTICO NOS EDITAIS DOS CONCURSOS PARA A DEFENSORIA PÚBLICA ESTADUAL

Os últimos concursos para Defensoria Estadual foram, em sua maioria, realizados por banca própria, FCC e CESPE.

Os últimos concursos para Defensoria Estadual foram, em sua maioria, realizados pela CESPE (DF, AC, AL, PE, RN) e FCC (SP, RS, PR), havendo também provas realizadas pela VUNESP (DPE/RO) ou Bancas próprias, como é o caso da DPE/RJ.

As três maiores bancas de concurso público têm mantido um padrão nos respectivos certames em relação aos pontos cobrados na matéria de Direito Constitucional. No entanto, observamos que os editais da FCC são mais prolixos. Já VUNESP e CESPE têm apresentado pontos mais diretos e concisos.

A título de comparação, veja-se os pontos sobre ordem econômica e financeira:

FCC/SP (2019): Ordem econômica e financeira: a) princípios gerais da atividade econômica; b) atuação do Estado no domínio econômico; c) política urbana: bases constitucionais do direito urbanístico e do direito das cidades; d) política agrícola e fundiária e da reforma agrária; e) sistema financeiro nacional.

CESPE/DF(2019): Ordem econômica e financeira. Política urbana, agrícola e fundiária e reforma agrária.

A fim de melhor organizar os pontos mais importantes a serem estudados reuni todos aqueles que se repetiram nos principais concursos para Defensor Público Estadual

Segue, portanto, os pontos de Direito Constitucional:

- **1. Constituição.** Espécies. Classificação e concepção de constituição. Supremacia da Constituição. Aplicabilidade das normas constitucionais. Interpretação das normas constitucionais, hermenêutica. Características

- **2. Poder constituinte** originário. Poder constituinte derivado. Poder Constituinte Derivado. Poder Constituinte Derivado ou Instituído ou Reformador. Poder constituinte supranacional.

- **3.** Fundamentos, objetivos e princípios. **Direitos e garantias fundamentais:** Conceito, evolução, estrutura, características, funções, titularidade, destinatários, colisão e ponderação de valores. Teoria geral das garantias. Direitos fundamentais em espécie. Conflito de direitos fundamentais. Restrições a direitos fundamentais. Teoria interna e teoria externa. O princípio do respeito ao conteúdo essencial dos direitos fundamentais. Teoria objetiva e teoria subjetiva, teoria absoluta e teoria relativa. O princípio da proporcionalidade. Conceito, origem, conteúdo, elementos e subprincípios. O princípio da proibição do excesso. O princípio da proibição da proteção insuficiente. O princípio da razoabilidade. Conceito, origem e conteúdo. Eficácia vertical e horizontal dos direitos fundamentais. Orçamento e reserva do possível. O princípio da proibição do retrocesso social. Direitos e deveres individuais e coletivos. Direitos sociais. Teoria geral dos direitos sociais. Classificação. Efetivação. O direito ao mínimo existencial. Origem, conceito, fundamento e objeto. Direito de nacionalidade e condição jurídica do estrangeiro no Brasil. Direitos políticos;

4. Ações constitucionais: *Habeas corpus*, mandado de segurança, mandado de injunção e habeas data. Supremo Tribunal Federal e o uso de jurisprudência estrangeira e internacional; Súmula vinculante; Reclamação constitucional; Recurso extraordinário; *Amicus curiae* e audiências públicas;

5. Organização do Estado: Organização político administrativa. Estado Federal Brasileiro. A União. Estados federados. Municípios. O Distrito Federal. Intervenção federal. Intervenção dos estados nos municípios. Competências e sua repartição. Conflitos jurídicos no Estado Federal brasileiro. Princípio da simetria e autonomia dos entes federativos;

6. Organização dos poderes no Estado: Mecanismos de freios e contrapesos. **Poder Legislativo:** Funções, organização e funcionamento. Atos parlamentares. Espécies normativas. Processo legislativo. Comissões. Tribunal de Contas. **Poder Executivo:** Presidente da República, governadores e prefeitos: eleição, reeleição, perda do mandato, impedimento, substituição, sucessão, vacância, responsabilidade e atribuições. Medidas provisórias: requisitos, limite, controle. **Poder Judiciário**: Funções, organização, competências e funcionamento; garantias institucionais da função judicial. Supremo Tribunal Federal. Conselho Nacional de Justiça. responsabilidade do Estado por atos jurisdicionais. O Poder Judiciário no Estado de Direitos: **Políticas públicas e controle jurisdicional**; Ativismo judicial;

7. Funções essenciais à Justiça: Ministério Público. Advocacia Pública. **Defensoria Pública:** enquadramento constitucional, princípios, garantias institucionais e funcionais, princípio do defensor natural, Defensoria Pública na Constituição, Competência legislativa e orçamentária. Acesso à justiça e as Defensorias Públicas. Emendas Constitucionais nº 45/2009 e nº 80/2014;

8. Teoria geral do **controle de constitucionalidade:** Teoria da recepção. O controle difuso de constitucionalidade. O controle concentrado de constitucionalidade (ADI, ADI por omissão, ADI interventiva, ADC, ADPF). Mutações constitucionais. Técnicas de decisão dos Tribunais Constitucionais. Decisões aditivas e substitutivas dos Tribunais Constitucionais. Controle de constitucionalidade do direito estadual e do direito municipal;

9. Sistema Tributário Nacional. Princípios gerais. Limitações do poder de tributar. Normas constitucionais sobre impostos da União, dos Estados e dos municípios. Repartição das receitas tributárias. Finanças públicas. Normas gerais. Orçamentos. Ordem econômica e financeira. Princípios gerais da atividade econômica. Política urbana, agrícola e fundiária e reforma agrária. **Ordem social:** a) fundamento e objetivos; b) seguridade social; c) saúde; d) previdência e assistência social; e) educação, cultura e desporto; f) da ciência e tecnologia; g) comunicação social; h) meio ambiente; i) família, criança, adolescente e idoso; j) índios.

3 ANÁLISE DAS ÚLTIMAS PROVAS OBJETIVAS

Para fins deste estudo, procedeu-se à análise das provas de 2015 a 2019 Das Defensorias Públicas Estaduais, atentando-se para as provas promovidas pela CESPE, FCC, e bancas próprias como é o caso da Defensoria Pública do Rio de Janeiro. O resultado é a tabela abaixo apresentada:

PONTO	CESPE	FCC	OUTROS
1. Constituição. Espécies. Classificação e concepção de constituição. Supremacia da Constituição. Aplicabilidade das normas constitucionais. Interpretação das normas constitucionais, hermenêutica. Características;	07	11	05
2. Poder constituinte originário. Poder constituinte derivado. Poder Constituinte Derivado. Poder Constituinte Derivado ou Instituído ou Reformador. Poder constituinte supranacional;	03	04	0
3. Fundamentos, objetivos e princípios. Direitos e garantias fundamentais: Conceito, evolução, estrutura, características, funções, titularidade, destinatários, colisão e ponderação de valores. Teoria geral das garantias. Direitos fundamentais em espécie. Conflito de direitos fundamentais. Restrições a direitos fundamentais. Teoria interna e teoria externa. O princípio do respeito ao conteúdo essencial dos direitos fundamentais. Teoria objetiva e teoria subjetiva, teoria absoluta e teoria relativa. O princípio da proporcionalidade. Conceito, origem, conteúdo, elementos e subprincípios. O princípio da proibição do excesso. O princípio da proibição da proteção insuficiente. O princípio da razoabilidade. Conceito, origem e conteúdo. Eficácia	16	31	07

PONTO	CESPE	FCC	OUTROS
vertical e horizontal dos direitos fundamentais. Orçamento e reserva do possível. O princípio da proibição do retrocesso social. Direitos e deveres individuais e coletivos. Habeas corpus, mandado de segurança, mandado de injunção e habeas data. Direitos sociais. Teoria geral dos direitos sociais. Classificação. Efetivação. O direito ao mínimo existencial. Origem, conceito, fundamento e objeto. Direito de nacionalidade e condição jurídica do estrangeiro no Brasil. Direitos políticos;	16	31	07
4. Ações constitucionais: *Habeas corpus*, mandado de segurança, mandado de injunção e *habeas data*. Supremo Tribunal Federal e o uso de jurisprudência estrangeira e internacional; Súmula vinculante; Reclamação constitucional; Recurso extraordinário; *Amicus curiae* e audiências públicas;	05	18	04
5. Organização do Estado: Organização político administrativa. Estado Federal Brasileiro. A União. Estados federados. Municípios. O Distrito Federal. Intervenção federal. Intervenção dos estados nos municípios. Competências e sua repartição. Conflitos jurídicos no Estado Federal brasileiro. Princípio da simetria e autonomia dos entes federativos;	09	11	03
6. Organização dos poderes no Estado: Mecanismos de freios e contrapesos. Poder Legislativo: Funções, organização e funcionamento. Atos parlamentares. Espécies normativas. Processo legislativo. Comissões. Tribunal de Contas. Poder Executivo: Presidente da República governadores e prefeitos: eleição, reeleição, perda do mandato, impedimento, substituição, sucessão, vacância, responsabilidade e atribuições. Medidas provisórias: requisitos, limite, controle. Poder Judiciário: Funções, organização, competências e funcionamento; garantias institucionais da função judicial. Supremo Tribunal Federal. Conselho Nacional de Justiça. responsabilidade do Estado por atos jurisdicionais. O Poder Judiciário no Estado de Direitos: Políticas públicas e controle jurisdicional; Ativismo judicial;	12	30	04

PONTO	CESPE	FCC	OUTROS
07. Funções essenciais à Justiça: Ministério Público. Advocacia Pública. Defensoria Pública: enquadramento constitucional, princípios, garantias institucionais e funcionais, princípio do defensor natural, Defensoria Pública na Constituição, Competência legislativa e orçamentária. Acesso à justiça e as Defensorias Públicas. Emendas Constitucionais nº 45/2009 e nº 80/2014;	12	10	03
08. Teoria geral do controle de constitucionalidade: Teoria da recepção. O controle difuso de constitucionalidade. O controle concentrado de constitucionalidade (ADI, ADI por omissão, ADI interventiva, ADC, ADPF). Mutações constitucionais. Técnicas de decisão dos Tribunais Constitucionais. Decisões aditivas e substitutivas dos Tribunais Constitucionais. Controle de constitucionalidade do direito estadual e do direito municipal;	09	17	10
09. Sistema Tributário Nacional. Princípios gerais. Limitações do poder de tributar. Normas constitucionais sobre impostos da União, dos Estados e dos municípios. Repartição das receitas tributárias. Finanças públicas. Normas gerais. Orçamentos. Ordem econômica e financeira. Princípios gerais da atividade econômica. Política urbana, agrícola e fundiária e reforma agrária. Ordem social: a) fundamento e objetivos; b) seguridade social; c) saúde; d) previdência e assistência social; e) educação, cultura e desporto; f) da ciência e tecnologia; g) comunicação social; h) meio ambiente; i) família, criança, adolescente e idoso; j) índios.	02	15	04

Cumpre ressaltar que, na análise das questões, aquelas que exigiram conhecimento de mais de um ponto, foram incluídas em todos os pontos relacionados. Assim, o resultado acima decorre de uma pesquisa de incidências de pontos mais autêntica possível, demonstrando os pontos que efetivamente devem ser mais estudados pelo candidato.

Consideradas todas as provas analisadas dos últimos cinco anos, observamos que as matérias com maior incidência nas provas foram:

1) Fundamentos, objetivos e princípios. Direitos e garantias fundamentais: Conceito, evolução, estrutura, características,

funções, titularidade, destinatários, colisão e ponderação de valores. Teoria geral das garantias. Direitos fundamentais em espécie. Conflito de direitos fundamentais. Restrições a direitos fundamentais. Teoria interna e teoria externa. O princípio do respeito ao conteúdo essencial dos direitos fundamentais. Teoria objetiva e teoria subjetiva, teoria absoluta e teoria relativa. O princípio da proporcionalidade. Conceito, origem, conteúdo, elementos e subprincípios. O princípio da proibição do excesso. O princípio da proibição da proteção insuficiente. O princípio da razoabilidade. Conceito, origem e conteúdo. Eficácia vertical e horizontal dos direitos fundamentais. Orçamento e reserva do possível. O princípio da proibição do retrocesso social. Direitos e deveres individuais e coletivos. Habeas corpus, mandado de segurança, mandado de injunção e habeas data. Direitos sociais. Teoria geral dos direitos sociais. Classificação. Efetivação. O direito ao mínimo existencial. Origem, conceito, fundamento e objeto. Direito de nacionalidade e condição jurídica do estrangeiro no Brasil. Direitos políticos - **56 (cinquenta e seis) vezes;**

2) Organização dos poderes no Estado: Mecanismos de freios e contrapesos. Poder Legislativo: Funções, organização e funcionamento. Atos parlamentares. Espécies normativas. Processo legislativo. Comissões. Tribunal de Contas. Poder Executivo: Presidente da República, governadores e prefeitos: eleição, reeleição, perda do mandato, impedimento, substituição, sucessão, vacância, responsabilidade e atribuições. Medidas provisórias: requisitos, limite, controle. Poder Judiciário: Funções, organização, competências e funcionamento; garantias institucionais da função judicial. Supremo Tribunal Federal. Conselho Nacional de Justiça. Responsabilidade do Estado por atos jurisdicionais - **47 (quarenta e sete) vezes.**

3) Teoria geral do controle de constitucionalidade: Teoria da recepção. O controle difuso de constitucionalidade. O controle concentrado de constitucionalidade (ADI, ADI por omissão, ADI interventiva, ADC, ADPF). Mutações constitucionais. Técnicas de decisão dos Tribunais Constitucionais. Decisões aditivas e substitutivas dos Tribunais Constitucionais. Controle de constitucionalidade do direito estadual e do direito municipal - **39 (trinta e nove) vezes;**

Dividindo o panorama acima por banca, temos os seguintes pontos mais cobrados:

a) CESPE:

1. Direitos fundamentais;
2. Funções essenciais à justiça;
3. Organização do Estado, Organização dos Poderes do Estado.

b) FCC:

1. Direitos fundamentais;
2. Organização dos Poderes do Estado;
3. Ações constitucionais.

c) OUTROS:

1. Teoria geral do Controle de Constitucionalidade;
2. Direitos fundamentais;
3. Constituição. Espécies. Interpretação de normas constitucionais.

Neste aspecto, importante ressaltar que unimos VUNESP, FUNDEP, UFMT e FMP em "outros", pois ao longo desses cinco anos cada banca realizou somente uma prova. Junto com estas estão as provas realizadas pela banca própria da DPE/RJ, totalizando 06 (seis) provas. Estas últimas recebem aprofundamento no item 6, destinado às questões discursivas.

A fim de tornar seu estudo ainda mais específico, cabe considerar que em que pese "Teoria geral do Controle de Constitucionalidade" liderar o ranking no item "outros" isto se deu em razão da banca FMP em sua prova para Defensor Público do Pará somente exigir o ponto referente ao controle de constitucionalidade e interpretação de normas constitucionais em sua prova. **De modo geral, o ponto "Direitos Fundamentais" é o que lidera todas as provas para Concurso de Defensor Público.**

Passemos agora a uma análise mais aprofundada, com comentários de mérito sobre as matérias mais cobradas nas provas anteriores.

4 PONTOS ESPECÍFICOS MAIS RELEVANTES DAS PROVAS OBJETIVAS

Agora que sabemos quais são os principais pontos a serem estudados, vamos aprofundar o foco com comentários sobre cada um desses temas e a forma como costumam ser abordados.

➔ **a)** Fundamentos, objetivos e princípios. **Direitos e garantias fundamentais:** Conceito, evolução, estrutura, características, funções, titularidade, destinatários, colisão e ponderação de valores. Teoria geral das garantias. Direitos fundamentais em espécie. Conflito de direitos fundamentais. Restrições a direitos fundamentais. Teoria interna e teoria externa. O princípio do respeito ao conteúdo essencial dos direitos fundamentais. Teoria objetiva e teoria subjetiva, teoria absoluta e teoria relativa. O princípio da proporcionalidade. Conceito, origem, conteúdo, elementos e subprincípios. O princípio da proibição do excesso. O princípio da proibição da proteção insuficiente. O princípio da razoabilidade. Conceito, origem e conteúdo. Eficácia vertical e horizontal dos direitos fundamentais. Orçamento e reserva do possível. O princípio da proibição do retrocesso social. Direitos e deveres individuais e coletivos. Habeas corpus, mandado de segurança, mandado de injunção e habeas data. Direitos sociais. Teoria geral dos direitos sociais. Classificação. Efetivação. O direito ao mínimo existencial. Origem, conceito, fundamento e objeto. Direito de nacionalidade e condição jurídica do estrangeiro no Brasil. Direitos políticos.

Dentro deste tema, é comum a indagação sobre a ponderação entre direitos fundamentais e princípios utilizados em sua interpretação, veja-se a exemplo a seguinte questão formulada no concurso para Defensor Público da Bahia em 2016, pela FCC:

> QUESTÃO 13: "No âmbito da Teoria dos Direitos Fundamentais,
>
> **A** a dimensão subjetiva dos direitos fundamentais está atrelada, na sua origem, à função clássica de tais direitos, assegurando ao seu titular o direito de resistir à intervenção estatal em sua esfera de liberdade individual.
>
> **B** em que pese a doutrina reconhecer a eficácia dos direitos fundamentais nas relações entre particulares (eficácia horizontal), a tese em questão nunca foi apreciada ou acolhida pelo Supremo Tribunal Federal.
>
> **C** a cláusula de abertura material do catálogo de direitos fundamentais expressa no § 2º do art. 5º da Constituição Federal

não autoriza que direitos consagrados fora do Título II do texto constitucional sejam incorporados ao referido rol.

Ⓓ o princípio da proibição de retrocesso social foi consagrado expressamente no texto da Constituição Federal.

Ⓔ os direitos fundamentais de primeira dimensão ou geração possuem função normativa de natureza apenas defensiva ou negativa".

Gabarito: Alternativa "A".

A assertiva "A" está correta. Os direitos fundamentais assumem duas "dimensões", que nada mais são do que a forma em que os visualizamos. A primeira é justamente a subjetiva, sob a perspectiva do indivíduo titular do direito, que pode se opor a intervenção do Estado na esfera de sua liberdade individual. Já a dimensão objetiva corresponde aos direitos fundamentais sob prisma comunidade, correspondendo a uma ordem objetiva de valores.

A alternativa "B" equivoca-se ao dizer que a eficácia horizontal nunca foi apreciada pelo STF, pois não só foi apreciada como reconhecida: STF. 2ª Turma. RE 201819, Relator p/ Acórdão Min. Gilmar Mendes, julgado em 11/10/2005.

O STJ também apreciou o tema mais recentemente:

> *"O Código Civil prevê que, se o condômino apresentar reiterado comportamento antissocial, poderá ser punido com multa (art. 1.337, parágrafo único). Essa sanção para o comportamento antissocial reiterado de condômino só poderá ser aplicada se antes foram conferidas ao condômino as garantias da ampla defesa e do contraditório. Enunciado 92-CJF: Art. 1.337: As sanções do art. 1.337 do novo Código Civil não podem ser aplicadas sem que se garanta direito de defesa ao condômino nocivo". (STJ. 4ª Turma. REsp 1.365.279-SP, Rel. Min. Luis Felipe Salomão, julgado em 25/8/2015 (Info 570)).*

Trata-se de hipótese de eficácia horizontal dos direitos fundamentais que se insere no âmbito da relação entre particulares, representando o atual modelo de Constitucionalização do Direito Civil, impondo o reconhecimento de princípios e garantias constitucionais.

Sobre o tema de eficácia horizontal de direitos fundamentais, cabe breve resumo:

Na doutrina clássica os direitos fundamentais são compreendidos como limitações ao exercício do poder estatal. A relação entre o Estado e o indivíduo é vertical, de subordinação/hierarquizada.

Assim, a aplicação dos direitos fundamentais a essa relação é vertical, servindo para proteger o indivíduo do Estado. Por esta relação jurídica hierarquizada utiliza-se a expressão **eficácia vertical dos direitos fundamentais.**

No entanto, constatou-se que a opressão e a violência contra os indivíduos são oriundas não apenas do Estado, mas também de múltiplos atores privados, assim, passou-se a entender pela necessidade de incidência destes direitos no âmbito das relações entre os particulares. Com efeito, quando entre particulares, trata-se de **eficácia horizontal dos direitos fundamentais** (também chamada de eficácia externa, de terceiros ou particulares).

A eficácia horizontal dos direitos fundamentais se divide em direta e indireta.

Outro conceito importante dentro deste tema trata da **eficácia diagonal dos direitos fundamentais.** Consiste na aplicação dos direitos fundamentais na relação entre particulares onde há desequilíbrio ou situação de flagrante desigualdade fática. Ocorre, por exemplo, nas relações trabalhistas ou entre consumidor e fornecedor, quando presente contrato de adesão. Neste caso, não há liberdade de discutir exatamente o que querem, devem ou aceitar ou não realizar tal contrato.

A Teoria da Eficácia Horizontal Indireta **dos direitos fundamentais** é a que prevalece na Alemanha, Günter Düring é um dos expoentes dessa teoria. No Brasil é a adotada por Virgílio Afonso da Silva.

De acordo com a Teoria da Eficácia Horizontal Indireta dos Direitos Fundamentais, é necessário que haja lei regulamentadora para que seja possível a aplicação dos direitos fundamentais nas relações entre particulares. Com efeito, não admite a incidência direta de direitos subjetivos aos particulares, com base somente na previsão constitucional. Esta teoria se fundamenta na autonomia da vontade. Assim, os direitos fundamentais ingressariam nas relações entre particulares pelas chamadas **"portas de entrada dos direitos fundamentais"**, que são **cláusulas gerais** de direito privado, tais como o princípio da boa-fé objetiva no direito civil (art. 187, CC/02).

A teoria da **eficácia direta** dos direitos fundamentais surgiu na Alemanha através de Nipperdey. Os direitos fundamentais poderiam ser aplicados diretamente entre os particulares, independentemente da existência de lei regulamentadora. Apesar de surgida na Alemanha, lá não é adotada. Os países que adotam são: Espanha, Itália, Portugal e Brasil.

Esta teoria sofre muitas críticas, principalmente daqueles de defendem a teoria de eficácia horizontal indireta. Dentre as críticas mencionam a perda da clareza conceitual, desfiguração do direito privado e afronta à autonomia da vontade (autonomia privada).

No entanto, os direitos fundamentais não são aplicados com a mesma intensidade nas relações entre os particulares e nas relações entre indivíduo e Estado (vertical). Na relação entre particulares, quando de fato houver manifestação da autonomia de vontade das partes de forma real (e não fictícia, como ocorre nos contratos de adesão), basta a ponderação dos direitos fundamentais com referida autonomia.

Outra crítica realizada por quem é contrário a aplicação da teoria, é a suposta incompatibilidade com o princípio democrático, da separação dos poderes e da segurança jurídica, alegando que daria ensejo para que o juiz se sobreponha à vontade do legislador. Não merece prosperar, conforme já decidiu o STF (Re 158.215/RS; Re 201.819/RJ; Re 161.243/DF) – O que torna a assertiva "B" incorreta.

Por fim, cumpre tratar brevemente sobre a **teoria integradora**, que busca compatibilizar as teorias da eficácia direta e indireta e é representada por Robert Alex e por Böckenforde. Referida teoria sustenta que quando um direito fundamental é aplicado a uma relação entre particulares, o ideal é que exista intermediação do legislador (lei regulamentadora). No entanto, a inexistência de lei não impediria a aplicação direta, conforme o caso.

A alternativa "C" está errada, pois contraria o próprio texto legal disposto no §2º do art. 2º da CRFB/88: "Os direitos e garantias expressos nesta Constituição não excluem outros decorrentes do regime e dos princípios por ela adotados, ou dos tratados internacionais em que a República Federativa do Brasil seja parte". Não só engloba todo o texto constitucional como também tratados internacionais do qual o Brasil faça parte.

Trata-se do chamado **"bloco de constitucionalidade".** Expressão surgida na França, através do autor Louis Favoreu, ao pretender se referir à todas as normas do ordenamento jurídico francês que tivessem *status* constitucional. Foi inserida dentro desse bloco a Constituição Francesa de 1958, o Preâmbulo da Constituição Francesa de 1946 (a de 1958 não tinha Preâmbulo), a Declaração Universal dos Direitos do Homem e do Cidadão de 1789 e outras normas de valor constitucional.

Posteriormente, a expressão começou a ser utilizada por autores no mundo inteiro, cada um se referindo de uma forma diferente. No STF, a expressão foi utilizada pelo Ministro Celso de Mello (ADI 595-ES; ADI 514-PI).

Podemos usar essa expressão em uma acepção restrita ou ampla.

(i) **Restrita**: como sinônimo de parâmetro para o controle de constitucionalidade, restrito às normas de referência (Constituição formal);

(ii) **Ampla**: se refere às normas materialmente constitucionais. Englobando o preâmbulo, tratados internacionais de direitos humanos, independentemente da forma de aprovação, bem como normas infraconstitucionais que possibilitem o exercício de direitos previstos na Constituição.

Para compatibilizar o "bloco de constitucionalidade" com o ordenamento jurídico pátrio, considera-se como parâmetro de controle de constitucionalidade não só a Constituição escrita e formal, mas **também tratados internacionais de direitos humanos, aprovados na forma do art. 5º, §3º da CRFB/88.**

Quanto ao texto Constitucional, divide-se em Preâmbulo, normas permanentes (artigo 1º ao artigo 250 da CF/88), e normas do ADCT.

Mas cuidado! Segundo **o STF, o preâmbulo não tem caráter normativo, não servindo de parâmetro de controle de constitucionalidade.** As demais servem como parâmetro (normas permanentes e normas do ADCT).

A alternativa "D" está errada, pois conforme melhor explicaremos abaixo, o princípio da vedação ao retrocesso não está expresso na Constituição, trata-se de princípio implícito.

A alternativa "E" limita equivocadamente os direitos de primeira dimensão (direitos civis e políticos. Por exemplo: liberdades) à abstenção Estatal, ignorando a possibilidade do agir positivo para garantia desse direito.

Ainda no âmbito dos direitos fundamentais, considerando que o princípio da **vedação ao retrocesso** é bastante cobrado não somente em provas objetivas, mas também em dissertativas, cumpre destacar a seguinte questão do concurso da Defensoria do Distrito Federal, elaborada pela banca CESPE, em 2019, com breve explicação sobre o tema:

(CESPE/DF – 2019):

QUESTÃO 20: "A revogação de norma que assegura direitos fundamentais sociais, sem a implementação de medidas alternativas que tenham a capacidade de compensar eventuais perdas já sedimentadas, contraria o princípio da proibição do retrocesso social."

Gabarito: Assertiva CORRETA. De acordo com o princípio da proibição do retrocesso social, quando da revogação de norma que discipline direitos fundamentais sociais, deve o poder público implementar medidas alternativas que tenham a capacidade de compensar eventuais perdas já sedimentadas. O princípio refere-se à imposição ao legislador de, ao elaborar os atos normativos, respeitar a não supressão ou a não redução do grau de densidade normativa que os direitos fundamentais sociais já tenham alcançado por meio da normatividade constitucional e infraconstitucional, salvo se forem desenvolvidas prestações alternativas para de forma supletiva resguardar direitos sociais já consolidados.

O princípio da vedação ao retrocesso social, também chamado de proibição de evolução reacionária ou "efeito *cliquet*" (termo francês que indica a proibição de contra revolução social), dispõe que ao atingir um nível de concretização de determinado direito social, não se pode retroceder nessa conquista.

Não existe uma norma expressa na CRFB/88 que vede o retrocesso do direito social (princípio implícito), mas é possível extraí-lo de alguns princípios: (i) princípio da segurança jurídica; (ii) dignidade da pessoa humana; (iii) princípio da máxima efetividade (artigo 5º, § 1º, CRFB/88); (iv) Princípio do Estado Democrático de Direito/Princípio do Estado social de direito e para alguns do (v) sistema internacional de Direitos Humanos.

Tendo em vista que os direitos sociais muitas vezes necessitam de concretização para que sejam usufruídos pelos indivíduos, esta concretização não pode ser objeto de um retrocesso. A partir do momento que essa concretização ocorre, ela passa a integrar ao direito. Isso significa que essa concretização infraconstitucional passou a ter status constitucional (passou a ser materialmente constitucional).

Existem duas concepções sobre a vedação ao retrocesso:

1ª corrente - Gustavo Zagrebelsky (doutrinador Italiano muito citado no Brasil): A vedação ao retrocesso social consiste em um impedimento imposto ao legislador no sentido de reduzir o grau de concretização alcançado por uma norma de direito social. Não pode haver **nenhuma redução** no grau de concretização de um direito social;

2ª corrente - Jorge Miranda e José Carlos Vieira de Andrade (Portugueses): afirmam que o entendimento de Gustavo Zagrebelsky é radical, pois "engessaria" o legislador. Para eles, a vedação de retrocesso proíbe **somente a revogação da concretização de um direito sob o arbítrio ou a irrazoabilidade**

manifesta, sem que haja uma substituição por outra medida adequada. Fundamenta-se no sentido de que os poderes públicos podem, no futuro, ter outras prioridades, reduzindo o grau de concretização de um direito para conferir prioridade a outro, conforme a necessidade de dado momento histórico.

Esta foi uma questão doutrinária, em que pese a CESPE produzir mais questões envolvendo texto de lei e jurisprudência, mas que trouxemos a fim de enriquecer seu estudo para além do texto constitucional.

➔ **b) Organização dos poderes no Estado:** Mecanismos de freios e contrapesos. Poder Legislativo: Funções, organização e funcionamento. Atos parlamentares. Espécies normativas. Processo legislativo. Comissões. Tribunal de Contas. Poder Executivo: Presidente da República, governadores e prefeitos: eleição, reeleição, perda do mandato, impedimento, substituição, sucessão, vacância, responsabilidade e atribuições. Medidas provisórias: requisitos, limite, controle. Poder Judiciário: Funções, organização, competências e funcionamento; garantias institucionais da função judicial. Supremo Tribunal Federal. Conselho Nacional de Justiça. Responsabilidade do Estado por atos jurisdicionais. O Poder Judiciário no Estado de Direitos: **Políticas públicas e controle jurisdicional**; Ativismo judicial;

Dentro deste tema, o mais importante para provas da Defensoria Pública é, sem dúvidas o ponto sobre o controle jurisdicional de políticas públicas. A relevância do tema se dá em razão da polêmica envolvendo a separação dos poderes, garantida constitucionalmente, e o controle de políticas públicas por meio de ações judiciais. Atualmente, é pacífico o entendimento no sentido de ser cabível tal controle para garantir direitos fundamentais e o mínimo existencial. Não se trata de atuação legislativa pelo judiciário fora do seu âmbito de atuação, mas sim de garantia do princípio da inafastabilidade da jurisdição, mantendo-se os poderes independentes e harmônicos.

Sobre este tema, inclusive relacionando-se com o tema anterior, tendo em vista que a provas da FCC costumam envolver jurisprudência mesmo quando o assunto é controle de constitucionalidade, cabe destacar a seguinte questão formulada pela FCC, na prova para Defensor Público do Paraná, em 2017:

> QUESTÃO 11: "Em determinada decisão de sua relatoria no Supremo Tribunal Federal, Ministro da referida casa assim se pronunciou: o Tribunal não chega a ser um "elaborador" de políticas públicas, e sim um coordenador institucional, produzindo um "efeito desbloqueador". Na mesma decisão disse, ainda, que naquele caso caberia ao Judiciário catalisar ações e políticas

públicas, coordenar a atuação dos órgãos do Estado na adoção dessas medidas e monitorar a eficiência das soluções. Os efeitos mencionados pelo Ministro são característicos da decisão

Ⓐ de Habeas Data.

Ⓑ que reconhece o Estado de Coisas Inconstitucional.

Ⓒ que utiliza a técnica do judicial review.

Ⓓ de Mandado de Injunção.

Ⓔ de Ação Direta de Inconstitucionalidade por Omissão".

Gabarito: Alternativa "B".

Como de costume, a FCC exigiu na questão conhecimento sobre jurisprudência.

Nesta questão não há o que discorrer sobre cada assertiva, todas foram inseridas com o intuito de confundir o candidato sobre qual era a decisão a que se referia o examinador quando menciona as características desta.

O "Estado de Coisas Inconstitucional" foi expressão utilizada pelo STF na ADPF 347, proposta pelo PSOL em maio de 2015, objetivando declaração no sentido de que a situação atual do sistema penitenciário brasileiro viola preceitos fundamentais e direitos fundamentais dos presos. Assim, foi requerido e determinado à União e Estados diversas medidas a fim de sanar as lesões aos direitos dos presos.

A inicial, subscrita por Daniel Sarmento, aponta o **"Estado de Coisas Inconstitucional"** em razão de existir (i) violação generalizada e sistêmica de direitos fundamentais; (ii) inércia ou incapacidade reiterada e persistente das autoridades públicas em modificar tais violações; (iii) situação que exige a atuação não apenas de um órgão, mas sim de uma pluralidade de autoridades para resolver o problema.

No requerimento, foram pleiteadas as seguintes medidas:

(i) Que quando um juiz for decretar ou manter prisão provisória, fundamente essa decisão, dizendo expressamente o motivo pelo qual está aplicando a prisão e não uma das medidas cautelares alternativas previstas no art. 319 do CPP;

(ii) A implementação no prazo máximo de 90 dias, das audiências de custódia;

(iii) Que os julgadores levem em consideração, de forma expressa e fundamentada, o quadro dramático do sistema penitenciário brasileiro para aplicação de cautelares diversas e na execução da pena definitiva;

(iv) O estabelecimento preferencial, e quando possível, de penas alternativas à prisão;

(v) Flexibilização dos requisitos temporais necessários para que o preso goze de benefícios e direitos, como a progressão de regime, livramento condicional e a suspensão condicional da pena, quando ficar demonstrado que as condições de cumprimento da pena estão, na prática, mais severas do que as previstas na lei em virtude do quadro do sistema carcerário (a título de compensação);

(vi) A organização de um mutirão carcerário pelo CNJ, para coordenar e revisar todos os processos de execução penal em curso no país com fixação de pena privativa de liberdade, a fim de adequá-la às medidas propostas;

(vii) A liberação, por parte da União do saldo acumulado no Fundo Penitenciário Nacional (FUNPEN), abstendo-se de qualquer novo contingenciamento.

No entanto, o Supremo Tribunal Federal julgou parcialmente procedente a medida cautelar. Dentre todas as medidas pleiteadas somente foi obtido êxito quanto às <u>**audiências de custódia**</u>**, já prevista no art. 7º da Convenção Americana dos Direitos Humanos**, bem como para determinar o **descontingenciamento do fundo penitenciário.**

Na prática, embora o **STF tenha reconhecido que há um "estado de coisas inconstitucional" nos presídios brasileiros**, os juízes continuam, inclusive nas audiências de custódia, aplicando a medida cautelar extrema de prisão, sem fundamentar devidamente o não cabimento de cautelar diversa, menos severa.

Ainda sobre o tema de controle judicial de políticas públicas, e se referindo ao julgado sobre a situação caótica dos presídios, a FCC elaborou a seguinte questão, na prova para Defensor Público do Espírito Santo, em 2016:

> QUESTÃO 50: "No julgamento do Recurso Extraordinário no 592.581/RS, o Supremo Tribunal Federal decidiu que o Poder Judiciário pode determinar que a Administração Pública realize obras ou reformas emergenciais em presídios para garantir os direitos fundamentais dos presos, como sua integridade física e

moral. A respeito do controle judicial de políticas públicas, considere:

I. Caracteriza-se como hipótese de controle judicial de políticas públicas o ajuizamento de ação civil pública pela Defensoria Pública para obrigar ente federativo a assegurar saneamento básico em determinada localidade em benefício de pessoas necessitadas.

II. O controle judicial de políticas públicas é limitado ao âmbito dos direitos fundamentais sociais, não se configurando na hipótese dos demais direitos fundamentais de primeira e terceira dimensão (ou geração).

III. O ajuizamento de ações coletivas pela Defensoria Pública com o objetivo de exercer o controle judicial de políticas públicas deve se dar independentemente de qualquer esgotamento da via administrativa ou tentativa extrajudicial de resolução do conflito, já que tal medida não acarreta qualquer limitação ao princípio da separação de poderes.

IV. A jurisprudência do Supremo Tribunal Federal sedimentou entendimento de que é possível o controle judicial de políticas públicas na hipótese de violação ao direito ao mínimo existencial, superando o argumento da reserva do possível.

Está correto o que se afirma APENAS em:

A) II, III e IV.

B) I e II.

C) I e IV.

D) I e III.

E) III e IV.

Gabarito: Alternativa "C". Mais uma vez a FCC trouxe questões envolvendo casos práticos e jurisprudência.

Os itens I e IV trazem exemplos de controle judicial de políticas públicas. Em que pese o Administrador (Executivo) ter o poder discricionário, para, respeitando a legislação (Legislativo), decidir quais políticas públicas implementar preferencialmente, não pode furtar-se do **mínimo existencial**, conceito este dentro do qual se insere a saúde e saneamento básico (que é o tema do item I), admitindo-se a intervenção judicial para que se concretizem esses direitos sociais, em caso de omissão ou retardo dos demais poderes.

Acertadamente o item IV menciona que não cabe ao ente público se opor, justificando a impossibilidade de concretizar o direito social com base na chamada **"reserva do possível"**, quando o direito tutelado estiver no âmbito do mínimo existencial.

Conforme ensina a doutrina de Ingo Sarlet, bem como se posicionou o STF (RE 482 611 -Min. Celso de Mello), prevalece a impossibilidade do poder público invocar a cláusula da reserva do possível quando houver risco de comprometimento do núcleo básico que configura o mínimo existencial.

O item II está errado, pois não há tal limitação, pelo contrário, a liberdade (direito de primeira dimensão) é o que mais se busca defender judicialmente.

O item III segue a máxima de que, geralmente, questões que envolvem expressões que generalizam como "qualquer" estão erradas. Diferentemente do que afirma, o recomendado pela economia processual e primazia da solução extrajudicial de conflitos é justamente que antes sempre seja buscada a solução extrajudicialmente. Justamente por isso, no âmbito da tutela de direitos transindividuais é comum requisição de informações, expedir recomendações à órgãos públicos ou celebrar Termo de Ajustamento de Conduta.

c) Teoria geral do **controle de constitucionalidade**: Teoria da recepção. O controle difuso de constitucionalidade. O controle concentrado de constitucionalidade (ADI, ADI por omissão, ADI interventiva, ADC, ADPF). Mutações constitucionais. Técnicas de decisão dos Tribunais Constitucionais. Decisões aditivas e substitutivas dos Tribunais Constitucionais. Controle de constitucionalidade do direito estadual e do direito municipal:

Este ponto é abordado de diferentes formas nas provas da Defensoria Pública, tanto com questões doutrinárias e conceituais que abordam do candidato o conhecimento sobre o que representa cada uma das modalidades de controle de constitucionalidade, quanto seu rito processual. Também é importante ter atenção à jurisprudência, pois costuma ser exigido conhecimento sobre as decisões do Supremo Tribunal Federal no exercício do controle concentrado de constitucionalidade.

A CESPE, que, em regra, tem bastante enfoque no texto de lei, exigiu a seguinte questão na prova para Defensor Público do Estado de Pernambuco, em 2018:

> QUESTÃO 20: "A respeito do procedimento da arguição de descumprimento de preceito fundamental (ADPF), assinale a opção correta.
>
> **A** A concessão de medida liminar em sede de ADPF será limitada à suspensão dos feitos e julgamentos que versem sobre a mesma matéria.

B A decisão final em sede de ADPF terá, em regra, efeito *ex nunc*, salvo decisão de dois terços do plenário do STF para a modulação dos efeitos.

C O ajuizamento da ADPF deve atender à subsidiariedade, sendo proposta quando inexistir outro meio idôneo para instrumentalização da pretensão de sanar lesão a preceito fundamental.

D O objeto da ADPF restringe-se às leis federais e estaduais.

E O objeto da ADPF deve restringir-se à legislação posterior à promulgação da Constituição Federal de 1988.

Gabarito: Alternativa "C".

A alternativa "A" está equivocada, a decisão não se limita a tal hipótese.

Na ADPF há três situações em que o relator pode conceder medida cautelar: em caso de extrema urgência, perigo de lesão grave ou período de recesso.

Nesse sentido, contrariando a afirmação feita, dispõe o artigo 5º, § 3º, da lei 9.882/99:

> "Art. 5º - O Supremo Tribunal Federal, por decisão da maioria absoluta de seus membros, poderá deferir pedido de medida liminar na arguição de descumprimento de preceito fundamental.
>
> §1º: A liminar poderá consistir na determinação de que juízes e tribunais suspendam o andamento de processos ou os efeitos de decisões judiciais, **ou de qualquer outra medida que apresente relação com a matéria objeto** da arguição de descumprimento de preceito fundamental, salvo se decorrentes da coisa julgada." (*grifamos).*

Assim, verifica-se que não é necessário que os processos versem sobre a mesma matéria para que seja possível sua suspensão, bastando que guardem relação com o tema objeto da ADPF.

A alternativa "B" está errada, assim como a decisão de mérito na ADC e ADI, a ADPF tem, em regra, efeitos *ex tunc (*efeito retroativo, pois a lei inconstitucional é considerada ato nulo).

A assertiva "C" está correta e se fundamenta no texto legal, conforme artigo 4º, § 1º, da Lei 9.882/99: "Não será admitida arguição de descumprimento de preceito fundamental quando houver qualquer outro meio eficaz de sanar a lesividade."

A Ação de Descumprimento de Preceito Fundamental (ADPF) tem como requisito de admissibilidade o fato de não existir outro meio eficaz (mesma amplitude, imediaticidade e efetividade) para sanar a lesividade, ou seja, tem caráter subsidiário em relação à Ação Direta de Inconstitucionalidade ou de Constitucionalidade.

Convém ressaltar que há uma hipótese que *o meio* não precisa ser uma ação de controle concentrado-abstrato. É o caso da súmula vinculante. Existe procedimento **específico previsto em lei para** que a súmula vinculante seja revogada/cancelada. Assim, **a súmula vinculante não pode ser objeto de ADPF, pois existe outro meio eficaz, com a mesma amplitude, imediaticidade e efetividade que a ADPF.**

A alternativa "D" está errada, confunde o candidato quanto ao objeto previsto para ADI e o da ADPF. A ADPF pode ser proposta contra ato do Poder Público Federal, Estadual ou Municipal, seja ou não uma lei. O objeto da ADPF está previsto no artigo 1º da Lei 9.882/99: "A arguição prevista no § 1º do art. 102 da Constituição Federal será proposta perante o Supremo Tribunal Federal e terá por objeto evitar ou reparar lesão a preceito fundamental, resultante de ato do Poder Público".

A alternativa "E" está errada. Mais uma vez o examinador busca confundir o candidato com os conceitos estipulados para ADC/ADI. O ato pode ser posterior ou anterior à Constituição. Não existe qualquer exigência quanto ao aspecto temporal, diferentemente do que ocorre na ADI/ADC.

A fim de facilitar a compreensão do tema, segue quadro esquematizado:

	ADC	ADI	ADPF
COMPETÊNCIA	**STF**	**STF**	**STF**
OBJETO	- Lei/ato normativo - Federal -Posterior ao parâmetro constitucional violado	- Lei/ato normativo - Federal/estadual -Posterior ao parâmetro constitucional violado	- Ato do Poder Público - Federal/estadual/ municipal - Anterior ou posterior ao preceito fundamental violado

	ADC	ADI	ADPF
PARÂMETRO	-Norma formalmente constitucional -Tratados internacionais de direitos humanos, aprovados na forma do art. 5º, §3º, da CRFB/88.	- Norma formalmente constitucional - Tratados internacionais de direitos humanos, aprovados na forma do art. 5º, §3º da CRFB/88.	- "Preceito fundamental"
LEGITIMIDADE ATIVA	Universal: - Presidente da República - PGR - Mesa da Câmara de Deputados e Senado Federal - Partido Político com representação no Congresso Nacional - Conselho Federal da OAB Especial: - Governadores (Estados e DF) - Mesa da Assembleia Legislativa e da Câmara Legislativa - Confederação Sindical - Entidade de classe no âmbito nacional	Universal: - Presidente da República - PGR - Mesa da Câmara dos Deputados e Senado Federal - Partido Político com representação no Congresso Nacional - Conselho Federal da OAB Especial: - Governadores (Estados e DF) - Mesa da Assembleia Legislativa e da Câmara Legislativa - Confederação Sindical - Entidade de classe no âmbito nacional	Universal: - Presidente da República - PGR - Mesa da Câmara de Deputados e Senado Federal - Partido Político com representação no Congresso Nacional - Conselho Federal da OAB Especial: - Governadores (Estados e DF) - Mesa da Assembleia Legislativa e da Câmara Legislativa - Confederação Sindical - Entidade de classe no âmbito nacional

	ADC	ADI	ADPF
MEDIDA CAUTELAR	- *Erga omnes* e vinculante - *ex nunc* - Suspende o julgamento dos processos - O relator **não** pode conceder liminar (só pode decisão da maioria absoluta de seus membros)	- *Erga omnes* e vinculante - *ex nunc* - Suspende o julgamento dos processos - O relator pode conceder liminar no **período de recesso.**	- *Erga omnes* e vinculante - *ex nunc* - Suspende os processos, decisões ou medidas (salvo coisa julgada) - O relator pode conceder liminar **(i) no período de recesso; (ii) em caso de extrema urgência; (iii) em perigo de lesão grave.**
DECISÃO DE MÉRITO	- *Erga omnes* e vinculante - Regra: *ex tunc* - Modulação (2/3)	- *Erga omnes* e vinculante - Regra: *ex tunc* - Modulação (2/3)	- *Erga omnes* e vinculante - Regra: *ex tunc* - Modulação (2/3) e abrange também as situações que serão atingidas

5 DOUTRINA, JURISPRUDÊNCIA E "LEI SECA" NOS CONCURSOS DA DEFENSORIA PÚBLICA

Do que se pode observar na pesquisa realizada nos últimos cinco anos de concurso público para defensoria nas principais bancas, para o conhecimento exigido é essencial o conhecimento de jurisprudência dos tribunais superiores para a CESPE e FCC atualmente. Antes de 2017 nas provas da FCC, em direito constitucional, prevaleciam questões envolvendo texto de lei, mas de 2017 para cá, passou a ser comum ao final de cada questão a seguinte observação: "à vista da Constituição Federal e da jurisprudência do Supremo Tribunal Federal", ou seja, passou a exigir não só o texto Constitucional, mas a posição do STF sobre o assunto.

A VUNESP exige questões mais concisas baseadas no texto de lei.

A FUNDEP elaborou prova bastante conceitual (DPE/MG - 2019), com base em doutrina. A FMP (DPE/PA - 2015) na prova de constitucional exigiu somente controle de constitucionalidade.

Assim, visando tornar melhor a sua visualização, de acordo com nossa pesquisa, o conhecimento exigido apresenta as seguintes proporções:

CONHECIMENTO	CESPE	FCC	OUTROS
Doutrina	23%	20%	27%
Jurisprudência	37%	40%	26%
Lei	40%	40%	47%

Importante ressaltar que, neste cálculo, aquelas questões que exigem múltiplo conhecimento, foram incluídas em todas as áreas de conhecimento.

6 ANÁLISE DE QUESTÕES DISSERTATIVAS

Nas questões dissertativas ou discursivas, os pontos mais tocados são aqueles relacionados aos direitos fundamentais e a sua forma de interpretação e proteção jurídica.

Assim, é importante que o candidato tenha conhecimento não só do texto constitucional sobre o tema, mas principalmente sobre a interpretação dada pela doutrina sobre os princípios interpretativos e as decisões recentes dos Tribunais Superiores no âmbito do controle judicial de políticas públicas.

Veja, por exemplo a 1ª Questão da Banca III, na prova preliminar para Defensor Público do Estado do Rio de Janeiro (XXVI concurso) que indagou do candidato sobre a chamada "reserva do possível":

> "Dandara, criança com síndrome de Dandy-Walker, que causa distúrbios neurológicos, está matriculada em Escola Municipal, em Paraty. Conforme laudo médico emitido, precisa de profissional de apoio escolar, uma vez que, em virtude de doença, necessita de auxílio para se alimentar, tomar notas e locomover-se. Sua mãe procura o órgão da Defensoria Pública, que oficiou à

Secretaria Municipal de Educação, tendo sido informado: 1) a função não está prevista no plano de cargos e salários, não havendo profissionais no quadro de servidores para realizar a tarefa; 2) inexiste previsão na lei orçamentaria para a contratação de profissionais, o que esbarraria na reserva do possível; 3) não foi realizada avaliação biopsicossocial por equipe multidisciplinar atestando ser Dandara pessoa com deficiência. A mãe de Dandara, de posse da resposta, procura novamente a Defensoria Pública, solicitando orientação. Existe alguma medida judicial a ser tomada? Fundamente."

O gabarito considerou que caberia ação individual de Mandado de Segurança (ou Ação de Obrigação de Fazer com pedido de tutela de urgência). Deveriam ser abordados os seguintes pontos:

a) Direito da pessoa com deficiência à presença de profissional de apoio escolar (art. 3º, XIII e art. 28, XVII, da Lei 13.146, art. 58, §1º, da LDB e art. 54, III da Lei 8069/90, dispositivos legais que buscam dar efetividade ao direito fundamental a educação e art. 208, III da CRFB/88). A ausência de legislação municipal não tem o condão de paralisar a eficácia da legislação nacional. Há possibilidade de, por exemplo, utilizar a contratação administrativa para oferta regular do serviço educacional.

b) Reserva do possível e entraves orçamentários: ainda que caiba à Administração Pública optar pela destinação das receitas arrecadadas, existem despesas que não poderão ser excluídas do orçamento. O chamado **"mínimo existencial"** deve ser priorizado, não cabendo defesa administrativa sustentando a reserva do possível para não o concretizar. Fazem parte do "mínimo existencial" os direitos fundamentais à saúde, educação, etc.

   Conforme vimos em outro tópico, quando o direito tutelado estiver no âmbito do mínimo existencial prevalece a impossibilidade de invocação pelo poder público da cláusula da reserva do possível. Conforme ensina a doutrina de Ingo Sarlet, bem como se posicionou o STF (RE 482 611 -Min. Celso de Mello).

c) O candidato deveria alegar a suficiência da avaliação médica. O art. 2º, §1º da Lei 13.146 está apenas se adequando à Convenção sobre Direitos da Pessoa com Deficiência da ONU, que impôs a revisão da conceituação de deficiência e incapacidade, visando melhor aferir o grau de funcionalidade da pessoa e suas restrições em relação ao ambiente físico, social e de trabalho, abandonando um critério exclusivamente médico. O objetivo é melhorar o amparo e não restringir ainda mais o exercício de direitos fundamentais.

Observe que em questões dissertativas não basta o conhecimento das normas constitucionais. É comum que as respostas exijam do candidato conhecimento de leis ordinárias que concretizem direitos fundamentais, bem como tratados internacionais dos quais o Brasil faça parte, além da interpretação doutrinária e jurisprudencial sobre os temas.

7 DICAS FINAIS PARA OS CANDIDATOS

Direito Constitucional é a matéria basilar de todas as demais. É a Constituição a norma suprema, o topo da pirâmide Kelseniana, a base de interpretação de todo o ordenamento. Assim, aconselho que separe algum tempo do seu dia (aproximadamente 30 minutos é o suficiente) para ler a própria CONSTITUIÇÃO. Leia o que for possível no tempo que separou, anote onde parou, e prossiga até finalizar. No restante do tempo estude normalmente seu cronograma. O cronograma de estudos de Direito Constitucional deve incluir uma boa doutrina (e boa é a que lhe faça compreender mais facilmente), e muita jurisprudência. É essencial que o estudante faça da leitura de informativos de jurisprudência um hábito. Se necessário reserve um caderno e anote ali em poucas linhas o número e as considerações principais dos julgados que lhe parecerem mais relevantes para sua prova, depois revise.

Não existe fórmula mágica, mas com um bom material, dedicação, estudo e empenho tenho certeza que você conseguirá a aprovação!

DIREITO ADMINISTRATIVO

Daniel Mesquita dos Santos

Administrativo

1 BIBLIOGRAFIA INDICADA

Ao se analisar os concursos de defensoria pública estadual dos últimos anos em nosso país, tem-se percebido um crescimento de oportunidades, eis que por se tratar de um órgão "jovem" muitos entes federados sequer possuíam a instituição já criada em seu âmbito e, em muitos em que já existia a defensoria, a sua estrutura era bastante precária.

Assim, verificou-se um alargamento de disciplinas e temas cobrados e também um aprofundamento nos tópicos exigidos do candidato, inclusive em disciplinas que por muitas vezes não são o mais notório foco da atuação do defensor, tal como se verifica com a disciplina de Direito Administrativo.

Dessa forma, a cobrança da disciplina em apreço tem se intensificado, exigindo do candidato o conhecimento da lei, da doutrina e jurisprudência. Como veremos em nossa análise, alguns tópicos exigem mais conhecimento da lei, enquanto outros exigirão também um aprofundamento maior na jurisprudência e outros na doutrina.

Pensando de maneira estratégica, vale a pena estudar o direito administrativo para conseguir pontos preciosos na sua prova. Isso porque a cobrança ainda não tem sido tão verticalizada, como acontece em outras disciplinas, de modo que o estudo desse ramo do direito, ainda que de maneira não tão verticalizada, pode garantir alguns pontos preciosos no conjunto da prova.

Nesse sentido, a escolha da bibliografia deve estar atenta ao próprio conhecimento prévio do aluno, que deve fazer também uma triagem comparativa entre os temas e a forma de cobrança das provas – o que será detalhado nas próximas páginas -, e o seu próprio conhecimento, para poder concluir pela leitura de uma doutrina mais completa ou uma um pouco menos intensa.

Incialmente, vale a pena destacar como recomendação bibliográfica a doutrina do professor José dos Santos Carvalho Filho como a obra mais completa da disciplina, em seu Manual de Direito Administrativo. Certamente é a obra mais aprofundada entre as aqui indicadas. Como professor de Direito Administrativo, é a minha escolha mais produtiva, mas bastante extensa.

Cabe destacar, entretanto, que para o escopo de nossa análise, voltada para as provas de concurso da Defensoria Pública estadual, recomendo a obra mais para leituras pontuais em que o candidato precise de um maior detalhamento em seu estudo, para aprofundar conhecimento e compreender melhor algum tema específico.

Também não podemos deixar de destacar o Direito Administrativo Descomplicado, de Marcelo Alexandrino e Vicente Paulo. Há muito tempo a obra tem sido utilizada para os mais diversos concursos do país e ganhou muita qualidade e aprofundamento nos últimos anos, deixando de lado a impressão de que era uma obra para concursos de menor exigência e sendo, certamente, uma recomendação chave para o estudo de nossa disciplina e para as provas de defensoria pela clareza, didática, conteúdo e viés de prova de concurso.

Também merece destaque a obra Curso de Direito Administrativo, de Rafael Carvalho Rezende Oliveira. A obra tem sido aprimorada em cada edição e também merece elogios e recomendação pelo bom enfoque voltado aos concursos públicos.

Por fim, destacamos o Direito Administrativo, da professora Maria Sylvia Zanella di Pietro. Trata-se de obra renomada e consagrada no Direito Administrativo. Tem uma organização menos voltada para concurso público, mas pode ser muito esclarecedora em temas que pareçam menos palatáveis ao candidato.

Escolhendo qualquer das obras acima certamente você estará muito bem acompanhado. A escolha vai depender muito de sua identificação com a forma de transmissão do conteúdo em cada obra e também de seu conhecimento prévio.

De maneira geral, pensamos que o Direito Administrativo Descomplicado desponta como a indicação mais adequada a todos os níveis. Isso, porque apresenta todos os conceitos básicos sem deixar de aprofundar alguns pontos de maior relevância, sem muitos exageros intelectuais, observando o necessário direcionamento para concursos públicos.

Além da leitura dos livros doutrinários, por óbvio, como não poderia deixar de ser, faz-se necessária a leitura atenta da legislação pertinente a cada tópico do seu edital. A leitura das leis esparsas é fundamental em nossa disciplina especialmente por não haver um "código" de Direito Administrativo, diferentemente de outros ramos do direito, o que ressalta a relevância das leis específicas.

Por fim, e de forma alguma o menos relevante, a leitura dos informativos de jurisprudência do Supremo Tribunal Federal e do Superior Tribunal de Justiça é crucial. É condição indispensável para a aprovação.

Também merece destaque a "jurisprudência em teses" do Superior Tribunal de Justiça. Na página eletrônica do Tribunal você terá acesso ao mencionado documento. São diversas edições, separados por temas e ramos do direito, com vários enunciados compilando o entendimento do Tribunal sobre determinado tema. É fundamental - https://scon.stj.jus.br/SCON/jt/

Com tais diretrizes, certamente o candidato estará bem preparado.

2 CONTEÚDO PROGRAMÁTICO DE DIREITO ADMINISTRATIVO NAS PROVAS DE DEFENSORIA PÚBLICA ESTADUAL

Diferentemente de outros certames, tais como o da magistratura, ainda não existe uma resolução ou alguma outra espécie normativa que determine a necessária observância de disciplinas, temas ou formatos de prova para as Defensorias Públicas Estaduais.

Diante de tal contexto, verifica-se uma significativa heterogeneidade nas modalidades de prova e no conteúdo cobrado. Entretanto, tais diferenças podem ser elucidadas até certo ponto, tendo em vista que a maior parte dos concursos para o cargo de Defensor Público Estadual foi realizada por poucas bancas.

Percebe-se que o cenário dos concursos que almejamos em nossa análise foi dominado nos últimos anos pelo CEBRASPE/CESPE e pela Fundação Carlos Chagas (FCC).

É certo que temos, também, outras bancas examinadoras, mas são mais pontuais, tais como a FUNDEP, em Minas Gerais; a UFMT, em Mato Grosso; e a FMP, no Pará.

Cotejando os temas cobrados notadamente nas bancas que organizaram por mais oportunidades os concursos de defensoria pública estadual, chegamos ao seguinte conteúdo programático de Direito Administrativo:

> 1 Introdução ao direito administrativo: origem, conceito, natureza jurídica e objeto;
>
> 2 Regime jurídico-administrativo: conceito, supremacia do interesse público sobre o privado e indisponibilidade, pela Administração, dos interesses públicos, princípios expressos e implícitos da Administração Pública, transparência e acesso à informação no Poder Público;
>
> 3 Organização administrativa: centralização, descentralização, concentração e desconcentração, Administração direta, Administração indireta, entidades paraestatais e terceiro setor;
>
> 4 Atos administrativos: conceito, fatos da Administração, atos da Administração e atos administrativos, requisitos ou elementos, atributos, classificação, atos administrativos em espécie, o silêncio no direito administrativo, extinção dos atos administrativos, revogação, anulação e cassação, convalidação, vinculação e discricionariedade, atos administrativos nulos, anuláveis e inexistentes, prescrição e decadência administrativa;
>
> 5 Processo administrativo: Lei nº 9.784/1999 e suas alterações, disposições doutrinárias aplicáveis;
>
> 6 Poderes e deveres da Administração Pública: poder regulamentar, poder hierárquico, poder disciplinar, poder de polícia, dever de agir, dever de eficiência, dever de probidade, dever de prestação de contas, uso e abuso do poder;
>
> 7 Serviços públicos: conceito, características e classificação, competência, regulamentação e controle; princípios, direitos e deveres dos usuários, formas de prestação e remuneração; concessão, permissão, autorização e parceria público-privada, Lei nº 13.460/2017 (Direitos dos Usuários);
>
> 8 Intervenção do Estado na propriedade: conceito, fundamento, modalidades;
>
> 9 Controle da Administração Pública: conceito, classificação das formas de controle, controle exercido pela Administração Pública, controle legislativo, controle judicial;
>
> 10 Improbidade administrativa: Lei nº 8.429/1992 e suas alterações, disposições doutrinárias aplicáveis;
>
> 11 Agentes públicos: disposições constitucionais aplicáveis, disposições doutrinárias, conceito, espécies; cargo, emprego e

função pública; provimento, vacância, efetividade, estabilidade e vitaliciedade, remuneração, direitos e deveres, responsabilidade, Processo Administrativo Disciplinar;

12 Bens públicos: conceito, classificação, características, espécies, afetação e desafetação, aquisição e alienação, uso dos bens públicos por particular;

13 Responsabilidade civil do Estado: evolução histórica, teorias subjetivas e objetivas da responsabilidade patrimonial do Estado, responsabilidade civil do Estado no direito brasileiro, responsabilidade por ato comissivo do Estado, responsabilidade por omissão do Estado, requisitos para a demonstração da responsabilidade do Estado, causas excludentes e atenuantes da responsabilidade do Estado, reparação do dano, direito de regresso, responsabilidade primária e subsidiária, responsabilidade do Estado por atos legislativos, responsabilidade do Estado por atos judiciais;

14 Licitação: conceito, natureza jurídica, objeto e finalidade; princípios básicos e correlatos, modalidades; obrigatoriedade, dispensa e inexigibilidade; procedimento licitatório, procedimentos voltados à aquisição de bens e à contratação de obras ou serviços;

15 Contrato administrativo: conceito, principais características e espécies; formalização, execução e inexecução; duração, prorrogação, renovação e extinção; revisão e rescisão; convênios e consórcios;

16 Atuação do Estado no domínio econômico: liberalismo econômico e o intervencionismo, fundamentos da ordem econômica, formas de atuação do Estado, Estado regulador e executor, Monopólio estatal;

17 Controle da Administração Pública: controle político e administrativo, conceito, fundamentos, natureza jurídica, objetivo e classificação; controle legislativo e Tribunal de Contas, súmulas vinculantes e demais instrumentos de controle judicial;

17 Jurisprudência dos tribunais superiores.

O conteúdo acima reflete os principais tópicos previstos para as provas cobradas pelas bancas CEBRASPE e FCC, que, como destacado cima, são as que tem organizado as provas de Defensoria Pública Estadual com mais frequência nos últimos anos.

3 ANÁLISE GERAL DAS ÚLTIMAS PROVAS OBJETIVAS. IDENTIFICAÇÃO DOS TEMAS MAIS FREQUENTES, ORIGEM DAS QUESTÕES E MELHOR LINHA DE ESTUDO

No escopo de identificar os tópicos com maior incidência nas provas do CEBRASPE e da FCC realizadas nos últimos 5 anos, desenvolvemos a tabela abaixo, que destaca os temas mais frequentemente cobrados por cada banca.

Listaremos, inicialmente, quais as provas analisadas, para, posteriormente, indicar a incidência de cobrança de cada tópico.

BANCA	DEFENSORIA	ANO
CEBRASPE	DP-DF	2019
FCC	DPE-SP	2019
FCC	DPE-MA	2018
FCC	DPE-AM	2018
FCC	DPE-RS	2018
FCC	DPE-AP	2018
FCC	DPE-AM	2018
CEBRASPE	DPE-PE	2018
CEBRASPE	DPE-AL	2017
CEBRASPE	DPE-AC	2017
FCC	DPE-SC	2017
FCC	DPE-PR	2017
FCC	DPE-ES	2016
FCC	DPE-BA	2016
CEBRASPE	DPE-RN	2015
FCC	DPE-SP	2015
FCC	DPE-MA	2015
CEBRASPE	DPE-PE	2015

Da análise das provas listadas, verifica-se no CEBRASPE a maior cobrança dos seguintes temas, em ordem de incidência nas provas de primeira fase; a indicação da origem mais frequente das questões segue na segunda coluna:

TEMA	LEI, DOUTRINA OU JURISPRUDÊNCIA
Atos administrativos	Doutrina
Organização administrativa	Doutrina
Entes em cooperação	Lei
Intervenção do Estado na propriedade	Conceitos
Responsabilidade Civil do Estado	Jurisprudência

TEMA	LEI, DOUTRINA OU JURISPRUDÊNCIA
Serviços Públicos	Lei
Bens públicos	Doutrina
Improbidade Administrativa	Jurisprudência
Agentes públicos	Jurisprudência
Controle da Administração	Jurisprudência

É importante que se tenha em mente que a lista não é exaustiva. Há cobranças pontuais de outros temas dentro do edital, tais como licitação, contratos e poderes da Administração.

A banca CEBRASPE, de maneira geral, é tradicionalmente mais próxima da cobrança jurisprudencial. Justamente em razão dessa característica é que indicamos na bibliografia o estudo sistematizado da jurisprudência por meio dos informativos e destacamos também a necessidade da leitura dos arquivos da "jurisprudência em teses".

O que não se pode deixar de perceber também pela análise das provas anteriores é o fato de que nem todos os temas possíveis de cobrança pelo edital são exaustivamente abordados pela jurisprudência, razão pela qual a cobrança de determinados temas em prova terá outras origens mais frequentemente: lei e doutrina.

O tema "atos administrativos", por exemplo, tem sido certo nas provas. A origem das questões é eminentemente doutrinária, até em razão de seu próprio estudo. Não existe uma lei dos atos administrativos. Há a lei do processo administrativo (9.784/99) que muito abarca do tema e cuja leitura é fundamental, mas o estudo dos elementos, dos atributos, das classificações e das formas de extinção é fundamental para uma boa prova de nossa disciplina.

A "organização administrativa" é cobrada tanto da doutrina como da lei. Isso porque existe sim um amplo estudo doutrinário, especialmente cobrado no que se relaciona aos conceitos e classificações, mas também há diversas disposições constitucionais sobre o tema que não podem ser deixadas de lado.

Os "entes em cooperação" apareceram em todas as provas do CEBRASPE nos últimos anos. Os questionamentos são extraídos basicamente das leis que tratam do tema, que trazem muitos conceitos e muitas polêmicas, razão pela qual o item extraído da literalidade da lei mostra-se mais "seguro" para o examinador. Além das figuras mais frequentes do terceiro setor, notadamente OS e OSCIP, recomenda-se fortemente a leitura da Lei 13.019/2014, que trata das novas parcerias entre a administração pública e as organizações da sociedade civil.

A "intervenção estatal na propriedade" é cobrada, geralmente, de forma mais horizontal, exigindo do candidato o conhecimento de vários conceitos doutrinários e previstos em lei, tanto nas modalidades restritivas como na modalidade supressiva – desapropriação. Conheça bem a distinção entre as modalidades restritivas em suas principais características.

Em relação aos temas "responsabilidade civil do Estado", "improbidade administrativa", "agentes públicos" e "controle da Administração" são cobrados, quase que exclusivamente, aspectos jurisprudenciais. Entretanto, não se pode deixar de conhecer os conceitos básicos do tema.

O tema "bens públicos" tem sido cobrado de forma doutrinária e legal. Especialmente a partir do art. 98 e seguintes do Código Civil, sem, obviamente, deixar de lado os entendimentos jurisprudenciais do STJ. Não deixe de ver o "Jurisprudência em Teses edição nº 124: Bens Públicos", no site do STJ.[1]

Por fim, os serviços públicos são cobrados essencialmente com base na Lei 8.987/95, que dispõe sobre o regime de concessão e permissão da prestação de serviços públicos previsto no art. 175 da Constituição Federal, bem como na Lei 13.460/2017, que, por sua vez, dispõe sobre participação, proteção e defesa dos direitos do usuário dos serviços públicos da administração pública.

Passamos à análise dos tópicos mais cobrados pela FCC, focando, agora, nas distinções de tais tópicos, em relação ao que já pudemos verificar do CEBRASPE.

A banca FCC, diferentemente do CEBRASPE, possui, tradicionalmente, uma característica mais centralizada na cobrança da legislação. Entretanto, nos últimos anos, percebe-se uma maior incidência de cobrança de questões com exigência de conhecimento jurisprudencial.

De maneira similar ao que traçamos nas provas do CEBRASPE, podemos chegar a seguinte tabela nas provas da FCC:

1 Disponível em: https://scon.stj.jus.br/SCON/jt/toc.jsp?edicao=EDI%C7%C3O%20N.%20124:%20BENS%20P%DABLICOS.

TEMA	LEI, DOUTRINA OU JURISPRUDÊNCIA
Responsabilidade Civil do Estado	Jurisprudência
Serviços Públicos	Lei
Licitações e contratos	Lei
Desapropriação	Lei
Atos administrativos	Doutrina
Poderes da Administração	Doutrina
Bens públicos	Doutrina/lei
Improbidade Administrativa	Jurisprudência

Da tabela acima podemos confirmar nossa expectativa de uma cobrança com mais destaque na legislação, mas sem deixar também de perceber o crescimento da cobrança jurisprudencial.

As observações desenvolvidas quando analisamos a banca CEBRASPE são válidas aqui. Isso porque percebemos que alguns temas do direito administrativo são mais próximos em si do estudo legal, doutrinário ou jurisprudencial, o que vai repercutir na origem das questões que serão cobradas na prova.

O que mais merece atenção como um diferencial em relação às provas do CEBRASPE diz respeito à cobrança do tema "licitações e contratos", com origem, basicamente, na Lei 8.666/93 e com alta incidência nas provas FCC, sendo que por muitas vezes sequer apareciam nos temas do edital, como ocorreu na prova da Defensoria Pública do Distrito Federal de 2019.

Há, também, uma diminuição de incidência do tema atos administrativos, que apareceu praticamente em todas as provas do CEBRASPE, e que não era figura tão frequentemente nas provas da FCC.

Quanto ao estudo da intervenção estatal na propriedade, podemos perceber que nem todas as formas são comuns nas provas da FCC, que, via de regra, cobram o conhecimento do tema mais voltado ao estudo da desapropriação acima de qualquer outra das formas meramente restritivas.

Por fim, há de forma similar a cobrança dos "serviços públicos", mas especialmente sob a ótica da lei 8.987/95, tratando da delegação dos serviços, da concessão e permissão dos serviços públicos, além da lei 11.079/2004, que dispõe sobre as parcerias público-privadas.

Partindo dos dados analisados, é possível traçar uma estratégia adequada de estudo para cada tema do direito administrativo.

Sugiro sempre aos alunos que já possuem alguma base na disciplina que realizem o que alguns denominam de estudo inverso. Parta das questões para após, eventualmente, realizar a leitura de doutrina, legislação e jurisprudência. Entretanto, se não houver qualquer base na disciplina, será necessário iniciar pelas leituras.

Com a realização do maior número de questões de provas da Defensoria Pública Estadual você perceberá seu índice de erros e acertos e poderá entender onde está sendo mais falha sua preparação. Em quais temas e em qual tipo de leitura.

É certo que o estudo dos informativos deve ser feito independentemente da realização de questões, pois é necessário se manter atualizado sempre a respeito dos últimos julgados de maior relevância, o que pode até mesmo ser importante para a melhor compreensão dos temas estudos eventualmente em lei e doutrina.

De maneira geral, também podemos afirmar com tranquilidade, que o estudo, tanto para a banca CEBRASPE quanto para a FCC, pode ser realizado de maneira similar e concomitante, merecendo destaque, apenas, a necessidade de estudo da Lei de Licitações e Contratos com mais afinco, quando o interesse for em concurso realizado pela FCC, o que pode ser que nem seja alvo de cobrança caso o foco seja em concurso do CEBRASPE.

Assim, o fundamental é, a partir das questões, identificar quais são os temas que pessoalmente te apresentam mais dificuldade. A partir disso, então, perceber, como dividimos acima, a origem dessas questões para, assim, poder se dedicar a leitura da doutrina daquele tema específico, das leis mais cobradas do assunto ou da jurisprudência dos Tribunais Superiores – informativos e "jurisprudência em teses".

Quanto a eventual percepção de falha no estudo da jurisprudência em tema específico, é recomendável a aquisição de livros ou assinaturas eletrônicas que sistematizem a jurisprudência por temas para poder revisar os julgados mais importantes daquele assunto em específico.

A leitura dos informativos é crucial e necessária, mas ocorre de maneira pouco sistematizada, já que não é divulgada por temas, mas por períodos de julgamento.

3 ANÁLISE DAS ÚLTIMAS PROVAS DISCURSIVAS

a) Previsão do edital

Como destacado já no início da análise da nossa disciplina e das formas de cobrança nas últimas provas de concurso de Defensoria Pública Estadual, percebemos que o Direito Administrativo, de forma geral, não recebe muitos holofotes do examinador.

Tal característica apenas é acentuada nas demais fases dos diversos concursos públicos, sendo que, não raro, a matéria sequer é cobrada na prova discursiva.

Ocorre que isso não faz com que o candidato possa deixar de estudar a disciplina. Isso porque há a previsão no edital de cobrança, apesar de que na prática, dentre as matérias previstas, acaba não havendo exigência da disciplina. Explicamos melhor.

A título de exemplo, verificamos no edital para o Cargo de Defensor Público do Estado de Pernambuco que há a previsão da disciplina de diversas disciplinas para a segunda fase do certame, mas há também a fixação de apenas 2 questões discursivas, ou seja, não serão cobradas todas as disciplinas. Vejamos a previsão editalícia:

<table>
<tr><td rowspan="2">Segunda Fase Prova Escrita (P2)</td><td>Direito Administrativo
Direito Civil
Direito Constitucional
Direito da Infância e da Juventude
Direito do Consumidor
Direitos Humanos
Direito Penal
Direito Processual Civil
Direito Processual Penal</td><td>2 questões discursivas</td><td>Eliminatório e classificatório</td></tr>
<tr><td>Direito Civil
Direito Constitucional
Direito Penal
Direito Processual Civil
Direito Processual Penal</td><td>1 peça prática</td><td></td></tr>
</table>

Administrativo

Entretanto, em que pese a possibilidade de cobrança, quando da prova em si, foram cobradas questões dissertativas de outros ramos do direito que não o Direito Administrativo.

Na prova da Defensoria Pública do Distrito Federal também houve previsão de cobrança de Direito Administrativo na segunda fase do certame. Entretanto, houve duas provas discursivas, sendo que a prova P2, que contemplava direito administrativo, era composta por uma peça prática e quatro questões discursivas entre 5 ramos do direito:

Prova discursiva (P2)	**Direito Administrativo**, Direito Constitucional, Direitos Humanos, Direito Penal e Direito Processual Penal	Uma peça processual e quatro questões	Eliminatório e classificatório

O edital foi, portanto, mais específico e detalhado, permitindo concluir que de fato haveria cobrança da disciplina de Direito Administrativo na segunda etapa do certame da Defensoria Público do DF. O que realmente ocorreu.

A situação é semelhante na prova da Defensoria Pública organizada pela FCC. Alguns certames sequer trazem a previsão do Direito Administrativo como passível de cobrança na segunda fase, tal como aconteceu na prova da Defensoria Pública do Estado do Maranhão, que assim trouxe as especificidades da prova discursiva:

DISCIPLINAS	QUANTIDADE
Direito Constitucional	2 Peças Processuais (30 pontos cada) e 2 Questões Discursivas (20 pontos cada)
Direito Processual Civil	
Direito Civil	
Direito Processual Penal	
Direito Penal	
Legislação e Princípios Institucionais da Defensoria Pública	
Direitos Difusos e Coletivos	

Assim, a atenção do candidato que se prepara para a segunda fase do concurso da Defensoria Pública Estadual deve se iniciar já na leitura do edital para evitar traçar uma estratégia de estudo equivocado.

Atenção, portanto, ao que prevê o edital como passível de cobrança. Se houver a possibilidade de cobrança, ainda que em menor grau, será necessário estudar a disciplina, mas não se pode admitir o estudo no caso de o edital sequer trazer a previsão da matéria.

b) Estilo e origem das questões.

Superada a análise do edital, e constatada a cobrança efetiva da disciplina na sua prova de segunda fase, salta aos olhos o destaque ao estudo da jurisprudência nessa etapa do certame.

No mesmo sentido, salta como tema número 1 de incidência, na referida etapa, a "responsabilidade civil do Estado". Em seguida, é possível, também, indicar os tópicos relativos ao "serviço público" e à "improbidade administrativa".

Todos os temas indicados são de farta análise jurisprudencial, merecendo destaque a existência de arquivos da jurisprudência em teses para cada um deles, conforme destacamos abaixo. Quanto aos serviços públicos, merece amplo destaque o estudo da possibilidade de corte dos serviços públicos essenciais.

Responsabilidade Civil do Estado – edição n. 61

Improbidade Administrativa – edições ns. 38 e 40

Corte no fornecimento de serviços públicos essenciais – edição n. 13

Lembre-se que os temas listados são apostas baseadas no histórico de cobranças em prova e pensando também na própria atuação da defensoria pública.

Vejamos como estruturada a questão de direito administrativo cobrada na prova da Defensoria Pública do DF, a título de exemplo:

> CEBRASPE – DPDF – Aplicação: 2019 - **QUESTÃO 3**
>
> Maria propôs ação contra determinado estado da Federação visando receber indenização por danos morais causados pela morte de seu marido — servidor público do referido estado —, que foi baleado por policiais militares. Alegou a autora que a conduta dos policiais, embora tenha ocorrido em razão dos disparos proferidos pela vítima, extrapolou o necessário para repelir a resistência da vítima. Na defesa, o ente federado sustentou que Maria, por ser dependente do segurado que faleceu, já percebe pensão por morte previdenciária em razão do fato ocorrido, sendo, portanto, indevida a cumulação de benefício previdenciário com indenização decorrente de responsabilização civil do estado por

danos oriundos do mesmo fato. Alegou, ainda, a defesa que a imposição de indenização no juízo cível não é possível, uma vez que, no âmbito penal, houve pronunciamento de excludente da legítima defesa dos policiais. Portanto, ao defender que a excludente de ilicitude no campo penal deve repercutir no âmbito da justiça cível, o ente público requereu a declaração da exclusão da responsabilidade civil estatal.

Tendo como referência a situação hipotética apresentada, redija um texto atendendo ao que se pede a seguir.

1 Discorra sobre a teoria do risco aplicada como regra no Brasil para a responsabilidade civil do estado. [valor: 2,50 pontos]

2 Apresente o fundamento principiológico da teoria do risco para a responsabilidade civil do estado quando este pratica ato lícito danoso. [valor: 2,00 pontos]

3 Comente a possibilidade de cumulação de benefício previdenciário com indenização decorrente de responsabilização civil doestado por danos oriundos do mesmo ato, conforme entendimento do STJ. [valor: 2,50 pontos]

4 Analise a correção do argumento do ente público acerca da exclusão da responsabilidade civil, considerando o entendimento do STJ. [valor: 2,50 pontos]

Verifica-se que a cobrança da questão acima, e que se repete nas várias provas discursivas da defensoria, busca o conhecimento do candidato acerca da jurisprudência dos Tribunais Superiores. Não basta memorizar o posicionamento final do julgado, é necessário conhecer os fundamentos e explorá-los em sua resposta, demonstrando conhecimento aprofundado acerca dos variados aspectos que envolvem o tema.

É de se destacar também que a cobrança não exige única e exclusivamente o debate jurisprudencial, mas parte também da exigência de que o candidato apresente conceitos cruciais para a compreensão do tema exigido.

O primeiro tópico exigido pergunta sobre a teoria do risco aplicada como regra para a responsabilização do Estado. Ora, trata-se de conhecimento doutrinário fundamental para o candidato bem introduzir o debate acerca dos temais tópicos exigidos.

Desse modo, além de um constante acompanhamento da jurisprudência, o candidato na prova discursiva deve verificar os elementos que traçam a base daquele tópico a ser estudado. Isso para que possa transmitir o conhecimento durante sua resposta de maneira completa e não como um mero "decorador de informativos".

É necessário deixar muito claro que os temas indicados acima são propostas baseadas na análise de questões anteriores, da relevância jurisprudencial e na própria atuação da defensoria pública, não sendo possível deixar de lado os demais temas do direito administrativo.

Assim, propõe-se ao candidato para as provas de defensoria pública estadual que, ao se prepararem para a prova de Direito Administrativo, procurem ter um conhecimento doutrinário básico de todos os possíveis pontos de cobrança para que possa saber demonstrar conhecimento e firmar as bases da sua resposta.

Em sequência, é fundamental conhecer os julgados mais relevantes dos temas que aparentam maior proximidade com a atuação da defensoria, o que pode ser bem analisado por meio da "jurisprudência em teses" e a utilização de livros e assinaturas eletrônicas que permitam o estudo da jurisprudência dividida por temas e por ano.

Por fim, é crucial acompanhar os julgados recentes de maior destaque, notadamente aqueles que aparentam relevância para a atuação da Defensoria Pública.

4 PROVAS ORAIS

A preparação para a prova oral possui peculiaridades relevantes para o candidato e que se diferenciam sobremaneira das fases anteriores.

Particularmente, tenho trabalhado especificamente com a preparação de candidatos para essa fase, desde que tive a oportunidade de fundar a Academia de Estudos Jurídicos (AEJUR), curso especializado em preparação para provas orais.

Inicialmente, de maneira semelhante ao que verificamos, é fundamental analisar adequadamente o edital do certame para o qual se prepara, pois nem sempre haverá a cobrança de nossa disciplina também nessa fase do certame.

Na prova oral, via de regra, o conhecimento cobrado do candidato é mais horizontalizado, ou seja, sem tanta profundidade. Isso porque o foco da avaliação é diverso. Não que se esqueça do conteúdo. Isso não seria possível, pois a prova se tornaria uma polêmica entrevista.

Assim, sugerimos ao candidato uma análise do edital de modo a verificar se possui muito bem delimitado em sua cabeça os conceitos de cada tópico. As perguntas em provas orais são muito conceituais e, ainda que não sejam expressamente conceituais, a partir do momento em que o candidato domina bem o conceito ele poder apresenta-lo ao examinador e transmitir mais segurança e domínio do tema.

Não se pode olvidar que a banca CEBRASPE, como destacado em toda a nossa análise até aqui, possui um viés mais jurisprudencial de cobrança. A lógica permanece também na fase oral, mas não pode o candidato deixar de lado o já mencionado estudo dos conceitos.

Trazemos tal informação com segurança e reforçamos tal necessidade a partir de alguns questionamentos de prova oral da banca indicada:

> - Com relação à concessão de serviços públicos, defina o instituto da reversão e discorra sobre a possibilidade de sua aplicação ensejar pagamento de indenização ao concessionário (DPE-AL - 2018);
>
> - Discorra sobre a diferença entre tredestinação lícita e ilícita e esclareça em qual delas é possível a incidência do instituto da retrocessão (DPE-AL - 2018);
>
> - Discorra sobre o processo legislativo (DPDF 2013);

Repisa-se, o estudo da jurisprudência, ordenada por temas para a revisão, e o seu acompanhamento à medida que novos julgados são divulgados, é crucial também para a prova oral. Entretanto, tendo em vista as características marcantes da prova oral, a recomendação do estudo básico dos conceitos é um grande ponto-chave na preparação.

Quanto às provas da FCC, a situação também será semelhante, mas com uma proporção inversa, eis que se verifica a predominância das questões conceituais/doutrinárias em detrimento daquelas originadas na jurisprudência.

Além do conteúdo jurídico, o candidato ainda terá que se preocupar com os demais elementos de avaliação exigidos nas provas orais, que em geral, podem ser condensados nos aspectos a seguir:

> - domínio do conhecimento jurídico;
>
> - a articulação do raciocínio;
>
> - a capacidade de argumentação;
>
> - o uso correto do vernáculo.

O domínio do conhecimento jurídico fala por si só. Repisa-se a ideia de que o candidato não pode ser um mero "decorador de informativo", sendo necessário expor o debate, demonstrando conhecimento dos fundamentos daquela conclusão obtida e não simplesmente informar que o entendimento é "x" ou "y".

Quanto à articulação do raciocínio, cabe ao candidato a adequada organização de suas ideias, de maneira concatenada e lógica. Tal quesito apenas reforça a necessidade de se expor o raciocínio que foi realizado para se chegar a uma determinada conclusão, expondo de maneira sistematiza o raciocínio jurídico desenvolvido.

A capacidade de argumentação é analisada de maneira bastante atrelada a articulação de raciocínio, eis que trata da exposição dos fundamentos jurídicos adequados e que justificam o posicionamento final. Trata-se de verdadeira análise de convencimento, eis que são os pontos aqui avaliados que analisarão a credibilidade da sua resposta.

Por fim, o uso correto do vernáculo exige uma correta utilização da língua portuguesa.

A sistemática da prova também deve ser conhecida do candidato. Evitando-se surpresas em uma etapa que exige muito do psicológico do candidato.

Dentro do nosso escopo de análise é importante destacar a diferença de formato das provas realizadas pelas bancas pesquisadas.

De maneira geral, a prova realizada pelo CEBRASPE entrega as questões ao candidato de forma escrita, sendo que este terá tempo previamente determinado para ler e responder aos questionamentos, bem como aos demais questionamentos formulados pelo examinador.

Via de regra, a prova é no formato de plenário, em que o candidato ficará posicionado perante todos os examinadores simultaneamente.

Nesse formato, o espelho de avaliação é mais "fechado", eis que o examinador terá menor margem de liberdade para dirigir os questionamentos, via de regra elaborados pela própria banca. Em que pese a grande relevância dos elementos formais de avaliação, o conteúdo jurídico apurado terá especial relevância, eis que o candidato terá que ter amplo conhecimento da questão que lhe foi entregue por escrito, de forma semelhante ao enfrentado na prova discursiva.

Por sua vez, a prova da FCC é realizada de maneira oral e, via de regra, em formato de entrevista, em baias. O candidato passa por diversas baias, sendo examinado em cada uma delas de uma ou mais disciplinas diferentes.

Os elementos de avaliação acima destacados também são predominantemente avaliados, mas a pergunta será formulada oralmente desde o primeiro contato do examinador com o candidato. Caberá a este compreender bem o questionamento formulado e responder de maneira organizada e bem fundamentada.

Não há outro caminho para a obtenção de uma preparação para prova oral de excelência que não seja atrelar o treinamento direcionado com uma efetiva revisão, nos termos dos direcionamentos traçados acima.

Nos treinamentos, o candidato deve simular a situação que viverá quando da realização da prova oral. Tal prática será crucial para que seja possível assimilar a sistemática do exame oral e de adaptar a ela, permitindo que a situação se mostre menos desconhecida a cada treinamento, trazendo, assim, mais segurança.

Os treinamentos podem ser feitos sozinho, gravando-se e assistindo posteriormente; com o auxílio de colegas; ou com a instrução de cursos preparatórios especializados nessa etapa do certame. E quanto mais próximo do efetivo formato a ser adotado no dia da sua prova, melhor.

O que não se pode admitir é que o candidato não realize simulações da prova que enfrentará. A estratégia de estudar todo o conteúdo apenas e pensa que na hora tudo fluirá normalmente é fada ao insucesso para aqueles que não estão habituados a exposições orais.

DIREITO TRIBUTÁRIO

Daniel Mesquita dos Santos

1 BIBLIOGRAFIA INDICADA

Ao se analisar os concursos de defensoria pública estadual dos últimos anos em nosso país, tem-se percebido um crescimento de oportunidades, eis que por se tratar de um órgão "jovem" muitos entes federados sequer possuíam a instituição já criada em seu âmbito e, em muitos em que já existia a defensoria, a sua estrutura era bastante precária.

Assim, verificou-se um alargamento de disciplinas e temas cobrados e também um aprofundamento nos tópicos exigidos do candidato, inclusive em disciplinas que por muitas vezes não são o mais notório foco da atuação do defensor, tal como se verifica com a disciplina de Direito Tributário.

Dessa forma, a cobrança da disciplina em apreço tem se intensificado, exigindo do candidato o conhecimento da lei, da doutrina e jurisprudência, apesar de ainda sequer ser cobrada em alguns estados.

Como veremos em nossa análise, alguns tópicos exigem mais conhecimento da lei, enquanto outros exigirão também um aprofundamento maior na jurisprudência e outros na doutrina. Há, nos concursos da defensoria pública estadual, uma prevalência significativa da cobrança da lei, notadamente do Código Tributário Nacional e da Constituição Federal.

Pensando de maneira estratégica, vale a pena estudar o direito tributário para conseguir pontos preciosos na sua prova. Isso porque a cobrança ainda não tem sido tão verticalizada, como acontece em outras disciplinas, de modo que o estudo desse ramo do direito, ainda que de maneira não tão verticalizada, pode garantir alguns pontos preciosos no conjunto da prova.

Nesse sentido, a escolha da bibliografia deve estar atenta ao próprio conhecimento prévio do aluno, que deve fazer também uma triagem comparativa entre os temas e a forma de cobrança das provas – o que será detalhado nas próximas páginas -, e o seu próprio conhecimento, para poder concluir pela leitura de uma doutrina mais completa ou uma um pouco menos intensa.

Incialmente, vale a pena destacar como recomendação bibliográfica a doutrina do professor Ricardo Alexandre como a obra mais completa da disciplina, dentro do escopo de estudo para a Defensoria Pública.

O livro tem a característica de aliar perfeitamente os pontos mais relevantes das questões objetivas (lei seca, súmulas e julgamentos vinculantes), além de expor de maneira clara e didática as principais polêmicas doutrinárias e jurisprudenciais envolvendo a disciplina.

A obra é constantemente atualizada com as decisões dos tribunais superiores e o autor fornece conceitos essenciais do direito tributário de forma muito objetiva, o que pode te trazer um panorama direto e bem completo especialmente para a primeira fase.

A doutrina mencionada é mais extensa e pode ser utilizada certamente também em concursos em que a cobrança de Direito Tributário é mais pesada. Pensando nisso, e como forma de otimizar o seu estudo para as defensorias estaduais, também vale recomendar as sinopses do professor Roberval Rocha ou do professor Ricardo Cunha Chimenti.

As duas sinopses equalizam as necessidades dos candidatos, especialmente trabalhando bem a lei seca e as súmulas mais cobradas, de forma bem clara e direta, trazendo bastante conhecimento de forma sintética.

Penso que para o nosso contexto analisado o melhor a adotar é o estudo por alguma das sinopses indicadas. Alguma dificuldade maior de compreensão de algum ponto específico poderá ser elucidada com uma leitura mais completa no primeiro livro aqui indicado.

Sem dúvida, além da leitura indicada da sinopse, bem como do Código Tributário Nacional, Constituição Federal e Súmulas, a leitura dos informativos de jurisprudência do Supremo Tribunal Federal e do Superior

Tribunal de Justiça é crucial, notadamente quanto aos julgados repetitivos, em especial daqueles que aparentam mais proximidade com a atividade do Defensor Público.

Com tais diretrizes, certamente o candidato estará bem preparado.

2 CONTEÚDO PROGRAMÁTICO DE DIREITO TRIBUTÁRIO NAS PROVAS DE DEFENSORIA PÚBLICA ESTADUAL

Diferentemente de outros certames, tais como o da magistratura, ainda não existe uma resolução ou alguma outra espécie normativa que determine a necessária observância de disciplinas, temas ou formatos de prova para as Defensorias Públicas Estaduais.

Diante de tal contexto, verifica-se uma significativa heterogeneidade nas modalidades de prova e no conteúdo cobrado. Entretanto, tais diferenças podem ser elucidadas até certo ponto tendo em vista que a maior parte dos concursos para o cargo de Defensor Público Estadual foi realizada por poucas bancas.

Percebe-se que o cenário dos concursos que almejamos em nossa análise foi dominado nos últimos anos pelo CEBRASPE/CESPE e pela Fundação Carlos Chagas (FCC).

É certo que temos também outras bancas examinadoras, mas são mais pontuais, tais como a FUNDEP, em Minas Gerais; a UFMT, em Mato Grosso; e a FMP, no Pará.

É crucial que o candidato analise com cuidado o edital do concurso que pretenda prestar, pois, em muitos deles, o Direito Tributário sequer é cobrado, conforme destacaremos no tópico seguinte.

Cotejando os temas cobrados notadamente nas bancas que organizaram por mais oportunidades os concursos de defensoria pública estadual, chegamos ao seguinte conteúdo programático de Direito Tributário:

> 1. Direito tributário. Conceito. Natureza jurídica. Fontes. Vigência, aplicação, integração e interpretação da lei tributária.
>
> 2. Tributos. Noção de tributo. Impostos. Taxa, preço público e pedágio. Contribuição de melhoria e outras contribuições. Empréstimos compulsórios.
>
> 3. Sistema tributário. Lineamentos do sistema constitucional tributário. Princípios gerais e constitucionais tributários.

Tributário

Competência tributária. Limitações ao poder de tributar. Espécies tributárias estaduais.

4. Obrigação tributária. Conceito. Espécies. Sujeito ativo e passivo. Solidariedade. Capacidade. Domicílio. Desoneração.

5. Fato gerador. Aspectos gerais. Classificação. Elementos.

6. Crédito tributário. Noção. Lançamento e suas modalidades. Suspensão, extinção e exclusão. Garantias e privilégios. Prescrição e decadência. Repetição do indébito.

7. Responsabilidade tributária. Responsabilidade por dívida própria e por dívida de outrem. Solidariedade e sucessão. Responsabilidade pessoal e de terceiros. Responsabilidade supletiva.

8. Administração tributária. Fiscalização. Dívida ativa. Certidões.

O conteúdo acima reflete os principais tópicos previstos para as provas em que Direito Tributário foi cobrado nos certames das Defensorias Públicas Estaduais. Vamos conferir no próximo tópico quais provas cobraram a disciplina nos últimos certames e qual foi o estilo de cobrança.

3 ANÁLISE GERAL DAS ÚLTIMAS PROVAS OBJETIVAS. IDENTIFICAÇÃO DOS TEMAS MAIS FREQUENTES, ORIGEM DAS QUESTÕES E MELHOR LINHA DE ESTUDO

No escopo de identificar os tópicos com maior incidências nas provas do CEBRASPE e da FCC realizadas nos últimos 5 anos, desenvolvemos a tabela abaixo, que destaca os temas mais frequentemente cobrados por cada banca.

Listaremos, inicialmente, quais as provas analisadas, para, posteriormente, indicar a incidência de cobrança de cada tópico. Especificamente quanto à cobrança de nossa disciplina, indicamos na última coluna se o edital trouxe a previsão de Direito Tributário.

BANCA	DEFENSORIA	ANO	PREVISÃO NO EDITAL
CEBRASPE	DP-DF	2019	Não
FCC	DPE-SP	2019	Sim
FCC	DPE-MA	2018	Não
FCC	DPE-AM	2018	Não
FCC	DPE-RS	2018	Sim
FCC	DPE-AP	2018	Sim

BANCA	DEFENSORIA	ANO	PREVISÃO NO EDITAL
FCC	DPE-AM	2018	Não
CEBRASPE	DPE-PE	2018	Sim
CEBRASPE	DPE-AL	2017	Não
CEBRASPE	DPE-AC	2017	Não
FCC	DPE-SC	2017	Não
FCC	DPE-PR	2017	Não
FCC	DPE-ES	2016	Sim
FCC	DPE-BA	2016	Não
CEBRASPE	DPE-RN	2015	Não
FCC	DPE-SP	2015	Sim
FCC	DPE-MA	2015	Não
CEBRASPE	DPE-PE	2015	Não

Da análise das provas listadas, concluímos, com facilidade, que a disciplina de Direito Tributário tem baixa cobrança nas provas de Defensoria Pública Estadual. E mesmo quando é cobrado, podemos perceber também uma baixa quantidade de questões.

Entretanto, ao contrário de que poderia parecer, tal constatação somente reforça a necessidade de estudo da matéria nos casos em que exigida no edital. Isso porque a cobrança mostra-se singela, sem muita complexidade, podendo garantir pontos fundamentais para a aprovação do candidato sem exigir um esforço tão grande para seu estudo.

Essa conclusão também reforça a escolha do estudo por meio de sinopses, garantindo um conhecimento geral de todos os pontos do edital, de forma clara, direta e objetiva, como é exigido pelos editais de nossos concursos em foco.

Também podemos perceber que a cobrança ou não da disciplina não depende exclusivamente da banca, mas do Estado. Verifica-se a cobrança tanto no CEBRASPE quanto na FCC e percebemos a exigência em mais de uma oportunidade no Estado de São Paulo. Destaco também a cobrança na prova da DPE-MG, em todas as fases, em concurso realizado pela FUNDEP.

Faz-se necessário analisar sem sequência quais são os temas de maior incidência naquelas provas em que a nossa disciplina foi exigida:

TEMA	LEI, DOUTRINA OU JURISPRUDÊNCIA
Regime constitucional	Lei
Suspensão do Crédito Tributário	Lei
Extinção e Exclusão do Crédito	Lei
ICMS - incidência	Jurisprudência

É importante que se tenha em mente que a lista acima não é exaustiva. Há cobranças também de outros temas dentro do edital, tais como ISS.

De maneira geral, a grande aposta a se fazer é no estudo do panorama tributário constitucional. As provas têm costumado cobrar exaustivamente a disciplina constitucional relativa ao sistema tributário constitucional.

Em um segundo momento, a parte de suspensão, exclusão e extinção do crédito tributário também desponta como temas de maior incidência em prova. Essa cobrança faz sentido inclusive ao pensar no grau de compatibilidade da exigência com as atuações do defensor, eis que, diante de casos concretos, certamente será um tema muito explorado na defesa dos assistidos que sofram cobrança de tributos.

Partindo dos dados analisados, é possível traçar uma estratégia adequada de estudo. A forma de cobrança e o conteúdo exigido corroboram mais uma vez que a escolha das sinopses mencionadas quando da indicação bibliográfica são mais do que suficientes para uma boa prova de Direito Tributário.

Sugiro sempre aos alunos que já possuem alguma base na disciplina que realizem o que alguns denominam de estudo inverso. Parta das questões para após, eventualmente, realizar a leitura de doutrina, legislação e jurisprudência. Entretanto, se não houver qualquer base na disciplina, será necessário iniciar pelas leituras.

Com a realização do maior número de questões de provas da Defensoria Pública Estadual você perceberá seu índice de erros e acertos e poderá entender onde está sendo mais falha sua preparação. Em quais temas e em qual tipo de leitura.

É certo que o estudo dos informativos deve ser feito independentemente da realização de questões, pois é necessário se manter atualizado sempre a respeito dos últimos julgados de maior relevância, o que pode até mesmo ser importante para a melhor compreensão dos temas estudos eventualmente em lei e doutrina.

De maneira geral também podemos afirmar com tranquilidade que o estudo tanto para a banca CEBRASPE quanto para a FCC, e também para as demais, pode ser realizado de maneira similar e concomitante, eis que a sistemática de cobrança da nossa disciplina é similar.

Assim, o fundamental é, a partir das questões, identificar quais são os temas que pessoalmente te apresentam mais dificuldade. A partir disso, então, perceber, como dividimos acima, a origem dessas questões para, assim, poder se dedicar a leitura da doutrina daquele tema específico, das leis mais cobradas do assunto ou da jurisprudência dos Tribunais Superiores.

Quanto à eventual percepção de falha no estudo da jurisprudência em tema específico, é recomendável a aquisição de livros ou assinaturas eletrônicas que sistematizem a jurisprudência por temas para poder revisar os julgados mais importantes daquele assunto em específico.

A leitura dos informativos é crucial e necessária, mas ocorre de maneira pouco sistematizada, já que não é divulgada por temas, mas por períodos de julgamento.

4 ANÁLISE DAS ÚLTIMAS PROVAS SUBJETIVAS

Como destacado repetidas vezes, percebemos que o Direito Tributário, de forma geral, não recebe muitos holofotes do examinador.

Tal característica apenas é acentuada nas demais fases dos diversos concursos públicos, sendo que, não raro, a matéria sequer é cobrada na prova discursiva, mesmo quando exigidas na primeira fase, o que se pode verificar da análise dos editais das DPE-SP e DPE-RS, por exemplo.

Por outro lado, podemos citar também exemplificativamente que houve a cobrança da disciplina na prova da DPE-AP (2017).

Apesar de a esmagadora maioria das provas da Defensoria Pública Estadual dos últimos anos ter sido realizado por CEBRASPE e FCC, razão pela qual fizemos o corte de nossa análise focado nessas bancas, cabe ressaltar a cobrança de Direito Tributário na Defensoria Pública do Estado de Minas Gerais, organizado pela banca FUNDEP.

Na DPE-MG, a cobrança na prova discursiva ocorreu na própria peça prática, mas em conjunto com a exigência de conhecimento em Direito Constitucional.

O conteúdo cobrado não foi muito distante daquele mencionado já em nossa análise nas provas objetivas, exigindo do candidato o conhecimento do regime constitucional tributário, bem como as modalidades de isenção tributária e seus condicionantes.

Vejamos a questão, especificamente nos aspectos de cobrança de nossa disciplina:

> "Existência de previsão legal expressa na legislação vigente de um estado brasileiro X sobre isenção de IPVA, nos seguintes termos: "Lei Estadual nº 00001/2018. Art. 1º – É isenta do IPVA a propriedade de veículo adaptado de pessoa portadora de deficiência física ou mental para possibilitar a sua utilização pelo proprietário".
>
> Prática de ato administrativo de recusa por autoridade fiscal de um estado brasileiro X em conceder ao cidadão A o benefício da isenção de IPVA, ao fundamento de que a isenção, prevista no Art. 1º, da mencionada Lei Estadual nº 00001/2018, não alcançaria o portador de necessidade especial incapacitado de conduzir pessoalmente o veículo nem poderia favorecer a terceiros, ainda que estes possuíssem relação de parentesco ou de responsabilidade civil para com o portador de necessidades especiais, sob pena de, por vias oblíquas, violar o disposto no Art. 111, I, do Código Tributário Nacional".

Exigiu-se expressamente o conhecimento acerca do art. 111 do CTN, dispositivo legal com altíssima incidência em concursos:

> Art. 111. Interpreta-se literalmente a legislação tributária que disponha sobre:
>
> I - suspensão ou exclusão do crédito tributário;
>
> II - outorga de isenção;
>
> III - dispensa do cumprimento de obrigações tributárias acessórias.

Tais temas mencionados e repisados em nossa análise são de fundamental conhecimento do candidato a Defensoria Pública Estadual especialmente por serem fundamentais para compreensão mínima do sistema tributário e por consistirem, notoriamente, matéria mais afeta a defesa dos hipossuficientes pelo Defensor (a) Público (a).

O estudo baseado na organização das sinopses mencionadas na indicação bibliográfica, com o conhecimento do texto legal de forma objetiva e atrelada ao entendimento jurisprudencial, notadamente aqueles consubstanciados em súmulas e julgamentos repetitivos é, certamente, a estratégia que também será utilizada para as provas discursivas, sem jamais se esquecer de acompanhar os informativos mais recentes que tragam julgados relevantes para a atuação da Defensoria Pública e que podem aparecer na prova.

5 PROVAS ORAIS

Conforme já afirmado por diversas vezes, a cobrança do Direito Tributário nos concursos da Defensoria Pública Estadual é bastante pontual e a exigência vai se tornando ainda mais reduzida com o avançar das etapas dos concursos, sendo ainda mais rara sua incidência nas provas orais.

Via de regra, as observações sobre o conteúdo cobrado são similares às apontadas anteriormente, dadas as peculiaridades de cobrança de nossa disciplina nos certames analisados. Em geral, o Direito Tributário, quando exigido em provas orais, vem também associado a outras matérias, como Direito Constitucional e até Direito Financeiro eventualmente, como aconteceu na prova oral da DPE-MG (FUNDEP).

O que não se pode perder de vista, apesar da menção de que o estudo de conteúdo específico de nossa disciplina vai se aproximar ao já realizado nas etapas anteriores, é que a preparação para a prova oral possui peculiaridades relevantes para o candidato e que se diferenciam sobremaneira das fases anteriores.

Particularmente, tenho trabalhado especificamente com a preparação de candidatos para essa fase, desde que tive a oportunidade de fundar a Academia de Estudos Jurídicos (AEJUR), curso especializado em preparação para provas orais.

Inicialmente, de maneira semelhante ao que verificamos, é fundamental analisar adequadamente o edital do certame para o qual se prepara, pois nem sempre haverá a cobrança de nossa disciplina também nessa fase do certame.

Na prova oral, via de regra, o conhecimento cobrado do candidato é mais horizontalizado, ou seja, sem tanta profundidade. Isso porque o foco da avaliação é diverso. Não que se esqueça do conteúdo. Isso não seria possível, pois a prova se tornaria uma polêmica entrevista.

Assim, sugerimos ao candidato uma análise do edital de modo a verificar se possui muito bem delimitado em sua cabeça os conceitos de cada tópico. As perguntas em provas orais são muito conceituais e, ainda que não sejam expressamente conceituais, a partir do momento em que o candidato domina bem o conceito ele pode apresentá-lo ao examinador e transmitir mais segurança e domínio do tema.

Não se pode olvidar que a banca CEBRASPE, como destacado em toda a nossa análise até aqui, possui um viés mais jurisprudencial de cobrança. A lógica permanece também na fase oral, mas não pode o candidato deixar de lado o já mencionado estudo dos conceitos, sempre não se esquecendo de verificar se efetivamente haverá a cobrança do Direito Tributário nessa fase do concurso.

Repisa-se, o estudo da jurisprudência, ordenada por temas para a revisão, e o seu acompanhamento à medida que novos julgados são divulgados, é crucial também para a prova oral. Entretanto, tendo em vista as características marcantes da prova oral, a recomendação do estudo básico dos conceitos é um grande ponto-chave na preparação.

Quanto às provas da FCC, a situação também será semelhante, mas com uma proporção inversa, eis que se verifica a predominância das questões conceituais/doutrinárias em detrimento daquelas originadas na jurisprudência.

A visão da banca FUNDEP, organizadora do concurso da DPE-MG, em muito se assemelha a lógica aqui exposta da FCC, inclusive quanto ao formato de prova, mais detalhado adiante.

Além do conteúdo jurídico, o candidato ainda terá que se preocupar com os demais elementos de avaliação exigidos nas provas orais, que em geral, podem ser condensados nos aspectos a seguir:

- domínio do conhecimento jurídico;
- a articulação do raciocínio;
- a capacidade de argumentação; e
- o uso correto do vernáculo.

O domínio do conhecimento jurídico fala por si só. Repisa-se a ideia de que o candidato não pode ser um mero "decorador de informativo", sendo necessário expor o debate, demonstrando conhecimento dos fundamentos daquela conclusão obtida e não simplesmente informar que o entendimento é "x" ou "y".

Quanto à articulação do raciocínio, cabe ao candidato a adequada organização de suas ideias, de maneira concatenada e lógica. Tal quesito apenas reforça a necessidade de se expor o raciocínio que foi realizado para se chegar a uma determinada conclusão, expondo de maneira sistematiza o raciocínio jurídico desenvolvido.

A capacidade de argumentação é analisada de maneira bastante atrelada a articulação de raciocínio, eis que trata da exposição dos fundamentos jurídicos adequados e que justificam o posicionamento final. Trata-se de verdadeira análise de convencimento, eis que são os pontos aqui avaliados que analisarão a credibilidade da sua resposta.

Por fim, o uso correto do vernáculo exige uma correta utilização da língua portuguesa.

A sistemática da prova também deve ser conhecida do candidato. Evitando-se surpresas em uma etapa que exige muito do psicológico do candidato.

Dentro do nosso escopo de análise é importante destacar a diferença de formato das provas realizadas pelas bancas pesquisadas.

De maneira geral, a prova realizada pelo CEBRASPE entrega as questões ao candidato de forma escrita, sendo que este terá tempo previamente determinado para ler e responder aos questionamentos, bem como aos demais questionamentos formulados pelo examinador.

Via de regra, a prova é no formato de plenário, em que o candidato ficará posicionado perante todos os examinadores simultaneamente.

Nesse formato, o espelho de avaliação é mais "fechado", eis que o examinador terá menor margem de liberdade para dirigir os questionamentos, via de regra elaborados pela própria banca. Em que pese a grande relevância dos elementos formais de avaliação, o conteúdo jurídico apurado terá especial relevância, eis que o candidato terá que ter amplo conhecimento da questão que lhe foi entregue por escrito, de forma semelhante ao enfrentado na prova discursiva.

Por sua vez, a prova da FCC é realizada de maneira oral e, via de regra, em formato de entrevista, em baias. O candidato passa por diversas baias ou salas, sendo examinado em cada uma delas de uma ou mais disciplinas diferentes. O formato, como mencionado também é adotado de maneira similar pela banca FUNDEP.

Os elementos de avaliação acima destacados também são predominantemente avaliados, mas a pergunta será formulada oralmente desde o primeiro contato do examinador com o candidato. Caberá a este compreender bem o questionamento formulado e responder de maneira organizada e bem fundamentada.

Não há outro caminho para a obtenção de uma preparação para prova oral de excelência que não seja atrelar o treinamento direcionado com uma efetiva revisão, nos termos dos direcionamentos traçados acima.

Nos treinamentos, o candidato deve simular a situação que viverá quando da realização da prova oral. Tal prática será crucial para que seja possível assimilar a sistemática do exame oral e de adaptar a ela, permitindo que a situação se mostre menos desconhecida a cada treinamento, trazendo, assim, mais segurança.

Os treinamentos podem ser feitos sozinho, gravando-se e assistindo posteriormente; com o auxílio de colegas; ou com a instrução de cursos preparatórios especializados nessa etapa do certame. E quanto mais próximo do efetivo formato a ser adotado no dia da sua prova, melhor.

O que não se pode admitir é que o candidato não realize simulações da prova que enfrentará. A estratégia de estudar todo o conteúdo apenas e pensa que na hora tudo fluirá normalmente é fada ao insucesso para aqueles que não estão habituados a exposições orais.

DIREITOS DIFUSOS E COLETIVOS

Paula Benette

1 BIBLIOGRAFIA INDICADA

Caso ainda não tenha tido contato com esta disciplina é interessante que seu contato inicial seja por uma sinopse, embora haja muito preconceito com elas, se for de boa qualidade pode esclarecer bastante o tema antes de maior aprofundamento. Dentre as de boa qualidade, indicamos: "Direitos Difusos e Coletivos" de Hermes Zaneti Jr. e Leonardo de Medeiros Garcia (ed. Juspodivm) que são excelentes autores sobre o assunto. Aliás, toda a coleção "Leis especiais para concursos" é maravilhosa. São pequenos livros de tamanho e grandes em conteúdo, escritos por autores que dominam tanto o assunto que foram capazes de simplificar para que todos possam compreender.

Para quem já tem algumas noções básicas, seguem indicações de obras mais aprofundadas:

A famosa obra de Hugo Nigro Mazzilli: "A defesa dos interesses difusos em juízo" certamente é essencial para quem deseja se aprofundar. Sempre foi colacionada como leitura obrigatória para provas do Ministério Público, e agora, com a Defensoria cada vez mais inserida no processo coletivo, passa a ser igualmente importante. O autor aborda capítulos específicos sobre o direito material defendido em juízo, tais como meio ambiente, direito do consumidor, patrimônio cultural público e social, além de dispor sobre questões processuais.

Do ponto de vista processual, para análise crítica e visionária sobre o tema, a recomendação é o Curso de Direito Processual Civil – Processo

Coletivo (vol. IV), de Hermes Zaneti Jr. e Fredie Didier Jr., que aborda todas as nuances deste microssistema, posicionando-se doutrinariamente sobre a necessidade de sistematização do processo coletivo.

Outra obra que eu, particularmente, gosto muito, considerando que com uma leitura mais rápida e simples foi possível tomar conhecimento de todos os temas importantes e atuais, inclusive sobre ação coletiva passiva (*defendant class action)*, é o "Manual do Processo Coletivo" de Ricardo de Barros Leonel.

Todas as obras são muito bem recomendadas, no entanto é necessário avaliar não só qual leitura flui mais para você antes de escolher a sua, como também qual aborda os temas mais pedidos na prova que pretende fazer. E é exatamente isto que este livro vai te ajudar a esclarecer.

2 CONTEÚDO PROGRAMÁTICO NOS EDITAIS DOS CONCURSOS PARA A DEFENSORIA PÚBLICA ESTADUAL

Os últimos concursos para Defensoria Estadual foram, em sua maioria, realizados pela CESPE (DF, AC, AL, PE, RN) e FCC (SP, RS, PR), havendo também provas realizadas pela VUNESP (DPE/RO) ou Bancas próprias, como foram as últimas provas da DPE/RJ.

As três maiores bancas de concurso público têm mantido um padrão nos respectivos certames em relação aos pontos cobrados na matéria de Direitos Difusos e Coletivos. No entanto, observamos que os editais da FCC têm se apresentado mais explícitos. Já a VUNESP e a CESPE têm apresentado pontos mais concisos.

A título de comparação, veja-se o ponto sobre a tutela coletiva do direito à cidade e do direito à moradia:

FCC/SP:

Tutela coletiva do direito à cidade e do direito à moradia. A Política Urbana na Constituição Federal. Funções sociais da cidade e da propriedade urbana. O direito à moradia digna como direito fundamental. A segurança na posse como garantia da efetividade do direito à moradia. Estatuto da Cidade (Lei nº 10.257/01). Diretrizes gerais e princípios da Política Urbana no Estatuto da Cidade. Instrumentos da política urbana no Estatuto da Cidade. Concessão de uso especial para fins de moradia (Medida Provisória nº 2.220/01). A Regularização Fundiária Urbana - Reurb (Lei nº 13.465/17). Regularização Fundiária de interesse social e de interesse específico (Lei nº 11.977/09). Direito à moradia e meio ambiente. Proibição de despejos forçados sem prévia alternativa de moradia. Proteção jurídica da moradia nos cortiços. Locação social e o auxílio-moradia (Lei Estadual nº 10.365/99 e Decreto Estadual nº 55.334/10, alterado pelo Decreto Estadual nº 55.370/10). Política Nacional para a população em situação de rua (Decreto nº 7.053/09).

FCC/AM: Tutela coletiva do direito à cidade e do direito à moradia. Competência legislativa e administrativa em matéria urbanística. A política urbana na Constituição Federal. Funções sociais da cidade e da propriedade urbana. O direito à moradia digna como direito fundamental. A segurança na posse como garantia da efetividade do direito à moradia. Estatuto da Cidade (Lei nº 10.257/2001). Diretrizes gerais e princípios da Política Urbana no Estatuto da Cidade. Instrumentos da política urbana no Estatuto da Cidade. Concessão de uso especial para fins de moradia (Medida Provisória nº 2.220/01). Regularização Fundiária de interesse social e de interesse específico (Lei nº 11.977/09). Proibição de despejos forçados sem prévia alternativa de moradia. Proteção jurídica da moradia nos cortiços. Política Nacional para a População em Situação de Rua (Decreto nº 7.053/09).

CESPE/DF: Tutela coletiva do direito à cidade e do direito à moradia.

CESPE/AC e **CESPE/AL**: Tutela coletiva do direito à cidade e moradia: Direito à cidade como direito fundamental. Princípios constitucionais do direito à moradia. Direito à moradia na Constituição. Princípios da política urbana no Estatuto da Cidade. Instrumentos de indução do desenvolvimento urbano e direito à moradia (Parcelamento, edificação e utilização compulsória/Imposto sobre a propriedade predial e territorial urbana/desapropriação para fins de reforma urbana). Instrumentos de regularização fundiária nos assentamentos informais (parcelamento do solo urbano em zonas especiais de interesse social).

VUNESP: Tutela coletiva do direito à cidade e do direito à moradia. Competência legislativa e administrativa em matéria urbanística. A política urbana na Constituição Federal. Funções sociais da cidade e da propriedade urbana. O direito à moradia digna como direito fundamental. A segurança na posse como garantia da efetividade do direito à moradia. Estatuto da Cidade (Lei nº 10.257/2001). Diretrizes gerais e princípios da Política Urbana no Estatuto da Cidade. Instrumentos da política urbana no Estatuto da Cidade. Concessão de uso especial para fins de moradia (Medida Provisória nº 2.220/01). Regularização Fundiária de interesse social e de interesse específico (Lei nº 11.977/09). Proibição de despejos forçados sem prévia alternativa de moradia. Proteção jurídica da moradia nos cortiços. Política Nacional para a População em Situação de Rua (Decreto nº 7.053/09).

No entanto, como para concursos de Defensoria, muitas vezes a mesma banca representa padrões diferentes de acordo com o Estado, verifica-se, por exemplo, que a FCC aborda os pontos em caráter mais processual no edital de São Paulo e de Direito Material no Amazonas. Vejamos:

FCC/SP: PROCESSO CIVIL COLETIVO. 1. Teoria geral do processo civil coletivo. A evolução dos direitos fundamentais e a formação da tutela coletiva de direitos no Brasil. A Constituição Federal de 1988 e a Emenda Constitucional nº 80/14. Princípios gerais do processo civil coletivo. O microssistema de tutela coletiva. 2.

Instrumentos processuais de tutela coletiva e Leis nºs 4.717/65, 7.347/85, 8.078/90, 9.507/97, 12.016/09, 13.105/15. O novo código de processo civil e a tutela coletiva. 3. Classificação dos direitos coletivos em sentido amplo. Direitos difusos, coletivos em sentido estrito e individuais homogêneos. 4. Legitimidade ativa e passiva das ações coletivas. Legitimidade da Defensoria Pública. A defesa do polo passivo coletivo. 5. Competência em ações coletivas. 6. Litisconsórcio em ações coletivas. 7. A prova e o ônus da prova nas ações coletivas. Inversão do ônus da prova. 8. Litispendência, conexão e continência em ações coletivas. 9. As tutelas de evidência e de urgência nas ações coletivas. A tutela de urgência em face do Poder Público. A audiência prévia e a suspensão da liminar. (Leis nºs 8.437/92 e 9.494/97). 10. A teoria das tutelas jurisdicionais e as ações coletivas. A efetividade das tutelas coletivas. 11. Recursos em ações coletivas. **12. Coisa julgada em ações coletivas.** 13. Liquidação e execução em ações coletivas. A execução da sentença coletiva. 14. Fundo de Defesa de Direitos Difusos FDD (Lei nº 9.008/95). Fundo estadual de reparação de interesses difusos lesados do Estado de São Paulo (Lei Estadual nº 6.536/89 e Decreto Estadual nº 27.070/87). **15. Termo de ajustamento de conduta (TAC) e a Defensoria Pública. 16. Controle difuso de constitucionalidade e ações coletivas. 17. Processo coletivo e participação popular. Audiência pública (extrajudicial e judicial). Convocação de audiência pública pelo Defensor Público. Intervenção do *amicus curiae*. Intervenção do cidadão, isoladamente ou em grupo. A prestação da assistência jurídica nas ações coletivas. 18. Instrumentos administrativos de resolução extrajudicial de conflitos de natureza coletiva. Inquérito civil e outros procedimentos administrativos de tutela coletiva. Poder de requisição e recomendação do Defensor Público em matéria coletiva.** (*continua até item 58, abordando temas de direito material, inclusive*)

Em que pese o edital da FCC/SP demonstrar um viés mais processual, quando comparado ao da mesma banca no Amazonas, observa-se que na prova abordou diversas questões que exigem conhecimento do direito material de fundo, conforme veremos no capítulo seguinte.

Assim, verifica-se a importância de estudar as leis específicas mencionadas pelo edital, tais como a Lei do Sistema Único de Saúde (Lei nº 8.080/90, Estatuto da Cidade, Regularização Fundiária de interesse social e de interesse específico (Lei nº 11.977/09). Além desses exemplos, também é interessante o conhecimento das legislações estaduais sobre os temas correlatos.

Verificamos que alguns editais sequer separam a disciplina de Tutela Coletiva de forma autônoma. No entanto, isso não diminui a importância da disciplina, tendo em vista que o mesmo conteúdo é cobrado na prova, ainda que inserido em conjunto com outras disciplinas, como por exemplo, direito do consumidor. Além desses exemplos, também é interessante o conhecimento das legislações estaduais sobre os temas correlatos. Na prova da DPE/MG que analisamos, a disciplina de Tutela Coletiva em sua parte processual foi incluída dentro da disciplina de Processo Civil, e a material fez parte de quase todas as questões do ponto sobre Legislação Especial.

Na DPE/RJ, por sua vez as questões costumam envolver casos práticos. Sendo assim, o candidato não conseguirá responder caso não domine o funcionamento processual coletivo. Será importante fundamentar a legitimidade da Defensoria com apontamentos jurisprudenciais, inclusive sobre a (des)necessidade de comprovação de hipossuficiência de cada um dos beneficiários, e ainda, mesclar conhecimentos de Princípios Institucionais, inclusive sobre o poder de requisição do Defensor Público e sua importância para a instrução de procedimentos de tutela coletiva.

No edital do XXV concurso, além do ponto específico destinado à "Tutela Coletiva", o tema também constou nos seguintes pontos:

a) Direito da Criança e Adolescente: "Proteção dos direitos individuais, difusos e coletivos";

b) Princípios Institucionais: "A legitimidade da Defensoria Pública para a tutela dos interesses difusos, coletivos e individuais homogêneos".

Tudo isso demonstra que o estudo da matéria deve estar sempre aliando conhecimentos processuais e de legislação específica envolvendo o direito material.

O edital da DPE/AM (2017), embora também formulado pela FCC difere do da Defensoria de São Paulo. Enquanto o de São Paulo aborda diversos pontos sobre questões processuais, o do Amazonas foi omisso nesse aspecto. Foram abordados os seguintes pontos:

> 1. A dignidade da pessoa humana e proteção à mulher. Aspecto social e coletivo da igualdade material. Proteção dos grupos vulneráveis. Igualdade de gênero e racial.
>
> 2. Controle das políticas públicas pelo Poder Judiciário. Direito-garantia ao mínimo existencial. Reserva do possível. Princípio da Separação dos Poderes. Priorização da resolução extrajudicial dos conflitos em matéria de políticas públicas sociais.
>
> 3. Tutela coletiva do direito à saúde. Lei do Sistema Único de Saúde (Lei nº 8.080/90). Direito à saúde de grupos sociais vulneráveis: portadores de deficiência, crianças e adolescentes, idosos, portadores de SIDA, vítimas de violência sexual e familiar, pessoas privadas de liberdade, índios, etc. Resolução nº 107/2010 do Conselho Nacional de Justiça.
>
> 4. Tutela coletiva do direito à educação. Lei de Diretrizes e Bases da Educação Nacional (Lei nº 9.394/96).
>
> 5. Tutela coletiva do direito à cidade e do direito à moradia. Competência legislativa e administrativa em matéria urbanística. A política urbana na Constituição Federal. Funções sociais da cidade e da propriedade urbana. O direito à moradia digna como direito fundamental. A segurança na posse como garantia

da efetividade do direito à moradia. Estatuto da Cidade (Lei nº 10.257/2001). Diretrizes gerais e princípios da Política Urbana no Estatuto da Cidade. Instrumentos da política urbana no Estatuto da Cidade. Concessão de uso especial para fins de moradia (Medida Provisória nº 2.220/01). Regularização Fundiária de interesse social e de interesse específico (Lei nº 11.977/09). Proibição de despejos forçados sem prévia alternativa de moradia. Proteção jurídica da moradia nos cortiços. Política Nacional para a População em Situação de Rua (Decreto nº 7.053/09).

6. Tutela coletiva do direito ao saneamento básico. Conceito de saneamento básico. O Saneamento básico como direito fundamental. Política Nacional de Saneamento Básico (Lei nº 11.445/2007 e Decreto nº 7.217/2010).

7. Tutela coletiva do direito à alimentação. O direito à alimentação como direito fundamental social. Emenda Constitucional no 64/2010. Sistema Nacional de Segurança Alimentar e Nutricional (Lei nº 11.346/06).

8. Tutela coletiva do direito ao transporte público. O direito ao transporte público como expressão do direito à cidade.

9. Bioética e biodireito. Lei nº 11.105/2005.

10. Sistema nacional de proteção do meio ambiente. Código Florestal (Lei nº 12.651/2012). Lei nº 9.985/2000. Lei nº 12.305/2010. Teoria Geral do Direito Ambiental. Princípios do Direito Ambiental. Conceito de bem jurídico ambiental. Proteção constitucional do meio ambiente. Direito-dever fundamental ao ambiente. Competência constitucional (legislativa e administrativa) em matéria ambiental. Política Nacional do Meio Ambiente (Lei nº 6.938/81). SISNAMA - Sistema Nacional do Meio Ambiente. Instrumentos da Política Nacional do Meio Ambiente. Responsabilidade civil por dano ambiental. Licenciamento ambiental. Resolução 237/97 do CONAMA. Estudo de Impacto Ambiental (EIA) e Relatório de Impacto Ambiental (RIMA). Resoluções do CONAMA nºs 1/1986; 237/1997; 302/2002; 303/2002. Direito Ambiental das Áreas Protegidas. Área de Preservação Permanente. Reserva Legal.

11. Proteção jurídica dos recursos hídricos. Política Nacional de Recursos Hídricos (Lei nº 9.433/97).

12. Direito das Mudanças Climáticas. Política Nacional sobre Mudança do Clima (Lei nº 12.187/2009). Refugiados ou migrantes ambientais. Responsabilidade do Estado pelos danos causados às vítimas dos desastres naturais associados às mudanças climáticas.

13. Patrimônio cultural, histórico, artístico, paisagístico e arqueológico.

14. Resíduos Sólidos. Política Nacional de Resíduos Sólidos (Lei nº 12.305/2010). O direito de acesso ao consumo e a responsabilidade pós-consumo.

15. Defensoria Pública e proteção do ambiente.
16. Estatuto da Pessoa com Deficiência (Lei 13.146/2015).
17. Tutela coletiva dos direitos das pessoas privadas de liberdade. (Lei nº 7.210/1984).

Verifica-se que foi bem mais conciso. Isso também se dá, certamente em razão da época em que foi aplicada cada prova e ao reconhecimento atribuído à Defensoria em cada Estado. O Processo Coletivo vem ganhando força dentro da instituição desde o reconhecimento notório da legitimidade da Defensoria Pública para as Ações Coletivas, e, principalmente, a partir do efetivo exercício nessa área, conforme sua estruturação.

A fim de melhor organizar os pontos mais importantes a serem estudados reuni todos aqueles que se repetiram nos principais concursos para Defensor Público Estadual.

Seguem, portanto, os pontos de Tutela Coletiva:

1. Classificação dos Direitos Coletivos em sentido amplo (difusos, coletivos e individuais homogêneos);
2. Legitimidade para as Ações Coletivas. Microssistema coletivo e análise da legitimidade da Defensoria Pública sob esta ótica. LC 80/94 e EC 80/14. Jurisprudência. Legitimidade ativa e passiva. Litisconsórcio. A defesa do polo passivo coletivo;
3. Termo de Ajustamento de conduta. Procedimentos administrativos para investigação das situações coletivas (inquérito civil público e procedimentos análogos). Audiência Pública. Participação popular nas ações coletivas. Acesso à Justiça. A Defensoria na resolução extrajudicial de conflitos coletivos. Poder de requisição e recomendação do Defensor Público;
4. As tutelas de evidência e de urgência nas ações coletivas. A prova e o ônus da prova nas ações coletivas. Inversão do ônus da prova. A tutela de urgência em face do Poder Público. A audiência prévia e a suspensão da liminar. (Leis nºs 8.437/92 e 9.494/97);
5. Competência. Prevenção. Litispendência, conexão e continência em ações coletivas. Coisa Julgada em Ações coletivas. Liquidação e execução em ações coletivas. Recursos;
6. Controle difuso de constitucionalidade e ações coletivas. Intervenção de *amicus curiae*. Controle judicial de políticas públicas;

7. Bens jurídicos comumente tutelados e leis específicas:

    7.1: Tutela coletiva do direito à saúde (Lei nº 8.080/90);

    7.2: Tutela coletiva do direito à educação. Lei de Diretrizes e Bases da Educação Nacional (Lei nº 9.394/96);

    7.3: Tutela coletiva do direito à cidade e do direito à moradia como direito fundamental. Estatuto da Cidade (Lei nº 10.257/2001). Concessão de uso especial para fins de moradia (Medida Provisória nº 2.220/01). Regularização Fundiária de interesse social e de interesse específico (Lei nº 11.977/09). Proibição de despejos forçados sem prévia alternativa de moradia. Proteção jurídica da moradia nos cortiços. Política Nacional para a População em Situação de Rua (Decreto nº 7.053/09);

    7.4: Tutela coletiva do direito ao saneamento básico. Política Nacional de Saneamento Básico (Lei nº 11.445/2007 e Decreto nº 7.217/2010);

    7.5: Sistema nacional de proteção do meio ambiente. Código Florestal (Lei nº 12.651/2012). Lei nº 9.985/2000. Lei nº 12.305/2010. Teoria Geral do Direito Ambiental. Princípios do Direito Ambiental. Conceito de bem jurídico ambiental. Proteção constitucional do meio ambiente. Direito-dever fundamental ao ambiente. Competência constitucional (legislativa e administrativa) em matéria ambiental. Política Nacional do Meio Ambiente (Lei nº 6.938/81). SISNAMA - Sistema Nacional do Meio Ambiente. Instrumentos da Política Nacional do Meio Ambiente. Responsabilidade civil por dano ambiental. Licenciamento ambiental. Resolução 237/97 do CONAMA. Estudo de Impacto Ambiental (EIA) e Relatório de Impacto Ambiental (RIMA). Resoluções do CONAMA nºs 1/1986; 237/1997; 302/2002; 303/2002. Direito Ambiental das Áreas Protegidas. Área de Preservação Permanente. Reserva Legal. Proteção jurídica dos recursos hídricos. Política Nacional de Recursos Hídricos (Lei nº 9.433/97). Refugiados ou migrantes ambientais. Responsabilidade do Estado pelos danos causados às vítimas dos desastres naturais associados às mudanças climáticas;

    7.6: Tutela coletiva do direito ao transporte público. O direito ao transporte público como expressão do direito à cidade;

    7.7: Estatuto da Pessoa com Deficiência (Lei 13.146/2015. Direitos das pessoas com transtorno mental. Convenção internacional sobre o Direito das pessoas com deficiência;

7.8: Tutela coletiva dos direitos das pessoas privadas de liberdade. (Lei nº 7.210/1984);

7.9: Tutela coletiva do direito à educação. Lei de diretrizes e bases da educação nacional (Lei nº 9.394/96);

7.10: Tutela coletiva dos direitos dos idosos. Estatuto do Idoso (Lei nº 10.741/03) e Política Estadual do Idoso do Estado de São Paulo (Lei Estadual no 9.892/97).

3 ANÁLISE DAS ÚLTIMAS PROVAS OBJETIVAS

Para fins deste estudo, procedeu-se à análise das provas de 2015 a 2020 das Defensorias Públicas Estaduais, atentando-se para as provas promovidas pela CESPE, FCC, VUNESP e bancas próprias como costumava ser o caso da Defensoria Pública do Rio de Janeiro. O resultado é a tabela abaixo apresentada:

PONTO	CESPE	FCC	OUTROS
Classificação dos Direitos Coletivos *lato sensu* (difusos, coletivos e individuais homogêneos);	05	04	04
Legitimidade para as Ações Coletivas. Microssistema coletivo e análise da legitimidade da Defensoria Pública sob esta ótica. LC 80/94 e EC 80/14. Jurisprudência. Legitimidade ativa e passiva. Litisconsórcio. A defesa do polo passivo coletivo.	12	18	07
3. Termo de Ajustamento de conduta. Procedimentos administrativos para investigação das situações coletivas (inquérito civil público e procedimentos análogos). Audiência Pública. Participação popular nas ações coletivas. Acesso à Justiça A Defensoria na resolução extrajudicial de conflitos coletivos. Poder de requisição e recomendação do Defensor Público;	04	03	06
As tutelas de evidência e de urgência nas ações coletivas. A prova e o ônus da prova nas ações coletivas. Inversão do ônus da prova. A tutela de urgência em face do Poder Público. A audiência prévia e a suspensão da liminar. (Leis nºs 8.437/92 e 9.494/97);	02	01	02

PONTO	CESPE	FCC	OUTROS
Competência. Prevenção. Litispendência, conexão e continência em ações coletivas. Coisa Julgada em Ações coletivas. Liquidação e execução em ações coletivas. Recursos	22	10	10
6. Controle difuso de constitucionalidade e ações coletivas. Intervenção de *amicus curiae*. Controle judicial de políticas públicas	01	04	03
Bens jurídicos comumente tutelados e leis específicas: 7.1: Tutela coletiva do direito à saúde (Lei nº 8.080/90);	0	02	01
7.2: Tutela coletiva do direito à educação. Lei de Diretrizes e Bases da Educação Nacional (Lei nº 9.394/96);	02	01	02
7.3: Tutela coletiva do direito à cidade e do direito à moradia como direito fundamental. Estatuto da Cidade (Lei nº 10.257/2001). Concessão de uso especial para fins de moradia (Medida Provisória nº 2.220/01). Regularização Fundiária de interesse social e de interesse específico (Lei nº 11.977/09). Proibição de despejos forçados sem prévia alternativa de moradia. Proteção jurídica da moradia nos cortiços. Política Nacional para a População em Situação de Rua (Decreto nº 7.053/09);	04	08	03
7.4: Tutela coletiva do direito ao saneamento básico. Política Nacional de Saneamento Básico (Lei nº 11.445/2007 e Decreto nº 7.217/2010);	01	01	01
7.5: Sistema nacional de proteção do meio ambiente. Código Florestal (Lei nº 12.651/2012). Lei nº 9.985/2000. Lei nº 12.305/2010. Teoria Geral do Direito Ambiental. Princípios do Direito Ambiental. Conceito de bem jurídico ambiental. Proteção constitucional do meio ambiente. Direito-dever fundamental ao ambiente. Competência constitucional (legislativa e administrativa) em matéria ambiental. Política Nacional do Meio Ambiente (Lei nº	01	05	01

PONTO	CESPE	FCC	OUTROS
6.938/81). SISNAMA - Sistema Nacional do Meio Ambiente. Instrumentos da Política Nacional do Meio Ambiente. Responsabilidade civil por dano ambiental. Licenciamento ambiental. Resolução 237/97 do CONAMA. Estudo de Impacto Ambiental (EIA) e Relatório de Impacto Ambiental (RIMA). Resoluções do CONAMA nºs 1/1986; 237/1997; 302/2002; 303/2002. Direito Ambiental das Áreas Protegidas. Área de Preservação Permanente. Reserva Legal. Proteção jurídica dos recursos hídricos. Política Nacional de Recursos Hídricos (Lei nº 9.433/97). Refugiados ou migrantes ambientais. Responsabilidade do Estado pelos danos causados às vítimas dos desastres naturais associados às mudanças climáticas	01	05	01
7.6: Tutela coletiva do direito ao transporte público. O direito ao transporte público como expressão do direito à cidade	0	01	01
7.7: Estatuto da Pessoa com Deficiência (Lei 13.146/2015. Direitos das pessoas com transtorno mental. Convenção internacional sobre o Direito das pessoas com deficiência	01	01	02
7.8: Tutela coletiva dos direitos das pessoas privadas de liberdade. (Lei nº 7.210/1984).	0	02	0
7.9: Tutela coletiva dos direitos dos idosos. Estatuto do Idoso (Lei nº 10.741/03) e Política Estadual do Idoso do Estado de São Paulo (Lei Estadual nº 9.892/97).	03	02	0

Cumpre ressaltar que, na análise das questões, aquelas que exigiram conhecimento de mais de um ponto, foram incluídas em todos os pontos relacionados. Assim, o resultado acima decorre de uma pesquisa de incidências de pontos mais autêntica possível, demonstrando os pontos que efetivamente devem ser mais estudados pelo candidato.

Consideradas todas as provas analisadas dos últimos 05 (cinco) anos, observamos que as matérias com maior incidência nas provas foram:

1) Competência. Prevenção. Litispendência, conexão e continência em ações coletivas. Coisa Julgada em Ações coletivas. Liquidação e execução em ações coletivas: **42 (quarenta e duas vezes);**

2) Legitimidade para as Ações Coletivas. Microssistema coletivo e análise da legitimidade da Defensoria Pública sob esta ótica. LC 80/94 e EC 80/14. Jurisprudência. Legitimidade ativa e passiva. A defesa do polo passivo coletivo - **37 (trinta e sete) vezes;**

3) Tutela coletiva do direito à cidade e do direito à moradia como direito fundamental. Estatuto da Cidade (Lei nº 10.257/2001). Concessão de uso especial para fins de moradia (Medida Provisória nº 2.220/01). Regularização Fundiária de interesse social e de interesse específico (Lei nº 11.977/09). Proibição de despejos forçados sem prévia alternativa de moradia. Proteção jurídica da moradia nos cortiços. Política Nacional para a População em Situação de Rua (Decreto nº 7.053/09): **15 (quinze) vezes.**

Analisando toda as questões formuladas sobre a defesa dos direitos transindividuais em juízo nos concursos para Defensor Público Estadual nos últimos 05 (cinco) anos, verificamos que no âmbito **processual** os pontos mais cobrados são:

- **a) CESPE:** Competência. Prevenção. Litispendência, conexão e continência em ações coletivas. Coisa Julgada em Ações coletivas. Liquidação e execução em ações coletivas;

- **b) FCC:** Legitimidade para as Ações Coletivas. Microssistema coletivo e análise da legitimidade da Defensoria Pública sob esta ótica. LC 80/94 e EC 80/14. Jurisprudência. Legitimidade ativa e passiva. A defesa do polo passivo coletivo;

- **c) Outras bancas:** Na análise de todas as demais bancas que realizaram provas para Defensor nos últimos cinco anos, em que pese serem bancas diferentes (VUNESP, FMP, FUNDEP, UFMT) todas tiveram em comum uma maior exigência que as demais quanto ao seguinte item:

Termo de Ajustamento de conduta. Procedimentos administrativos para investigação das situações coletivas (inquérito civil público e procedimentos análogos). Audiência Pública. Participação popular nas ações coletivas. Acesso à Justiça A Defensoria na resolução extrajudicial de conflitos coletivos. Poder de requisição e recomendação do Defensor Público.

Na prova da Defensoria do Rio, principalmente, por envolver casos práticos, o conhecimento sobre os meios de solução extrajudicial das demandas coletivas e das prerrogativas do Defensor para requisitar informações, documentos e vistorias é essencial.

Já quanto às **legislações especiais** referentes aos direitos transindividuais protegidos por meio do sistema processual coletivo, é unânime a preponderância e importância do ponto referente ao direito de moradia.

Também se destaca o direito à educação, principalmente nas provas da DPERJ, tendo em vista que foi cobrado nos dois últimos concursos (XXV e XXVI).

É claro que todos os direitos materiais de fundo constantes do edital devem ser estudados e merecem atenção, somente aqui sendo constatada uma observação referente ao estudo e análise das últimas provas a fim de melhor preparar o candidato leitor.

Neste aspecto, importante observar que alguns editais trouxeram temas de legislação especial, normalmente constantes da parte destinada a tutela coletiva, em separado, como por exemplo FMP/PA (ambiental), VUNESP/RO e CESPE/PE (idoso), o que demonstra importância destes temas para tais bancas.

Por fim, cumpre ressaltar que Direito da Criança e Adolescente e do Consumidor são tratados em separado em todos os editais, por isso não constam na tabela acima, embora possam ser formuladas questões combinando tais temas com os de tutela coletiva. Na verdade, qualquer tema, em tese, caso envolva uma coletividade ou direitos transindividuais pode ser objeto de questionamento como plano de fundo de uma questão de processo coletivo.

Passemos agora a uma análise mais aprofundada, com comentários de mérito sobre as matérias mais cobradas nas provas anteriores.

4 PONTOS ESPECÍFICOS MAIS RELEVANTES DAS PROVAS OBJETIVAS

Agora que sabemos quais são os principais pontos a serem estudados, e que você já (espero) iniciou os estudos destes pontos, vamos aprofundar o foco com comentários sobre cada um desses temas e a forma como costumam ser abordados.

Por uma questão didática trabalharemos primeiro com o ponto relativo à legitimidade para ações coletivas e, posteriormente, sobre a competência, litispendência coisa julgada e efeitos da decisão.

a) Legitimidade para as Ações Coletivas. Microssistema coletivo e análise da legitimidade da Defensoria Pública sob esta ótica. LC 80/94 e EC 80/14. Jurisprudência. Legitimidade ativa e passiva. A defesa do polo passivo coletivo:

Dentro deste tema, principalmente nos concursos logo após a Emenda Constitucional nº 80 de 2014, passou a ser exigido do candidato o conhecimento sobre a legitimidade da Defensoria Pública para atuar nas Ações Coletivas, bem como de todo o apanhado histórico pelo qual percorreu tal legitimidade.

Dentro deste tema, principalmente sobre o questionamento envolvendo os limites da legitimidade da Defensoria, ou sua "pertinência temática" na atuação, veja a seguinte questão elaborada pela **CESPE, na prova para Defensor Público do Distrito Federal, em 2019:**

> QUESTÃO 58: "A Defensoria Pública tem legitimidade ativa para propor ação civil pública que tutele direitos individuais homogêneos, desde que comprovada a hipossuficiência econômica dos interessados, conforme entendimento do STJ."
>
> Gabarito: ERRADO.

O Supremo Tribunal Federal, ao julgar a **ADI n.º 3.943/DF, declarou a constitucionalidade do art. 5.º, II, da Lei n.º 7.347/1985**, com redação dada pela Lei n.º 11.448/2007, consignando ter a Defensoria Pública legitimidade para propor ação civil pública em defesa de direitos difusos, coletivos, e individuais homogêneos.

Posteriormente, o Superior Tribunal de Justiça, ao interpretar os requisitos legais para a atuação coletiva da Defensoria Pública, encampa exegese ampliativa da condição jurídica de 'necessitado', de modo a **possibilitar sua atuação em relação aos necessitados jurídicos em geral, não apenas dos hipossuficientes sob o aspecto econômico.** Caso concreto que se inclui no conceito apresentado. (AgInt no REsp 1510999/RS, Rel. Ministra REGINA HELENA COSTA, PRIMEIRA TURMA, julgado em 08/06/2017, DJe 19/06/2017).

Além do entendimento jurisprudencial já mencionado na resposta da questão, em provas para Defensor Público demonstra-se importante que o candidato saiba que a legitimidade da Defensoria já existia mesmo antes da inclusão no art. 5º da Lei 7.347/85 (LACP) pela Lei 11.448/07. Isto porque, o art. 82, inciso II, do CDC já conferia legitimidade à União, Estados, Distrito Federal aos Municípios e seus **órgãos** e entidades. Dessa forma, ao ser considerada como órgão do estado ou União, a Defensoria Pública já detinha legitimidade para o ajuizamento de ações coletivas.

Nesse sentido já havia jurisprudência em atuações da pioneira Defensoria Pública do Rio de Janeiro:

> "AÇÃO CIVIL PÚBLICA. LEGITIMIDADE. DEFENSORIA PÚBLICA. INTERESSE. CONSUMIDORES.
>
> A Turma, por maioria, entendeu que a defensoria pública tem legitimidade para propor ação civil pública na defesa do interesse de consumidores. Na espécie, o Nudecon, órgão vinculado à defensoria pública do Estado do Rio de Janeiro, por ser órgão especializado que compõe a administração pública direta do Estado, perfaz a condição expressa no art. 82, III, do CDC. (...)
>
> STJ. 3ª Turma. REsp 555.111-RJ, Rel. Min. Castro Filho, julgado em 5/9/2006".

No entanto, parece que quando se trata de defesa de hipossuficientes a legitimidade para atuação é cada vez mais questionada, sendo assim, foi necessária a inclusão expressa na Lei da Ação Civil Pública e manifestação jurisprudencial novamente neste sentido:

> "(...) 2. Este Superior Tribunal de Justiça vem se posicionando no sentido de que, nos termos do art. 5º, II, da Lei nº 7.347/85 (com a redação dada pela Lei nº 11.448/07), a Defensoria Pública tem legitimidade para propor a ação principal e a ação cautelar em ações civis coletivas que buscam auferir responsabilidade por danos causados ao meio-ambiente, ao consumidor, a bens e direitos de valor artístico, estético, histórico, turístico e paisagístico e dá outras providências. (...)" (STJ. 1ª Turma. REsp 912849/RS, Rel. Min. José Delgado, julgado em 26/02/2008).

A legitimidade também encontra previsão na Lei Complementar 80/94 nos arts. 1º, 4º, VII, VIII, X e XI, e 106-A, incluídos pela LC 132/2009.

Ante o desagrado do até então principal legitimado para ações coletivas, Ministério Público, novamente a legitimidade da Defensoria foi reafirmada, em decisão proferida nos autos da Ação Direta de Inconstitucionalidade nº 3943, ajuizada pela CONAMP (Associação Nacional dos Membros do Ministério Público).

Segue trecho do citado julgamento, veiculado no Informativo nº 784:

*"No mérito, o Plenário assentou que a discussão sobre a validade da norma que reconhecera a legitimidade da Defensoria Pública para ajuizar ação civil pública, em típica tutela dos direitos transindividuais e individuais homogêneos, ultrapassaria os interesses de ordem subjetiva e teria fundamento em definições de natureza constitucional-processual, afetos à tutela dos cidadãos social e economicamente menos favorecidos da sociedade. Ao aprovar a EC 80/2014, o constituinte derivado fizera constar o papel relevante da Defensoria Pública ("Art. 134. A Defensoria Pública é instituição permanente, essencial à função jurisdicional do Estado, incumbindo-lhe, como expressão e instrumento do regime democrático, fundamentalmente, a orientação jurídica, a promoção dos direitos humanos e a defesa, em todos os graus, judicial e extrajudicial, dos direitos individuais e coletivos, de forma integral e gratuita, aos necessitados, na forma do inciso LXXIV do art. 5º desta Constituição Federal"). **Em um Estado marcado por inegáveis e graves desníveis sociais e pela concentração de renda, uma das grandes barreiras para a implementação da democracia e da cidadania ainda seria o efetivo acesso à Justiça. Além disso, em Estado no qual as relações jurídicas importariam em danos patrimoniais e morais de massa por causa do desrespeito aos direitos de conjuntos de indivíduos que, consciente ou inconscientemente, experimentariam viver, o dever de promover políticas públicas tendentes a reduzir ou suprimir essas enormes diferenças passaria pela operacionalização de instrumentos que atendessem com eficiência às necessidades dos seus cidadãos. A interpretação sugerida pela autora desta ação tolheria, sem razões de ordem jurídica, a possibilidade de utilização de importante instrumento processual — a ação civil pública — capaz de garantir a efetividade de direitos fundamentais de pobres e ricos a partir de iniciativa processual da Defensoria Pública**. Não se estaria a afirmar a desnecessidade de a Defensoria Pública observar o preceito do art. 5º, LXXIV, da CF, reiterado no art. 134 — antes e depois da EC 80/2014. No exercício de sua atribuição constitucional, seria necessário averiguar a compatibilidade dos interesses e direitos que a instituição protege com os possíveis beneficiários de quaisquer das ações ajuizadas, mesmo em ação civil pública. Condicionar a atuação da Defensoria Pública à comprovação prévia da pobreza do público-alvo diante de situação justificadora do ajuizamento de ação civil pública — conforme determina a Lei 7.347/1985 — não seria condizente com princípios e regras norteadores dessa instituição permanente e essencial à função jurisdicional do Estado, menos ainda com a norma do art. 3º da CF. Se não fosse suficiente a ausência de vedação constitucional da atuação da Defensoria Pública na tutela coletiva de direitos, inexistiria também, na Constituição, norma a assegurar exclusividade, em favor do Ministério Público, para o ajuizamento de ação civil pública. Por fim, a ausência de demonstração de conflitos de*

ordem objetiva decorrente da atuação dessas duas instituições igualmente essenciais à justiça — Defensoria Pública e Ministério Público — demonstraria inexistir prejuízo institucional para a segunda, menos ainda para os integrantes da Associação autora. ADI 3943/DF, rel. Min. Cármen Lúcia, 6 e 7.5.2015. (ADI-3943)" (destacamos).

Na ADI, o CONAMP sustentou que a legitimidade da Defensoria de forma irrestrita afetaria diretamente as atribuições do Ministério Público, bem como os arts. 5º, LXXIV e 134, *caput*, da CRFB/88. Alegam, sem síntese que a Defensoria teria função institucional somente para a defesa dos "hipossuficientes", ao passo que na Ação Civil Pública que tenha por objeto a defesa de interesses difusos, por exemplo, não seria possível aferir se os beneficiários se enquadram no conceito de "necessitados".

O CONAMP sustentou tese no sentido de que a Defensoria somente poderia propor ações coletivas que tivessem por objeto interesse individual homogêneo, desde que individualizasse e identificasse os beneficiários como hipossuficientes econômicos. Referido raciocínio vai em contramão ao próprio sistema processual coletivo, que visa justamente atender a um grande número de beneficiários, **sem prévia necessidade de os individualizar.**

Assim, com base nos princípios norteadores do processo coletivo, notadamente: **máxima efetividade, máxima amplitude e máximo benefício, a legitimidade da Defensoria Pública não se limita a casos envolvendo pessoas hipossuficientes economicamente**. No âmbito dos direitos difusos, por sua própria natureza, é impossível a verificação de hipossuficiência dos beneficiários, não cabendo tal análise, tampouco impedimento da legitimidade da Defensoria. Já no âmbito dos direitos coletivos e individuais homogêneos, para que haja a legitimidade, basta que possa, em potencial, beneficiar pessoas hipossuficientes, ainda que também beneficie pessoas abastadas economicamente. Neste sentido foi a decisão na ADI 3943, e demais julgados posteriores.

Para ilustrar, cumpre transcrever julgado da Corte Especial do Superior Tribunal de Justiça, nesse sentido:

"A Defensoria Pública tem legitimidade para propor ação civil pública em defesa de interesses individuais homogêneos de consumidores idosos que tiveram plano de saúde reajustado em razão da mudança de faixa etária, ainda que os titulares não sejam carentes de recursos econômicos. *A atuação primordial da Defensoria Pública, sem dúvida, é a assistência jurídica e a defesa dos necessitados econômicos. Entretanto, ela*

Difusos e Coletivos

> *também exerce atividades de auxílio aos necessitados jurídicos, os quais não são, necessariamente, carentes de recursos econômicos. Isso ocorre, por exemplo, quando a Defensoria exerce as funções de curador especial (art. 9º, II, do CPC) e de defensor dativo (art. 265 do CPP). No caso, além do direito tutelado ser fundamental (direito à saúde), o grupo de consumidores potencialmente lesado é formado por idosos, cuja condição de vulnerabilidade já é reconhecida na própria Constituição Federal, a qual dispõe no art. 230 que: "A família, a sociedade e o Estado têm o dever de amparar as pessoas idosas, assegurando sua participação na comunidade, defendendo sua dignidade e bem-estar e garantindo-lhes o direito à vida". Dessa forma, nos termos do assentado no julgamento do REsp 1.264.116-RS (Segunda Turma, DJe 13/4/2012), "A expressão 'necessitados' (art. 134, caput, da Constituição), que qualifica, orienta e enobrece a atuação da Defensoria Pública, deve ser entendida, no campo da Ação Civil Pública, em sentido amplo, de modo a incluir, ao lado dos estritamente carentes de recursos financeiros - os miseráveis e pobres -, os hipervulneráveis (isto é, os socialmente estigmatizados ou excluídos, as crianças, os idosos, as gerações futuras), enfim, todos aqueles que, como indivíduo ou classe, por conta de sua real debilidade perante abusos ou arbítrio dos detentores de poder econômico ou político, 'necessitem' da mão benevolente e solidarista do Estado para sua proteção, mesmo que contra o próprio Estado". EREsp 1.192.577-RS,* ***Rel. Min. Laurita Vaz, julgado em 21/10/2015, DJe 13/11/2015 – (Informativo no 573)*** *(grifamos)".*

Não bastasse todo o apanhado jurisprudencial e legislativo, a Emenda Constitucional nº 80 de 2014 finalizou (ou deveria) a discussão sobre a legitimidade da Defensoria Pública, ao dispor no art. 134, da CRFB/88 que cabe a Defensoria Pública: "a defesa, em todos os graus, judicial e extrajudicial, dos direitos individuais e coletivos, de forma integral e gratuita, aos necessitados".

Aqui "coletivos" está no sentido amplo (*lato sensu)*, a Defensoria Pública, portanto, tem legitimidade para a defesa dos interesses não só individuais, mas também individuais homogêneos, coletivos em sentido estrito e difusos.

Partindo do pressuposto que você já compreendeu a ideia de microssistema e todo o histórico de legitimidade da Defensoria Pública, não tendo dúvidas quanto a sua legitimidade para a propositura de Ação Civil Pública, vamos avançar para um tema polêmico. Veja a seguinte questão cobrada na prova para Defensor Público do Distrito Federal, em 2019:

> **Questão 141: "Acerca do direito coletivo, julgue o item a seguir:**
>
> **Pacificou-se na doutrina o entendimento de que, com a ampliação da legitimidade para a propositura de ação civil**

pública, as Defensorias Públicas passaram a ter a atribuição de instaurar inquéritos civis destinados a coligir provas e quaisquer outros elementos de convicção aptos a fundamentar o ajuizamento de ação civil pública".

A assertiva foi considerada INCORRETA pela banca examinadora, que segue a literalidade do texto legal.

A questão embora deva ser respondida como incorreta, está longe de ser objetiva. Há muita discussão sobre o tema na doutrina, embora **prevaleça de fato a tese de que o Ministério Público tem atribuição exclusiva para instaurar inquérito civil.** (Art. 129, III, da CF/88; Art. 8° da Lei n.° 7.347/85 (Lei de Ação Civil Pública); Art. 6° da Lei n.° 7.853/89 (pessoas com deficiência); Art. 201, V, da Lei n.° 8.069/90 (ECA); Art. 6°, VII, da LC n.° 75/93 (Lei do MPU); Art. 25, IV, da Lei n.° 8.625/93 (Lei orgânica do MP); Art. 74, I, da Lei n.° 10.741/2003 (Estatuto do Idoso);Resolução n.° 23/2007-CNMP.). Isso ocorre tendo em vista que o procedimento do inquérito civil obedece a rito próprio, previsto em lei. Há mecanismos de controle interno do Inquérito Civil, seu arquivamento, por exemplo, exige apreciação do Conselho Superior do Ministério Público.

No entanto, em que pese a Defensoria Pública **não ter legitimidade para instauração do Inquérito Civil, propriamente dito, pois somente o Ministério Público** encontra previsão legal neste sentido, fato é que em razão da teoria dos poderes implícitos, quem pode o mais pode o menos. Assim, para que seja possível ingressar com uma Ação Civil Pública ou outra modalidade de ação coletiva, a Defensoria Pública necessita colher os elementos probatórios necessários para a adequada instrução. Não somente por ser um poder implícito, mas também explícito na LC 80/94, **cabe à Defensoria: requisitar informações, expedir recomendações, e porventura, solucionar o problema extrajudicialmente, por meio de Termo de Ajustamento de Conduta,** sob a luz do princípio da primazia da resolução extrajudicial de litígios.

A teoria dos poderes implícitos tem sua origem na Suprema Corte dos EUA, no ano de 1819, no precedente Mc CulloCh vs. Maryland. De acordo com esta teoria, a Constituição ao conceder uma função a determinado órgão ou instituição também lhe confere, implicitamente, os meios necessários para a consecução desta atividade.

No entanto, como em provas objetivas não há espaço para discussões, a assertiva deveria ser considerada incorreta. Somente há previsão legal para a instauração de inquérito civil pelo Ministério Público, embora a Defensoria tenha procedimento instrutório similar.

b) Competência. Prevenção. Litispendência, conexão e continência em ações coletivas. Coisa Julgada em Ações coletivas. Liquidação e execução em ações coletivas

Outro ponto que encontramos em todas as provas de forma bastante intensa, diz respeito às problemáticas processuais que podem surgir na defesa do direito transindividual em juízo. Dentro deste tema, há muitas questões sobre litispendência entre ações individuais e coletivas e limites da coisa julgada.

Quanto ao tema, importante separar as considerações feitas em relação à litispendência entre ações coletivas e entre estas e ações individuais.

Segundo Hugo Nigro Mazzili, haverá litispendência entre ações coletivas mesmo que os legitimados sejam diversos. Seria exceção à regra da tríplice identidade. O autor justifica da seguinte forma:

> *"O que são litispendência e coisa julgada, senão o mesmo fenômeno processual, com a só diferença de que, na litispendência, as duas ações idênticas estão em andamento, e na coisa julgada uma das ações já tem decisão de mérito definitiva? Ora, se nas ações civis públicas ou coletivas a coisa julgada se forma erga omnes, é porque a segunda ação, mesmo que proposta por outro colegitimado, constitui repetição idêntica da primeira ação – ainda que a primeira ação tenha sido movida por uma associação civil e a segunda tenha sido movida por outra associação civil, ou pelo Ministério Público, ou por qualquer outro colegitimado à ação civil pública ou coletiva.* ***Ora, se pode haver coisa julgada entre duas ações civil públicas com o mesmo pedido e a mesma causa de pedir, embora com autores diferentes, é evidente que, por identidade de razão, haverá litispendência entre ambas, se , ao contrário de estar uma delas já definitivamente julgada, estiverem ambas em andamento..."*** (MAZZILLI, Hugo Nigro, "A defesa dos interesses difusos em juízo", 31ª ed, Saraivajur, p. 331).

Assim, verifica-se que o conceito de litispendência é diverso para ações coletivas. Aqui não se exige que haja identidade física ou institucional entre os autores, mas sim **identidade de condição jurídica**, agindo os legitimados como substitutos processuais.

"Essa peculiaridade se evidencia por ser a legitimação concorrente e disjuntiva, permitindo a atuação contemporânea e independente por parte de cada qual dos legitimados. Situação similar pode verificar-se pela concomitância entre ação coletiva e ação popular: sendo iguais as causas e os pedidos, o fenômeno a ser reconhecido é a litispendência ou a coisa julgada – conforme o caso (se uma das ações já tiver ou não sido julgada) -, e não simples conexão. A ação proposta posteriormente deverá ser extinta sem o julgamento do mérito" (LEONEL, Ricardo de Barros, "Manual do Processo Coletivo", RT, 3ª ed, p. 274/275).

Já quanto às **ações coletivas e individuais em curso com o mesmo objeto não há litispendência,** pois não é possível impedir o direito individual subjetivo de ação (acesso à justiça), previsto na Constituição da República Federativa do Brasil.

Nesses casos, a regra a ser aplicada é a prevista no art. 104 do Código de Defesa do Consumidor, segundo o qual:

> *As ações coletivas, previstas nos incisos I (direitos difusos) e II (direitos coletivos) e do parágrafo único do art. 81, não induzem litispendência para as ações individuais, mas os efeitos da coisa julgada erga omnes ou ultra partes a que aludem os incisos II (direitos coletivos) e III (direitos individuais homogêneos - que é o caso da questão) do artigo anterior não beneficiarão os autores das ações individuais, se não for requerida sua suspensão no prazo de trinta dias, a contar da ciência nos autos do ajuizamento da ação coletiva.*

Referido dispositivo indica que não haveria litispendência entre ação individual e coletiva, porém, não poderá se beneficiar da ação coletiva aquele que optar em prosseguir com a ação individual ("*opt out*"). Somente poderá se beneficiar da sentença favorável na ação coletiva aquele que tiver requerido a suspensão da ação individual no prazo de trinta dias ("*opt in*").

No entanto, conforme ensina Hugo Nilo Mazzili:

> "Não haverá, porém continência, ou, muito menos litispendência se na ação individual o lesado estiver postulando indenização por prejuízos diferenciados (como lucros cessantes ou danos emergentes). Nesse caso será diverso o objeto das ações, não estando o pedido da ação individual contido no pedido da ação civil pública ou coletiva" (MAZZILLI, Hugo Nigro, "A defesa dos interesses difusos em juízo", 31ª ed, Saraivajur, p. 332).

Quanto à coisa julgada o raciocínio é idêntico à litispendência. Em regra, não é possível opor coisa julgada às demandas individuais quando já decidido o mesmo tema fático em ação coletiva, considerando a diversidade de pedidos e partes. No entanto, a lei estabelece exceção: quando a **ação coletiva for julgada procedente**. Neste caso, haverá o **transporte *in utilibus* da coisa julgada.** Ou seja, a extensão da coisa julgada só ocorrerá como extensão útil, a fim de beneficiar o autor de eventual ação individual. Ocorre que, conforme consta do dispositivo supratranscrito, esse efeito útil só beneficiará o autor de ação individual que pleitear sua suspensão.

Nos **interesses difusos a coisa julgada opera-se** *erga omnes* **tanto se procedente como improcedente o pedido**, salvo se improcedente por falta de provas. O efeito se dá pela própria característica elementar do direito envolvido, que é indivisível.

Já nos **interesses coletivos a coisa julgada será** *ultra partes* (ao grupo ou categoria), salvo, como já expresso acima, se improcedente por falta de provas.

Conclui-se, portanto, que **não haverá efeito** ***erga omnes*** **na ação coletiva julgada improcedente por falta de provas**, sendo viável a repropositura da ação por **qualquer dos legitimados**, inclusive pelo mesmo autor, desde que fundado em **provas novas.** Assim, quando julgada improcedente por falta de provas, tem-se que a coisa julgada que se opera é meramente formal (imutabilidade da decisão dentro do mesmo processo).

Além disso, não é só para os direitos individuais homogêneos que se preserva o direito de ação (acesso à justiça). Conforme art. 103, §1º, do CDC, **eventual improcedência nas ações coletivas que versem sobre direitos difusos ou coletivos**, ainda que por ser a pretensão infundada, **não impedirá ações individuais** dos lesados pelo mesmo fato, pois são diversos os fundamentos jurídicos, autores e pedido.

Quanto à litispendência, veja, a exemplo, a seguinte questão da prova elaborada pela VUNESP em 2017, para a Defensoria de Rondônia:

> Questão 86: "Aparício da Silva integra Associação de Moradores do Bairro de Pedreiras, no Município de Pedra Bonita, e participou da assembleia, inclusive subscrevendo a ata que autorizou fosse promovida ação civil pública visando compelir a Empresa Fumaça Preta a indenizar os moradores do bairro, que seriam pescadores e foram seriamente atingidos pelos poluentes lançados pela Empresa no rio que corta o bairro, matando milhares de peixes e prejudicando a pesca que garantia o sustento da maioria dos moradores do bairro. Posteriormente, em razão da demora no trâmite da ação coletiva, Aparício da Silva entende que será mais efetivo mover ação individual diretamente em face da Empresa, pleiteando a indenização.

Diante desses fatos hipotéticos, assinale a alternativa correta.

A Se a ação individual for julgada improcedente e a ação civil pública for procedente, Aparício poderá se beneficiar da sentença coletiva de procedência da ação, pois integrava a associação e autorizou em assembleia a propositura da ação.

B A ação individual movida por Aparício da Silva deve ser julgada extinta sem julgamento do mérito em razão de litispendência com a ação movida pela Associação de Moradores do Bairro de Pedreiras.

C Se ambas as ações forem julgadas procedentes, Aparício da Silva poderá executar tanto a sentença da ação coletiva como a ação individual.

D Como Aparício da Silva expressamente assinou a ata assemblear, autorizando a propositura da ação, será necessariamente atingido pelo seu resultado, não sendo possível formular idêntico pleito de forma individual.

E Apesar de ter assinado a ata assemblear, autorizando a propositura da ação pela Associação, não poderá dela se beneficiar ainda que julgada procedente, se Aparício propuser ação individual e não houver a suspensão desse processo".

Gabarito: "E".

Como se pode observar, a questão exige conhecimento do texto de lei e entendimento jurisprudencial. Nas alternativas "A" e "C", o examinador busca saber se o candidato tem conhecimento sobre a necessidade de suspensão da ação individual para que seja possível que o particular se beneficie de sentença em ação coletiva que ampare direitos coletivos (*stricto sensu)* ou individuais homogêneos, conforme disposto ao final do art. 104 do CDC. A alternativa "B" versa sobre a parte inicial do mesmo dispositivo legal, quando informa que não há litispendência entre ações coletivas e individuais. A alternativa "C" tenta confundir o candidato sobre tais conceitos com os requisitos para legitimidade ativa da associação para ingressar com ações coletivas. Conforme entendimento jurisprudencial, a extensão do termo "quando expressamente autorizadas" (Art. 5º, XXI, CRFB/88) estabelece que o ajuizamento de ações coletivas por Associações somente é possível se houverem autorizações individuais específicas ou por ata de assembleia. O entendimento firmado visa evitar que futuros filiados pudessem ser beneficiados por demanda já em curso. Nesse sentido, cumpre transcrever o seguinte julgado:

> *"A eficácia subjetiva da coisa julgada formada a partir de ação coletiva, de rito ordinário, ajuizada por associação civil na defesa de interesses dos associados, somente alcança os filiados, residentes no âmbito da jurisdição do órgão julgador, que o fossem em momento anterior ou até a data da propositura da demanda, constantes da relação jurídica juntada à inicial do processo de conhecimento. STF. Plenário". RE 612043/PR, Rel. Min. Marco Aurélio, julgado em 10/5/2017 (repercussão geral) (Info 864).*

Outra questão que tratou do tema de forma abrangente foi a aplicada pela FCC, na prova para Defensor Público de São Paulo, em 2019:

> QUESTÃO 51: "O sistema brasileiro de ações coletivas inspirou-se em modelos internacionais como, por exemplo, nos sistemas italiano e norte-americano, contudo, sem deixar de construir sua própria identidade. No processo civil coletivo, no Brasil,
>
> **A** segundo já entendeu o Superior Tribunal de Justiça, uma vez ajuizada a ação coletiva atinente à lide maior geradora de processos multitudinários, extinguem-se automaticamente as ações individuais já propostas ou que venham a ser, até o julgamento final da ação coletiva.
>
> **B** em tese, quando o Ministério Público ou outro legitimado ativo desistir da ação coletiva sem motivação idônea, o juiz deve imediatamente nomear a Defensoria Pública como sua nova "autora", com ordem de pronta intervenção.
>
> **C** o princípio da disponibilidade controlada ou motivada não se aplica quando os direitos ou interesses tutelados forem exclusivamente individuais homogêneos, pois estes são de ordem privada.
>
> **D** na ação coletiva sobre direitos ou interesses difusos, caso ela seja julgada improcedente, os efeitos da coisa julgada não prejudicarão interesses e direitos individuais dos integrantes da coletividade, tendo ou não os interessados intervindo no processo.
>
> **E** todo legitimado ativo para a ação civil pública deve demonstrar, preliminarmente, aptidão técnica, idoneidade moral e capacidade econômica para ser habilitado como autor, sob pena de comprometer o interesse público e os direitos de terceiros".
>
> Gabarito: Alternativa "D".

Como se pode observar, a questão exige conhecimento de texto de lei e jurisprudência nos moldes da anterior.

Na alternativa "A" o examinador trata a faculdade de suspensão de ações individuas como um dever, o que não procede.

A alternativa "B" está completamente equivocada, tendo em vista que em caso de desistência da ação civil pública por parte de um legitimado que a propôs qualquer outro *poderá* assumir o polo ativo. A Defensoria, Ministério Público ou outro legitimado *deverá* assumir o polo ativo somente nos casos em que houver desistência *infundada* ou abandono da ação. Quanto ao tema, cumpre destacar o que sugere Hugo Nilo Mazzilli:

> "Se o órgão do Ministério Público entender que não é caso de assumir a promoção da ação civil pública ou coletiva, objeto de desistência por parte de colegitimados, a nosso ver deverá submeter previamente suas razões ao Conselho Superior do Ministério Público, que, se discordar de seu entendimento, poderá designar outro membro para prosseguir no feito. Por que o Conselho? Ora, se até para *não propor* a ação o membro do Ministério Público necessita do referendo do Conselho, por maior razão dele precisará para *não prosseguir* em ação instaurada" (MAZZILLI, Hugo Nigro, "A defesa dos interesses difusos em juízo", 31ª ed, Saraivajur, p. 483).

Divergindo deste ponto, Ricardo de Barros Leonel entende que: "deve o magistrado remeter o feito ao Procurador- Geral de Justiça para deliberação definitiva pelo não prosseguimento da ação ou designação de outro membro da instituição para assumi-la."

No âmbito da Defensoria Pública, entendemos que deve ser aplicada a regra constante na resolução interna de cada Estado. Na Defensoria Pública do Rio de Janeiro, por exemplo, deve ser observado por analogia o disposto no art. 26 da Deliberação do Conselho Superior nº 125/2017:

> *"Se o Defensor Público responsável, esgotadas todas as possibilidades de diligências, se convencer da* ***inexistência de fundamento para a propositura de ação coletiva, celebração de compromisso de ajustamento de conduta ou expedição de recomendação****, promoverá, fundamentadamente, o* ***arquivamento dos autos*** *do procedimento de instrução ou das peças informativas.*
>
> *§1º- Os autos do procedimento de instrução, juntamente com o despacho de arquivamento, deverão ser remetidos ao Conselho Superior da Defensoria Pública, no prazo de 03(três)dias, contados do lançamento do despacho no sistema.*
>
> *§2º - O despacho de arquivamento* ***será submetido a exame e deliberação do Conselho Superior da Defensoria Pública,*** *na forma do seu Regimento Interno.*
>
> *§3º - Até que seja homologado ou rejeitado o despacho de arquivamento pelo Conselho Superior, poderão os co-legitimados apresentar razões escritas ou documentos, que serão juntados aos autos do procedimento de instrução para apreciação.*
>
> *§4º -* ***Não homologado o despacho de arquivamento pelo Conselho Superior, deverá ser adotada uma das seguintes providências****:*
>
> *I-conversão do julgamento em diligência para a realização de atos imprescindíveis à sua decisão, especificando-os e remetendo os autos ao Defensor Público que determinou o arquivamento, e, no caso de recusa por este fundamentada,* ***ao Defensor Público Geral,***

Difusos e Coletivos

> ***para designar o membro da Defensoria Pública que passará a atuar no procedimento;***
>
> *II - deliberação pelo prosseguimento do procedimento de instrução, indicando os fundamentos de fato e de direito de sua decisão e remetendo os autos ao Defensor Público Geral, para designar o membro da Defensoria Pública que passará atuar no procedimento. (grifamos).*

A alternativa "C" prossegue no assunto sobre a possibilidade de desistência já tratado acima, tentando confundir o candidato quanto à necessidade de controle, tanto interno quanto externo, quando se tratar de diretos individuais homogêneos. Assim como os difusos e coletivos *stricto sensu*, os direitos individuais homogêneos fazem parte do que se entende por direitos transindividuais (ultrapassam interesses privados de um indivíduo). Assim, também é necessário o controle quando um legitimado desistir da ação coletiva.

Na alternativa "D" há a descrição *a contrario sensu* do disposto no art. 104 do CDC, que faz previsão no sentido de que em ações coletivas que versem sobre direitos individuais homogêneos a atuação do particular como assistente litisconsorcial impede o ajuizamento de ação individual por este.

A alternativa "E" está equivocada por não encontrar qualquer amparo legal ou jurisprudencial neste sentido. A legitimidade deve sem ampla e independente de tais comprovações.

➔ **c) Tutela coletiva do direito à cidade e do direito à moradia como direito fundamental. Estatuto da Cidade (Lei nº 10.257/2001). Concessão de uso especial para fins de moradia (Medida Provisória no 2.220/01). Regularização Fundiária de interesse social e de interesse específico (Lei nº 11.977/09). Proibição de despejos forçados sem prévia alternativa de moradia. Proteção jurídica da moradia nos cortiços. Política Nacional para a População em Situação de Rua (Decreto nº 7.053/09).**

Este tema é bastante cobrado em todas as provas de Defensoria Pública, em especial nas provas da FCC/SP. A exemplo, segue **questão formulada pela citada banca, na prova para Defensor Público de São Paulo, em 2019:**

> QUESTÃO 55 "A regularização fundiária representa importante instituto de política urbana, já que permite ou a adequação de espaços irregulares ou então o reconhecimento de direitos, o que garante aos interessados maior segurança jurídica e melhores condições de moradia. Sobre a regularização fundiária urbana e a sua nova normativa legal, é correto afirmar:

A O instituto jurídico da usucapião é autônomo e não poderá ser empregado no âmbito da regularização fundiária urbana.

B A legitimação de posse também se aplica aos imóveis urbanos situados em área de titularidade do poder público, desde que haja autorização legal específica.

C Na regularização fundiária urbana de interesse social de imóveis públicos, o ente público titular do domínio fica autorizado a reconhecer o direito de propriedade aos ocupantes do núcleo urbano informal regularizado.

D A demarcação urbanística é condição essencial para o processamento e a efetivação da legitimação da posse.

E A legitimação de posse somente poderá ser transferida por ato *inter vivos*."

Gabarito: Alternativa "C".

A questão envolve o conhecimento da Lei 13.465/17 que revogou todo o capítulo de regularização fundiária da Lei "minha casa minha vida", instituiu o direito de laje, dentre outras inovações interessantes e de interesse do público usuário dos serviços da Defensoria Pública.

A alternativa "A" está incorreta tendo em vista expressa redação do art. 15 da Lei 13.465/17 que dispõe sobre regularização fundiária rural e urbana:

> "Poderão ser empregados, no âmbito da Reurb, sem prejuízo de outros que se apresentem adequados, os seguintes institutos jurídicos:
>
> II - a usucapião, nos termos dos arts. 1.238 a 1.244 da Lei nº 10.406, de 10 de janeiro de 2002 (Código Civil), dos arts. 9º a 14 da Lei nº 10.257, de 10 de julho de 2001, e do art. 216-A da Lei nº 6.015, de 31 de dezembro de 1973"

Dispõe ainda referida lei em seu art. 26 que:

> "Sem prejuízo dos direitos decorrentes do exercício da posse mansa e pacífica no tempo, aquele em cujo favor for expedido título de legitimação de posse, decorrido o prazo de cinco anos de seu registro, terá a conversão automática dele em título de propriedade, desde que atendidos os termos e as condições do art. 183 da Constituição Federal , independentemente de prévia provocação ou prática de ato registral.
>
> § 1º Nos casos não contemplados pelo art. 183 da Constituição Federal, o título de legitimação de posse poderá ser convertido em título de propriedade, desde que satisfeitos os requisitos de usucapião estabelecidos na legislação em vigor, a requerimento do interessado, perante o registro de imóveis competente.

> § 2º A legitimação de posse, após convertida em propriedade, constitui forma originária de aquisição de direito real, de modo que a unidade imobiliária com destinação urbana regularizada restará livre e desembaraçada de quaisquer ônus, direitos reais, gravames ou inscrições, eventualmente existentes em sua matrícula de origem, exceto quando disserem respeito ao próprio beneficiário"

Veja que não só é cabível o instituto da usucapião no âmbito da regularização fundiária, mas também visada sua facilitação, dispondo o §1º do art. 26 que, se por exemplo, diante da hipótese de usucapião ordinária, poderá o interessado requerer a conversão da posse em propriedade através de pedido ao oficial do Cartório de Registro de Imóveis, que decidirá sobre o preenchimento dos seus requisitos, não sendo necessário judicializar.

A alternativa "B" contraria o disposto no art. 25, §2º, da Lei 13.465/17, que dispõe que: "A legitimação de posse não se aplica aos imóveis urbanos situados em área de titularidade do poder público".

A lei, portanto, dispõe conforme já previsto constitucionalmente no art. 183, §3º da CRFB/88 que os imóveis públicos não poderão ser adquiridos por usucapião.

Nesse sentido, cumpre destacar julgado do STJ:

> "A ocupação irregular de terra pública não pode ser reconhecida como posse, mas como mera detenção, caso em que se afigura inadmissível o pleito da proteção possessória contra o órgão público". (STJ. 2ª Turma. AgRg no REsp 1200736/DF, Rel. Min. Cesar Asfor Rocha, julgado em 24/05/2011).

Importante este destaque para demonstrar que o bem público não se confunde com os imóveis abandonados por particular e arrecadados pelo Poder Público na forma do art. 1.276 do CC/02. Os imóveis abandonados por proprietários que não lhe empreguem função social, não tendo a intenção de conservá-los (por exemplo: não exerce posse, não paga tributos relacionados à propriedade), podem ser arrecadados pelos Municípios ou Distrito Federal e destinados aos programas habitacionais, prestação de serviços públicos e fomento da Reurb-s (objeto da questão).

A alternativa "C" está correta, pois em total consonância com o disposto no art. 23, §4º, da Lei 13.465/17:

> "A legitimação fundiária constitui forma originária de aquisição do direito real de propriedade conferido por ato do poder público, exclusivamente no âmbito da Reurb, àquele que

detiver em área pública ou possuir em área privada, como sua, unidade imobiliária com destinação urbana, integrante de núcleo urbano informal consolidado existente em 22 de dezembro de 2016.

§ 4º Na Reurb-S de imóveis públicos, a União, os Estados, o Distrito Federal e os Municípios, e as suas entidades vinculadas, quando titulares do domínio, ficam autorizados a reconhecer o direito de propriedade aos ocupantes do núcleo urbano informal regularizado por meio da legitimação fundiária".

A alternativa "D" contraria o disposto no § 3º do art. 19 da Lei 13.465/17, que dispensa a demarcação: "os procedimentos da demarcação urbanística não constituem condição para o processamento e a efetivação da Reurb".

A alternativa "E" contraria o disposto no art. 25, § 1º da Lei 13.465/17: "A legitimação de posse, instrumento de uso exclusivo para fins de regularização fundiária, constitui ato do poder público destinado a conferir título, por meio do qual fica reconhecida a posse de imóvel objeto da Reurb, com a identificação de seus ocupantes, do tempo da ocupação e da natureza da posse, o qual é conversível em direito real de propriedade, na forma desta Lei. § 1º A legitimação de posse **poderá ser transferida por *causa mortis* ou por ato *inter vivos*.**" (*grifamos*).

Referido dispositivo contempla o princípio da *saisini*, segundo o qual a herança transmite-se no exato momento da morte, sendo também transmitida a posse aos herdeiros.

5 DOUTRINA, JURISPRUDÊNCIA E "LEI SECA" NOS CONCURSOS DA DEFENSORIA PÚBLICA ESTADUAL

Do que se pode observar na pesquisa realizada nos últimos cinco anos de concurso público para Defensoria Pública, nas principais bancas examinadoras, prepondera a exigência do texto legal envolvendo o direito material tutelado. Isso ocorre principalmente nas provas organizadas pela FCC, embora nas provas da VUNESP também seja bastante exigido o conhecimento da lei. Já nas provas CESPE as questões em sua maioria abordam entendimentos jurisprudenciais a respeito de temas debatidos.

De acordo com nossa pesquisa, o conhecimento exigido apresenta as seguintes proporções:

CONHECIMENTO	CESPE	FCC	OUTROS
Doutrina	16%	14%	30%
Jurisprudência	41%	10%	28%
Lei	43%	35%	42%

Importante ressaltar que, neste cálculo, aquelas questões que exigem múltiplo conhecimento, foram incluídas em todas as áreas de conhecimento.

6 ANÁLISE DE QUESTÕES DISSERTATIVAS

Nas questões dissertativas ou discursivas, os pontos mais tocados são aqueles relacionados à jurisprudência e à doutrina.

Em provas da Defensoria, no âmbito de tutela coletiva, as questões discursivas, costumam exigir do candidato que aborde inicialmente sobre legitimidade para atuação, depois sobre o direito objetivamente tutelado. Neste aspecto, quanto ao direito tutelado, cabe a análise de sua eventual classificação como direito fundamental e como deve ser protegido. É importante ainda demonstrar como é admitido o controle de políticas públicas por meio de Ação Civil Pública, principalmente relacionando o tema com a jurisprudência pátria.

Nesse aspecto, já **na primeira questão da primeira fase do** XXVI **concurso** da Defensoria Pública **do Estado do Rio de Janeiro** foi indagado do candidato:

"A Defensoria Pública ajuizou ação civil pública com o objetivo de determinar o restabelecimento da prestação de serviço de transporte público rodoviário intermunicipal, conforme estabelecido no contrato de concessão que deixou de ser cumprido pela concessionária sem qualquer aditamento contratual. A sentença julgou o pedido procedente e determinou, dentre outros comandos, que o serviço fosse restabelecido conforme o contrato, a contar da intimação da sentença, sob pena de multa diária de R$ 5.000,00 (cinco mil reais), tendo sido concedida a tutela provisória de urgência na própria sentença. A parte ré interpôs apelação e a sentença foi confirmada. Interpôs, em seguida, recurso especial, inadmitindo, e agravo em recurso especial, ao qual não foi atribuído efeito suspensivo e se encontra pendente de julgamento. Considerando que a parte ré deixa a população desatendida até o momento, pergunta-se:

a) Qual a medida cabível para que a população possa ter o serviço imediatamente restabelecido? A multa fixada em sentença já pode ser executada? Fundamente.

b) É possível estabelecer calendário para o cumprimento do julgado por meio de convenção processual? Fundamente.

A resposta atribuída no espelho de respostas à alternativa "a" foi: Cumprimento provisório de sentença, pois pendente recurso sem efeito suspensivo. Aplicação de medidas executivas atípicas, tais como a nomeação de interventor judicial para administração provisória da empresa, visando restabelecer o transporte intermunicipal, o cumprimento por terceira empresa mediante o sequestro de verbas da ré.

Quanto ao tema, ensina Hugo Nigro Mazzilli: " Considera-se *definitiva* a execução da sentença transitada em julgado e *provisória* quando se tratar de sentença impugnada mediante recurso ao qual não foi atribuído efeito suspensivo" (MAZZILLI, Hugo Nigro, "A defesa dos interesses difusos em juízo", 31ª ed, Saraivajur, p. 664) (vide art. 356, §3º, 520 e 782, §5º do CPC).

Admite-se a concessão de tutela antecipada contra a Fazenda, observadas algumas peculiaridades.

Quais peculiaridades são essas? Dispõe o art. 1.059 do CPC/15 que: "À tutela provisória requerida contra a Fazenda Pública aplica-se o disposto nos arts. 1º a 4º da Lei nº 8.437, de 30 de junho de 1992, e no art. 7º, § 2º, da Lei nº 12.016, de 7 de agosto de 2009".

Referido dispositivo da Lei do mandado de segurança (art. 7º, §2º) dispõe que: ***"Não será concedida medida liminar que tenha por objeto a compensação de créditos tributários, a entrega de mercadorias e bens provenientes do exterior, a reclassificação ou equiparação de servidores públicos e a concessão de aumento ou a extensão de vantagens ou pagamento de qualquer natureza".***

A Lei nº 8.437 também dispõe sobre a concessão de medidas cautelares contra atos do Poder Público, cumpre transcrever seu art. 2º:

> *"Art. 2º No mandado de segurança coletivo e na ação civil pública, a liminar será concedida, quando cabível,* ***após a audiência do representante judicial da pessoa jurídica de direito público, que deverá se pronunciar no prazo de setenta e duas horas."*** (grifamos).

Difusos e Coletivos

Cumpre ressaltar que esse dispositivo somente se aplica à pessoa jurídica de direito público, sendo assim, eventuais pessoas jurídicas de direito privado prestadoras de serviço público não teriam tal prerrogativa. Empresas Públicas e Sociedades de economia mista são pessoas jurídicas de direito **privado**, sendo possível a concessão de antecipação de tutela sem oitiva da parte contrária. Lembrando ainda que são estas objetivamente responsáveis pelos atos que seus agentes causem a terceiros, quando prestadoras de serviço público (art. 37, §6º, CRFB/88), o que não ocorre quando exploradoras de atividade econômica

A jurisprudência não tem admitido tutela antecipada contra a Fazenda, em matéria de condenação pecuniária (Recl. nº 2.726/SP, STF Pleno, j. 17-11-05), o que conforme visto acima decorre de vedação legal expressa (art. 7º, § 2º, da Lei nº 12.016/09).

A multa, portando, **não é exigível** no momento do cumprimento provisório da sentença, conforme dispõe o art. 12, §2º, da Lei da Ação Civil Pública (Lei 7.347/85), e por existir **recurso com efeito suspensivo** pendente de julgamento. **Poderá, no entanto, ser majorada para fins coercitivos.**

Na alternativa "b", o candidato deveria responder que os interesses coletivos tutelados na Ação Civil Pública são indisponíveis, mas permitem a celebração da convenção processual em relação a alguns aspectos, tais como prazo e modo de cumprimento do julgado, desde que não contrariem a decisão.

Ainda dentro dos temas mais abordados, conforme tabela constante do item 3 no XXV concurso para Defensor Público no Estado do Rio de Janeiro, na prova escrita preliminar, foi exigida a seguinte questão por parte da banca I:

> "Victor Nunes, domiciliado no Rio de Janeiro, soube que a empresa de telefonia da qual é cliente foi condenada, com trânsito em julgado. A sentença foi prolatada pela Justiça de São Paulo, numa ação civil pública por interesse individual homogêneo, a indenizar os seus clientes por determinada prática abusiva da qual ele também fora vítima. Diga a medida judicial a ser tomada em favor de Vitor Nunes e o juízo competente. Resposta justificada".

A resposta do candidato deveria mencionar que a medida judicial seria a liquidação e execução da sentença, a fim de obter o direito de Victor ao seu montante indenizatório, demonstrando somente o dano e nexo causal. Deveria ainda, informar que o juízo competente é o do

domicílio do consumidor. Isto porque, embora o art. 97 do CDC tenha sido vetado (sob críticas doutrinárias) – dispunha que nas ações coletivas, a liquidação das sentenças poderia ser promovida no foro do domicílio do liquidante - , prevaleceu o disposto no art. 98, §2º e 101, I, do mesmo diploma legal, que dissocia o juízo onde se liquida a sentença do juízo da ação condenatória.

Sobre o tema, explica Hugo Nigro Mazzilli:

> "No caso de execução individual de decisão proferida e processo coletivo, diz a lei ser competente o juízo da liquidação da sentença ou o da ação condenatória. Isso significa que a lei especial está expressamente permitindo ao credor que liquide a sentença em foro diverso do da ação condenatória, assim se afastando da regra geral. Se assim o fez é porque desejava favorecer o credor, permitindo-lhe liquidar a sentença em seu domicílio. Ademais, a aplicação analógica do art. 101, I, do CDC, conforta o reconhecimento da competência em favor do foro do domicílio da vítima ou sucessores". (MAZZILLI, Hugo Nigro, "A defesa dos interesses difusos em juízo", 31ª ed, Saraivajur, p. 670).

A questão também buscava conhecimento do candidato sobre o chamado "limite territorial da coisa julgada", na verdade, que soubesse criticar esse suposto limite trazido pelo art. 16 da Lei da Ação Civil Pública.

O texto atual do art. 16 da LACP, foi alterado pela Medida Provisória 1570/97 convertida no art. 2º da Lei 9494/97, que além de desatender o pressuposto constitucional de urgência, gerou incoerência técnica ao confundir *limite da coisa julgada* com *competência territorial*. Além disso, contraria o disposto no art. 93 do CDC que permanece em vigor e aplicável a qualquer direito transindividual e não só ao direito dos consumidores, tendo em vista a integralidade do microssistema coletivo.

Assim, conclui-se que os "limites da competência territorial do órgão prolator" mencionado no art. 16 da Lei da Ação Civil Pública, não se referem às normas de organização judiciária quanto a competência do juízo (no exemplo da questão, não se limita à São Paulo), e sim ao alcance do dano, conforme dispõe o art. 93 do CDC.

Quando o dano for nacional ou regional, a competência para conhecer e julgar desta ação coletiva será do juiz da Capital do Estado ou a do juiz do Distrito Federal, e os efeitos da sentença estende-se ao território de toda a região ou de todo o País. Nesse sentido já se manifestou o STJ:

> "EMBARGOS DE DIVERGÊNCIA. PROCESSUAL CIVIL. ART. 16 DA LEI DA AÇÃO CIVIL PÚBLICA. AÇÃO COLETIVA. LIMITAÇÃO APRIORÍSTICA DA EFICÁCIA DA DECISÃO À COMPETÊNCIA TERRITORIAL DO ÓRGÃO JUDICANTE. DESCONFORMIDADE COM O ENTENDIMENTO FIRMADO PELA CORTE ESPECIAL DO SUPERIOR TRIBUNAL DE JUSTIÇA EM JULGAMENTO DE RECURSO REPETITIVO REPRESENTATIVO DE CONTROVÉRSIA (RESP N.º 1.243.887/PR, REL. MIN. LUÍS FELIPE SALOMÃO). DISSÍDIO JURISPRUDENCIAL DEMONSTRADO. EMBARGOS DE DIVERGÊNCIA ACOLHIDOS. 1. No julgamento do recurso especial repetitivo (representativo de controvérsia) n.º 1.243.887/PR, Rel. Min. Luís Felipe Salomão, a Corte Especial do Superior Tribunal de Justiça, ao analisar a regra prevista no art. 16 da Lei n.º 7.347/85, primeira parte, **consignou ser indevido limitar, aprioristicamente, a eficácia de decisões proferidas em ações civis públicas coletivas ao território da competência do órgão judicante.** 2. Embargos de divergência acolhidos para restabelecer o acórdão de fls. 2.418-2.425 (volume 11), no ponto em que afastou a limitação territorial prevista no art. 16 da Lei n.º 7.347/85" (*grifamos*).

Referido julgado é posterior à aplicação da citada prova, no entanto já haviam julgados nesse sentido. Justamente por ser um tema em pauta de discussão jurisprudencial e já objeto de diversas críticas por boa parte da doutrina é que foi cobrado na prova. Em provas discursivas o candidato deve estar atento ao que vem sendo discutido no momento da aplicação da prova.

7 DICAS FINAIS PARA OS CANDIDATOS

Em tutela coletiva é muito importante que o candidato consiga ter um olhar prático das questões que lhe são submetidas para que melhor possa compreender a matéria sem tanta abstração.

O estudo da doutrina deve ser acompanhado das leis específicas que tratam dos direitos transindividuais costumeiramente tutelados, bem como da Lei de Ação Civil Pública, Código de Defesa do Consumidor e demais normas processuais que integram o microssistema coletivo.

Sobre esse viés, é importante que sempre o candidato analise as normas processuais como um copilado, de forma a tentar harmonizá-las entre si. Embora ainda não haja um código único sobre a tutela de direitos transindividuais em juízo é certo que todas as leis esparsas devem se integralizar como um sistema próprio, regido sempre à luz do Código de Processo Civil e Constituição da República.

O estudo de informativos para atualização de posicionamentos jurisprudenciais também é de extrema importância, não só nesta mas em todas as matérias.

DIREITOS DA CRIANÇA E DO ADOLESCENTE

Peter Gabriel Molinari Schweikert

1 BIBLIOGRAFIA INDICADA

A matéria "direitos da criança e do adolescente" vem, a cada novo concurso de Defensoria Pública, ganhando maior espaço e importância. E essa não é uma surpresa, na medida em que, quer na área protetiva (não-infracional), quer na área infracional, Defensores e Defensoras Públicas possuem um protagonismo importante. Basta observar que, diferentemente do que ocorre nas Varas Criminais, nas Varas Especializadas da Infância e Juventude praticamente a totalidade dos adolescentes em conflito com a lei são assistidos pela Defensoria – e não por advogados particulares. A mesma situação é vista nas ações de aplicação da medida de acolhimento institucional e de destituição do poder familiar, já que a imensa maioria das famílias que sofrem a intervenção do Estado em suas vidas são famílias em situação de extrema vulnerabilidade – e, portanto, beneficiárias da assistência jurídica gratuita.

Em razão disso, a/o candidata/o perceberá que os itens do edital afetos à área da infância e juventude vêm se tornando cada vez mais robustos e a quantidade de questões, se equiparando às demais áreas de tradicional importância, como direito constitucional, direito civil, direito processual (civil e penal) e direito penal. Não se trata mais de uma subclassificação da área de direitos difusos e coletivos – possui tamanho destaque a lhe elevar à condição de disciplina autônoma.

Feitas essas breves considerações introdutórias, passaremos a traçar algumas estratégias que podem ser adotadas pela/o candidata/o para adequar o estudo da matéria dentro do cronograma maior de estudos do concurso para as Defensorias Públicas.

Inicialmente, deve-se ter em mente que o estudo da matéria "direitos da criança e do adolescente" transcende – e muito – o mero conhecimento do Estatuto da Criança e do Adolescente. Como sustenta majoritariamente a doutrina, vige em nosso ordenamento um verdadeiro **microssistema de proteção e defesa dos direitos da criança e do adolescente**, formado, a partir de um diálogo das fontes, por disposições da Constituição Federal, dos Tratados e Convenções Internacionais sobre Direitos Humanos, do Código Civil, do Estatuto da Criança e do Adolescente e de inúmeras legislações e normas infralegais esparsas, como a Lei de Diretrizes e Bases da Educação (Lei nº 9.394/96), a Lei do Sistema Nacional de Atendimento Socioeducativo - SINASE (Lei nº 12.594/12), a Lei que institui o Programa de Combate à Intimidação Sistemática – o "Bullying" (Lei nº 13.185/15), o Sistema de Garantia de Direitos da Criança e do Adolescente (Resoluções n. 113 e 117 do CONANDA), o Sistema de Garantia de Direitos da Criança e do Adolescente vítima ou testemunha de violência (Lei nº 13.431/17), dentre outras.

Em segundo lugar – e não menos importante –, também necessário que a/o candidata/o tenha conhecimento tanto dos entendimentos sumulados quanto da jurisprudência atualizada das Cortes Superiores, que, em alguns pontos sensíveis, vem mudando de direção nos anos mais recentes.

Por fim, o papel da doutrina será complementar e deverá focar temas de maior incidência nas provas – que serão expostos de forma minuciosa mais à frente – e/ou de maiores dúvidas da/o candidata/o.

É claro que a escolha da bibliografia depende muito do gosto e do perfil de cada uma/um. Algumas/uns fazem questão de estudar por obras mais completas, como no meu caso. Outras/os preferem materiais mais resumidos. Aqui, darei apenas as minhas impressões pessoais para as/os que almejam o concurso das Defensorias Públicas Estaduais.

Uma excelente obra para uso de apoio pela/o candidata/o é o volume "Direitos da Criança e do Adolescente" da Coleção "Defensoria Pública Ponto a Ponto", de autoria de Fabiana Botelho Zapata (examinadora da área da infância e juventude do V e VI concurso para a Defensoria Pública do Estado de São Paulo), Flávio Américo Frasseto (examinador da área da infância e juventude de concursos de diversas Defensorias Públicas Estaduais) e Marcos Vinicius Manso Lopes.

Trata-se de um livro mais enxuto, embora não menos completo, que tem por objetivo apresentar uma visão panorâmica da matéria "direitos da criança e do adolescente" nos editais de concurso das Defensorias Públicas. Sua base é o edital do concurso da Defensoria Pública do Estado de São Paulo.

Outras duas obras bastante conhecidas e completas são o "Estatuto da Criança do Adolescente Comentado Artigo por Artigo", de autoria dos professores Luciano Alves Rossato, Paulo Eduardo Lépore e Rogério Sanches Cunha, e o "Estatuto da Criança e do Adolescente Comentado", de autoria do professor Paulo Henrique Aranda Fuller. Ambas são bastante didáticas e apresentam ótima sistematização para quem pretende usar a doutrina como apoio para alguns dos pontos do edital.

Uma obra um pouco mais densa é o "Curso de Direito da Criança e do Adolescente: aspectos teóricos e práticos", de coordenação da Promotora de Justiça Kátia Regina Ferreira Lobo Andrade Maciel. Em relação a essa obra, deve-se ressalvar que, por se tratar de Curso escrito por Promotoras e Promotores de Justiça, boa parte das teses sustentadas, sobretudo na área infracional e de execução de medidas socioeducativas, diverge do entendimento que se espera da/o candidata/o para os concursos de Defensoria Pública. Deve-se, portanto, adotar uma leitura focalizada e estratégica, pincelando os temas que são condizentes com a visão institucional da Defensoria.

Livro bastante interessante é o recém-lançado "Direito da Criança e do Adolescente", de autoria da professora Maíra Zapater, que, além de didático, expõe de forma bastante didática argumentos para a construção de reflexões sobre temas atuais, como a redução da maioridade penal, direitos sexuais de crianças e adolescentes, regime de incapacidade civil de crianças e adolescentes etc.

Para um aprofundamento na área infracional/execução de medidas socioeducativas, duas excelentes indicações são a obra da professora Karyna Batista Sposato, "Direito Penal de Adolescentes: elementos para uma teoria garantista", muito utilizada pelas/os Defensoras/es Públicas/os no exercício de suas atividades-fim, e a obra do professor Sérgio Salomão Shecaira, "Sistema de Garantias e o Direito Penal Juvenil".

Finalmente, destaco a interessante Coleção "Caderno de Jurisprudência", coordenada pelo professor e Defensor Público Federal Caio Paiva, cujo primeiro volume trata justamente dos Direitos da Criança e do Adolescente, que traz a jurisprudência resumida e separada por assunto do Supremo Tribunal Federal, do Superior Tribunal de justiça e da Corte Interamericana de Direitos Humanos, além dos trechos mais significativos dos Comentários Gerais do Comitê da ONU sobre os Direitos da Criança.

Paralelamente, há também uma gama muito interessante de publicações disponíveis online, que podem ser acessadas e consultadas gratuitamente.

Um primeiro exemplo são os Cadernos da Defensoria Pública do Estado de São Paulo, cujos volumes 15[1] e 19[2], totalmente digitais, tratam exclusivamente do tema "infância e juventude". Outros três portais digitais no qual a/o candidata/o poderá encontrar muitas publicações, jurisprudências e novidades legislativas sobre direitos da criança e do adolescente são as páginas do Núcleo Especializado da Infância e Juventude (NEIJ) da Defensoria Pública do Estado de São Paulo[3], a página do Núcleo da Infância e Juventude (NUDJ) da Defensoria Pública do Estado do Paraná[4] e a Página do Centro de Apoio Operacional das Promotorias da Infância e Juventude do Ministério Público do Estado do Paraná[5].

Há também publicações muito interessantes nas páginas dos Programas Prioridade Absoluta e Criança e Consumo, do Instituto Alana[6], bem como na página do Instituto Fazendo História[7], organizações da sociedade civil que atuam historicamente na defesa e proteção dos direitos de crianças e adolescentes.

2 CONTEÚDO PROGRAMÁTICO NOS EDITAIS DAS DEFENSORIAS PÚBLICAS ESTADUAIS

Ao contrário de outras instituições do Sistema de Justiça, como o Poder Judiciário (CNJ) e o Ministério Público (CNMP), como se sabe, não

1 Disponível em: https://www.defensoria.sp.def.br/cadernos_defensoria/volume15.aspx
2 Disponível em: https://www.defensoria.sp.def.br/cadernos_defensoria/volume19.aspx
3 Disponível em: https://www.defensoria.sp.def.br/dpesp/Default.aspx?idPagina=3064
4 Disponível em: http://www.defensoriapublica.pr.def.br/pagina-691.html
5 Disponível em: http://www.crianca.mppr.mp.br/modules/conteudo/conteudo.php?conteudo=1747
6 Disponível em: https://prioridadeabsoluta.org.br/category/biblioteca/nossas-publicacoes/ e https://criancaeconsumo.org.br/biblioteca/?_sft_tema_biblioteca=programa-crianca-e-consumo
7 Disponível em: https://www.fazendohistoria.org.br/publicacoes

há para as Defensorias Públicas nenhum órgão de âmbito nacional com atribuição para expedir atos regulamentares com o objetivo de padronizar os concursos públicos para ingresso na carreira. Por esse motivo, as Defensorias Públicas de cada Estado vêm estabelecendo, com ampla autonomia, os limites de seus respectivos editais, de acordo com a banca escolhida.

Importante destacar que, regra geral, as provas têm sido aplicadas pela Fundação Carlos Chagas (FCC) e, em menor proporção, pela CESPE.

Vejamos o conteúdo programático da área da infância e juventude em alguns dos últimos editais publicados:

EDITAL	CONTEÚDO PROGRAMÁTICO (DIREITOS DA CRIANÇA E DO ADOLESCENTE)
II Concurso Público para Provimento de Vagas no Cargo de Defensor Público do Distrito Federal (2019) Banca: CESPE	1 História da proteção jurídica e social da infância brasileira. Evolução histórico-sociológica da infância e da juventude. Aspectos gerais do Direito da Criança e do Adolescente. A proteção da infância no Brasil. Legislação. Constituição. Lei nº 8.069/1990 e suas alterações (Estatuto da Criança e do Adolescente). Disposições preliminares, direitos fundamentais, prevenção, medidas de proteção, perda e suspensão do poder familiar, destituição de tutela, colocação em família substituta. Normas de interpretação do ECA. Normas esparsas. 2 Doutrinas jurídicas de proteção. 2.1 Doutrina da situação irregular e doutrina da proteção integral. 3 Princípio da prioridade absoluta. 4 Princípio do melhor interesse para a criança e o adolescente. 5 Direitos fundamentais. 5.1 Direito à vida e à saúde. 5.2 Direito à liberdade, ao respeito e à dignidade. 5.3 Direito à educação, à cultura, ao esporte e ao lazer. 6 Direito à profissionalização e à proteção do trabalho urbano e rural do Adolescente. 7 Direito à convivência familiar e comunitária. Poder familiar. Parentesco. Família natural e família substituta. Família substituta nacional e estrangeira. Espécies de família substituta e regras especiais. Guarda; tutela e adoção. Alternativas de acolhimento familiar. 8 A infância e a adolescência no contexto internacional – Convenção Internacional dos Direitos da Criança (ONU, 1989) e principais documentos internacionais. 9 Direito à vida e a proteção do nascituro. Aspectos constitucionais e legais. 10 Medidas de proteção. Medidas específicas de proteção.

Criança e Adolescente

EDITAL	CONTEÚDO PROGRAMÁTICO (DIREITOS DA CRIANÇA E DO ADOLESCENTE)
	11 A Justiça da Infância e da Juventude. Aspectos processuais e procedimentos especiais. Recursos. 12 O acesso à Justiça na defesa dos interesses individuais, coletivos e difusos. A atuação do Juiz da Infância e da Juventude. 13 Ato infracional. Medidas socioeducativas. Remissão. Direitos individuais. Proteção Judicial aos interesses individuais. Garantias processuais. 14 Medidas pertinentes aos pais ou responsáveis. 15 Conselhos tutelares. Conselhos de Direito da Criança e do Adolescente. Estrutura. Atribuições. 16 Responsabilidade civil. Danos Causados por Crianças e Adolescentes. 17 Crimes e infrações administrativas contra a criança e o adolescente: Código Penal, Estatuto e legislação especial. Aspectos constitucionais e legais. 18 Lei nº 12.594/2012 (Sistema Nacional de Atendimento Socioeducativo). 19 Plano Nacional de Atendimento Socioeducativo. 20 Jurisprudência dos tribunais superiores.
VIII Concurso Público para Ingresso na Carreira de Defensora ou Defensor Público do Estado de São Paulo (2019) Banca: FCC	1 Paradigmas legislativos em matéria de infância e juventude: as doutrinas da situação irregular e da proteção integral. 2. A criança e o adolescente na normativa internacional. Declaração Universal dos Direitos da Criança. Convenção Internacional sobre os direitos da Criança. Convenção sobre os aspectos civis do sequestro internacional de crianças. Convenção Relativa à Proteção das Crianças e à Cooperação em Matéria de Adoção Internacional. Regras Mínimas da ONU: para Proteção dos Jovens Privados de Liberdade e para Administração da Justiça da Infância e Juventude (Regras de Beijing). Diretrizes das Nações Unidas para a Prevenção da Delinquência Juvenil. 3. Os direitos da criança e do adolescente na Constituição Federal. 4. Conteúdo integral do Estatuto da Criança e do Adolescente. 5. Aspectos jurídicos de temas e institutos de direito da criança e adolescente em interface com outros ramos do direito e/ou outros diplomas normativos: 5.1. Poder familiar, guarda, tutela, adoção, parentalidade biológica e socioafetiva, multiparentalidade. 5.2. Incapacidade civil decorrente da condição etária, casamento de adolescentes, emancipação. 5.3. Reponsabilidade civil decorrente de ato ilícito praticado por criança e adolescente. 5.4. Trabalho infantil, trabalho infantil doméstico, proteção no trabalho. 5.5. Proteção do nascituro. 5.6. Violência e abuso sexual contra

EDITAL	CONTEÚDO PROGRAMÁTICO (DIREITOS DA CRIANÇA E DO ADOLESCENTE)
	crianças e adolescentes. 5.7. Exploração sexual de crianças e adolescentes. 5.8. Proteção à primeira infância. 5.9. Direito de crianças e adolescente à opinião e participação, reunião, associação, liberdade de expressão e locomoção. 5.10. Inimputabilidade penal decorrente da condição etária. 5.11. Conselhos Tutelares, Conselhos e Fundos dos Direitos da Criança e do Adolescente. 5.12. Garantias processuais e materiais de defesa de adolescentes a quem se atribui autoria de ato infracional ou em cumprimento de medida socioeducativa. 5.13. Natureza jurídica da medida socioeducativa e Justiça Restaurativa. 5.14. Publicidade Infantil. 5.15. Direito à educação inclusiva 6. SINASE (Sistema Nacional de Atendimento Socioeducativo – Resolução CONANDA nº 119, de 11.12.06) e Lei 12.594, de 18 de janeiro de 2012. 6. Lei Orgânica da Assistência Social - LOAS (Lei nº 8.742/93, com as alterações da Lei nº 12.435/11). Política Nacional de Assistência Social (Resolução do Conselho Nacional de Assistência Social nº 145/04 – D.O.U. 28.10.2004). Tipificação Nacional dos Serviços Socioassistenciais (Resolução do Conselho Nacional se Assistência Social nº 109/09 – D.O.U. 25.11.2009). 7. Lei de Diretrizes e Bases da Educação Nacional (LDB - Lei nº 9.394/96, com todas as alterações posteriores). 8. Resoluções 113, de 19.04.06 e 117, de 11.07.06, ambas do Conselho Nacional dos Direitos da Criança e do Adolescente (CONANDA), que dispõem sobre os parâmetros para a institucionalização e fortalecimento do Sistema de Garantia dos Direitos da Criança e do Adolescente, bem como Resolução 169 também do CONANDA que dispõe sobre a proteção dos direitos de crianças e adolescentes em atendimento por órgãos e entidades do Sistema de Garantia de Direitos. 9. Proteção e direitos das crianças e adolescentes portadores de transtornos mentais (Lei nº 10.216/01). 10. Lei 13.431 de 4 de abril de 2017 - sistema de garantia de direitos da criança e do adolescente vítima ou testemunha de violência. 11. Provimento Corregedoria Nacional de Justiça do CNJ 32/13. 12 . Resolução da Secretaria de Administração Penitenciaria do Estado de São Paulo (SAP) 173 de 2014. 13. Recomendação 49 de 2014 do Conselho Nacional de Justiça. 14. Resolução 190 de 2014 do Conselho Nacional de Justiça. 15. Resolução 165 de 2012 do Conselho Nacional de Justiça.

EDITAL	CONTEÚDO PROGRAMÁTICO (DIREITOS DA CRIANÇA E DO ADOLESCENTE)
III Concurso Público para Ingresso na Carreira de Defensor público do Estado do Amazonas (2018) Banca: FCC	1. Paradigmas legislativos evolução histórica do direito da criança e do adolescente. A doutrina da situação irregular e a doutrina da proteção integral. 2. A criança e o adolescente na normativa internacional. Declaração Universal dos Direitos da Criança. Convenção Internacional sobre os direitos da Criança. Convenção sobre os aspectos civis do sequestro internacional de crianças. Convenção Relativa à Proteção das Crianças e à Cooperação em Matéria de Adoção Internacional. Regras Mínimas da ONU: para Proteção dos Jovens Privados de Liberdade e para Administração da Justiça da Infância e Juventude (Regras de Beijing). Diretrizes das Nações Unidas para a Prevenção da Delinquência Juvenil. 3. Os direitos da criança e do adolescente na Constituição Federal. 4. O Estatuto da Criança e do Adolescente (Lei nº 8.069/1990 - texto integral atualizado com todas as alterações posteriores) 5. Lei 12.594, de 18/01/2012. 6. SINASE – Sistema Nacional de Atendimento Socioeducativo. 7. Lei Orgânica da Assistência Social – LOAS. 8. Política Nacional de Assistência Social – documento aprovado pela Resolução do Conselho Nacional de Assistência Social nº 145/04. 9. Tipificação Nacional dos Serviços Socioassistenciais (Resolução do Conselho Nacional se Assistência Social nº 109/2009). 10. Lei de Diretrizes e Bases da Educação Nacional (LDB - Lei nº 9.394/1996). 11. Resoluções nº 113, de 19/04/2006, com as alterações da Resolução nº 117, de 11/07/06, ambas do Conselho Nacional dos Direitos da Criança e do Adolescente (CONANDA), que dispõem sobre os parâmetros para a institucionalização e fortalecimento do Sistema de Garantia dos Direitos da Criança e do Adolescente. 12. Provimento 32/2013 da Corregedoria Nacional de Justiça do Conselho Nacional de Justiça. 13. Resolução 165 de 16/11/2012 do Conselho Nacional de Justiça
V Concurso Público para Ingresso na Carreira de Defensor Público do Estado do Rio Grande do Sul (2018) Banca: FCC	1. Paradigmas legislativos em matéria de infância e juventude: a doutrina da situação irregular e a doutrina da proteção integral. 2. A criança e o adolescente na normativa internacional. Declaração Universal dos Direitos da Criança. Convenção Internacional sobre os direitos da Criança. Convenção sobre os aspectos civis do sequestro internacional de crianças. Convenção Relativa à

EDITAL	CONTEÚDO PROGRAMÁTICO (DIREITOS DA CRIANÇA E DO ADOLESCENTE)
	Proteção das Crianças e à Cooperação em Matéria de Adoção Internacional. Regras Mínimas da ONU para Proteção dos Jovens Privados de Liberdade e para Administração da Justiça da Infância e Juventude (Regras de Beijing). Diretrizes das Nações Unidas para a Prevenção da Delinquência Juvenil. 3. Os direitos da criança e do adolescente na Constituição Federal. 4. O Estatuto da Criança e do Adolescente (Lei nº 8.069/90): abrangência, concepção e estrutura. Parte geral, parte especial, disposições preliminares, finais e transitórias: 5. Direitos Fundamentais: vida e saúde; liberdade, respeito e dignidade; convivência familiar e comunitária; educação, cultura, esporte e lazer; profissionalização e proteção no trabalho. 6. Prevenção Geral e Especial. 7. A política de atendimento. Disposições gerais. As entidades e programas de atendimento. Fiscalização das entidades. 8. Medidas de proteção. Disposições gerais e medidas específicas. Medidas pertinentes aos pais ou responsável. 9. Prática de ato infracional. Disposições gerais. Direitos Individuais. Garantias Processuais. Medidas socioeducativas. Remissão. 10. Conselho Tutelar. Disposições gerais. Estrutura. Atribuições. Competência. Processo de escolha. Impedimentos. 11. Do acesso à justiça. Disposições gerais. Justiça da Infância e Juventude. Procedimentos. Recursos. Ministério Público e Advogado. Proteção judicial dos interesses individuais, difusos e coletivos.12. Crimes e infrações administrativas previstos no Estatuto da Criança e do Adolescente. Apuração de infração administrativa às normas de proteção à criança e ao adolescente. 13. Lei Orgânica da Assistência Social - LOAS (Lei federal nº 8.742/93), Resoluções nºs 145/2004 (D.O.U. 28/10/2004) e 109/2009 (D.O.U. 25/11/2009), do Conselho Nacional de Assistência Social. 14. Lei de Diretrizes e Bases da Educação Nacional (LDB - Lei nº 9.394/96). 15. Sistema Nacional de Atendimento Socioeducativo – SINASE (Lei federal nº 12.594/2012 e Resolução CONANDA nº 119/06). 16. Estatuto da Pessoa com Deficiência (Lei federal nº 13.146/2015). 17. Políticas Públicas para a Primeira Infância (Lei federal nº 13.257/2016).

EDITAL	CONTEÚDO PROGRAMÁTICO (DIREITOS DA CRIANÇA E DO ADOLESCENTE)
	18. Reflexos do CPC/2015 nos processos de competência dos juízos da infância e juventude 19. Parâmetros para a Institucionalização e Fortalecimento do Sistema de Garantia dos Direitos da Criança e do Adolescente (Resolução CONANDA nº 113/06). 20. Parâmetros para a Criação e Funcionamento dos Conselhos Tutelares no Brasil (Resolução CONANDA nº 139/2010). 21. Realização das Audiências Concentradas nas Varas da Infância e Juventude (Provimento nº 32/2013, da Corregedoria Nacional de Justiça do Conselho Nacional de Justiça). 22. A atuação da Defensoria Pública na proteção dos direitos individuais, difusos e coletivos da criança e do adolescente. 23. Súmulas e jurisprudência dos Tribunais Superiores e do Tribunal de Justiça do Estado do Rio Grande do Sul.
VI Concurso Público para Ingresso à Carreira de Defensor Público do Estado do Maranhão (2018) Banca: FCC	1. Evolução histórica do direito da criança e do adolescente: da doutrina da situação irregular à doutrina da proteção integral. 1.1. Defesa prioritária da criança e do adolescente. 1.2. A criança e o adolescente na normativa internacional. Declaração Universal dos Direitos da Criança. Convenção Internacional sobre os direitos da Criança. Convenção sobre os aspectos civis do sequestro internacional de crianças. Convenção Relativa à Proteção das Crianças e à Cooperação em Matéria de Adoção Internacional. Regras Mínimas da ONU: para Proteção dos Jovens Privados de Liberdade e para Administração da Justiça da Infância e Juventude (Regras de Beijing). Diretrizes das Nações Unidas para a Prevenção da Delinquência Juvenil. 1.3. Os direitos da criança e do adolescente na Constituição Federal. 1.4. A Defensoria Pública e proteção dos direitos individuais e coletivos da criança e do adolescente. 1.5. Estatuto da Criança e do Adolescente (Lei nº 8.069/90). 1.6. Lei nº 12.594/12.
I Concurso Pública para a Carreira de Defensor Público do Estado do Amapá (2017/2018) Banca: FCC	1. Paradigmas legislativos evolução histórica do direito da criança e do adolescente. A doutrina da situação irregular e a doutrina da proteção integral. 2. A criança e o adolescente na normativa internacional. Declaração Universal dos Direitos da Criança. Convenção Internacional sobre os direitos da Criança. Convenção sobre os aspectos civis do sequestro internacional de crianças. Convenção Relativa à Proteção das Crianças e à Cooperação

EDITAL	CONTEÚDO PROGRAMÁTICO (DIREITOS DA CRIANÇA E DO ADOLESCENTE)
	em Matéria de Adoção Internacional. Regras Mínimas da ONU: para Proteção dos Jovens Privados de Liberdade e para Administração da Justiça da Infância e Juventude (Regras de Beijing). Diretrizes das Nações Unidas para a Prevenção da Delinquência Juvenil. 3. Os direitos da criança e do adolescente na Constituição Federal. 4. O Estatuto da Criança e do Adolescente (Lei nº 8.069/1990 - texto integral atualizado com todas as alterações posteriores) 5. Lei 12.594, de 18/01/2012. 6. SINASE – Sistema Nacional de Atendimento Socioeducativo. 7. Lei Orgânica da Assistência Social – LOAS. 8. Política Nacional de Assistência Social – documento aprovado pela Resolução do Conselho Nacional de Assistência Social nº 145/04. 9. Tipificação Nacional dos Serviços Socioassistenciais (Resolução do Conselho Nacional se Assistência Social nº 109/2009). 10. Lei de Diretrizes e Bases da Educação Nacional (LDB - Lei nº 9.394/1996). 11. Resoluções nº 113, de 19/04/2006, com as alterações da Resolução nº 117, de 11/07/06, ambas do Conselho Nacional dos Direitos da Criança e do Adolescente (CONANDA), que dispõem sobre os parâmetros para a institucionalização e fortalecimento do Sistema de Garantia dos Direitos da Criança e do Adolescente. 12. Provimento 32/2013 da Corregedoria Nacional de Justiça do Conselho Nacional de Justiça. 13. Resolução 165 de 16/11/2012 do Conselho Nacional de Justiça
Concurso Público para Provimento de Vagas no Cargo de Defensor Público do Estado do Pernambuco (2017/2018) Banca: CESPE	1 Direitos da criança e do adolescente. 1.1 Antecedentes históricos. 1.2 Inserção constitucional. 1.3 Princípio da prevenção especial. 1.4 Direitos fundamentais da criança e do adolescente. 2 Política e organização do atendimento. 2.1 Linhas de ação e da política de atendimento. 2.2 Linhas de ação e diretrizes. 2.3 Municipalização e descentralização. 2.4 Participação da cidadania e conselhos dos direitos. 2.5 Entidades e programas de atendimento 3 Conselho Tutelar. 3.1 Disposições gerais. 3.2 Atribuições. 3.3 Competência. 3.4 Escolha dos conselheiros e impedimentos. 4 Medidas de proteção. 4.1 Disposições gerais. 4.2 Medidas específicas de. proteção. 4.3 Colocação em família substituta. 5 Medidas pertinentes aos pais ou responsável. 6 Direito à convivência familiar. 6.1 Família natural

EDITAL	CONTEÚDO PROGRAMÁTICO (DIREITOS DA CRIANÇA E DO ADOLESCENTE)
	e família substituta. 6.2 Guarda. 6.3 Tutela. 6.4 Adoção. 6.5 Perda ou suspensão do poder familiar. 6.6 Colocação em família substituta. 7 Prática do ato infracional. 7.1 A questão socioeducativa. 7.2 Conceito e tempo do ato infracional. 7.3 Inimputabilidade. 7.4 Direitos individuais. 7.5 Garantias processuais. 7.6 Medidas socioeducativas. 7.7 Remissão. 8 Acesso à Justiça. 8.1 A Justiça da infância e da juventude. 8.2 Princípios gerais. 8.3 Competência. 8.4 Serviços auxiliares. 9 Procedimentos. 9.1 Disposições gerais. 9.2 Perda e suspensão do poder familiar. 9.3 Destituição da tutela. 9.4 Colocação em família substituta. 9.5 Apuração de ato infracional atribuído ao adolescente. 9.6 Apuração de irregularidade em entidade de atendimento. 9.7 Apuração de infração administrativa às normas de proteção à criança e ao adolescente. 10 Recursos. 11 Ministério Público. 12 O advogado. 13 Proteção judicial dos interesses individuais, difusos e coletivos das crianças e dos adolescentes. 14 Crimes e infrações administrativas. 15 Jurisprudência aplicada dos tribunais superiores.
XXVI Concurso para Ingresso na Classe Inicial da Carreira da Defensoria Pública do Estado do Rio de Janeiro (2018)	Ponto I. a) História social da infância brasileira. Paradigmas legislativos em matéria de infância e juventude: a situação irregular e a proteção integral. Sistema de Garantia dos Direitos Humanos de Crianças e Adolescentes. Eixos fundamentais. Resolução 113 do Conselho Nacional dos Direitos da Criança e do Adolescente (CONANDA). Defensoria Pública no contexto do Sistema de Garantia de Direitos. Lei nº 13.431 de 4 de abril de 2017. Lei 13.257 de 08 de março de 2016 b) A criança e o adolescente na normativa internacional. Declaração Universal do Direito das Crianças (1959). Convenção sobre Direito da Criança da ONU. Convenção 182 OIT. Convenção sobre os aspectos civis do sequestro internacional de crianças e Convenção relativa à Proteção das crianças e a Cooperação em Matéria de Adoção Internacional concluída na HAIA em 29 de maio de 1993 (Decreto 3087 de 21 de junho de 1999). Regras Mínimas das Nações Unidas para Proteção de Jovens Privados de Liberdade. Regras Mínimas das Nações Unidas para Administração da Justiça da Infância e Juventude

EDITAL	CONTEÚDO PROGRAMÁTICO (DIREITOS DA CRIANÇA E DO ADOLESCENTE)
	(Regras de Beijing). Diretrizes das Nações Unidas para Prevenção da Delinquência Juvenil. – Diretrizes de Riad (1990). c) Direito a convivência familiar e comunitária. Família Substituta – excepcionalidade. Programas de acolhimento institucional e familiar. Família natural e família extensa. Socioafetividade. Perda ou suspensão do poder familiar. Audiência de Reavaliação. d) Ato infracional. Prática. Garantias processuais expressas no Estatuto da Criança e do Adolescente e na Lei 12.594/2012. Garantia do direito de defesa. Medidas Socioeducativas – natureza, tipos, aplicação, duração, prescrição. Dos Recursos. Da execução antecipada da medida socioeducativa. Resolução 165 CNJ. e) Proteção dos direitos individuais, difusos e coletivos. Ponto II. a) Sequestro Internacional de Crianças – Normativa Internacional – Tratado de Haia – Convenção Internacional sobre Direitos das Crianças. Convenção sobre os aspectos civis do sequestro internacional de crianças e Convenção relativa à Proteção das crianças e a Cooperação em Matéria de Adoção Internacional concluída na HAIA em 29 de maio de 1993 (Decreto 3087 de 21 de junho de 1999). b) História social da infância brasileira. Paradigmas legislativos em matéria de infância e juventude: a situação irregular e a proteção integral. Sistema de Garantia dos Direitos Humanos de Crianças e Adolescentes. Eixos fundamentais. Resolução 113 do Conselho Nacional dos Direitos da Criança e do Adolescente (CONANDA). Defensoria Pública no contexto do Sistema de Garantia de Direitos. Lei nº 13.431 de 4 de abril de 2017. Lei 13.257 de 08 de março de 2016 c) Conselho Tutelar – definição, atribuições, competência, escolha dos conselheiros e impedimentos. Conselho Tutelar e Medidas de proteção. Impugnação das decisões do Conselho Tutelar. Acolhimento institucional. Resolução 139 do Conselho Nacional dos Direitos das Crianças e dos Adolescentes – CONANDA. d) Sinase – Lei 12.594/2012. Execução das Medidas Socioeducativas. Princípios norteadores da execução das medidas socioeducativas. Objetivos, programa de atendimento, gestor do programa de atendimento. Unificação, prescrição, extinção de medidas socioeducativas. Dos Direitos Individuais. Direito de visitas. Do atendimento a Adolescente com Transtorno Mental e com Dependência de Álcool e de Substância Psicoativa.

EDITAL	CONTEÚDO PROGRAMÁTICO (DIREITOS DA CRIANÇA E DO ADOLESCENTE)
	e) Crimes e infrações administrativas. Ponto III. a) Características da doutrina da situação irregular e da doutrina da proteção integral. Criança e adolescente: construção histórica e social das concepções de proteção, direitos e participação. Sistema de Garantia de Direitos. Lei 13.257 de 08 de março de 2016 b) A criança e o adolescente na normativa internacional. Declaração Universal do Direito das Crianças (1959). Convenção 182 da OIT. Convenção sobre Direito da Criança da ONU. Convenção sobre os aspectos civis do sequestro internacional de criança as e Convenção relativa à Proteção das crianças e a Cooperação em Matéria de Adoção Internacional concluída na HAIA em 29 de maio de 1993 (Decreto 3087 de 21 de junho de 1999). Regras Mínimas das Nações Unidas para Proteção de Jovens Privados de Liberdade. Regras Mínimas das Nações Unidas para Administração da Justiça da Infância e Juventude (Regras de Beijing). Diretrizes das Nações Unidas para Prevenção da Delinquência Juvenil. – Diretrizes de Riad (1990). c) Curadoria Especial no Estatuto da Criança e do Adolescente. Direito de oitiva e participação da criança e adolescente Estatuto da Criança e do Adolescente e na Convenção sobre Direitos da Criança. Audiência de Reavaliação. d) Garantia do devido processo legal ao adolescente acusado da prática de ato infracional: acesso à justiça, ampla defesa e contraditório. Princípios aplicados. Do Paradigma da Proteção Integral. Papel da Defesa técnica. Aplicação de medida socioeducativa. Execução. Dos Recursos. e) Proteção dos direitos individuais, difusos e coletivos. Ponto IV. a) Os Direitos da Criança e Adolescentes na Constituição Federal e no Estatuto da Criança e do Adolescente – Aspectos históricos. Lei 13.257 de 08 de março de 2016 b) Direito a educação, cultura, ao esporte e lazer. Educação infantil, creches, ensino fundamental e ensino médio. Lei de diretrizes e bases da Educação. Nacional (Lei nº 9.394/96). Acesso à escola pública próxima a residência. Atendimento educacional especializado. Deveres dos pais. Deveres dos dirigentes. Direito à educação e impossibilidade da reserva do possível. Crimes e infrações administrativas. c)

EDITAL	CONTEÚDO PROGRAMÁTICO (DIREITOS DA CRIANÇA E DO ADOLESCENTE)
	Conselho Tutelar – definição, atribuições, competência, escolha dos conselheiros e impedimentos. Conselho Tutelar e Medidas de proteção. Impugnação das decisões do Conselho Tutelar. Acolhimento institucional. Resolução 139 do Conselho Nacional dos Direitos das Crianças e dos Adolescentes – CONANDA. d) Medidas socioeducativas. Da competência para executar a medida socioeducativa (lei 12.594/2012, Resolução 165 do CNJ). Dos princípios que regem a execução da medida socioeducativa. Da unificação das medidas. Do direito a visita. Do direito a saúde na execução da medida. Do plano individual de atendimento. Da extinção das medidas socioeducativas. Prescrição. e) Da proteção judicial dos interesses individuais, difusos e coletivos. Ponto V. a) Princípios relativos à Aplicação do Direito da Criança e do Adolescente. Sistema de Garantia dos Direitos Humanos de Crianças e Adolescentes. Eixos fundamentais. Resolução 113 do CONANDA. Defensoria Pública no contexto do Sistema de garantia de direitos. Lei 13.257 de 08 de março de 2016 b) Guarda e Adoção. Evolução do instituto. Conceito, características e tipos. Requisitos objetivos e subjetivos. Impedimentos. Adoção por casais homoafetivos. Adoção *intuito personae* e a dispensa do prévio cadastramento e do respeito à ordem cronológica de prioridade. Destituição do poder familiar. Procedimento de perda ou suspensão do poder familiar. Acolhimento e reavaliação. c) Curadoria Especial. Direito de oitiva e participação de crianças e adolescentes. Audiência de Reavaliação. d) Apuração do ato infracional atribuído a adolescente. Oitiva informal. Internação provisória. Aplicação de medida socioeducativa. Da remissão. Dos Recursos. Execução de Medidas socioeducativas. Regressão. Substituição. Detração. Extinção. e) Direito à educação, cultura, ao esporte e lazer. Educação infantil, creches, ensino fundamental e ensino médio. Lei de diretrizes e bases da Educação Nacional (Lei nº 9.394/96). Acesso à escola pública próxima a residência. Atendimento educacional especializado. Deveres dos pais. Deveres dos dirigentes. Direito à educação e impossibilidade da reserva do possível. Crimes e infrações administrativas

EDITAL	CONTEÚDO PROGRAMÁTICO (DIREITOS DA CRIANÇA E DO ADOLESCENTE)
V Concurso Público para Ingresso na Carreira de Defensor público do Estado do Mato Grosso (2016) Banca: UFMT	1. Evolução histórica do direito da criança e do adolescente: da doutrina da situação irregular à doutrina da proteção integral. 2. Defesa prioritária da criança e do adolescente. 3. A criança e o adolescente na normativa internacional. Declaração Universal dos Direitos da Criança. Convenção Internacional sobre os direitos da Criança. Convenção sobre os aspectos civis do sequestro internacional de crianças. Convenção Relativa à Proteção das Crianças e à Cooperação em Matéria de Adoção Internacional. Regras Mínimas da ONU: para Proteção dos Jovens Privados de Liberdade e para Administração da Justiça da Infância e Juventude (Regras de Beijing). Diretrizes das Nações Unidas para a Prevenção da Delinquência Juvenil. 4. Os direitos da criança e do adolescente na Constituição Federal. 5. A Defensoria Pública e proteção dos direitos individuais e coletivos da criança e do adolescente. 6. Estatuto da Criança e do Adolescente (Lei nº 8.069/90). 7. Lei nº 12.594/12
IV Concurso Público para Provimento de Cargo de Defensor Público Substituto do Estado de Rondônia (2017) Banca: Vunesp	1. Consectários em matéria de criança e adolescente. 2. Princípios: da prioridade absoluta e proteção integral; da dignidade da pessoa humana; da participação popular; da excepcionalidade; da brevidade; da condição peculiar de pessoa em desenvolvimento. 3. Dos direitos fundamentais (art. 7º a 69 do ECA). 4. Da Prevenção (art. 70 a 85 do ECA). 5. Parte Especial (art. 98 a 135; 141 a 244-B do ECA). 6. CF art. 7º, XXXIII. 7. Convenção sobre os Direitos das Crianças. 8. Lei nº 10.097/2000. 9. Lei nº 12.594/12. 10. Súmulas dos Tribunais Superiores (STJ e STF)

Em linhas gerais, portanto, podemos resumir os pontos do edital afetos à área da infância e juventude nos seguintes tópicos:

- **a)** Evolução histórica dos direitos da criança e do adolescente e paradigmas legislativos;
- **b)** Normativas internacionais, com ênfase na Convenção da ONU sobre os Direitos da Criança, Convenção sobre os aspectos civis do sequestro internacional de crianças, Convenção Relativa à Proteção

das Crianças e à Cooperação em Matéria de Adoção Internacional, Regras Mínimas da ONU para Proteção dos Jovens Privados de Liberdade e para Administração da Justiça da Infância e Juventude (Regras de Beijing) e Diretrizes das Nações Unidas para a Prevenção da Delinquência Juvenil;

- **c)** Estatuto da Criança e do Adolescente;
- **d)** Lei nº 9.394/96: Diretrizes e Bases da Educação Nacional;
- **e)** Lei nº 10.216/01: Lei antimanicomial ou da reforma psiquiátrica;
- **f)** Lei nº 13.431/17: Sistema de garantia de direitos da criança e do adolescente vítima ou testemunha de violência;
- **g)** Lei nº 13.257/16: Marco Legal da Primeira Infância;
- **h)** Lei nº 12.594/12. Resolução n. 110/06 do CONANDA e Resolução n. 165/12 do CNJ: Sistema Nacional de Atendimento Socioeducativo (SINASE);
- **i)** Resoluções n. 113, 117 e 169 do Conselho Nacional dos Direitos da Criança e do Adolescente (CONANDA): Sistema de Garantia de Direitos da Criança e do Adolescente;
- **j)** Lei nº 8.742/93: Lei Orgânica da Assistência Social;
- **k)** Resoluções n. 145/04 e 109/09 do Conselho Nacional de Assistência Social: Política Nacional de Assistência Social e Tipificação Nacional dos Serviços Socioassistenciais;
- **l)** Resoluções n. 139 e 170 do CONANDA: funcionamento dos Conselhos Tutelares.

3 ANÁLISE GERAL DAS ÚLTIMAS PROVAS OBJETIVAS

Para que fosse possível apresentar às candidatas e aos candidatos um panorama bastante detalhado dos temas afetos ao direito de crianças e adolescentes com maior incidência nos concursos das Defensorias Públicas Estaduais, foi realizado um levantamento das seguintes provas: DPE - DF/2019; DPE-SP/2019; DPE-MA/2018; DPE-RS/2018; DPE-PE/2018; DPE-AM/2017; DPE-PR/2017; DPE-AP/2017; DPE-AC/2017; DPE-SC/2017; DPE-AL/2017; DPE-PE/2017; DPE-RO/2017; DPE-BA/2016; DPE-MT/2016; DPE-ES/2016; DPE-SP/2015; DPE-PE/2015; DPE-MA/2015.

Delas pudemos aferir que foram cobrados, por número de questões, os seguintes temas:

TEMA	INCIDÊNCIA EM CONCURSOS DAS DPES
Evolução Histórica	1 Questão
Normativas Internacionais	8 questões
Saúde	1 questões
Educação	8 questões
Vida e Integridade Física	5 questões
Direito ao trabalho protegido e à profissionalização	1 questões
Convivência Familiar e Comunitária	18 questões
Política de Atendimento e Sistema de Garantias	7 questões
Medidas de Proteção	12 questões
Prevenção	5 questões
Conselho Tutelar	5 questões
Acesso à Justiça	12 questões
Ato infracional e medidas socioeducativas	21 questões
Execução de medidas socioeducativas - SINASE	20 questões
Crimes e infrações administrativas	3 questões

A partir dos dados coletados, foi possível notar que nas provas de direitos da criança e do adolescente os temas mais cobrados são (i) ato infracional e medidas socioeducativas; (ii) Convivência familiar e comunitária; e (iii) execução de medidas socioeducativas (SINASE).

Em relação ao primeiro tema (ato infracional e medidas socioeducativas), as questões exigiram das/os candidatas/os conhecimentos sobre remissão (arts. 126/128, ECA); medida socioeducativa de internação (arts. 121/125, ECA); cabimento da internação provisória (art. 108, ECA); procedimento de apuração do ato infracional (arts. 171/190, ECA); prescrição de medidas socioeducativas; direitos do adolescente em conflito com a lei; adolescente em conflito com a lei com transtorno mental (art. 112, §§1º e 3º, ECA); ato infracional praticado por criança (art. 105, ECA); medida socioeducativa de liberdade assistida (arts. 118/119, ECA); medida socioeducativa de advertência (art. 155, ECA); proibição de divulgação de atos judiciais, policiais e administrativos que digam respeito a crianças e adolescentes a que se atribua autoria de ato infracional pelos meios de comunicação (art. 143); critérios a serem considerados para aplicação de medidas socioeducativas (art. 112, §1º, ECA).

No que tange ao tema da convivência familiar e comunitária, foram cobradas questões envolvendo guarda (arts. 33/35, ECA), hipóteses de destituição do poder familiar (arts. 22/24, ECA c.c. art. 1.638, CC); Adoção (arts. 39/52-D, ECA); Ação de Destituição do Poder Familiar (arts. 156/163, ECA); Entrega protegida (art. 19-A, ECA); fundamentos proibitivos da destituição do poder familiar (art. 23, ECA); Convivência familiar com genitores privados de liberdade (art 19, §4º, ECA); direito à verdade genética (art. 48, ECA); alterações legislativas no ECA (ex. Leis nº 12.010/09 e 13.509/17)

Por fim, em relação à execução de medidas socioeducativas, mais especificamente às disposições da Lei nº 12.594/12, que instituiu o Sistema Nacional de Atendimento Socioeducativo (SINASE), esperou-se do candidato noções sobre unificação de medidas (art. 45, LSINASE); Plano Individual de Atendimento (arts. 52/59, LSINASE); extinção das medidas socioeducativas (art. 46, LSINASE); regime disciplinar (arts. 48 e 71/75, LSINASE); Planos de Atendimento Socioeducativo (arts. 7º/8º, LSINASE); reavaliação de medidas socioeducativas (arts. 42/44, LSINASE); princípios do SINASE (art. 35, LSINASE); detração (art. 46, §2º); Funções dos Conselhos dos Direitos da Criança (arts. 3º, §2º, 4º, §2º, e 5º, §2º, LSINASE); competências dos entes federados (arts. 3º/6º, LSINASE); direitos do adolescente privado de liberdade (arts. 49/51, LSINASE); práticas restaurativas na Lei do SINASE.

Embora em menor proporção, outros temas foram objeto pergunta pelas examinadoras e examinadores, motivos pelo qual seu conhecimento se revela estratégico para quem se prepara para concurso.

No que se refere à evolução histórica dos direitos da criança e do adolescente, tem-se cobrado, principalmente, conhecimento sobre os principais pontos de divergência entre a chamada Doutrina da Proteção Integral e a Doutrina da Situação Irregular, que lhe precedeu.

Relativamente às normativas internacionais, questões envolvendo a Convenção da ONU sobre os Direitos da Criança focam os arts. 1º (definição de criança para o direito internacional) e 12 (direito de participação). Em segundo lugar, houve uma incidência significativa de questões envolvendo a Convenção de Haia sobre os aspectos civis do sequestro internacional de criança, as Regras Mínimas da ONU para adolescentes privados de liberdade (Regras de Beijing) e as Diretrizes de Riad.

Sobre o tema "direito à educação", foram formuladas questões sobre decisões recentes do Supremo Tribunal Federal (ex. Corte Etário – ADC 17 e ADPF 292), acesso à creche, mecanismos de combate à evasão escolar e educação inclusiva, dentre outras.

Em relação ao "direito ao respeito", destacaram-se questões envolvendo a definição legal de castigos físicos e tratamento cruel e degradante, bem como as sanções aplicáveis (arts. 18-A e 18-B, ECA). Embora bastante recente, a Lei nº 13.431/17 também tem sido cobrada em inúmeros concursos e, portanto, seu conhecimento é de suma importância, sobretudo no que tange aos direitos da criança e do adolescente vítimas ou testemunhas de violência (art. 5º) e as diferenças entre o chamado depoimento especial e a escuta especializada (arts. 7º a 12).

No que tange à política de atendimento e ao Sistema de Garantia de Direitos da Criança e do Adolescente, foram formuladas questões sobre as linhas de ação da política de atendimento (art. 87), a tipificação nacional dos serviços socioassistenciais (Resolução CNAS n. 109), a organização do Sistema Único de Assistência Social (Resolução CNAS 145/04) e as sanções aplicáveis às entidades que executam programas de proteção e programas socioeducativos (art. 97,ECA), os eixos do Sistema de Garantia de Direitos (promoção, defesa e controle).

Sobre o tema "prevenção", o destaque vai para o sistema de classificação indicativa (Portaria nº 1.189/18 do Ministério da Justiça) e as decisões das Cortes Superiores sobre o tema, bem como para a regulamentação sobre autorização de viagem a crianças e adolescente (arts. 83 e 84, ECA). Já sobre Conselhos Tutelares, o ponto mais cobrado foi sobre as atribuições das Conselheiras e dos Conselheiros (art. 136, ECA).

No que se refere ao funcionamento da Justiça da Infância e Juventude, regras processuais e procedimentos especiais, o estudo mais aprofundado deve ser feito sobre a sistemática recursal (arts. 198 e 199/199-E, ECA), competência territorial e material, prerrogativas institucionais da Defensoria Pública e os procedimentos de apuração de ato infracional, destituição do poder familiar e tutela coletiva.

Tendo todo esse panorama em mente, passaremos a aprofundar alguns pontos específicos mais relevantes nas provas objetivas.

4 ALGUNS PONTOS ESPECÍFICOS MAIS RELEVANTES NAS PROVAS OBJETIVAS

A proposta da presente obra não é ensinar ao leitor o conteúdo de cada uma das disciplinas do programa, mas, sim, apontar alguns aspectos estatísticos acerca da incidência de cada tópico do edital nos últimos certames das Defensorias Públicas Estaduais.

Nesse sentido, as tabelas acima permitem observar que existem, efetivamente, temas de Direitos da Criança e do Adolescente mais recorrentes nos últimos concursos públicos para ingresso nas Defensorias Públicas dos Estados. Vejamos alguns tópicos específicos.

a) Convivência Familiar e Comunitária. Colocação em família substituta. Adoção.

Aspectos legais, doutrinários e jurisprudenciais da adoção têm sido sistematicamente cobrados nos concursos das Defensorias Públicas Estaduais.

A adoção é uma das modalidades de inserção de crianças e adolescentes em família substituta, prevista nos arts. 39 a 52 no Estatuto da Criança e do Adolescente. A habilitação de pretendentes à adoção, ademais, possui procedimento especial também regulamentado pelo Estatuto (art. 197-A a 197-F, ECA).

O tema tem sido explorado de diversas formas pelas bancas examinadoras, embora a grande maioria das provas exija dos candidatos, ao menos, conhecimentos básicos sobre as modalidades e requisitos para o deferimento da medida. Nesse sentido:

(DPE-RS/2018) Sobre a adoção, conforme o Estatuto da Criança e do Adolescente, é correto afirmar:

- **A** É possível a adoção por casal homoafetivo, independentemente do estado civil, desde que maiores de 21 anos.
- **B** O adotante há de ser, pelo menos, 12 anos mais velho do que o adotando.
- **C** Não podem adotar os ascendentes e os colaterais até terceiro grau do adotando.
- **D** O adotando deve contar com, no máximo, 18 anos à data do pedido, salvo se já estiver sob a guarda ou tutela dos adotantes.
- **E** A adoção será precedida de estágio de convivência obrigatório com a criança ou adolescente, pelo prazo mínimo de

Criança e Adolescente

90 dias, observadas a idade da criança ou adolescente e as peculiaridades do caso.

(DPE-SC/2017) Sem considerar a interpretação mais flexível eventualmente dada pela jurisprudência aos dispositivos que regem o instituto da adoção, é regra hoje prevista no Estatuto da Criança e do Adolescente que

A) a adoção poderá ser deferida ao adotante que, após inequívoca manifestação de vontade, vier a falecer antes do início do procedimento.

B) para adoção conjunta, é indispensável, no mínimo, que os adotantes sejam ou tenham sido casados civilmente ou que mantenham ou tenham mantido união estável.

C) se um dos cônjuges ou concubinos adota o filho do outro, rompem-se os vínculos de filiação entre o adotado e o cônjuge ou concubino do adotante e os respectivos parentes.

D) a adoção internacional pressupõe a intervenção de organismos nacionais e estrangeiros, devidamente credenciados, encarregados de intermediar pedidos de habilitação à adoção internacional.

E) a guarda de fato autoriza, por si só, a dispensa do estágio de convivência

(DPE-ES/2016) Sobre a adoção é correto afirmar que, segundo a legislação vigente,

A) depende do consentimento dos pais ou responsável, dispensada a concordância apenas em caso de falecimento ou renúncia, suspensão ou destituição do poder familiar.

B) consiste numa das hipóteses legais de extinção do poder familiar.

C) não pode ser deferida, conforme prescreve o Estatuto da Criança e do Adolescente – ECA, a adotante que seja avô, tio ou irmão da criança ou adolescente cuja adoção se requer.

D) exige, para ser deferida, que o adotante seja pelo menos 18 anos mais velho do que o adotando.

E) é irrevogável, somente podendo ser desfeita em caso de adoções tardias que revelem grave quadro de inadaptação do adotando na família adotiva

(DPE-SP/2006) Gabriel, 6 anos, tem o pai falecido. Sua genitora mantém união estável com Marcos, 20 anos, estudante, que é tio paterno da criança. Marcos quer adotar Gabriel, sem romper os vínculos de Gabriel com a mãe. Isso não é possível porque

A) Marcos não tem idade mínima legal para adotar.

B falta a diferença mínima de idade exigida por lei entre Marcos e Gabriel.

C Marcos é irmão do pai da criança.

D a adoção implica desligamento dos vínculos do adotado com pais e parentes.

E Marcos não tem renda fixa e não é casado

A primeira questão, extraída do concurso para a Defensoria Pública do Rio Grande do Sul, versou sobre os requisitos para o deferimento da adoção. Eles estão previstos em vários dispositivos estatutários e podem ser divididos em:

a) Requisitos objetivos

a.1) Pessoa adotante deve ter ao menos 18 anos completos[8]

a.2) Diferença mínima de 16 anos entre adotante e adotado

a.3) Não podem adotar ascendentes nem irmãos do adotando

a.4) Depende de prévia concordância dos genitores ou prévia destituição do poder familiar, esgotados, neste último caso, os recursos para manutenção da criança ou do adolescente na família natural ou extensa (arts 19, §3º, 39, §1º, 100, parágrafo único, inciso X, entre outros, do Estatuto da Criança e do Adolescente)

a.5) Depende de prévia escuta do adotando, se criança, ou prévia concordância do adotando, se adolescente (art. 28, §§1º e 2º, ECA)

a.6) Prévia habilitação no cadastro de pretendentes, exceto se presentes as hipóteses do art. 50, §13, ECA

a.7) Aprovação em estágio de convivência (art. 28, §4º c.c. art. 46, ECA)

b) Requisitos subjetivos

b.1) Deve apresentar reais vantagens ao adotando (art. 43, primeira parte, ECA)

b.2) O pedido deve estar fundado em motivos legítimos (art. 43, parte final, ECA)

Criança e Adolescente

8 Não há uma idade máxima para adotar.

b.3) O pedido deve atender ao superior interesse do adotando (art. 39, §3º, ECA)

b.4) A pessoa ou casal pretendente à adoção devem apresentar compatibilidade com a medida e oferecer ambiente familiar adequado (art. 29, ECA)

A lei, ainda, prevê requisitos próprios para modalidades específicas de adoção. Assim, caso o tutor ou o curador da criança ou do adolescente pretenda adotá-la/o, deverão prestar, antes, as contas que lhes cabe.

Havendo grupo de irmãos disponível para adoção, em regra, devem ser adotados pela mesma pessoa ou família. Excepcionalmente, podem ser separados, mas as famílias adotivas devem ser orientadas a garantir o contato entre eles, por meio de visitas (art. 28, §4º, ECA).

Em se tratando de criança ou adolescente indígena ou proveniente de comunidade remanescente de quilombo, é obrigatório que sejam consideradas e respeitadas sua identidade social e cultural, seus costumes e tradições, bem como suas instituições, desde que não sejam incompatíveis com os direitos fundamentais constitucionalmente previstos.

O Estatuto estabelece que, nesses casos, a adoção seja feita, prioritariamente, por pessoas que vivam no seio de sua própria comunidade ou por membros da mesma etnia. Finalmente, impõe como obrigatória a intervenção e oitiva de representante da FUNAI, como caso da criança ou adolescente indígena, ou de antropólogo, no caso de crianças e adolescentes nascidos no seio de comunidades remanescentes de quilombo (art. 28, §6º, ECA).

Por fim, igualmente importante a regra contida no art. 30 do Estatuto Protetivo, que estabelece a absoluta excepcionalidade da colocação de crianças e adolescentes em família substituta estrangeira, somente admissível na modalidade adoção. É dizer: é vedado o deferimento de guarda e tutela para famílias estrangeiras residentes no exterior.

Lembre-se que, de acordo com o ECA, o traço distintivo da adoção internacional não é a nacionalidade dos pretendentes à adoção, senão o seu local de residência habitual. Desse modo, um pedido de adoção formulado por brasileiro residente do exterior será qualificado como pedido de adoção internacional, e não pedido de adoção nacional, submetendo-se, por conseguinte, à regra da subsidiariedade[9] do cadastro de pretendentes residentes no exterior (art. 50, §6º).

9 Os requisitos necessários para o deferimento da adoção internacional estão previstos no §1º do art. 41 do ECA. São eles: (i) a comprovação de que a colocação em família adotiva

Entretanto, não se pode esquecer que os brasileiros residentes no exterior terão preferência aos estrangeiros, nos casos de adoção internacional de criança ou adolescente brasileiro, ante a ressalva legal contida no art. 51, §2º, ECA.

> (DPE-MA/2018) Por disposição expressa do Estatuto da Criança e do Adolescente, a autoridade judiciária, manterá, em cada comarca ou foro regional um cadastro
>
> **A** contendo informações atualizadas sobre as crianças e adolescentes em regime de acolhimento familiar e institucional sob sua responsabilidade.
>
> **B** de crianças e adolescentes em condições de serem apadrinhadas e outro de pessoas interessadas no apadrinhamento.
>
> **C** das pessoas declaradas como habilitadas a receber crianças em regime de acolhimento familiar.
>
> **D** para controle e fiscalização de entidades não-governamentais, sem registro no órgão competente, que executem programas de acolhimento institucional e/ou familiar.
>
> **E** dos casos de adoção concluídos na respectiva comarca, o qual conterá os dados qualificativos dos adotados, de sua família de origem, inclusive extensa, e dos respectivos adotantes

A questão extraída do concurso para a Defensoria Pública do Estado do Maranhão[10] tratou especificamente dos **cadastros de adoção e dos cadastros de crianças e adolescentes acolhidas/os**, cuja regulamentação foi acrescida ao corpo do Estatuto da Criança e do Adolescente a partir da ampla reforma operada pela Lei nº 12.010/09, conhecida como "lei da adoção" ou "lei de convivência familiar e comunitária".

Dispõe o art. 50 do Estatuto da Criança e do Adolescente que a autoridade judiciária manterá, em cada comarca ou foro regional, um registro de crianças e adolescentes em condições de serem adotados e outro de pessoas interessadas na adoção. Já o §5º do dispositivo prevê a

---

é a solução adequada ao caso concreto; (ii) a comprovação de que foram esgotadas todas as possibilidades de colocação da criança ou adolescente em família adotiva brasileira, com a comprovação, certificada nos autos, da inexistência de adotantes habilitados residentes no Brasil com perfil compatível com a criança ou adolescente, após consulta aos cadastros no art. 50; (iii) a comprovação de que, em se tratando de adoção de adolescente, este foi consultado, por meios adequados ao seu estágio de desenvolvimento, e que se encontra preparado para a medida, mediante parecer elaborado por equipe interprofissional, observado o disposto nos §§ 1 o e 2 o do art. 28 do ECA.

10 Cujo gabarito apontou como correta a alternativa "A".

criação de cadastros estaduais e nacional de crianças e adolescentes em condições de serem adotados e de pessoas ou casais habilitados à adoção. Por fim, o § 6º do art. 50 trata de um cadastro próprio de pessoas ou casais residentes fora do País, que somente será consultado na inexistência de postulantes nacionais habilitados.

Pode-se afirmar, portanto, que não há um, mas vários cadastros de adoção: (i) cadastros locais de crianças e adolescentes em condições de serem adotados; (ii) cadastros locais de pretendentes à adoção; (iii) cadastros estaduais de crianças e adolescentes em condições de serem adotados; (iv) cadastros estaduais de pretendentes à adoção; (v) cadastro nacional de crianças e adolescentes em condições de serem adotados; (vi) cadastro nacional de pretendentes à adoção; (vii) cadastro de pretendentes à adoção residentes ou domiciliados no exterior.

O art. 50, §13, do ECA traz as exceções legais à obrigatoriedade de prévia habilitação dos pretendentes para o deferimento da adoção. São elas: (i) quando se tratar de pedido de adoção unilateral (art. 41, §1º, ECA); (ii) quando o pedido for formulado por parente com o qual a criança ou adolescente mantenha vínculos de afinidade e afetividade; e (iii) quando oriundo o pedido de quem detém a tutela ou guarda legal de criança maior de 3 (três) anos ou adolescente, desde que o lapso de tempo de convivência comprove a fixação de laços de afinidade e afetividade, e não seja constatada a ocorrência de má-fé ou hipótese criminosa de sequestro ou tráfico de crianças (arts. 237 e 238, ECA).

A última exceção à regra da prévia habilitação dos pretendentes à adoção (art. 50, §13, inciso III, ECA) tem sido denominada pela doutrina de adoção *intuito personae*, embora o Superior Tribunal de Justiça, conferindo-lhe interpretação mais ampliada à luz do princípio da afetividade, têm também, com fundamento neste dispositivo, chancelado as chamadas adoções "à brasileira"[11] (Cf. STJ, REsp 1.712.067/MG).

De acordo com o entendimento adotado pela Corte, apesar da tipificação penal da chamada "adoção à brasileira" (delito de parto suposto, previsto no art. 242 do Código Penal), é possível sua regularização judicial quando consolidados os vínculos de afeto e afinidade entre os adotantes e o adotado, por se tratar de medida que atenderia ao superior interesse da criança.

---

11 Para maior aprofundamento, conferir: http://www.stj.jus.br/sites/portalp/Paginas/Comunicacao/Noticias-antigas/2018/2018-02-04_08-01_Julgados-sobre-adocao-a-brasileira-buscam-preservar-o-melhor-interesse-da-crianca.aspx. Acesso em 28/01/2020.

O §14 do Estatuto, todavia, ressalva expressamente a necessidade de que, mesmo nesses casos, o/a candidato/a comprove, no curso do procedimento, que preenche os requisitos necessários à adoção (como idade mínima do pretendente, a diferença mínima de 16 anos entre pretendente e o adotando, legitimidade dos motivos e constatação de reais vantagens ao adotando, parecer favorável por parte da equipe multidisciplinar do juízo etc)

Ainda sobre a sistemática estatutária dos cadastros de adoção, o art. 197-E do Estatuto da Criança e do Adolescente prevê que a convocação dos pretendentes habilitados à adoção será feita por ordem cronológica de habilitação. Contudo, diante da escassez de pretendentes dispostos a adotar crianças e adolescentes com deficiência, com doenças crônicas, com necessidades específicas de saúde e grupo de irmãos, o Estatuto garante prioridade no cadastro a essas pessoas, assegurando-se maiores chances a crianças e adolescentes com menor probabilidade de serem adotados.

Finalmente, de modo paralelo aos cadastros de adoção mencionados no art. 50, o art. 101, §11, do ECA, prevê que a autoridade judiciária também deverá manter, em cada comarca ou foro regional, um cadastro contendo informações atualizadas sobre as crianças e adolescentes em regime de acolhimento familiar e institucional sob sua responsabilidade, com informações pormenorizadas sobre a situação jurídica de cada um, bem como as providências tomadas para sua reintegração familiar ou colocação em família substituta.

Um segundo exemplo de questão envolvendo o tema da adoção foi extraída do concurso para a Defensoria Pública do Amapá:

> (DPE-AP/2017) O estágio de convivência, conforme regulamentado no Estatuto da Criança e do Adolescente,
>
> **A** deve preceder a adoção, pelo prazo máximo de noventa dias, observadas a idade da criança ou adolescente e as peculiaridades do caso.
>
> **B** fica dispensado nas hipóteses em que o adotante já detenha a guarda de fato do adotando.
>
> **C** em caso de adoção por pessoa domiciliada fora do Brasil, terá duração de no mínimo quarenta e cinco dias, facultado, em casos excepcionais, seu término no país de domicílio do adotante.
>
> **D** será exigido, no caso de criança acolhida, sempre que a criança não tiver história de convívio anterior com o pretende à guarda, tutela, adoção ou apadrinhamento.
>
> **E** é a última etapa do processo de habilitação para a adoção, precedendo necessariamente a sentença judicial

A questão versa sobre chamado **estágio de convivência**, previsto no art. 46 do Estatuto da Criança e do Adolescente e que sofreu, recentemente, alterações pela Lei nº 13.509/17[12].

Nos termos do art. 46 do ECA, toda adoção nacional será precedida de estágio de convivência com a criança ou adolescente, pelo prazo de 90 (noventa) dias, prorrogável por igual prazo (§2º-A), observadas a idade da criança ou adolescente e as peculiaridades do caso. No entanto, o estágio de convivência poderá ser dispensado se o adotando já estiver sob a tutela ou guarda legal[13] do adotante durante tempo suficiente para que seja possível avaliar a conveniência da constituição do vínculo (§1º).

Diferentemente. para o deferimento da adoção internacional, o estágio de convivência será de, no mínimo, 30 dias e, no máximo, 45 dias, prorrogável por até igual período, uma única vez, mediante decisão fundamentada da autoridade judiciária (art. 46, §3º, ECA). Deve ser cumprido em território nacional, preferencialmente na comarca de residência da criança ou do adolescente ou, a critério do juiz, em cidade limítrofe (art. 46, §5º, ECA).

⊕ b) Apuração de atos infracionais e medidas socioeducativas

A área infracional é, via de regra, a mais cobrada em matéria direitos da criança e do adolescente. As questões objetivas tendem a utilizar duas metodologias possíveis: (i) cobrança direta de texto legal e/ou entendimento jurisprudencial; (ii) formulação de casos concretos.

Vejamos alguns exemplos de cada uma delas:

> (DPE-SC/2017) Sobre as medidas socioeducativas, conforme expressamente regulamentadas em lei, é correto afirmar que a
>
> **A** liberdade assistida será adotada sempre que se afigurar a medida mais adequada para proteger adolescentes cujos direitos se encontram violados ou ameaçados em razão da própria conduta.
>
> **B** semiliberdade é fixada por tempo indeterminado, reavaliada no máximo a cada seis meses e implica profissionalização obrigatória do adolescente.
>
> **C** advertência não implica, em qualquer hipótese, o reconhecimento ou comprovação da responsabilidade, nem prevalece para efeito de antecedente.

12 Justamente em vista da alteração legislativa é que o gabarito apontou como correta a alternativa "A".

13 A simples guarda de fato não autoriza, por si só, a dispensa do estágio de convivência (art. 46, §2º, ECA).

D obrigação de reparar o dano consiste na realização de tarefas gratuitas de interesse geral atribuídas, conforme suas aptidões, ao adolescente autor de ato infracional com reflexos patrimoniais.

E prestação de serviços à comunidade deve ser fixada por um prazo mínimo de seis meses e com jornada semanal não inferior a oito horas.

A questão do concurso da Defensoria Pública de Santa Catarina cobrou do/a candidato/a conhecimento sobre aspectos gerais das medidas socioeducativas, tal como regulamentadas pelo Estatuto da Criança e do Adolescente.

A alternativa "a" reproduz parte do *caput* do art. 118, substituindo apenas a finalidade buscada pela medida de Liberdade Assistida. De acordo com o ECA, medidas socioeducativas só podem ser aplicadas a adolescentes condenados pela prática de ato infracional (exceto nas hipóteses de remissão do art. 127 do ECA) e não para o fim de protegê-los em face de eventual situação de ameaça ou violação. Para esses casos, devem ser aplicadas medidas de proteção (art. 101, ECA).

Isso porque as medidas socioeducativas tem, a par de uma finalidade de integração social e garantia de direitos, *precipuamente uma finalidade repressiva*, a teor do que dispõe o art. 1º, §2º, da Lei nº 12.594/12.

A alternativa "c" confunde a medida socioeducativa de advertência (art. 115, ECA) com o instituto da remissão (art. 127, ECA). Já a alternativa "d" confunde a medida de reparação do dano (art. 116, ECA) com a medida de prestação de serviços à comunidade (art. 117, ECA).

A alternativa "e" confunde os prazos de duração das medidas de prestação de serviços à comunidade (com duração máxima de seis meses, nos termos do art. 117, ECA) e liberdade assistida (com duração mínima de seis meses, de acordo com o art. 118, §2º, ECA). Ressalte-se que também a jornada semanal da prestação de serviços à comunidade está equivocada, pois terá duração máxima de 8 horas (art. 117, parágrafo único, do ECA)

Por fim, a alternativa "b", indicada pela banca examinadora como a correta, apresenta correspondência com as regras do art. 120 do ECA, devendo-se registrar que, por força do §2º, à medida de semiliberdade são aplicáveis as disposições relativas à medida de internação, inclusive o prazo de reavaliação (art. 121, §2º, ECA).

(DPE-RO/2017) Segundo entendimento sumulado do Superior Tribunal de Justiça, é correto afirmar que

- **A** o crime consistente na corrupção de menor de 18 (dezoito) anos, com ele praticando infração penal ou induzindo-o a praticá-la, previsto no Estatuto da Criança e do Adolescente, depende da prova da efetiva corrupção do menor, por se tratar de delito material.
- **B** no procedimento para aplicação de medida socieducativa, a confissão do adolescente torna dispensável a realização de exames periciais relativos aos instrumentos do crime.
- **C** nos casos de novo flagrante por ato infracional, é facultada a oitiva do menor infrator para a decretação da regressão da medida socioeducativa.
- **D** a prescrição penal é aplicável nas medidas socioeducativas.
- **E** a aplicação de medidas socioeducativas ao adolescente, pela prática de ato infracional, exceção feita a de prestação de serviços à comunidade, é da competência exclusiva do juiz.

A questão do concurso da Defensoria Pública do Estado de Rondônia cobrou alguns dos entendimentos sumulados pelo STJ em matéria de infância infracional. Importante recordá-los:

- **a)** Súmula 108 do STJ: "a aplicação de medidas socioeducativas ao adolescente, pela prática de ato infracional, é de competência exclusiva do juiz"
- **b)** Súmula 265 do STJ: "é necessária a oitiva do menor [adolescente] infrator antes de decretar-se a regressão da medida socioeducativa"
- **c)** Súmula 338 do STJ: "a prescrição penal é aplicável nas medidas socioeducativas"
- **d)** Súmula 342 do STJ: "no procedimento para aplicação de medida socioeducativa, é nula a desistência de outras provas em face da confissão do adolescente"
- **e)** Súmula 492 do STJ: "o ato infracional análogo ao tráfico ode drogas, por si só, não conduz obrigatoriamente à imposição de medida socioeducativa de internação do adolescente"
- **f)** Súmula 500 do STJ: "a configuração do crime do art. 244-B do ECA independe da prova da efetiva corrupção do menor, por se tratar de delito formal."

g) Súmula 593 do STJ: "o crime de estupro de vulnerável se configura com a conjunção carnal ou prática de ato libidinoso com menor de 14 anos, sendo irrelevante eventual consentimento da vítima para a prática do ato, sua experiência sexual anterior ou existência de relacionamento amoroso com o agente"

h) Súmula 605 do STJ: "a superveniência da maioridade penal não interfere na apuração de ato infracional nem na aplicabilidade de medida socioeducativa em curso, inclusive na liberdade assistida, enquanto não atingida a idade de 21 anos"

Analisando comparativamente as alternativas da questão acima com os enunciados sumulados, verifica-se que apenas a alternativa "d" apresenta perfeita correspondência.

> (DPE-AP/2017) Célio tem 17 anos e, na companhia de outro adolescente, foi apreendido em flagrante por suposta prática de ato infracional equiparado a roubo qualificado por concurso de agentes e uso de arma. Segundo o Estatuto da Criança e do Adolescente,
>
> **A** se não houver entidade destinada à custódia de adolescentes na comarca, Célio pode, excepcionalmente, aguardar a sentença em estabelecimento prisional, desde que em cela isolada dos adultos e observado o prazo máximo de 45 dias.
>
> **B** tendo em vista a gravidade do ato infracional, provadas autoria e materialidade da infração, Célio deverá receber medida socioeducativa de internação pelo prazo mínimo de 6 meses.
>
> **C** caso fique caracterizada tentativa de roubo, não tendo Célio antecedentes infracionais, deve ser inserido em medida de semiliberdade ou liberdade assistida.
>
> **D** Célio pode ser entregue a seus pais caso a autoridade policial entenda desnecessária sua apreensão para garantia da ordem pública ou da própria segurança do adolescente.
>
> **E** Célio deve ser apresentado ao Promotor de Justiça no prazo máximo de 5 dias, após o que cabe ao juiz, em igual prazo, decidir sobre sua liberação ou decretação da internação provisória

A questão cobrada no concurso para a Defensoria do Estado do Amapá tratou do procedimento de apuração de ato infracional.

A alternativa "a" cobra o conhecimento do §2º do art. 185 do ECA, que cuida do local de cumprimento da internação provisória, de natureza cautelar, decretada no curso do procedimento e desde que preenchidos os pressupostos do art. 108, parágrafo único, do ECA.

De acordo com o art. 123 do Estatuto, a internação deverá ser cumprida em entidade exclusiva para adolescentes, em local distinto daquele destinado ao abrigo, obedecida rigorosa separação por critérios de idade, compleição física e gravidade da infração. Em complementação, o art. 185 do ECA dispõe que a internação não poderá ser cumprida em estabelecimento prisional, de modo que, inexistindo local apropriado na comarca, o adolescente poderá aguarda sua transferência para localidade próxima em repartição policial, desde que e seção isolada dos adultos e com instalações apropriadas, pelo prazo máximo de 5 dias.

As alternativas "b" e "c" tratam das medidas socioeducativas aplicáveis aos adolescentes apreendidos pela suposta prática de ato infracional análogo ao crime de roubo qualificado. A incorreção está em afirmar a necessidade de aplicação de uma outro outra medida, bem como o seu prazo mínimo.

Isso porque, em primeiro lugar, ainda em hipótese de condenação pela prática de ato infracional, não há qualquer obrigatoriedade de imposição de medidas socioeducativas, o que pode ser depreendido do termo "poderá" previsto no art. 112, *caput*, do ECA. Em segundo lugar, devem ser observados os critérios do §1º do dispositivo para a eleição da medida socioeducativa mais adequada (se o caso), dentre os quais capacidade do adolescente de cumpri-la, as circunstâncias e a gravidade da infração, preferindo-se as medidas que fortaleçam os vínculos familiares e comunitários (art. 113, ECA).

Em outras palavras, ainda que presentes uma das hipóteses taxativas de possível aplicação da medida socioeducativa de internação (art. 122, ECA), não há qualquer imperatividade de sua decretação, sendo, inclusive, preferíveis as medidas mais brandas.

Por fim, registre-se que as medidas socioeducativas não são decretadas por prazo certo, mas apenas por prazo indeterminado, observando-se os limites temporais máximos de duração de cada qual, bem como de reavaliação obrigatória;

As alternativas "d" e "e" cuidam da primeira fase do procedimento de apuração de ato infracional, a chamada "fase policial".

A primeira cuida especificamente da hipótese prevista no art. 174 do ECA, que traz como regra geral a liberação do adolescente apreendido em flagrante a seus pais ou responsável. Excepcionalmente, o dispositivo admite a manutenção da custódia do adolescente, desde que "pela gravidade do ato infracional e sua repercussão social, deva o adolescente permanecer sob internação para garantia de sua segurança pessoal ou manutenção da ordem pública".

Já a alternativa "e" cuida do prazo de apresentação do adolescente apreendido em flagrante ao Ministério Público. Ao contrário do que é ali afirmado, o adolescente deverá ser apresentado ao Ministério Público no mesmo dia ou, sendo isso impossível, no primeiro dia útil imediato, exceto se for mantido custodiado pela autoridade policial, ocasião em que deverá ser apresentado no prazo máximo de 24 horas (art. 175, §1º, ECA).

c) Execução de medida socioeducativa (SINASE)

Desde a publicação da Lei nº 12.594/12, que instituiu o Sistema Nacional de Atendimento Socioeducativo, praticamente todos os concursos de ingresso na carreira da Defensoria Pública cobraram questões relativas à execução de medidas socioeducativas. Vejamos:

> (DPE-ES/2016) Em relação à regulamentação da execução das medidas socioeducativas prevista na Lei no 12.594/2012, é correto afirmar que
>
> **A** a substituição de uma medida por outra mais ou menos gravosa deve ser fundamentada em parecer técnico, relatório da Comissão de Disciplina e precedida de prévia audiência do adolescente e seus genitores.
>
> **B** as medidas de proteção, de advertência, reparação do dano e prestação de serviços à comunidade, quando aplicadas de forma isolada, serão executadas nos próprios autos do processo de conhecimento.
>
> **C** a impugnação do plano individual de atendimento – PIA, se admitida, implicará a suspensão de sua execução, salvo determinação judicial em contrário.
>
> **D** a gravidade do ato infracional, os antecedentes e o tempo de duração da medida não são fatores que, por si, justifiquem a não substituição da medida por outra menos grave.
>
> **E** o defensor, o Ministério Público, o dirigente do programa, o adolescente e seus pais ou responsável poderão postular revisão judicial de qualquer sanção disciplinar aplicada, devendo a autoridade judiciária suspender a execução da sanção até decisão final do incidente.

Um dos temas mais explorados dentro da temática da execução de medidas socioeducativas corresponde às hipóteses de reavaliação dos Planos Individuais de Atendimento (arts. 42 e 43 da Lei nº 12.594/12), a exemplo da questão acima.

Nos termos do art. 42 da Lei do SINASE, as medidas socioeducativas de liberdade assistida, de semiliberdade e de internação deverão ser reavaliadas no máximo a cada 6 (seis) meses, *podendo* a autoridade judiciária, *se necessário*, designar audiência, no prazo máximo de 10 (dez) dias, cientificando o defensor, o Ministério Público, a direção do programa de atendimento, o adolescente e seus pais ou responsável. O §1º do dispositivo acrescenta que a audiência será instruída com o relatório da equipe técnica do programa de atendimento, cuja elaboração é obrigatória (art. 58).

Sucede que, se a reavaliação importar substituição da medida por outro mais gravosa, necessariamente deverão ser observados os requisitos previstos no §4º do art. 43, destacando-se a obrigatoriedade da oitiva do adolescente (art. 43, §4º, inciso II, Lei nº 12.594/12 c.c. Súmula 265 do STJ).

Vale, no entanto, salientar que a doutrina diverge quanto à possibilidade ou não da chamada regressão de medidas socioeducativas (substituição por medida mais gravosa). A primeira corrente defende a inadmissibilidade da substituição de medida socioeducativa em meio aberto por medida socioeducativa privativa de liberdade, por violação ao art. 1º, §2º, III, Lei do SINASE ("reformatio in pejus"), exceto na hipótese de suspensão da progressão (STJ, HCs 88.243, 211.957 e 286.407). Já para a segunda corrente, seria admissível a substituição de medida em meio aberto por medida em meio fechado, desde que (i) comprovadamente insuficiente a medida anterior; (ii) o ato esteja abstratamente descrito em uma das hipóteses do art. 122 (inciso I ou II); e (iii) sejam observados os requisitos do art. 43, §4º, da Lei do SINASE (contraditório, ampla defesa, oitiva do adolescente e parecer técnico)[14].

14 Confira-se, ainda, outra questão cobrada sobre o mesmo tema:
(DPE-AM/2017) José vem descumprindo medida socioeducativa de semiliberdade, sendo que, por várias vezes, não retornou espontaneamente de saídas autorizadas no dia e horário combinados. Segundo prevê expressamente a legislação vigente,
(A) José deverá ser reconduzido para a medida de semiliberdade, permitida, a critério do juiz, doravante, a vedação de atividades externas.
(B) caso já tenha notificado o descumprimento da medida, o programa de semiliberdade está autorizado a recusar eventual reapresentação espontânea de José na unidade fora do dia e do horário combinados.

A alternativa "b" da questão trata da instauração ou não de processos autônomos de execução das medidas socioeducativas (arts. 38 e 39 da Lei do SINASE). De acordo com os dispositivos, as medidas de proteção, de advertência e de reparação do dano (medidas de execução instantânea), quando aplicadas de forma isolada, serão executadas nos próprios autos do processo de conhecimento, ao passo que as medidas de prestação de serviços à comunidade, liberdade assistida, semiliberdade de internação (medidas de execução continuada) serão acompanhadas em processo autônomo de execução.

A alternativa "c" cuida da impugnação das metas incluídas no Plano Individual de Atendimento (PIA) do adolescente. O PIA consiste no instrumento de previsão, registro de gestão de atividades a serem desenvolvidas com o adolescente (Arts. 52/59, Lei do SINASE). Sua finalidade é proporcionar a individualização da medida, que deve ser adequada às necessidades socioeducativas do adolescente. Devem participar de sua construção a equipe técnica (relatório polidimensional), o adolescente e sua família.

A proposta de PIA deve ser apresentada ao Ministério Público e ao defensor, que se manifestarão no prazo sucessivo de 3 dias (art. 41, LSINASE). Nesse prazo, podem: a) requerer a realização de avaliação ou perícia para complementação do PIA; b) impugnar o PIA, fundamentadamente; c) requerer a complementação do PIA, fundamentadamente.

Em regra, a impugnação do PIA não suspende sua imediata execução, salvo determinação judicial em sentido contrário (art. 41,§4º). Admitida a impugnação, o juiz designará, se necessário, audiência com participação da Defensoria Pública, do Ministério Público, da direção do programa, do adolescente e de seus pais/responsável para discutir metas e procedimentos do plano. Ao final, o Plano deverá ser homologado.

(C) deve o juiz aplicar desde logo medida de internação pelo prazo máximo de três meses, dentro do qual o adolescente será avaliado e ouvido, decidindo-se, ao final do prazo, se José retoma o cumprimento da semiliberdade, se cumprirá medida mais branda, ou se será regredido para internação.

(D) deve ser o adolescente intimado para se apresentar espontaneamente na unidade de semiliberdade no prazo de cinco dias, sob pena de expedição de mandado de busca e apreensão.

(E) José pode ter a medida de semiliberdade substituída por outra mais gravosa, desde que observado o devido processo legal, haja fundamento em parecer técnico e tenha sido realizada prévia audiência.

Resposta: E.

A alternativa "d" corresponde a regra muito cobrada em concursos. Ela está prevista no §2º do art. 42 da Lei nº 12.594/12 e dispõe que "a gravidade do ato infracional, os antecedentes e o tempo de duração da medida não são fatores que, por si, justifiquem a não substituição da medida por outra menos grave".

Por fim, a alternativa "e" cuida do regime disciplinar vigente nas entidades de atendimento socioeducativo (arts. 71 a 75 da Lei do SINASE). O regime deve estar previsto no regimento interno da entidade de atendimento socioeducativo (meio aberto ou fechado), do qual deve constar: a) Tipificação prévia das infrações, divididas em leves, médicas e graves, com as correspondentes sanções, que devem ter duração determinada; b) Enumeração das causas ou circunstâncias que eximam, atenuem ou agravem a sanção, assim como requisitos para sua extinção; c) Exigência de instauração formal para aplicação de qualquer sanção, garantida prévia audiência do socioeducando, ampla defesa e o contraditório; d) Enumeração explícita das garantias de defesa e possibilidade de recurso.

A apuração da falta disciplinar será feita por comissão composta por, no mínimo, 3 integrantes, sendo 1 obrigatoriamente oriundo da equipe técnica. Nenhum socioeducando poderá desempenhar função de apuração disciplinar ou aplicação de sanção.

Ressalte-se que é vedada a aplicação de sanção disciplinar de isolamento a adolescente interno, exceto se imprescindível para garantia da segurança de outros internos ou do próprio adolescente, sendo necessária a comunicação a DP, MP e Juiz, em 24h (art. 48, §2º). São também vedadas sanções coletivas, sem a individualização das condutas (art. 45, §3º, LEP c.c. art. 67 Regras de Beijing)

De acordo com o art. 48 da Lei, o defensor, o Ministério Público, o adolescente e seus pais ou responsável poderão postular revisão judicial de qualquer sanção disciplinar aplicada, *podendo* a autoridade judiciária suspender a execução da sanção até decisão final do incidente. Postulada a revisão judicial, juiz ouvirá o órgão colegiado que aplicou a sanção e, havendo provas a produzir, determinará a realização da audiência, em 10 dias.

> (DPE-DF/2019) Em 15 de abril de 2019, Ricardo, com 17 anos de idade, praticou ato infracional análogo ao crime de roubo. O Ministério Público ofereceu representação contra Ricardo quando ele já estava com 18 anos de idade. Ao final do procedimento judicial, o magistrado aplicou a Ricardo, então com 18 anos de idade, a medida socioeducativa de internação. Por

ocasião de reavaliação da medida, foi concedida a Ricardo a progressão para o regime de semiliberdade. Durante o cumprimento da medida em regime de semiliberdade, foi prolatada nova sentença, aplicando a Ricardo, agora com 19 anos de idade, medida de internação em razão da prática, em 15 de março de 2019, de ato infracional análogo ao crime de homicídio. A partir dessa situação hipotética, julgue os itens subsecutivos, de acordo com a legislação pertinente e com a jurisprudência dos tribunais superiores:

a) A nova sentença prolatada, que aplica a Ricardo novamente medida de internação, desta vez pela prática do ato infracional análogo ao delito de homicídio, contraria a legislação vigente.

Outro formato possível de questão é aquele utilizado pela CESPE, que exige do/a candidato/a o julgamento de determinadas assertivas. A assertiva acima, por exemplo, está correta, na medida em que o art. 45, §2º da Lei do SINASE veda ao magistrado aplicar nova internação, por atos infracionais praticados anteriormente, a adolescente que tenha sido transferido para cumprimento de medida menos rigorosa.

Trata-se de uma das consequências do procedimento de unificação de medidas socioeducativa, previsto no art. 45 da Lei nº 12.594/12. Ele ocorre quando, no curso da execução de uma MSE, sobrevém sentença que aplica nova medida socioeducativa por ato infracional praticado antes do início da execução. A unificação, neste caso, não poderá importar o reinício do cumprimento da medida ou deixar de considerar os prazos máximos e de liberação compulsória, sob pena de repetição indevida da sanção (art. 45, §§1º e 2º + STJ, HC 274.565/RJ). A unificação também não poderá gerar nova internação a adolescente que já cumpriu medida desta natureza ou que tenha sido transferido para medida socioeducativa menos rigorosa.

É importante que o/a candidato/a não confunda esse instituto com a unificação de penas da Lei de Execução Penal. Na Lei do SINASE, não há a somatória de medidas socioeducativas; a nova medida será *absorvida* pela medida de mesma natureza ou mais gravosa. A única exceção ocorre se ao mesmo adolescente forem aplicadas duas medidas em meio aberto de natureza diversa (mesmo grau de abrangência pedagógica), que possam ser cumpridas concomitantemente.

A regra, contudo, não se aplica se o novo ato infracional tiver sido praticado *no curso da execução da medida anterior.* Nessa hipótese, instaura-se a unificação, mas interrompe-se o cálculo do prazo máximo de cumprimento da medida (ex. 3 anos da internação).

Por fim, ressalte-se que o STJ pacificou o entendimento segundo o qual o termo "anteriormente" contido no art. 45, §2º, LSINASE, refere-se ao início da execução e não à prática do ato infracional que originou a medida primeiramente imposta.

5 DOUTRINA, JURISPRUDÊNCIA E "LEI SECA"

De acordo com o levantamento realizado, as provas para os concursos de Defensorias Públicas Estaduais em matéria de infância e juventude vêm exigindo, precipuamente, o conhecimento da "lei seca", embora esta não se resuma ao Estatuto da Criança e do Adolescente, como visto. Aliás, a produção doutrinária propriamente dita na área da infância ainda é bastante escassa e boa parte das referências possui o formato de lei comentada.

Paralelamente, o conhecimento da jurisprudência atualizada das Cortes Superiores é imprescindível, quer na área protetiva, quer na área infracional. Note-se que a jurisprudência, muitas vezes, à luz da principiologia estatutária tem *flexibilizado* regras legais para privilegiar um suposto melhor (ou superior) interesse da criança ou do adolescente (a exemplo dos requisitos objetivos para o deferimento da adoção, a admissão da adoção à brasileira etc).

Na área infracional, destaca-se que o reconhecimento de um "Direito Penal Juvenil" também ocorre, em parte, por meio das Cortes Superiores, como se vê pelo teor da Súmula 338 do STJ ("a prescrição penal é aplicável às medidas socioeducativas") ou pela admissão do princípio da insignificância aos atos infracionais (STF, HC 112.400 e STJ, HC 205.730).

Portanto, sugere-se que o/a candidato direcione seus estudos à leitura de todos os documentos normativos indicados no edital e, apenas em alguns pontos mais sensíveis, como aqueles indicados no item 2, supra, aprofunde os estudos com alguma doutrina (com ênfase no direito penal juvenil). Concomitantemente, acompanhe os informativos atualizados das Cortes Superiores, bem como os entendimentos sumulados.

6 ANÁLISE DE QUESTÕES DISSERTATIVAS

As questões dissertativas em matéria de infância e juventude, via de regra, tratam de casos práticos, exigindo dos/as candidatos bom manejo dos princípios informadores do microssistema de promoção e defesa dos direitos da criança e do adolescente, além dos direitos e garantias previstos.

Eventualmente, contudo, podem ser cobrados temas que levantem divergência, quer na doutrina, quer nos próprios Tribunais Superiores. Questões como essa tendem a exigir do/a candidato/a um conhecimento bastante aprofundado sobre a temática, com a exposição de todos os desmembramentos possíveis do tema perguntado. Vejamos um exemplo

Um dos temas mais cobrados diz respeito à prescrição de medidas socioeducativas. O reconhecimento de que também essas medidas podem ser atingidas pela prescrição foi sumulado pelo Superior Tribunal de Justiça (Súmula 338), como visto acima, na medida em que a contemporaneidade entre o fato e a medida é requisito essencial para que o processo socioeducativo faça sentido, em respeito à condição de pessoa em desenvolvimento.

No entanto, há, em suma, duas correntes que divergem sobre a forma de se calcular a prescrição das medidas socioeducativas. A primeira corrente defende que se deve considerar as penas em abstrato do ato, tal como previstas no Código Penal ou na legislação penal esparsa, aplicando-se somente o redutor do art. 115 do Código Penal (ex. STF, HC 88.788/SP). Desse modo, para a primeira corrente, se um adolescente é acusado da prática de ato infracional equiparado a roubo simples, a pretensão socioeducativa prescreverá em oito anos, pois, nos termos do art. 109 do CP, prescreve em dezesseis anos a pretensão quando o máximo da pena em abstrato é superior a oito e não excede a doze anos. Assim, aplicado o redutor do art. 115 do CP, chega-se a um prazo prescricional de oito anos.

A segunda corrente defende que se deve considerar o prazo máximo das medidas de internação (três anos), levando a pretensão socioeducativa relativamente a qualquer ato a prescrever em quatro anos (art. 109, IV, CP c.c. art. 115, CP). Essa é a corrente adotada pelo STJ (Ag Int no AREsp nº 1.422.168/RN; HC 82.257/RJ) Há, no entanto, uma exceção: se o tipo penal prever pena máxima em abstrato inferior a três anos, deve-se usar como parâmetro a pena em abstrato cominada (ex. lesão corporal leve), diante da proibição de tratamento mais gravoso ao adolescente (Art. 56 das Diretrizes de Riad)

Já no que diz respeito à pretensão da pretensão executória das medidas socioeducativas, algumas regras especiais devem ser destacadas. Em relação à medida de advertência, sua prescrição pode ser calculada de duas formas: a) aplicando-se o menor prazo do sistema penal comum (dos adultos), reduzido de metade, resultando em um ano e meio (arts. 109, VI, e 115, do CP); b) aplicando-se o prazo de prescrição contido no art. 30 d Lei nº 11.343/06 (dois anos), reduzido de metade, resultando em um ano, por se tratar de regra especial para a medida de advertência, cominada na Lei de Drogas (art. 28, I, da Lei nº 11.343/06).

No que tange à obrigação de reparar o dano, dado seu caráter patrimonial, pode ser relacionada com a pena de multa isolada, culminando numa prescrição da pretensão executória de um ano, nos termos do art. 114, inciso I, e 115 do CP (dois anos, reduzidos de metade).

Quanto à prestação de serviços à comunidade, por possuir prazo não excedente a seis meses (art. 117, ECA), a prescrição deverá utilizar este referencial temporal, operando-se em um ano e meio, nos termos dos arts. 110, *caput*, 109, VI, e 115, CP (três anos, reduzidos de metade).

Para a liberdade assistida, a prescrição da pretensão executória pode ser calculada de duas formas: a) a partir do prazo mínimo estabelecido na sentença; ou b) a partir do prazo máximo de três anos, uma vez que poderá ser prorrogada a qualquer tempo (art. 118, §2º, ECA). Ressalte-se que o STJ adota a segunda orientação.

A internação e a semiliberdade, por terem como referencial o prazo máximo de 3 anos, a prescrição da pretensão executória seguirá o mesmo critério da prescrição da pretensão socioeducativa (2ª corrente). Ressalva deve ser feita em relação à internação-sanção (art. 122, inciso III, ECA), que tem prazo máximo de três meses e, portanto, sofre prescrição executória em um ano e meio nos termos dos arts. 110, *caput*, 109, VI, e 115 do CP.

7 DICAS FINAIS

A matéria "direitos da criança e do adolescente" vem se tornando cada vez mais difícil nos concursos, deixando de exigir exclusivamente a literalidade do Estatuto da Criança e do Adolescente e passando a cobrar dos candidatos e das candidatas interpretações mais elaboradas, à luz da principiologia do chamado microssistema de promoção, proteção e defesa dos direitos da criança e do adolescente. Além disso, deve-se lembrar que são muitas as normativas esparsas que integram esse microssistema e que devem ser bem conhecidas, como as Resoluções do Conselho Nacional dos Direitos da Criança, as Resoluções do Conselho Nacional de Assistência Social, as Portarias de Consolidação do Ministério da Saúde, a Lei de Diretrizes e Bases da Educação, a Lei do Sistema Nacional de Atendimento Socioeducativo, a Lei que institui o Sistema de Garantia dos

Direitos da Criança e do Adolescente vítima e testemunha de violência (e seu decreto regulamentador), dentre outras.

Portanto, mesmo o conhecimento da chamada "lei seca" demanda uma postura proativa do/a candidato/a, que deverá estar bem atento aos itens do edital, já que a maioria dos "Manuais" ou "Cursos" sobre direitos da criança e do adolescente se restringem à análise das normas do Estatuto da Criança e do Adolescente e da Lei do SINASE.

DIREITO HUMANOS

Gustavo Goldzveig

1 BIBLIOGRAFIA INDICADA

Direitos Humanos é uma matéria de grande relevância nos concursos das Defensorias Públicas Estaduais. Pode-se notar que, ao longo dos anos, houve uma verdadeira modificação na forma que a matéria é abordada nas provas. Inicialmente, exigia-se um grande conhecimento dos Tratados de Direitos Humanos da Organização das Nações Unidas e do Sistema Interamericano de Direitos Humanos, com grande ênfase em questões sobre: Declaração Universal de Direitos Humanos, o Pacto Internacional de Direitos Civis e Políticos e seus protocolos facultativos, o Pacto Internacional de Direitos Econômicos, Sociais e Culturais (conhecido como "International Bill of Rights"), Convenção da ONU sobre Direitos das Mulheres, Convenção da ONU contra Tortura, Convenção da ONU contra Discriminação Racial e, por fim, a Convenção Interamericana de Direitos Humanos e seus protocolos adicionais.

Posteriormente, verificou-se uma verdadeira mudança nas bancas examinadoras que passaram a exigir, ainda na primeira fase dos concursos (provas objetivas), conhecimentos que vão além das meras disposições normativas nestes tratados, essencialmente, a jurisprudência internacional dos Direitos Humanos, tal como, as decisões em casos litigiosos e opiniões consultivas proferidas pela Corte Interamericana de Direitos Humanos (órgão contencioso de fiscalização e proteção dos Direitos Humanos, no âmbito do Sistema Interamericano) não se limitando, vale dizer, a casos que envolvam o Brasil. Ressalta-se, ainda, uma abordagem a temas que envolvem vulnerabilidades de grupos minoritários, tais como:

populações tradicionais (indígenas); movimento LGBTQ; direitos das mulheres; dentre tantos outros.

Daí porque recomenda-se além do estudo de obras jurídicas, seja feito um acompanhamento dos sítios eletrônicos da ONU e da Corte Interamericana de Direitos Humanos, a fim de acompanhar decisões recentes sobre os mais variados temas que envolvem a aplicação de tratados internacionais em casos de violação de direitos humanos.

Já nas segundas fases (provas discursivas) e terceiras fases (provas orais) é possível verificar que as bancas examinadoras abordam tanto a normativa internacional, quanto a jurisprudência internacional e a doutrina.

No que se refere à doutrina, os Direitos Humanos, principalmente na última década, vêm sendo objeto de grande ampliação de estudo, de modo que é possível afirmar que hoje há diversas opções de obras jurídicas aptas a subsidiar um estudo mais aprofundado do tema, sem, contudo, perder de vista a objetividade, abordando jurisprudência internacional dos Direitos Humanos. Assim, para fins de concurso, os livros mais indicados são:

a) Curso de Direitos Humanos - André de Carvalho Ramos: é, certamente, o livro que mais se aproxima dos editais das Defensorias Públicas Estaduais, visto que faz uma abordagem dos temas doutrinários de direitos, dos tratados do Sistema ONU e dos Sistema Interamericano, bem como traz jurisprudência internacional dos Direitos Humanos.

b) Curso de Direitos Humanos - Valério de Oliveira Mazzuoli: segue a linha da obra do André de Carvalho Ramos, mas possui divergências pontuais quanto a algumas questões doutrinárias. Desenvolve de maneira interessante tópicos envolvendo minorias com aplicação de jurisprudência internacional dos Direitos Humanos.

c) Direitos Humanos e o Direito Constitucional Internacional – Flavia Piovesan: é a obra mais tradicional. A autora é vanguardista na doutrina dos Direitos Humanos. Sua obra faz uma análise completa da internacionalização dos Direitos Humanos do ponto de vista histórico e, ainda, possui bom conteúdo quanto à relação entre direito constitucional e direito internacional dos direitos humanos. Além disso, aborda de maneira completa os principais tratados do Sistema ONU e a Convenção Americana de Direitos Humanos. Destaca-se o apêndice, ao final da obra, com os próprios tratados, o que facilita a leitura.

d) Direitos Humanos-Curso Elementar – Sidney Guerra: é mais sucinto na abordagem dos temas, mas tem um capítulo inicial bem aprofundado sobre a filosofia e os direitos humanos, que já foi abordado no VII Concurso da Defensoria Pública do Estado de São Paulo

e) Jurisprudência Internacional de Direitos Humanos – Caio Paiva e Thimotie Aragon Heemann: trata-se da melhor compilação da jurisprudência internacional dos Direitos Humanos com abordagem doutrinária. É recomendável a utilização em conjunto com quaisquer uma das obras acima indicadas. A leitura facilita o trabalho de quem tem dificuldade com a pesquisa de jurisprudência internacional nos próprios sítios dos mecanismos internacionais, trazendo casos relevantes, sendo que a obra já serviu de base para questões de concursos públicos.

2 CONTEÚDO PROGRAMÁTICO NOS EDITAIS DAS DEFENSORIAS PÚBLICAS ESTADUAIS

Por se tratar de uma obra que visa o alinhamento do estudo das Defensorias Públicas Estaduais, é preciso, desde logo, destacar que cada Defensoria das 27 Unidades da Federação e do Distrito Federal optam por bancas examinadoras diversas, como Fundação Carlos Chagas (FCC), VUNESPE, CESPE, dentre outras. Todavia, não se verifica grandes alterações no conteúdo programático dos últimos concursos públicos, visto que há uma pequena variação com a inclusão ou exclusão de determinados temas, a critério do examinador responsável pela matéria. Outro ponto importante, é que na grande maioria dos concursos de Defensorias Públicas Estaduais a matéria Direitos Humanos é cobrada enquanto matéria autônoma, sem estar atrelada a conteúdo programático de outros temas, revelando a sua importância nos concursos.

Logo, a fim de facilitar o estudo das provas, optei por seguir o conteúdo programático da FCC para o VIII Concurso da Defensoria Pública do Estado de São Paulo, justamente por ser o edital mais completo, dentre todos os concursos de Defensoria Públicas Estaduais. Ressalta-se, entretanto, que é possível que haja algumas pequenas alterações de edital para edital.

Seguem os pontos de Direitos Humanos:

1. Fundamentos filosóficos e evolução histórica dos Direitos Humanos.
2. Teoria Geral dos Direitos Humanos. Fontes, classificação, princípios e características do Direito Internacional dos Direitos

Humanos. Interpretação das normas de Direitos Humanos. Resolução de conflitos ante a colisão de normas de Direitos Humanos. Vigência e eficácia das normas do Direito Internacional dos Direitos Humanos. Incorporação, reservas e denúncia de tratados internacionais de Direitos Humanos. Suspensão e restrições de Direitos Humanos e suas limitações pelo Direito Internacional dos Direitos Humanos.

3. Direitos Humanos em Espécie. Declarações, Tratados/Convenções e seus Protocolos relativos a Direitos Humanos da Organização das Nações Unidas (Sistema Global) e da Organização dos Estados Americanos (Sistema Interamericano).

4. Processo internacional de Direitos Humanos. Órgãos e mecanismos de monitoramento e proteção internacional dos Direitos Humanos. Sistemas da Organização das Nações Unidas (mecanismos convencionais e extraconvencionais) e da Organização dos Americanos (Comissão Interamericana de Direitos Humanos e Corte Interamericana de Direitos Humanos): atribuições, estrutura, competência, acesso, funcionamento, regulamentos e estatutos, procedimentos, admissibilidade, mérito e supervisão de cumprimento de suas decisões.

5. Standards internacionais de Direitos Humanos:

(i) Órgãos de tratados da ONU – comentários gerais e recomendações gerais; casos contenciosos, medidas urgentes e análise de relatórios relacionados ao Brasil;

(ii) Comissão e Conselho de Direitos Humanos da ONU – documentos relacionados ao Brasil;

(iii) Comissão Interamericana de Direitos Humanos – relatórios, recomendações, medidas cautelares e demais documentos relacionados ao Brasil; relatorias temáticas e relatorias especiais para liberdade de expressão e para os direitos econômicos, sociais, culturais e ambientais; relatórios anuais

(iv) Corte Interamericana de Direitos Humanos – casos contenciosos (medidas provisórias, sentenças e resoluções de cumprimento) e opiniões consultivas; relatórios anuais.

6. Obrigações Estatais relativas aos Direitos Humanos. Obrigações de respeito, proteção e realização e seus desdobramentos. Obrigações de promoção e não-discriminação. Direitos Humanos, recursos públicos e políticas públicas.

7. Direito Internacional Humanitário: princípios, incidência, características e especificidades. Convergências, divergências e interações com o Direito Internacional dos Direitos Humanos. Convenções de Genebra e seus Protocolos Adicionais. Direito Internacional Humanitário consuetudinário. Tribunal Penal Internacional e a responsabilização internacional de indivíduos por violações de Direitos Humanos.

8. Direitos Humanos e desenvolvimento. Metas de Desenvolvimento do Milênio. Agenda 2030 da ONU e Objetivos de Desenvolvimento Sustentável. Investimentos internacionais e Direitos Humanos. Informe da Comissão Interamericana de Direitos Humanos. Informe da Comissão Interamericana de Direitos Humanos sobre Pobreza e Direitos Humanos nas Américas.

9. Direitos Humanos e empresas. Vinculação de particulares a normas e standards internacionais de Direitos Humanos. Princípios Orientadores sobre Empresas e Direitos Humanos das Nações Unidas (Princípios de Ruggie). Obrigações de proteger, respeitar e reparar.

10. Direitos Humanos e grupos vulneráveis. Grupos especialmente protegidos pelo Direito Internacional dos Direitos Humanos: tratados, declarações, resoluções, regras, diretrizes e normas correlatas.

11. Direito Internacional dos Refugiados. Convenção Relativa ao Estatuto dos Refugiados. Protocolo sobre o Estatuto dos Refugiados.

12. Direitos Humanos e Ordenamento Jurídico brasileiro. Incorporação de tratados internacionais de proteção dos Direitos Humanos ao Direito brasileiro. Posição hierárquica dos tratados internacionais de Direitos Humanos no Direito interno e teorias subjacentes. Execução de decisões oriundas de órgãos internacionais de Direitos Humanos no Brasil. Diálogo das cortes. Controle de convencionalidade. Princípio da subsidiariedade e seus desdobramentos internos.

13. Direitos Humanos e Acesso à Justiça. Acesso à justiça como direito humano. A Defensoria Pública e o acesso a mecanismos internacionais de proteção a Direitos Humanos. Acesso à Justiça Internacional. Defensor Público Interamericano e sua normativa de regência no âmbito da Corte Interamericana de Direitos Humanos, Comissão Interamericana de Direitos Humanos e Associação Interamericana de Defensorias Públicas. Fundo de Assistência Jurídica do Sistema Interamericano de Direitos Humanos. Resoluções da OEA sobre acesso à justiça e defensorias públicas.

3 ANÁLISE DAS ÚLTIMAS PROVAS OBJETIVAS

Para fins deste estudo, procedeu-se à análise das provas de 2015 a 2019 das Defensorias Públicas Estaduais, atentando-se para as provas promovidas pelas diversas bancas examinadoras. Considerando que as provas das Defensorias Públicas são aplicadas por bancas examinadoras variadas (CESPE, VUNESP, FCC, FUNDEPE, dentre outras), optou-se apenas por destacar a quantidade de questões por ponto no referido período. Destaca-se, ainda, que a Defensoria Pública do Estado do Rio de Janeiro não possuía, até a edição desta obra, questões objetivas, visto que, na primeira fase, as questões eram discursivas.

O resultado é a tabela abaixo apresentada:

PONTO	QUANTIDADE DE QUESTÕES POR PONTO
1. Fundamentos filosóficos e evolução histórica dos Direitos Humanos.	7
2. Teoria Geral dos Direitos Humanos. Fontes, classificação, princípios e características do Direito Internacional dos Direitos Humanos. Interpretação das normas de Direitos Humanos. Resolução de conflitos ante a colisão de normas de Direitos Humanos. Vigência e eficácia das normas do Direito Internacional dos Direitos Humanos. Incorporação, reservas e denúncia de tratados internacionais de Direitos Humanos. Suspensão e restrições de Direitos Humanos e suas limitações pelo Direito Internacional dos Direitos Humanos.	13
3. Direitos Humanos em Espécie. Declarações, Tratados/ Convenções e seus Protocolos relativos a Direitos Humanos da Organização das Nações Unidas (Sistema Global) e da Organização dos Estados Americanos (Sistema Interamericano).	25
4. Processo internacional de Direitos Humanos. Órgãos e mecanismos de monitoramento e proteção internacional dos Direitos Humanos. Sistemas da Organização das Nações Unidas (mecanismos convencionais e extraconvencionais) e da Organização dos Americanos (Comissão Interamericana de Direitos Humanos e Corte Interamericana de Direitos Humanos): atribuições, estrutura, competência, acesso, funcionamento, regulamentos e estatutos, procedimentos, admissibilidade, mérito e supervisão de cumprimento de suas decisões.	18
5. Standards internacionais de Direitos Humanos: (i) Órgãos de tratados da ONU – comentários gerais e recomendações gerais; casos contenciosos, medidas urgentes e análise de relatórios relacionados ao Brasil; (ii) Comissão e Conselho de Direitos Humanos da ONU – documentos relacionados ao Brasil; (iii) Comissão Interamericana de Direitos Humanos – relatórios, recomendações, medidas cautelares e demais documentos relacionados ao Brasil; relatorias temáticas e	18

PONTO	QUANTIDADE DE QUESTÕES POR PONTO
relatorias especiais para liberdade de expressão e para os direitos econômicos, sociais, culturais e ambientais; relatórios anuais (iv) Corte Interamericana de Direitos Humanos – casos contenciosos (medidas provisórias, sentenças e resoluções de cumprimento) e opiniões consultivas; relatórios anuais.	18
6. Obrigações Estatais relativas aos Direitos Humanos. Obrigações de respeito, proteção e realização e seus desdobramentos. Obrigações de promoção e não-discriminação. Direitos Humanos, recursos públicos e políticas públicas.	8
7. Direito Internacional Humanitário: princípios, incidência, características e especificidades. Convergências, divergências e interações com o Direito Internacional dos Direitos Humanos. Convenções de Genebra e seus Protocolos Adicionais. Direito Internacional Humanitário consuetudinário. Tribunal Penal Internacional e a responsabilização internacional de indivíduos por violações de Direitos Humanos.	1
8. Direitos Humanos e desenvolvimento. Metas de Desenvolvimento do Milênio. Agenda 2030 da ONU e Objetivos de Desenvolvimento Sustentável. Investimentos internacionais e Direitos Humanos. Informe da Comissão Interamericana de Direitos Humanos. Informe da Comissão Interamericana de Direitos Humanos sobre Pobreza e Direitos Humanos nas Américas.	3
9. Direitos Humanos e empresas. Vinculação de particulares a normas e standards internacionais de Direitos Humanos. Princípios Orientadores sobre Empresas e Direitos Humanos das Nações Unidas (Princípios de Ruggie). Obrigações de proteger, respeitar e reparar.	0
10. Direitos Humanos e grupos vulneráveis. Grupos especialmente protegidos pelo Direito Internacional dos Direitos Humanos: tratados, declarações, resoluções, regras, diretrizes e normas correlatas.	14
11. Direito Internacional dos Refugiados. Convenção Relativa ao Estatuto dos Refugiados. Protocolo sobre o Estatuto dos Refugiados.	6
12. Direitos Humanos e Ordenamento Jurídico brasileiro. Incorporação de tratados internacionais de proteção dos Direitos Humanos ao Direito brasileiro. Posição hierárquica	18

PONTO	QUANTIDADE DE QUESTÕES POR PONTO
dos tratados internacionais de Direitos Humanos no Direito interno e teorias subjacentes. Execução de decisões oriundas de órgãos internacionais de Direitos Humanos no Brasil. Diálogo das cortes. Controle de convencionalidade. Princípio da subsidiariedade e seus desdobramentos internos.	18
13. Direitos Humanos e Acesso à Justiça. Acesso à justiça como direito humano. A Defensoria Pública e o acesso a mecanismos internacionais de proteção a Direitos Humanos. Acesso à Justiça Internacional. Defensor Público Interamericano e sua normativa de regência no âmbito da Corte Interamericana de Direitos Humanos, Comissão Interamericana de Direitos Humanos e Associação Interamericana de Defensorias Públicas. Fundo de Assistência Jurídica do Sistema Interamericano de Direitos Humanos. Resoluções da OEA sobre acesso à justiça e defensorias públicas.	5

Para contabilização das questões foram analisadas as seguintes provas, com as respectivas bancas examinadoras:

Defensor Público Estadual MG 2019 – FUNDEPE – 10 questões

Defensor Público Estadual DF 2019 – CESPE – 14 assertivas

Defensor Público Estadual SP 2019 – FCC – 8 questões

Defensor Público Estadual PE 2018 – CESPE – 9 questões – 1 questão tratava de remédios constitucionais e não foi contabilizada.

Defensor Público Estadual RS 2018 – FCC - 4 questões.

Defensor Público Estadual MA 2018 – FCC – 5 questões

Defensor Público Estadual AM 2018 – FCC – 7 questões[1]

Defensor Público Estadual AP 2018 – FCC – 10 questões

Defensor Público Estadual PR 2017 – FCC – 8 questões.

Defensor Público Estadual RO 2017 – VUNESPE – 6 questões

1 A prova do concurso da Defensoria Pública Estadual do Amazonas foi reaplicada. Ou seja, houve duas provas objetivas naquele ano. Todavia, para fins de elaboração do presente trabalho, foram consideradas apenas as questões da primeira prova.

Defensor Público Estadual RO 2017 – VUNESPE – 6 questões

Defensor Público Estadual SC 2017 – FCC – 10 questões

Defensor Público Estadual AC 2017 – CESPE – 10 questões

Defensor Público Estadual MT 2016 – UFMT – 10 questões.

Defensor Público Estadual BA 2016 – FCC – 9 questões – 1 questão tratava especificamente de ponto não relativo a direitos humanos, mas à assistência psicossocial e, portanto, não foi contabilizada.

Defensor Público Estadual ES 2016 – FCC – 6 questões.

Defensor Público Estadual MA 2015 – FCC – 5 questões

Defensor Público Estadual PA 2015 – FMP – 5 questões.

Como se pode notar, a banca mais utilizada pelas Defensorias Públicas Estaduais é a Fundação Carlos Chagas (FCC), com 10 concursos, e, sem segundo lugar, a Banca CESPE, com 4 concursos. Nota-se que algumas questões envolviam mais de um ponto, de modo que, para fins de contabilização, tais questões foram alocadas no ponto em que se verificou maior quantidades de assertivas a ele conexas.

Consideradas todas as provas analisadas dos últimos 5 anos, observamos que as matérias que mais apareceram nas provas foram:

1) Direitos Humanos em Espécie. Declarações, Tratados/Convenções e seus Protocolos relativos a Direitos Humanos da Organização das Nações Unidas (Sistema Global) e da Organização dos Estados Americanos (Sistema Interamericano). (25 questões.)
2) Processo internacional de Direitos Humanos. Órgãos e mecanismos de monitoramento e proteção internacional dos Direitos Humanos. Sistemas da Organização das Nações Unidas (mecanismos convencionais e extraconvencionais) e da Organização dos Americanos (Comissão Interamericana de Direitos Humanos e Corte Interamericana de Direitos Humanos): atribuições, estrutura, competência, acesso, funcionamento, regulamentos e estatutos, procedimentos, admissibilidade, mérito e supervisão de cumprimento de suas decisões. (18 questões)
3) Standards internacionais de Direitos Humanos. (18 questões).
4) Direitos Humanos e Ordenamento Jurídico brasileiro. Incorporação de tratados internacionais de proteção dos Direitos

Humanos ao Direito brasileiro. Posição hierárquica dos tratados internacionais de Direitos Humanos no Direito interno e teorias subjacentes. Execução de decisões oriundas de órgãos internacionais de Direitos Humanos no Brasil. Diálogo das cortes. Controle de convencionalidade. Princípio da subsidiariedade e seus desdobramentos internos. (18 questões)

Das 136 questões analisadas nas provas acima, verifica-se que a somatória destes 4 temas representa 79 questões, isto é, aproximadamente, 50% do total, de modo que são pontos que merecem maior atenção do candidato.

Passemos agora a uma análise qualitativa das matérias cobradas nas provas anteriores.

4 PONTOS ESPECÍFICOS MAIS RELEVANTES DAS PROVAS OBJETIVAS

Destacaremos abaixo os temas mais abordados nas provas, com uma breve explicação sobre a matéria e o método de estudo a ser adotado. Destaca-se que, diante do objetivo da presente obra, não se pretende o esgotamento das temáticas com base nos comentários formulados, de modo que cabe ao candidato aprofundar os estudos, com base nas obras recomendadas, bem como na leitura dos tratados de direitos humanos e decisões dos organismos internacionais de monitoramento e fiscalização dos direitos humanos.

a) Direitos Humanos em Espécie. Declarações, Tratados/Convenções e seus Protocolos relativos a Direitos Humanos da Organização das Nações Unidas (Sistema Global) e da Organização dos Estados Americanos (Sistema Interamericano).

O tema mais cobrado nas últimas provas das Defensorias Públicas Estaduais, nos últimos 05 (cinco) anos envolve o conhecimento do conteúdo dos tratados, tanto do Sistema ONU, quanto do Sistema Regional Interamericano (OEA). Nesse sentido, segue exemplo de questão:

> QUESTÃO 02 (FCC-DPE/AM-2018). A respeito do Pacto Internacional dos Direitos Civis e Políticos – PIDCP, é correto afirmar:
>
> **A** Possui como mecanismo de monitoramento os relatórios elaborados pelos Estados-Partes sobre as medidas adotadas para tornar efetivos os direitos civis e políticos submetidos ao Conselho Econômico e Social.

B O Protocolo Facultativo ao PIDCP institui mecanismo de análise de petições de particulares que se considerem vítimas diretamente ao Comitê de Direitos Humanos por violações de direitos civis e políticos.

C O Segundo Protocolo Facultativo ao PIDCP com vistas à Abolição da Pena de Morte foi ratificado pelo Estado brasileiro sem ter este estabelecido qualquer reserva ao mesmo.

D O Estado brasileiro, até o presente momento, não ratificou o Protocolo Facultativo ao PIDCP para instituir o mecanismo de petição individual das vítimas.

E O Protocolo Facultativo ao PIDCP também estabelece expressamente, além do sistema de petições, procedimento de investigação, procedimento interestatal e medidas provisionais ou cautelares.

A questão cobrou o conhecimento específico do conteúdo do Pacto Internacional de Direitos Civis e Políticos e seus dois protocolos facultativos. Trata-se de um tratado do Sistema ONU, que faz parte da chamada Carta Internacional de Direitos Humanos ("Internacional Bill Of Rights"). O "Internacional Bill Of Rights" é fruto do pós-guerra tendo sido, inicialmente, idealizado mediante a composição de uma declaração de direitos e um tratado de direitos humanos. A declaração de direitos nada mais é do que a Declaração Universal de Direitos Humanos da ONU, que é fruto de uma resolução da Assembleia Geral das Nações Unidas, de 12 de dezembro de 1948. Contudo, em razão da polarização entre Estados Unidos e União Soviética, que levou o mundo a se dividir, nunca se chegou a um consenso sobre quais direitos e mecanismos de proteção deveriam constar do referido tratado de direitos humanos, na medida em que os Estados Unidos e seus países aliados defendiam que deveria constar apenas as liberdades públicas, diante da possibilidade de maior fiscalização, enquanto a URSS e seus aliados destacavam a necessidade de um tratado que dispusesse precipuamente sobre desenvolvimento econômico e direitos sociais, além das liberdades públicas. O conflito culminou na elaboração de dois Pactos: o Pacto Internacional de Direitos Civis e Políticos e o Pacto Internacional de Direitos Econômicos, Sociais e Culturais, ambos elaborados em Nova Iorque, no ano de 1966[2].

2 O Pacto Internacional de Direitos Civis e Políticos, contudo, somente passou a ter vigência, ou seja, produzir seus efeitos no ano de 1976, isso porque a entrada em vigor de qualquer tratado pode ser condicionada a determinado tempo ou, até mesmo, número mínimo de ratificações pelos Estados. No caso, o PIDCP estabeleceu que somente

O PIDCP trata, essencialmente, das chamadas liberdades individuais e direitos políticos, também chamados de direitos de 1ª Geração/Dimensão. Além disso, com objetivo de verificar se os Estados que se obrigaram ao tratado estão, efetivamente, cumprindo suas disposições, o tratado cria um órgão para fins de fiscalização e monitoramento (órgão de natureza convencional, pois criado a partir de um tratado específico), chamado de Comitê de Direitos Humanos. Sua competência, de acordo com o tratado, permite a análise de relatórios periódicos enviados pelos Estados (artigo 40), assim como o recebimento de comunicações interestatais, isto é, um Estado denunciado que outro está descumprindo as obrigações do pacto, violando, portanto, direitos humanos (artigo 41)

O Pacto Internacional de Direitos Civis e Políticos (PIDCP) possui, ainda, dois protocolos facultativos. O primeiro protocolo facultativo diz respeito à ampliação da competência do Comitê de Direitos Humanos para receber petições individuais comunicando a violação de direitos humanos (artigo 1º e 2º do Protocolo); enquanto que o segundo, refere-se à abolição da pena de morte.

O Brasil ratificou o PIDCP em 1992, tendo incorporado o tratado ao ordenamento jurídico mediante o Decreto Executivo Presidencial 592/1992 – neste ponto, destaca-se que o procedimento de incorporação dos tratados de direitos humanos é tema bastante cobrado, conforme se extraí do tópico 3 deste capítulo. Já em relação aos protocolos facultativos, o Brasil também ratificou os documentos, mas somente o fez no ano de 2009. Porém, até o momento, o Brasil não incorporou ao ordenamento jurídico os referidos protocolos facultativos, mediante o Decreto Executivo presidencial.

Feitas essas considerações, nota-se que a alternativa "a" está incorreta, visto que os relatórios não são enviados ao Conselho Econômico e Social (órgão permanente das Nações Unidas), mas sim ao Comitê de Direitos Humanos criado pelo próprio pacto. A alternativa "c" está incorreta, pois o Brasil fez uma reserva ao protocolo facultativa de abolição da pena de morte, no que tange aos chamados crimes de guerra. A alternativa "d" está incorreta, pois o Brasil aderiu ao protocolo facultativo em 2009 (Decreto Legislativo do Congresso Nacional 311/2009), mas apenas não incorporou ao ordenamento jurídico, mediante o Decreto Executivo presidencial. Por fim, a alternativa "e" está incorreta, pois o protocolo

---

entraria em vigor quando 35 países tivessem ratificado o tratado, o que somente ocorreu em 1976 (artigo 49.1 do PIDCP).

facultativo não cria sistema de investigações, bem como não prevê medidas cautelares e provisionais. Nesse sentido, a correta é a alternativa "b".

A questão, portanto, exigia o conhecimento do tratado e dos seus protocolos facultativos.

b) Processo internacional de Direitos Humanos. Órgãos e mecanismos de monitoramento e proteção internacional dos Direitos Humanos. Sistemas da Organização das Nações Unidas (mecanismos convencionais e extraconvencionais) e da Organização dos Americanos (Comissão Interamericana de Direitos Humanos e Corte Interamericana de Direitos Humanos): atribuições, estrutura, competência, acesso, funcionamento, regulamentos e estatutos, procedimentos, admissibilidade, mérito e supervisão de cumprimento de suas decisões.

Apesar de não ser o ponto mais cobrado, em termos de quantidade de questões no cômputo global, o Processo Internacional de Direitos Humanos vem sendo exigido com bastante frequência nas últimas provas de Defensoria Pública, isso, porque, uma das funções institucionais da Defensoria Pública, conforme se extrai do artigo 4º, inciso VI, da Lei Complementar 80/1994 é a de representar aos sistemas internacionais de proteção dos direitos humanos, postulando perante seus órgãos. Deste modo, vamos analisar uma questão representativa do referido ponto.

QUESTÃO 71 (FCC-DPE/SP-2019). No tocante ao acesso, processo e decisões de órgãos internacionais de monitoramento de direitos humanos, é correto afirmar:

A) Quando a Corte Interamericana de Direitos Humanos constatar que ocorreu a ruptura da ordem democrática num Estado, poderá determinar, por voto de dois terços de seus membros, a suspensão do exercício do direito de participação daquele Estado na OEA.

B) O Fundo de Assistência Jurídica do Sistema Interamericano de Direitos Humanos, na fase de postulação perante a Comissão Interamericana de Direitos Humanos, pode ser utilizado para custeio do comparecimento da vítima a audiências perante aquele órgão, mas não de testemunhas, que, nesse caso, devem prestar depoimento por escrito.

C) Tanto a Comissão Interamericana de Direitos Humanos, quanto as vítimas ou seus representantes podem requerer a concessão de medidas provisórias, nos casos contenciosos que já se encontrem em conhecimento da Corte Interamericana de Direitos Humanos.

D Quando houver atuação de Defensor Interamericano perante a Comissão Interamericana de Direitos Humanos, a ele caberá a submissão ou não do caso à Corte Interamericana de Direitos Humanos.

E Em caso de inércia da Comissão Interamericana de Direitos Humanos e das vítimas ou seus representantes na condução do caso perante a Corte Interamericana de Direitos Humanos, será determinado seu arquivamento pela Presidência.

A questão demanda conhecimento acerca do funcionamento do processo internacional de direitos humanos no âmbito do Sistema Regional Interamericano. Sobre o tema cobrado na questão é preciso destacar que as principais bases de estudo são: a Carta da OEA (que cria a Comissão Interamericana de Direitos Humanos), a Convenção Americana de Direitos Humanos (regulamenta o funcionamento e procedimento da Comissão de Direitos Humanos e, ainda, cria a Corte Interamericana de Direitos Humanos e dispõe sobre suas competências e procedimentos), os Estatutos e Regulamentos da Corte Interamericana de Direitos Humanos e da Comissão Interamericana de Direitos Humanos. Logo, nota-se que a questão não exige conhecimento doutrinário e jurisprudencial.

No âmbito do Sistema Regional Interamericano, em breve síntese, a Comissão Interamericana de Direitos Humanos foi criada pela 8ª Resolução, elaborada da V Reunião de Consulta dos Ministros das Relações Exteriores[3] da OEA realizada no Chile. Nessa reunião também se decidiu a criação de uma Convenção. Após um período de evolução quanto ao funcionamento da Comissão, em 1967 foi aprovado o Protocolo de Buenos Aires na 3ª Conferência Interamericana Extraordinária, que alterou a Carta da OEA, momento no qual a Comissão tornou-se órgão permanente da OEA (artigo 53 da Carta da OEA). Além disso, o artigo 106 da Carta estabelece as funções da Comissão. Este dispositivo deixa a cargo de uma Convenção a elaboração de toda estrutura da comissão. A Comissão passa a ser um órgão permanente e autônomo da OEA. Em 1969 é elaborada a Convenção Americana que dispõe sobre a Comissão Interamericana em diversos dispositivos. A Comissão, deste modo, é prevista em dois documentos do Sistema Interamericano: a Carta da OEA e a Convenção Interamericana (órgão ambivalente ou bifronte). Essa peculiaridade lhe confere uma característica muito própria, pois não são todos os países

3 De acordo com o artigo 53, "b" da Carta da OEA, as reuniões dos Ministros das Relações Exteriores é órgão da OEA.

membros da OEA que ratificaram a Convenção Americana, ex: Estados Unidos. Nesse sentido, as atribuições previstas na Convenção para a Comissão não serão aplicadas aos países que dela não são signatários (ex: levar um caso à Corte Interamericana). Desse modo, para estes países, a Comissão poderá analisar a violação de Direitos Humanos tomando por base a Declaração Americana de Direitos e Deveres do Homem e a Carta da OEA.

No âmbito da Convenção Americana, a Comissão está regulamentada a partir do artigo 34 ao 51, os quais dispõem sobre sua organização, funções, competências e processo. Além disso, a Comissão Interamericana possui regulamento e estatuto próprios.

A Comissão Interamericana é considerada pela doutrina como um órgão "quase judicial", pois muito embora não atue como Corte de Direitos Humanos, julgando casos de violação e aplicando decisões, tem competência para receber petições individuais e comunicações interestatais, bem como elaborar recomendações aos Estados violadores de direitos humanos (informes – artigo 50 e 51 da Convenção).

Já a Corte Interamericana foi criada especificamente pela Convenção Interamericana (artigo 52 a 69), sendo um órgão de natureza judicial, cuja finalidade precípua é atuar em processo de responsabilização internacional de direitos humanos. Trata-se da competência contenciosa, na qual a Corte Interamericana, a partir de um caso que lhe seja apresentado contra um Estado – o caso é apresentado pela própria Comissão Interamericana ou por um Estado-parte do tratado –, verifica se houve ou não violação de direitos humanos e profere uma decisão, que deve ser cumprida/executada pelo Estado, caso constatada a violação. Além desta competência contenciosa, a Corte ainda possui uma competência consultiva (artigo 64), isto é, serve de órgão de consulta dos Estados e outros organismos apresentando pareceres/opiniões, que também servem de interpretação dos direitos humanos, seja no âmbito da própria Corte, quando das suas decisões, seja ainda para aplicação desta interpretação pelos Estados internamente. A Corte Interamericana, assim como a Comissão, possui regulamento e estatuto próprio.

Essas são algumas premissas bases do funcionamento de ambos os órgãos do Sistema Regional Interamericano. Vamos à análise das assertivas.

A assertiva "a" está incorreta, na medida em que, como visto, a Corte Interamericana não dispõe de competência para suspender a participação de um Estado a Organização dos Estados Americanos, conforme se extrai dos artigos 61 e 64 da Convenção Americana. A suspensão da participação é atribuição da Assembleia Geral da OEA (órgão previsto na Carta da OEA). No caso de ruptura com a ordem democrática, a suspensão de participação tem previsão na chamada Carta Democrática Interamericana (aprovada na Assembleia Geral da OEA em 11 de setembro de 2001), conforme se extraí do artigo 21[4].

A assertiva "b" está incorreta. O Fundo de Assistência Judiciária, no âmbito do Sistema Interamericano, foi criado em razão de resolução 2426 de 3 de junho de 2008, da Assembleia Geral da OEA, a fim de facilitar o acesso à justiça no âmbito do Sistema Interamericano. No âmbito da Comissão Interamericana há um regulamento para uso do referido fundo, sendo que o objetivo deste fundo se destina à coleta e ao encaminhamento de documentos probatórios, bem como às despesas relacionadas com o comparecimento da suposta vítima, de testemunhas e peritos a audiências da Comissão e com outras despesas que a Comissão julgar pertinentes para o processamento de uma solicitação ou de um caso. Logo, é possível o uso do fundo para comparecimento de testemunhas.

A assertiva "d" está incorreta, isso porque somente possuem legitimidade para submeter um caso à Corte Interamericana um Estado-parte e a Comissão interamericana (artigo 61). Portanto, o Defensor Público Interamericano (indicado pela Associação Interamericana de Defensores Públicos, que mantém convênio com a Comissão e a Corte Interamericana de Direitos Humanos) não irá submeter o caso à Corte, por lhe faltar legitimidade para tanto. Cabe ao Defensor Público Interamericano atuar pela vítima que não tenha condições de custear defensor próprio, seja no procedimento perante a Comissão, seja, ainda, quando o caso for admitido pela Corte e a vítima não se encontra devidamente representada.

A assertiva "e" está incorreta. A falta de impulso do procedimento perante a Corte, seja pela vítima ou pela Comissão não impede a

4 "Artigo 21. Quando a Assembleia Geral, convocada para um período extraordinário de sessões, constatar que ocorreu a ruptura da ordem democrática num Estado membro e que as gestões diplomáticas tenham sido infrutíferas, em conformidade com a Carta da OEA tomará a decisão de suspender o referido Estado membro do exercício de seu direito de participação na OEA mediante o voto afirmativo de dois terços dos Estados membros. A suspensão entrará em vigor imediatamente. O Estado membro que tiver sido objeto de suspensão deverá continuar observando o cumprimento de suas obrigações como membro da Organização, em particular em matéria de direitos humanos. Adotada a decisão de suspender um governo, a Organização manterá suas gestões diplomáticas para o restabelecimento da democracia no Estado membro afetado."

continuidade do caso, em razão de se tratar violação de direitos humanos. Nesse sentido, é o que se extrai do artigo 29 do Regulamento da Corte Interamericana: "Artigo 29. Procedimento por não comparecimento ou falta de atuação 1. Quando a Comissão, as vítimas ou supostas vítimas, ou seus representantes, o Estado demandado ou, se for o caso, o Estado demandante não comparecerem ou se abstiverem de atuar, a Corte, *ex officio*, dará impulso ao processo até sua finalização. 2. Quando as vítimas ou supostas vítimas, ou seus representantes, o Estado demandado ou, se for o caso, o Estado demandante se apresentarem tardiamente, ingressarão no processo na fase em que o mesmo se encontrar.".

Logo, a alternativa correta é a "c" que está em consonância com o artigo 27 do Regulamento da Corte Interamericana: "Artigo 27. Medidas provisórias 1. Em qualquer fase do processo, sempre que se tratar de casos de extrema gravidade e urgência e quando for necessário para evitar danos irreparáveis às pessoas, a Corte, *ex officio*, poderá ordenar as medidas provisórias que considerar pertinentes, nos termos do artigo 63.2 da Convenção.2. Tratando-se de assuntos ainda não submetidos à sua consideração, a Corte poderá atuar por solicitação da Comissão. 3. **Nos casos contenciosos que se encontrem em conhecimento da Corte, as vítimas ou as supostas vítimas, ou seus representantes, poderão apresentar diretamente àquela uma petição de medidas provisórias, as quais deverão ter relação com o objeto do caso.**" (grifo nosso).

Ressalto que a questão do concurso é de alto nível, pois exigiu o conhecimento aprofundado do processo internacional de direitos humanos perante a Comissão e a Corte com base em regulamentações específicas de cada um dos órgãos, sendo indispensável, assim, não apenas a leitura da Convenção Americana, mas dos demais documentos que dispõe sobre o funcionamento de ambos os órgãos.

⊕ c) Standards internacionais de Direitos Humanos.

O tema "standards" internacionais de Direitos Humanos, certamente, é o que causa maior apreensão nos candidatos que se preparam para os concursos das Defensorias Públicas Estaduais, na medida em que aliado ao processo internacional de direitos humanos, exige o conhecimento dos casos concretos analisados pelos diversos mecanismos internacionais, tanto do Sistema Global, como do Sistema Regional Interamericano. Verifica-se que a maioria das questões que envolvem essa temática se pauta pelo conhecimento dos casos julgados analisados pela Comissão Interamericana e pela Corte Interamericana, bem como as opiniões consultivas desta última. Para estudo do tema, reitera-se a necessidade de que sejam lidos os julgados dos casos que envolvem o Brasil (o último caso julgado pela Corte, até o momento da elaboração dessa obra foi "Herzog e outros versus Brasil")[5], assim como a leitura das opiniões consultivas, que até o momento, são 25[6]. Para complementação do estudo, ainda, recomenda-se a obra "Jurisprudência Internacional dos Direitos Humanos", dos autores Caio Paiva e Thimotie Heemann. Vamos a um modelo de como a questão é verificada na prática:

> 93 (FCC-DPE/AP-2018) O Estado brasileiro, de forma inédita, celebrou uma solução amistosa perante a Comissão Interamericana de Direitos Humanos, após a sua admissibilidade e antes da deliberação final, no Caso
>
> Ⓐ Meninos Emasculados do Maranhão vs. Brasil.
> Ⓑ Simone André Diniz vs. Brasil.
> Ⓒ José Pereira vs. Brasil.
> Ⓓ Maria da Penha Maia Fernandes vs. Brasil.
> Ⓔ Jailton Neri da Fonseca vs. Brasil.

A questão envolvia o conhecimento de casos do Brasil perante a Comissão Interamericana de Direitos Humanos. De plano, é preciso reforçar que o Brasil somente reconheceu a competência contenciosa da Corte Interamericana de Direitos Humanos em 1998. Explica-se. A competência para processar e julgar casos envolvendo violação de Direitos Humanos deve ser expressamente reconhecida pelo Estado-parte que ratifica a Convenção Americana. O Brasil, por sua vez, ratificou a Convenção Americana em 1992 (Decreto Executivo 678/1992). Todavia, somente veio a reconhecer a competência da Corte em 1998, mediante o decreto legislativo do Congresso Nacional 89/98, de 10 de dezembro de 1998. O decreto presidencial, incorporando a ratificação, só ocorreu 04 anos depois (2002), mas para fins de apreciação de casos, a Corte considera que pode julgar o Brasil a partir de 10.12.1998 (competência temporal ou "ratione temporis" da Corte Interamericana). Ou seja, antes desta data, eventuais violações da Convenção Americana praticadas pelo Brasil não poderiam ser levadas à Corte. Entretanto, nada impedia a análise do caso perante Comissão – cuja competência é automática, a partir da ratificação do tratado. Os casos apontados na questão são todos anteriores ao

---

5 https://www.corteidh.or.cr/cf/Jurisprudencia2/busqueda_casos_contenciosos.cfm?lang=es.

6 https://www.corteidh.or.cr/cf/Jurisprudencia2/busqueda_opiniones_consultivas.cfm?lang=es.

reconhecimento pelo Brasil da competência da Corte Interamericana, razão pela qual foram levados apenas à Comissão Interamericana. No exercício das funções da Comissão, é possível que, dentre diversas soluções, determinada demanda possa ser resolvida amistosamente entre a vítima de violação e o Estado violador (artigo 48.1.f e artigo 49 da Convenção Americana[7]).

Com relação às assertivas, é preciso destacar que há dois casos nos quais o Brasil chegou a uma solução amistosa com as vítimas, a saber: "Meninos Emasculados do Maranhão versus Brasil"[8] e "José Pereira versus Brasil"[9]. Todavia, é importante observar que a questão exigiu que

---

7 Dispositivos da Convenção Americana "**Artigo 48.** 1. A Comissão, ao receber uma petição ou comunicação na qual se alegue violação de qualquer dos direitos consagrados nesta Convenção, procederá da seguinte maneira: f) pôr-se-á à disposição das partes interessadas, a fim de chegar a uma solução amistosa do assunto, fundada no respeito aos direitos humanos reconhecidos nesta Convenção.
Artigo 49. Se houver chegado a uma solução amistosa de acordo com as disposições do inciso 1, f, do artigo 48, a Comissão redigirá um relatório que será encaminhado ao peticionário e aos Estados-Partes nesta Convenção e, posteriormente, transmitido, para sua publicação, ao Secretário-Geral da Organização dos Estados Americanos. O referido relatório conterá uma breve exposição dos fatos e da solução alcançada. Se qualquer das partes no caso o solicitar, ser-lhe-á proporcionada a mais ampla informação possível..."

8 **Caso 12.426 e 12.427**: "As peticionárias relataram, especificamente, o desaparecimento das crianças Raniê Silva Cruz, Eduardo Rocha da Silva e Raimundo Nonato da Conceição Filho, na cidade de Paço do Lumiar, sendo seus corpos encontrados com marcas de tortura e emasculação nos órgãos genitais. Alegaram que houve um atraso injustificado por parte das autoridades locais na busca pelas crianças e que os inquéritos policiais sobre a responsabilidade pelos crimes foram demasiado morosos e ineficazes. Destacaram que tal fato se deveu à imperícia da polícia do Estado do Maranhão e à omissão da Polícia Federal ao intervir de forma extemporânea nas investigações...A CIDH convocou audiências e reuniões de trabalho sobre os casos, celebradas em distintas oportunidades na sede da Comissão. Em 1 de março de 2004 iniciou-se um procedimento formal de solução amistosa e, após várias reuniões, as partes firmaram um acordo final na cidade de São Luís do Maranhão no dia 15 de dezembro de 2005, cujos termos estão doravante detalhados. O acordo foi assinado em ato público, por altas autoridades do Governo Federal do Brasil e do Governo do Estado do Maranhão, por representantes dos peticionários e representantes da Comissão Interamericana de Direitos Humanos, na presença dos familiares das vítimas" (trecho extraído do sítio eletrônico da Comissão Interamericana: http://www.oas.org/pt/cidh/decisiones/amistosas.asp).

9 **Caso 11.289**: "As peticionárias informaram que, em setembro de 1989, a vítima que tinha então 17 anos de idade, e outros 60 trabalhadores foram retidos contra sua vontade e forçados a trabalhar sem remuneração e em condições desumanas e ilegais. Ao tentar escapar da fazenda, o adolescente Pereira e outro trabalhador foram atacados com disparos de fuzil pelo contratante e seus ajudantes armados, como represália por

se indicasse o caso em que a solução amistosa tenha ocorrido *antes da decisão final da Comissão*, o que ocorreu no caso "Meninos Emasculados do Maranhã", alternativa "a", portanto. No caso "José Pereira", a solução amistosa somente ocorreu após a Comissão ter admitido o caso e proferido informe no sentido de que o Brasil havia violado a Convenção Americana. Nos demais casos indicados nas assertivas, não houve solução amistosa.

➔ **d) Direitos Humanos e Ordenamento Jurídico brasileiro. Incorporação de tratados internacionais de proteção dos Direitos Humanos ao Direito brasileiro. Posição hierárquica dos tratados internacionais de Direitos Humanos no Direito interno e teorias subjacentes. Execução de decisões oriundas de órgãos internacionais de Direitos Humanos no Brasil. Diálogo das cortes. Controle de convencionalidade. Princípio da subsidiariedade e seus desdobramentos internos.**

Este tópico envolve diversos temas no que concerne à relação entre os direitos humanos e o sistema jurídico normativo brasileiro. Segue abaixo questão relativa ao tema, considerando a jurisprudência do Supremo Tribunal Federal.

> "15(FCC–DPE/PR–2017). Segundo jurisprudência do Supremo Tribunal Federal, os tratados de direitos humanos serão incorporados pela ordem jurídica brasileira a partir da:

---

sua fuga. Assinalaram que José Pereira foi atingido pelos disparos, mas sobreviveu milagrosamente, pois seus agressores pensaram que estava morto. Alegaram que o outro trabalhador que o acompanhava, apenas conhecido pelo apelido de "Paraná", foi morto pelos disparos. Seus corpos foram levados em uma caminhonete "pick-up" pelos assassinos e deixados num terreno. Pereira conseguiu chegar a uma fazenda próxima e foi socorrido, possibilitando então apresentar sua denúncia. Advogaram que o caso é ilustrativo de uma prática mais geral de trabalho "escravo" e da falta de garantias judiciais e de segurança no trabalho, que fazem que esta prática continue existindo... Em 24 de março de 1999, o mencionado relatório foi enviado ao Estado, com um prazo de dois meses para que este cumprisse com as respectivas recomendações formuladas pela CIDH. Posteriormente, a Comissão impulsionou o início de um processo de solução amistosa, no qual ambas partes proporcionaram informação adicional, e foram celebradas reuniões de trabalho e audiências perante a CIDH, sendo que a última delas foi realizada em 27 de fevereiro de 2003, durante o 117° período ordinário de sessões da Comissão. 10.Em 14 de outubro de 2003, foi celebrada uma nova reunião de trabalho, durante o 118° período ordinário de sessões da Comissão, na qual as partes apresentaram formalmente à Comissão o acordo de solução amistosa que haviam assinado em Brasília, no dia 18 de setembro de 2003." (trecho extraído do sítio eletrônico da Comissão Interamericana: http://cidh.oas.org/annualrep/2003port/Brasil.11289.htm).

A ratificação e depósito do tratado pelo Presidente da República

B publicação de decreto legislativo, de forma conjunta, pelo Presidente da República e pelo Presidente do Congresso Nacional.

C promulgação, por um decreto executivo do Presidente da República.

D assinatura do tratado pelo Presidente da República.

E aprovação do Congresso Nacional, mediante decreto legislativo.

A questão envolve a incorporação dos tratados de direitos humanos ao ordenamento jurídico brasileiro, conforme o entendimento do Supremo Tribunal Federal. É preciso destacar que parcela da doutrina e o Supremo Tribunal Federal divergem sobre o momento a partir do qual o tratado passa a ser incorporado ao ordenamento jurídico. Antes disso, passemos a uma breve análise do procedimento para incorporação dos tratados internacionais no ordenamento jurídico brasileiro.

No que tange aos tratados internacionais, a Constituição da República estabeleceu um procedimento complexo que une a vontade do Poder Executivo e do Legislativo para a incorporação dos tratados. As bases são os artigos 84, inciso VIII da CF e o artigo 49, inciso I da CF (Teoria da Junção das Vontades)

Há 04 fases para a incorporação do tratado à ordem jurídica brasileira.

<u>03 fases de formação de vontade:</u>

<u>1-Assinatura:</u> iniciam-se as negociações sobre o futuro tratado. Sobre as negociações não há previsão constitucional, de modo que fica a cargo da Presidência da República, com base no próprio artigo 84, inciso VIII da CF (implícito). Após uma negociação bem sucedida há a fase de assinatura. É possível também a mera adesão a um tratado, cujas negociações já ocorreram. A assinatura, esta sim, é atribuição do Presidente, nos termos do artigo 84, inciso VIII da CF. Contudo, essa assinatura não vincula o Brasil, pois o próprio artigo 84 estabelece a necessidade de referendo do Congresso Nacional. Após a assinatura, o Presidente encaminha o texto assinado ao Congresso. Não há prazo para o encaminhamento do texto. A doutrina entende que o envio é ato discricionário do presidente. Essa assinatura, diga-se, é **ato precário e provisório**, pois depende da deliberação do Congresso Nacional. O ato, portanto, é complexo.

2-Aprovação congressual: decreto legislativo (matéria exclusiva do Congresso Nacional). Cabe ao Congresso Nacional decidir definitivamente sobre tratados. Trâmite: o presidente encaminha mensagem ao Congresso Nacional fundamentada. A análise é feita, inicialmente, pela Câmara dos Deputados. Após o trâmite perante as comissões, a votação é feita no plenário nos termos do artigo 47 da CF. Aprovado na câmara, o projeto é encaminhado ao Senado. Aprovado no Senado, o Presidente do Congresso promulga e publica o decreto legislativo. Não há prazo para o término deste procedimento.

3-Ratificação: aprovado o decreto o Presidente pode, em definitivo, assinar e ratificar o tratado. Ao ratificar o tratado, o Presidente da república também pode formular reservas. A ratificação é ato discricionário do Presidente, não sujeita a qualquer prazo. A ratificação é que obriga o Estado internacionalmente. A vigência do tratado dependerá do seu próprio texto, número mínimo de ratificações e adesões ou determinado lapso temporal. Para vigorar internamente é imprescindível que o tratado esteja vigorando no plano internacional.

01 Fase de incorporação: é na fase de incorporação que ocorre a divergência entre doutrina e Supremo Tribunal Federal.

Incorporação Legislativa (posição do STF)

Decreto Presidencial: após a ratificação, o Brasil assume obrigações internacionais. Contudo, internamente, o tratado ainda não foi incorporado ao ordenamento jurídico. Para isso, exige-se um decreto presidencial que incorpore e recepcione o tratado internamente. Esse é o decreto que inova a ordem jurídica brasileira. Para o STF (ADI 1480 do STF), o referido decreto é indispensável para que o tratado possa ser recepcionado e aplicado internamente (Publicidade e Segurança Jurídica). Assim, para o STF o sistema internacional e o sistema interno são duas ordens jurídicas distintas (Teoria Dualista). São duas ordens independentes uma da outra. Essa incorporação é lacunosa, pois a Constituição não estabelece prazos para nenhum dos poderes contribuindo para que haja uma ampla discricionariedade.

Crítica ao Decreto Presidencial: para parcela da doutrina a redação do artigo 5º, §1º e §2º da Constituição da República dispensaria qualquer ato normativo para que o tratado possa ser aplicado internamente no ordenamento jurídico. Em outras palavras, torna-se possível a invocação imediata de tratados ou convenções de direitos humanos, dos quais o Brasil seja signatário, sem a necessidade de edição de ato com força de lei, voltado à outorga da vigência interna aos acordos internacionais.

Consequentemente, a partir da entrada em vigor do tratado internacional, toda norma preexistente que seja com ele incompatível perde automaticamente a vigência. Haveria assim uma cláusula geral de recepção automática. Essa visão adota a Teoria Monista, segundo a qual, o ordenamento interno e o internacional compõem apenas uma ordem jurídica (incorporação Automática).

Há, ainda, quem diferencie a forma de incorporação conforme o conteúdo do tratado. Em sendo o documento um tratado multilateral entre países, que não guarda qualquer relação com direitos humanos, os tratados dependeriam da incorporação legislativa mediante decreto presidencial. Por outro lado, sendo o documento de direitos humanos, a incorporação seria automática (Teoria Mista de incorporação)

Posicionamento doutrinário majoritário e STF: Brasil adotou a teoria dualista. Não há qualquer previsão expressa sobre a concepção adotada.

Diante dessa breve explicação, considerando que a questão pretendia o conhecimento do entendimento do Supremo Tribunal Federal, a resposta correta é a letra "c".

5 PROVAS SUBJETIVAS

As questões subjetivas de direitos humanos repercutem, em regra, os mesmos temas acima apontados com maior incidência nas provas objetivas. Entretanto, verifica-se que há uma exigência de demonstração do conhecimento aliado a casos concretos, isto é, relacionar os tratados internacionais de direitos humanos e os "standards" internacionais com situações hipotéticas que poderiam chegar na Defensoria Pública.

Exemplo disso, foi a questão cobrada no Concurso da Defensoria Pública do Estado de Minas Gerais de 2019.

> "Na República Federativa do Brasil, em 13/02/2008, Olimpiana, moradora da Favela Inconfidente, foi informada de que sua presença era solicitada no posto policial responsável pelo patrulhamento na região para prestar alguns esclarecimentos, tendo lá comparecido espontaneamente por volta das 18:00 horas. Ao chegar no local, foi indagada sobre o paradeiro de seu ex-companheiro, que se encontrava em cumprimento de pena por tráfico de drogas e homicídio de um policial e que teria empreendido fuga do Sistema Prisional. Olimpiana afirmou aos agentes públicos que não sabia do paradeiro de seu ex-companheiro e que há muitos anos não mantinha qualquer tipo de contato com ele. Insatisfeitos com a resposta de Olimpiana e com a intenção

Humanos

de "mandar um recado" ao foragido, os agentes públicos decidiram executá-la quando estivesse a caminho de casa. No início da manhã seguinte, a mãe e a filha de 8 anos de idade de Olimpiana saíram à sua procura. Olimpiana foi encontrada por ambas em uma viela próxima, morta em virtude de ferimentos causados por disparos de arma de fogo. A *notitia criminis* sobre a morte da vítima chegou ao conhecimento das autoridades policiais no mesmo dia, por intermédio de sua mãe. O delegado de polícia, no entanto, não instaurou imediatamente a investigação policial, mas somente 90 dias depois. O inquérito policial foi concluído e remetido ao juízo em 13 de fevereiro de 2009. O Ministério Público recebeu os autos com carga em 15 de fevereiro de 2009. Em 18 de setembro de 2012, o Ministério Público apresentou a denúncia. Até a presenta data, não há uma sentença e o processo criminal ainda se encontra em fase de instrução no juízo de primeiro grau. O juízo criminal demorou mais de três anos para realizar a primeira audiência destinada a ouvir as declarações de testemunhas e informantes e, em diversos períodos, não realizou atividade alguma com vistas à conclusão do processo. A ação civil de reparação, que busca uma compensação pelos danos, foi proposta em 20/10/2010 pela mãe e pela filha de Olimpiana. A audiência de tentativa de conciliação foi marcada para 13/08/2013, que restou infrutífera. Em 14/11/2013, o juízo cível determinou a suspensão do processo pelo prazo máximo de um ano de modo a aguardar a solução da Ação Penal. Em 14/06/2015, o juízo cível solicitou ao juízo criminal informações acerca do andamento do feito. Em 14/02/2017, o juízo criminal respondeu que o processo se encontrava concluso para decisão com relação ao requerimento da defesa de substituição de testemunha desde 03/10/2015 e que o pedido ainda não havia sido apreciado em virtude do acúmulo involuntário de serviço. Até a presente data, não foi proferida sentença de primeiro grau na ação civil de reparação de danos, sendo que a demora se deu, exclusivamente, pelas falhas do mecanismo da Justiça. Não existe nenhum indício de que, em um futuro próximo, se chegará a uma solução justa do caso. Em virtude do falecimento de sua mãe, a filha de Olimpiana abriu mão do sonho de ser musicista. Por precisar cuidar sozinha de sua avó e contribuir com as despesas domésticas, deixou de frequentar o programa que selecionava jovens talentos para bolsas no exterior.

DISSERTE, de forma fundamentada e sem acrescentar novos fatos, sobre o caso apresentado, à luz da Convenção Interamericana sobre Direitos Humanos (Convenção) e da jurisprudência da Corte Interamericana de Direitos Humanos (Corte IDH), apontando as violações ocorridas, a responsabilização do Estado Brasileiro no Sistema Interamericano em face dessas violações, as formas de reparação e um precedente da Corte IDH aplicável ao caso."

Como se nota, a questão trouxe um caso concreto, a fim de que o candidato trouxesse fundamentos sobre a violação de direitos humanos decorrente da execução sumária da pessoa, falta de investigação e responsabilização dos agentes estatais, demora na apreciação dos casos na jurisdição interna, dentre outros argumentos, além da necessidade de apontar casos julgados pela Corte Interamericana envolvendo tais violações. Ou seja, cabia ao candidato, tendo o tratado de direitos humanos em suas mãos, apresentar quais dispositivos foram violados, assim como demonstrar conhecimento sobre "standards" de direitos humanos, em que o Estado falhou na investigação e responsabilização de agentes do Estado por execuções sumárias.

Como se nota, verifica-se que o intuito das questões discursivas é mesclar conhecimento prático com o teórico.

6 INFORMAÇÕES PARA PREPARAÇÃO PARA PROVA ORAL

A prova oral é apenas uma das fases do concurso. Nesse sentido, o estudo não pode ser realizado visando apenas uma fase especificamente, mas sim deve ser completo visando à preparação para todo o certame. O candidato que enfrenta os estudos dessa maneira tem melhores condições de ultrapassar as fases e chegar na fase oral com um conteúdo de estudo muito mais completo.

Uma vez na fase oral, o candidato deve tomar alguns cuidados na preparação: o primeiro deles é entender que não há nenhuma fórmula especial ou método mirabolante, mas sim que o estudo que vinha sendo feito deve continuar; o segundo cuidado é entender que na fase oral o examinador tem ciência de que o candidato possui excelente conhecimento sobre o conteúdo programático, de modo que ele, certamente, fará questões abordando todos os pontos do edital, ou seja, o candidato deve dar uma ênfase maior naqueles itens do conteúdo programático que possui mais dificuldade de compreensão e, também, menos informações, pois é natural que ao longo do estudo sejam enfatizados pontos mais recorrentes nas provas; e o terceiro deles, e talvez mais importante, *é treinar a oratória*.

Quanto a este último ponto, há diversos métodos disponíveis que o candidato pode adotar para uma melhor preparação, inclusive, considerando a sua situação financeira: fazer cursos preparatórios em que há simulação de bancas orais; estudar com colegas simulando uma banca oral, em que um questiona e outro responde; e, ainda, formular questões e gravar as respostas para depois rever o desempenho próprio. Qualquer um destes métodos é válido, o mais importante é treinar o desenvolvimento oratório, a fim de evitar vícios de linguagem, gestos com as mãos exagerados e, ainda, manter a concentração naquilo que está sendo exposto.

Outra dica relevante é assistir a bancas orais dos concursos em andamento e, se possível, do próprio concurso do qual esteja participando. Ressalto que, por experiência pessoal, assistir outras bancas orais me auxiliou na preparação e, curiosamente, me tranquilizou. Pessoalmente, entendia que ver as bancas poderia gerar maior nervosismo, mas o resultado foi completamente inverso, pois "quebrou o gelo". Pude ver o ambiente, o comportamento dos examinandos e as reações dos examinadores, antevendo o que poderia acontecer. Assim, comparecer a bancas orais pode auxiliar na preparação.

Por fim, ressalto que há diversas modalidades de composição de bancas orais nos variados concursos das Defensorias Públicas Estaduais:

1) Examinador e candidatos isolados em baias respondendo questões de cada matéria, de forma individualizada;

2) Candidato permanece a frente de todos os examinadores do concurso, que formulam as questões de cada matéria, conforme ordem estabelecida em sorteio;

3) Prova de Tribuna, em que o candidato tem um ponto sorteado e precisa discorrer todo seu conhecimento sobre aquele ponto.

Fato é que, conforme a regra prevista no edital de composição da banca oral, os métodos de preparação são os mesmos, sendo todas as orientações acima aplicáveis.

7 DICAS FINAIS PARA OS CANDIDATOS

Como visto, há, no Brasil, 27 possibilidades de concursos de Defensoria Públicas Estaduais, considerando todas as unidades da federação (Estados e Distrito Federal). Apesar de algumas pequenas diferenças de um edital para outro, o conteúdo programático da matéria de Direitos Humanos costuma abordar os mesmos pontos chaves: teoria geral dos direitos humanos; documentos internacionais do Sistema ONU e do Sistema Regional Interamericano (OEA); o processo internacional de responsabilização por violação dos direitos humanos; os "standards" do direito internacional dos direitos humanos, com ênfase nos casos e opiniões consultivas da Comissão e da Corte Interamericana; e, por fim, a relação entre direitos humanos e ordenamento jurídico brasileiro.

Com exceção da Defensoria Pública do Estado do Rio de Janeiro, até o XXVI Concurso, todas as demais Defensorias Públicas Estaduais possuem uma primeira fase com questões objetivas (múltipla escolha ou certo/errado). As bancas examinadoras mais recorrentes são Fundação Carlos Chagas e CESPE.

A matéria "Direitos Humanos" tem ganhado cada vez maior relevância nos concursos de Defensoria Pública, exemplo disso, é que o último concurso da Defensoria Pública do Estado de Minas Gerais passou a prever o tema como matéria autônoma, sendo cobrada nas variadas fases do concurso, o que jamais havia acontecido.

Não bastasse isso, os editais que antes se limitavam a cobrar alguns tratados de direitos humanos e a teoria geral, passaram a trazer temas de maior amplitude, como a filosofia dos direitos humanos, direitos das minorias/vulneráveis, teoria crítica dos direitos humanos e o relacionamento entre desenvolvimento social, empresas e direitos humanos. Vale ressaltar que tais temas ainda não foram abordados de maneira aprofundada, mas mostra uma evolução do conteúdo programático dos concursos, de modo que o examinando deve ter em mente que o estudo para a matéria deve ser compreendido entre: leitura dos tratados; leitura das decisões/opiniões/recomendações dos organismos internacionais, especialmente, os casos que envolvem o Brasil; e a doutrina de direitos humanos.

Não bastasse isso, os concursos têm cobrado dos candidatos um enfrentamento interdisciplinar das matérias, isto é, envolvendo - principalmente nas questões subjetivas e provas orais - pontos de outras matérias, exemplo: direito constitucional e direitos humanos; processo penal e direitos humanos; direito penal e direitos humanos; dentre outras. Assim, ao estudar para qualquer concurso de Defensoria Pública, recomenda-se que o candidato faça as devidas correlações entre as matérias, buscando uma abordagem interdisciplinar.

ANOTAÇÕES

ANOTAÇÕES

ANOTAÇÕES

ANOTAÇÕES

ANOTAÇÕES

ANOTAÇÕES

ANOTAÇÕES

ANOTAÇÕES

EDITORA
JusPODIVM
www.editorajuspodivm.com.br

Impressão e Acabamento
PlenaPrint
Indústria Gráfica